中华文明历史长卷

一尘一刹一楼台

寺庙卷

YICHENYISHAYILOUTAI

SIMIAO JUAN

寺庙是有形文物，是古代中国文化的见证之一，不仅具有精美绝伦的外观，更具备巧妙的内部设计结构，颇具鉴赏和研究价值。

李玉青◎编著

北京工业大学出版社

图书在版编目（CIP）数据

一尘一刹一楼台：寺庙卷 / 李玉青编著 . —北京：北京工业大学出版社，2013.1

（中华文明历史长卷）

ISBN 978-7-5639-3328-0

Ⅰ . ①一… Ⅱ . ①李… Ⅲ . ①寺庙—介绍—中国 Ⅳ . ① K928.75

中国版本图书馆 CIP 数据核字（2012）第 276940 号

一尘一刹一楼台——寺庙卷

编　　著：李玉青

责任编辑：钱子亮

封面设计：宋双成

出版发行：北京工业大学出版社

（北京市朝阳区平乐园 100 号 100124）

010-67391722（传真）bgdcbs@sina.com

出 版 人：郝　勇

经销单位：全国各地新华书店

承印单位：三河市元兴印务有限公司

开　　本：787 mm × 1092 mm　1/16

印　　张：25

字　　数：440 千字

版　　次：2013 年 1 月第 1 版

印　　次：2021 年 1 月第 2 次印刷

标准书号：ISBN 978-7-5639-3328-0

定　　价：58.80 元

总　　序

在世界文明的历史长河中，中华文明作为最浩浩荡荡的一条支脉，曾为世界注入过滚滚洪流。至少3000年以前，中华文明就已经开始对周边地区产生主导性的影响，带动周边广大地区逐渐走上高等文明之路。马克思关于“四大发明”对世界历史进程影响的论述，仍然是可以成立的：“火药把骑士阶层炸得粉碎，指南针打开了世界市场并建立了殖民地，而印刷术则变成了新教的工具……”在这个文明中，读书写字被上升到审美的高度，于是汉字拥有了这世界上独一无二的头衔——书法艺术。在这个文明中，家不仅是安身立命的居所，也是寄情抒怀的天地，于是胸中丘壑化为园林楼台，虽由人作，宛自天开。在这个文明中，人们从艰难到从容地活在每一方水土之上，于是点土成金，向世界奉献了瓷器这朵绚烂的花……无数事实证明，中华文明在诸古代文明中堪称绝无仅有。

正因如此，我们精心编写了这套“中华文明历史长卷”丛书，它包括：《人间巧艺夺天工——发明创造卷》、《挥毫落纸如云烟——书法卷》、《淡墨挥毫暗生香——绘画卷》、《巧剜明月染春水——陶瓷卷》、《书卷多情似故人——经典名著卷》、《人间有味是清欢——饮食卷》、《今朝放歌须纵酒——酒文化卷》、《至精至好且不奢——手工艺卷》、《多少楼台烟雨中——古迹卷》、《一尘一刹一楼台——寺庙卷》、《自是林泉多蕴藉——园林卷》、《淡妆浓抹总相宜——山水卷》、《宫阙并随烟雾散——墓葬卷》、《龙章凤姿照鱼鸟——图腾卷》共十四卷。这些辉煌灿烂的古代文明让我们如数家珍，每个领域的每一项成就，如同人类文明天空中的璀璨明星，透射出中华民族耀眼夺目的卓越华魂。

作为炎黄子孙，传承并发扬这些文明成果，是我们光荣而神圣的历史使命。虽然有那一百年的备受欺凌，但我们用今天崭新的面貌告诉世界：我们的文明没有中断，智慧仍在传承，这个持续了五千年的古老文明依然具有强盛的生命力！

前　言

佛教在中国有非常久远的历史，其在发展过程中不断与中国本土文化进行多方面的交融，在哲学思想、文学创作以及建筑、器具等领域，都产生了相当巨大的影响。可以说，佛教文化对于中国文化的发展非常重要，而佛教文化的根据地——寺庙，可称之为某种类型的“中国文化的博物馆”。

本书选择了全国各地的著名寺庙，通过“名僧诗话”、“地理位置”、“寺庙历史”、“建筑风格”、“历史价值”等栏目设置，对每一所寺庙进行全方位介绍。

“名僧诗话”展示得道高僧的诗词佳作和佛家偈语，令读者在感受文字之美的同时，体悟其文化意蕴。

“地理位置”指明寺庙所在方位，既利于读者进一步感受地域文化，又可作为旅游指南。

“寺庙历史”介绍寺庙的历史沿革和变迁，一定程度上也可看做是中国社会发展的历史（文明史）。

“建筑风格”介绍寺庙的布局、建筑、装饰和雕塑。寺庙的布局体现了中国的哲学、美学观念的变迁和与其他文明的融合，寺庙的建筑体现了中国建筑文化的发展史和与其他文明的建筑交流史，寺庙的装饰、雕塑体现了中国的美术艺术发展史和其他文明的美术艺术交流史。

“历史价值”主要强调寺庙中的重点文物古迹，有的还展示了寺庙藏品与建筑的珍贵之处，体现寺庙的历史底蕴。

我们衷心希望以上栏目可以帮助读者在文化发展和文化交流的视角下全面了解我国寺庙的历史和现在，深入理解我国寺庙文化的内涵，从而有助于传承和弘扬我们的传统文化。

目　　录

第一章　华北地区

第二章　东北地区

第三章　华东地区

第四章　中南地区

第五章　西南地区

第六章　西北地区

第七章　港、澳、台地区

第一章　华北地区

碧 云 寺

【名僧诗话】

空手把锄头，步行骑水牛。

人在桥上过，桥流水不流。

——南北朝·善慧大士《空手把锄头》

【地理位置】

碧云寺地处北京市海淀区香山公园北侧，聚宝山东麓，整体布局紧凑、保存完好。

【寺庙历史】

碧云寺于1331年始建，至今已有600多年历史。

据说此地原为金章宗玩景楼旧址，原名为“碧云庵”。1516年，以佞幸得宠的御马监太监于经利用税收和开皇店所获钱财扩建了碧云寺，并且在寺后立冢域。后来于经下狱病故，葬身碧云寺的想法随之落空。

1623年，一代巨奸魏忠贤也看中了这块宝地，再度扩建碧云寺，又对于经墓圹加工扩建，准备作为自己葬身之地。后魏忠贤获罪遭贬，墓圹遂废。经过这两次扩建，富有明代建筑特点的碧云寺已经成形。

1747年清乾隆帝时，对碧云寺又进行了大规模的修建，并且在保存原有寺院的基础上，在寺后墓圹所在地建金刚宝座塔，在寺庙的右边增建罗汉堂，寺左增建行宫院。因为此次修建对原有建筑无较大变动，所以该寺建筑和文物仍然保留了明代风格。

【建筑风格】

碧云寺背西面东，依山势而建。

寺院整体以排列在中轴线上的六进院落为主体，南北两侧分别配置一组院落。院落各自采用封闭建筑手法，层层殿堂依山叠起，300多级阶梯蜿蜒穿插其间。

寺院因为依山势逐渐突起，为不使总体布局尽显于外，因此采用回旋串联的布局形式。每进院落特色各异，给人以层出不穷、美不胜收之感。整个寺院，由山门至寺后石塔，高度相差达100多米。

寺院山门前有石桥一座，紧倚山门是一对石狮，蹲坐在须弥座上，身躯瘦长，栩栩如生。据说石狮为魏忠贤所造，是明代极有艺术价值的石雕。

山门对面为哼哈二将殿，两侧分别建有钟楼和鼓楼，形成第一进院落。

第二进院落是以大雄宝殿为中心的建筑群。大雄宝殿中间供奉释迦牟尼坐像，左边是迦叶尊者和文殊菩萨，右边为阿难尊者和普贤菩萨。山墙上的壁塑姿态各异，生动活泼，给人以立体感与真实感，为明代艺术珍品。释迦牟尼塑像后为观音菩萨以及善财、龙王、龙女、韦驮等塑像，周围衬以观音菩萨悬塑，以及山石云海等，与前殿浑然一体。

第三进院落以菩萨殿为主体，殿内供奉泥塑彩绘菩萨像5尊，中间是观音菩萨，左为文殊菩萨、大势至菩萨，右为普贤菩萨、地藏菩萨。东西两壁分别塑有高1米左右的二十四诸天神和福、禄、寿、喜四星像。塑像四周为云山悬塑和小型佛教故事雕塑。第三进院内建有孙中山纪念堂。纪念堂面阔五间，正门上方悬挂红底金字大匾，上面写有宋庆龄手书“孙中山先生纪念堂”。正厅设孙中山先生的半身塑像，其右停放1925年前苏联赠玻璃盖钢棺一口。室内陈列孙中山先生各个历史时期的照片和史迹。

寺院最后是塔院，院内南部有雕工细腻的汉白玉石牌坊，牌坊两侧分别为八字形石雕照壁，照壁上有8尊鲜活的历史人物浮雕，并有题名，左边4尊分别为蔺相如、李密、诸葛亮、陶渊明；右边四尊分别为狄仁杰、文天祥、赵壁、谢玄。

建于1748年的金刚宝座塔是全寺的制高点，是北京地区乃至全国最高大的金刚宝座塔。

该塔通高34.7米，塔座上立有7座石塔，座上出口处呈屋形，其前方左右分别立有一圆形喇嘛塔，其后则有5座13层密檐方塔，5塔中间之大塔，又是一座小型的金刚宝座塔，进而形成重叠的金刚宝座塔。

整个金刚宝座用汉白玉石砌筑，布满雕刻，掩映于苍松翠柏之中，显得特别皎洁。塔座上的12座大小塔，尖顶参差高耸，轮廓变化异常，在苍松蓝天的衬托之下，又显得格外神秘威严。

使人惊叹的是，在中间大塔后面离地面30多米的塔座上，居然生长着一棵有200多年树龄的古柏，树干自然分出9杈，就像9条巨龙直冲霄汉，因此被称为

“九龙柏”。据说，塔上长树，是释迦牟尼在菩提树下历经多种磨难而得道成佛的象征。

1924 年 11 月，孙中山应冯玉祥之邀北上共商国事，第二年 3 月 12 日，于北京因病逝世。4 月 2 日，孙中山灵柩从中山公园移往碧云寺塔，一直到 1929 年 6 月 12 日，才由北京被迎回南京中山陵安葬。

孙中山灵柩在碧云寺塔暂厝达 4 年之久。灵柩南迁后，此塔随之成为孙中山的衣冠冢。塔座正中券洞内有一汉白玉石匾，上书鎏金大字“孙中山先生衣冠冢”。游碧云寺者，总要到此凭吊这位伟大的革命先行者。

碧云寺中轴线的左右两侧分别有两组建筑，左为罗汉堂，右为水泉院。罗汉堂中有罗汉雕像 508 尊，全部为木质雕刻而成，外覆金箔。罗汉坐像高约 1.5 米，身材大小与常人一样，或闭目静坐，或低头微笑，或袒胸露腹，或老态龙钟，姿态各异，形象逼真。令人不解的是这五百罗汉中竟有康熙、乾隆二帝。康熙帝为第 295 尊“暗夜多罗汉”，乾隆帝是第 360 尊“直福德罗汉”。将两位皇帝塑成罗汉像，这在中国寺院中是罕见的。

水泉院是碧云寺内风景清幽的好地方，院内松柏参天，其中有一株最为奇特的三代树。该树不但在柏树中套长柏树，最里层竟长着两株楝树。如今楝树仍旧活着。

院中尚存一泉，名“水泉”，又称“卓锡泉”。泉水自石缝中缓缓流出，汇而为池，泉水旁边为太湖石堆叠而成的假山。花木、泉水、假山构成了一座优美、幽静的庭院花园。

【历史价值】

2001 年，碧云寺被国务院公布为全国重点文物保护单位。

大 觉 寺

【名僧诗话】

手把青秧插满田，低头便见水中天。
心地清净方为道，退步原来是向前。

——南北朝·契此和尚《插秧诗》

【地理位置】

大觉寺位于北京西北郊的畅台山麓，因玉兰、杏林和清泉而名闻京城。

【寺庙历史】

大觉寺始建于辽代，起初称清水院。明宣德三年（1428 年）重建，易名大觉寺，正统十四年（1449 年）重新修建。清康熙五十九年（1720 年）、乾隆十二年（1747 年）曾进行大规模修建。以后又经过多次维修，大觉寺的各类建筑至今保存完好。

【建筑风格】

大觉寺坐西朝东，各种建筑依山势布列。

全寺分成中路、北路和南路三大部分。山门、天王殿、大雄宝殿、无量寿佛殿、龙王殿等，按顺序布列在长达 400 米的中轴线上。

天王殿、无量寿佛殿、龙王殿和无量寿佛殿中的观音壁像、铜铸观音像，都是明代遗物。

藏经楼高三层，是该寺最后面的一座重要建筑。

四宜堂、憩云亭、领要亭等清代园林建筑，在南路布列。北路是僧舍。除此之外，还有 1 座舍利塔，为清乾隆年间（1736 年—1795 年）该寺住持伽陵禅师的墓塔。

【历史价值】

高耸于碑亭中的辽碑《畅台山清水院创建藏经记》，为该寺保存的一件文物极品。

龙潭地处大觉寺的后部。潭中的泉水经石槽顺势流淌在寺内，宛如一串珍珠，清丽动人。四宜堂院中的一棵植于清乾隆年间的玉兰树，与崇效寺的牡丹、法源寺的丁香等同。寺外十里杏林，花开之时，彩霞映山，更是别有一番情趣。

智 化 寺

【名僧诗话】

从来共住不知名，任运相将只么行。
自古上贤犹不识，造次凡流岂可明？

——唐 · 石头希迁《示法诗》

【地理位置】

智化寺地处北京市东城区禄米仓胡同东口路北。

【寺庙历史】

智化寺初为家庙，由明初太监王振于正统八年（1443 年）仿照唐宋“伽蓝七堂”规制而建，后来明英宗赐名“报恩智化寺”。“土木之变”之王振被族诛，英宗复辟后，于天顺元年（1457 年）在寺内特为王振立“旌忠祠”，并且塑像祭祀，天顺六年（1462 年）颁赐藏经一部、经橱两座，供藏于如来殿，从此该寺香火盛极一时。

【建筑风格】

智化寺坐北朝南，主体建筑自山门内按顺序为钟鼓楼、智化门、智化殿及东西配殿（大智殿、藏殿）、如来殿、大悲堂等。其排列布局呈显著的明代特点，而建筑风格却有宋代向明清过渡的明显痕迹，始开清代建筑风格之先河。

北京现存明代木构古建筑，绝大部分是单体建筑，而智化寺竟聚集了 8 座明代木构建筑，应该说是北京地区目前已知的明代木构建筑群之首。

智化寺各殿尽管屡经翻修，却仍基本保留着明初规制，为研究明代建筑提供了非常好的实例。其中，最引人注目的当首推寺中主要殿宇红墙之上皆为歇山黑琉璃筒瓦顶，这在国内现存寺院中非常罕见。

明清琉璃瓦等级为黑色排在黄色和绿色之后，但在实际使用中又略有区别：明皇家寺院、敕建寺院，以使用黑琉璃瓦为主；清皇家寺院、敕建寺院，却使用黄或绿琉璃瓦。寺院用黑色瓦覆顶，是出自于佛经。

佛经上载有“四种色”之说，即“息灾为白”、“增益为黄”、“敬爱为赤”、“降伏为黑”，比喻“地、水、火、风”之四大。黑者，象征风大之色，风是大力之义；当初如来成道时，亦以风降伏恶魔。此义正和“智化”相对，上以“风”降伏恶魔，下用“智”普度众生。

智化寺最南端为三间山门，是仿木砖石结构，拱券门，黑琉璃筒瓦单檐歇山顶，门额上有石刻横匾“敕赐智化寺”，一对石狮守卫门前。

智化门（天王殿）与山门相对。

智化殿为该寺的正殿，面阔三间，殿内正中原来有白石须弥座，供木质漆金三世佛。1972 年三世佛像移往大觉寺，殿中十八罗汉也随之被挪走。

智化殿后为一座黑琉璃筒瓦庑殿顶双层楼，下层奉如来佛，所以称之为“如来殿”，上层墙周围有佛龛 9000 余个，故称“万佛阁”。此楼为智化寺内之最高建筑。

智化殿和万佛阁屋顶的藻井，也不是原物。

原智化殿藻井现存于美国费城艺术馆，万佛阁藻井现存于美国纳尔逊博物馆。两座藻井造型特别优美，雕刻也异常精细，是国家级文物。

藏殿是智化殿前的西配殿，由于殿内未置法座，只设转轮藏一具，故名“藏殿”。

转轮藏呈八角形，高 4 米有余，下为须弥石座，中为经柜，上为毗卢帽顶。

石座转角处雕刻的是“天龙八部”，经柜角柱上雕象、狮、四不像和菩萨、天王、韦驮与金刚，而顶部则雕有大鹏金翅鸟、龙、龙女和毗卢佛。经柜本身为抽屉式，每面九层，每层五屉，上面皆为雕刻佛像。

现在北京地区尚存 3 副轮藏，除智化寺，一副在颐和园，一副在雍和宫，后两副皆为清代所制，比智化寺轮藏要晚几百年。

【历史价值】

智化寺因其保存完整、高深美妙的佛教音乐而举世闻名。

寺中存有乐僧，乐僧只收 13 岁以下儿童做门徒，入寺后，须学习 7 年音乐，每天必须在很窄的板凳上练习吹奏和打击姿态，一直到能在寒冷冬天或酷热夏日连续演奏四五个小时还韵真声满，方为合格。经过严格训练的乐僧使智化寺音乐能够较为完整地流传至今。

智化寺音乐与西安城隍庙音乐、开封大相国寺音乐、五台山青黄庙音乐及福建南音一起，皆为我国现存的最古老音乐。

1986 年 12 月，由智化寺乐僧组成的中国北京市佛教音乐团到欧洲巡回演出。

这个由 12 人组成的僧侣乐团，走遍整个欧洲大地，所到之处，无不受到所在国的热烈欢迎。被视为世界音乐珍宝，且又有音乐“活化石”之称的北京智化寺佛教音乐，轰动了整个欧洲乐坛。

1961 年，智化寺被国务院公布为全国重点文物保护单位。

卧佛寺

【名僧诗话】

我不乐生天，亦不爱福田。
饥来一钵饭，睡来展脚眠。
愚人以为笑，智者谓之然。
非愚亦非智，不是玄中玄。

——唐·梵志《我不乐生天》

【地理位置】

卧佛寺位于北京西郊寿安山麓，正名为十方普觉寺，寺内因供奉着一尊体量巨大的铜铸释加牟尼涅槃像而远近闻名。

【寺庙历史】

卧佛寺始建于唐贞观年间（公元627年—649年），原名为兜率寺。元至治年间（1321年—1323年）重建，易名为寿安山寺，元至顺二年（1331年）续建，更名为大昭孝寺，后又改名为洪庆寺。明宣德、正统年间（1426年—1449年）重新构建，更其名为寿安禅林。成化年间（1465年—1487年）增修延寿舍利塔。崇祯年间（1628年—1643年）更名为永安寺。清雍正十二年（1734年）改称十方普觉寺。

【建筑风格】

卧佛寺的建筑风格具有宗教和园林两重性。

中轴线上的主要建筑有天王殿、山门、三世佛殿和卧佛殿，左右分别为钟楼、鼓楼和东西两路院落。西路有三重行宫院，东路有霁月轩等景点建筑，卧佛殿之后则依山布局风景小区，使卧佛寺具有浓厚的园林建筑特点。

【历史价值】

卧佛殿的总建筑面积达196平方米，为全寺的中心建筑。殿前有清慈禧太后书写的“性月恒明”匾，殿内有乾隆帝亲笔题写的“得大自在”匾。在横匾之下，横躺着一尊长5米、重54吨的巨型铜卧佛像。这尊卧佛铸造于元代至治元年（1321年），非常珍贵。在卧佛的背后和两侧，分别立着十二圆觉像，描绘的是释迦牟尼圆寂前向弟子们嘱咐后事的情景。殿前还植有两棵娑罗树，再现出释迦牟尼圆寂时的自然环境。

广济寺

【名僧诗话】

杳杳寒山道，落落冷涧滨。
啾啾常有鸟，寂寂更无人。
淅淅风吹面，纷纷雪积身。
朝朝不见日，岁岁不知春。

——唐·寒山《杳杳寒山道》

【地理位置】

位于北京市西城区阜成门内西四路口的广济寺，是京师佛教名刹之一。

【寺庙历史】

广济寺又称“弘慈广济寺”，创建于宋代末年。据说建寺者为西刘村村人刘望云，刘望云说自己是天台刘真人裔孙，得炼气法之要。

一日，有一位号称为且住的僧人来到该村，望云听说后急忙出迎，求其说法，随后便为他建了一座寺院，当时便起名为西刘村寺。

元代时西刘村寺改称“报恩洪济寺”，元代末年社会动荡不安，该寺也随之毁于战火。到明代天顺（1457 年—1464 年）初年，曾慧、圆洪等山西法师云游至此，募集资金，于废址上重新构建寺庙。明宪宗于成化二年（1466 年）下诏命名为“弘慈广济寺”。

此后，广济寺经过不断修建，到成化二十年（1484 年）才算彻底完工。

清初，恒明法师把广济寺改为律宗道场，在此立戒坛，开坛传戒。

顺治十三年（1656 年），清世祖曾游历过广济寺。

康熙三十八年（1699 年）朝廷敕修，又增建御制碑文匾额和御临米芾的《观音赞》，还增塑了释迦牟尼鎏金佛像。

清代末年，道阶和尚任广济寺住持，在寺中兴办了“弘慈佛学院”，学僧超过百人。1924 年广济寺正门匾额改成为“敕赐弘慈广济寺”。1934 年 1 月 8 日，广济寺大殿突然起火，连绵大火烧毁殿宇数十间，古玩字画，瓷铜玉器等物，损失很多，所藏《法华经》100 多部，也都付之一炬。1935 年，住持现明法师依照明朝寺院格局进行重修。1949 年后，人民政府又拨款进行了全面维修，使广济寺建筑规模比以前更为壮观。

【建筑风格】

占地约 2300 平方米的广济寺，坐北朝南，在中轴线上依次分布着山门、弥勒殿（天王殿）、大雄宝殿、圆通殿以及多宝殿。中轴线东西两侧除钟楼和鼓楼之外，还有非常整齐的配殿。

广济寺内的三世佛像和三身佛像最具佛教特征。

三世佛在大雄宝殿，从东至西分别是过去世的迦叶佛、现在世的释迦牟尼佛和未来世的弥勒佛。

三身佛为释迦牟尼的三种身相，即法身、报身、应身，供奉于多宝殿内。

大雄宝殿内尚存一尊清乾隆五十八年（1793 年）铸造的铜宝鼎。鼎高约 2 米，鼎身铸有佛教八供（轮、螺、伞、盖、花、瓶、鱼、结）等纹饰，造型古朴大方，工艺精湛绝伦，是珍贵的艺术珍品。

殿后壁悬挂一幅《胜果妙因图》，为清乾隆九年（1744 年）著名画师傅雯的手指画，高 5 米，宽 10 米。画面上所描绘的是释迦牟尼端坐在莲花座上，慈容可掬地向信徒讲经弘法，周围 100 多位弟子则在洗耳恭听。

有趣的是，听众中竟有我国三国时期的历史人物关羽、关平、周仓等。关羽、关平、周仓像原为各地关帝庙必有的塑像或画像，广济寺本为佛家胜地，却将关帝庙人物画在大殿之中，此为外来文化与中国本土文化相融合的实例。

多宝殿可以说是一座艺术的宝库。除殿正中供奉的三身佛外，两旁玻璃柜中还陈列着尼泊尔、印度、孟加拉国、日本、斯里兰卡、缅甸、泰国、柬埔寨、老挝、印度尼西亚、越南、美国、新加坡等国以及中国港、澳、台地区佛教界来访人士赠送的珍贵礼品。

戒坛殿和汉白玉砌成的戒坛位于寺中西北隅，是广济寺保存至今的最古老的建筑物，现在叫“三学堂”。

广济寺整体寺院布局严谨，整齐对称，寺中有院，参差有序。该寺庄严寂静，尽管地处闹市之中，但闹中存静，进入寺中，给人以洒脱之感。

【历史价值】

1953 年，中国佛教协会成立后，会址就设置在广济寺。广济寺内的佛协图书室收藏的佛教经典非常丰富，累计达 17 万余部，有 23 种文字，仅收藏的《大藏经》就尚存 12 种版本，其中还有 1721 年至 1753 年甘肃临潭县卓尼寺雕版印刷的一部藏文《大藏经》，为佛教典藏中的珍贵文本。寺中还存有宋、明血写佛经，特别珍贵。

1983 年，广济寺被国务院确定为汉族地区佛教全国重点寺院。

妙 应 寺

【名僧诗话】

水底分明天上云，可怜形影似吾身。
何妨舒作从龙势，一雨吹销万里尘。

——唐·齐已《片云》

【地理位置】

妙应寺位于北京市阜成门内大街路北，因寺内存有一座高大雄伟的藏式喇嘛白塔，因此称“白塔寺”。

【寺庙历史】

辽代时，现在的妙应寺一带曾是辽南京城的北郊。

辽道宗寿昌二年（1096 年），此处曾经建过一座供奉佛舍利的塔，塔身之内藏有释迦牟尼佛舍利、戒珠、离垢净光陀罗尼经、香泥小塔等。

至元代，此处成为当时新建的元大都内城。

元世祖忽必烈于至元八年（1271 年）敕令在辽塔的原址动工建造寺院和此座白塔，以迎释迦佛舍利藏于塔中。

此塔由尼泊尔工匠阿尼哥主持构建，是当时兴建元大都的几个重要工程之一。

至元十六年（1279 年）白塔落成，忽必烈非常满意，诏命以塔为中心，向四方各射一箭，以箭落处划出界址修建一座寺院，寺址面积累计达 16 万平方米。这座寺院由于祝祷皇帝生辰而取名为“大圣寿万安寺”。

当时大圣寿万安寺为元皇室在京城进行佛事活动的枢纽，香火盛达百年之余。

元廷规定，每年的各重大节日所举行的盛大朝仪，“前期三日，在大圣寿万安寺习仪”。

至元三十一年（1294 年）忽必烈去世后，皇室为其于白塔西侧修建了神御殿（又称影堂），忽必烈的遗像就安放于此，每月有大臣来到神御殿祭奠，直至元朝灭亡为止。

元贞元年（1295 年），元成宗到大圣寿万安寺参加“国忌日”佛事，当时饭僧竟达 7 万之众，其盛况前所未有。元末至正二十八年（1368 年），一场特大雷火将大圣寿万安寺的所有殿堂烧毁，唯有白塔侥幸存留。

此后，大圣寺万安寺荒芜近 90 年，直到明天顺元年（1457 年），才得到重建，并改名“妙应寺”。

【建筑风格】

妙应寺由寺院和塔两部分组成。寺院中轴线上由南到北依次排列山门、钟鼓楼、天王殿、三世佛殿、七世佛殿和塔院。山门面阔三间，东西两旁是八字影壁，中间券门上为石刻横匾，上书“敕赐妙应寺禅林”。

门内两侧分别排列着楼阁式钟鼓楼，其后为天王殿，面阔三间，里面雕塑着四大天王像。

再往北为三世佛殿，面阔五间，前有月台，里面供奉三世佛，顶饰3座盘龙藻井。

三世佛殿往北是七世佛殿，面阔五间，内塑7尊佛像，两侧是十八罗汉，顶饰3座盘龙藻井。

大殿两旁皆有配殿廊庑。

寺院北端的塔院地势较高，用红墙围成一个单独的院落，院内四隅各有角亭一座，白塔居中偏北。

院门位于南墙正中，门额上题有“敕建释迦舍利灵通宝塔院”。

迎门有殿，名为“具六神通殿”，里面供着三世佛。

殿后檐外是坐南朝北的佛灯龛，与佛灯龛所对者便是白塔。

白塔雄浑稳健，气势不俗，塔高51米，为砖石结构，白色塔身，塔基以大城砖垒起，呈T字形，突出地面2米，占地面积1422平方米。

白塔下部是高9米层的亚字形须弥座，塔座顶层凸起24片硕大的莲花瓣，拱以直径18米的巨大的覆钵形塔身。

覆钵之上有亚字形小须弥座，再往上为节节拔起的相轮，计十三层，称之为十三天；喇嘛塔顶部的相轮层数，为喇嘛塔等级的象征，以十三层为最高层数，体现此为供奉佛舍利而建的佛塔。

相轮的顶部覆盖着一个结构相当复杂的大华盖，直径为9.7米，华盖周沿则悬挂着36串铜质透雕华鬘，每串华鬘的下面吊挂着一个小铜铃，微风过处，悦耳动听。

华盖之上又竖起一个高约5米、重达40吨的铜质鎏金塔刹，在阳光照射下闪闪发光。铜铃、金顶动静相衬，使白塔显得生机勃勃。

妙应寺白塔和北海白塔遥相而对，较北海白塔高约15米，为北京城最大的白塔，也是如今尚存的最早、最大的一座喇嘛塔，其建筑艺术巧夺天工。

【历史价值】

妙应寺于1978年白塔整修时，从中发现了一批重要文物，这些文物曾引起一时轰动。

原来清乾隆十八年（1753年）《御制重修白塔碑铭》中有一段记载：“大清乾隆十有八年，岁在癸酉秋七月，重修妙应寺白塔。朕手书《般若波罗蜜多心经》一卷，及梵文《尊胜咒》并《大藏真经》全部七百廿四函，用以为镇。”

700余函经书绝非小数，可此批镇塔经书镇于何处，便成了未解之谜。

1976 年的唐山大地震波及北京，白塔塔身部分剥落，塔顶小塔倾斜严重。

1978 年整修白塔时，人们打开宝顶察看主心木是否完好，不料却发现里面藏有几个呈方形、圆形、长方形的盒子和《大藏真经》724 函，其中盒子里装有各种文物 50 余件，每件文物上都刻有或标有“大清乾隆癸酉年敬装”字样。此批文物，就是以乾隆帝名义敬奉的镇塔之物。此批文物中包括乾隆帝手书汉藏文经、咒各一套、3 尊铜三世佛、一尊整雕黄檀木观音像、赤金长寿佛、念佛珠、一套五佛冠和补花袈裟、佛八宝等，价值极高。

据说乾隆帝曾入教受戒，塔藏中的佛冠和袈裟极有可能是他受戒时穿用过的。

赤金长寿佛高 5.4 厘米，重 118.2 克，周身镶有 44 颗宝石，手托舍利子，线条清晰明朗，神态自若有神，工艺精湛绝伦。

鎏金铜盒内藏有 33 颗舍利子及香泥饼、药材等。

观音佛像盒盖背面写有乾隆皇帝手书诗句。另有用五色丝线缠成的白塔图案图册。

此次发现的《大藏真经》，为清代著名的龙藏版印刷，字体浑厚端秀，为难得珍品。

特别是在维修白塔时，在塔的华盖之下，发现一对高高挂起的瓦刀和抹子。此为古代的修塔工匠出于对个人所使用的工具的热爱，将其留在宏伟工程的高险之处以为纪念。为了尊重传统习惯以对建筑前辈的崇敬，维修工程结束后，人们仍将其挂在原处，与白塔这座建筑丰碑同在。

1961 年，妙应寺白塔被国务院公布为全国重点文物保护单位。

云 居 寺

【名僧诗话】

恰恰用心时，恰恰无心用。
曲谈名相劳，直说无繁重。
无心恰恰用，用心恰恰无。
今说无心处，不与有心殊。

——唐 · 牛头法融《答〈用心时〉偈》

【地理位置】

云居寺坐落在北京西南郊70多千米处的白带山（又称石经山）西南麓，以埋藏有中国文化遗产中的稀世瑰宝、石刻佛教大藏经——《房山石经》著称于世。

【寺庙历史】

云居寺始建于隋末唐初，寺院依山而建，规模特别宏伟，后经历代修葺进而形成五大院落六进殿宇。

寺内两侧有配殿和帝王行宫、僧房，并有南、北两塔遥相呼应。

云居寺荟萃佛教经籍，寺内所珍藏的石经、纸经、木板经，号称“三绝”。

佛教自传入中国以来，曾遭遇北魏太武帝年间（公元424年—451年）和北周武帝年间（公元561年—578年）两次前所未有的“法难”。那时僧徒被驱逐，寺庙被摧毁，经卷被焚烧……在此危难之时，北齐南岳天台宗高僧慧思见此忧心忡忡，情急中便想出了把佛经刻在石材上的良策，以免火焚之忧，使正法长存。

慧思圆寂后，幽州智泉寺法师静琬，遵照慧思遗愿，来到西南白带山下，历尽千辛万苦摩石刻经。他于唐贞观八年（公元634年）的题记中，说明了刻经意图：“此经为未来佛法难时拟充经本，世若有经，愿勿辄开。”这既是高僧的本意，也是对后人的真心呼唤。

静琬的这一壮举，曾一度得到当时统治阶级内部和社会上的广泛资助，从隋大业（公元605年—618年）中到唐初，刻经事业一直没有间断。

令人遗憾的是，五年后的贞观十三年（公元639年），静琬与世长辞，原计划刻造12部石经的宏愿，尚未完成。

后来他的弟子玄导、僧仪及惠暹、玄法先后主持刻经，经唐、辽、金、元、明，历代续刻，锲而不舍长达近千载之久，累计雕刻佛经1122部3572卷，共用石板多达14278块。石经刻成后，分别珍藏于石经山9个山洞和云居寺南塔附近的地穴内，被赞誉为“房山云居寺石刻佛教大藏经”。

除此之外，云居寺还藏有纸经22000多卷，皆为明代刻印本和手抄本，包括明南藏、明北藏等，其数量之多为国内各大名寺所罕见。其中的《大方广佛华严经》为妙莲寺比丘祖慧刺破舌尖后用血写成，被誉为“舌血真经”，十分珍贵。

始刻于清雍正十一年（1733年）的《龙藏》木经，如今尚存7.7万余块，内容特别丰富，是集佛教传入中国两千年来译著之大成，为我国木板经之最。

世人瞩目的佛祖舍利就珍藏于云居寺内。1981年11月27日，在云居寺雷音洞发掘出两颗赤色肉舍利，为世界上唯一珍藏于洞窟内而并非供奉于塔内的舍利，和北京八大处的佛牙、西安法门寺的佛指，并称为“海内三宝”。

史载隋代时，一印度僧人来中国，将部分佛舍利献给了隋文帝杨坚。据记载，杨坚笃信佛教，他幼年时曾于比丘尼智仙家中寄养，13岁时才回家。

智仙说杨坚悟性颇深，佛性自通，且预言杨坚日后定能登基，并重兴佛教。后来智仙的预言果然应验，杨坚做了皇帝以后，即大兴佛事。

仁寿年间（公元601年—604年），杨坚向全国颁发舍利，而且还要求各州建塔供养，当时距云居寺较近的弘业寺（今天宁寺）和智泉寺分别都得到了佛宝。

隋文帝驾崩后，其子杨广即位，是为炀帝。据史籍载，杨广尽管反对其父治国之道，可对于佛教，却笃信依然。静琬与被炀帝尊为老师的智颉同出一师，炀帝获悉静琬刻经之事后，便赐予舍利以为表彰。

此后，静琬特别担心一旦寺庙被毁，舍利遭劫。因此才将舍利安放在较为隐蔽的雷音洞内。安放时，静琬亲笔在函盖上题写：“大隋大业十二年（公元616年）岁次丙子四月丁巳朔八日甲子于此函内安置佛舍利三粒愿住持永劫”36字。

据明德清《涿州西石经山雷音窟舍利记》记载说，明万历二十年（1592年）三月六日，达观可禅师曾奉万历皇帝朱翊钧之母慈圣皇太后旨意，把雷音洞所藏佛舍利迎入慈宁宫中供养三日，尔后放回原处。其后情况便很少有人知道了。

直至1981年11月，人们在修缮雷音洞地面时，才发现原佛座后地下5厘米深处有一竖穴，内藏石函、银函、玉函等五个，以套函的方式密存着佛舍利。

套函启封后只见外层为汉白玉石函，函盖和函内分别刻有铭文，文中简要记述了明万历年间（1573年—1620年）首次发现隋代所藏佛舍利的情况；第二层为青石函，盖上刻有静琬题写的上述36字铭文；第三层是汉白玉函，盖上有“佛舍利”及上下款共26字；第四层为镀金银函，其中藏有木质彩绘香珠一颗，珍珠十一颗；第五层的白玉函内始见佛舍利两粒，珍珠两颗。

经近年来有关专家的反复考证，此佛舍利才确认为1300余年前静琬安置在雷音洞的佛舍利。据推测，原藏三粒，现只存两粒，极有可能是在明万历年间迎入宫内供养的过程中不慎遗失一粒。

【建筑风格】

云居寺唐塔共7座，均为汉白玉石塔。其中，最早的建于唐睿宗景云元年（公元710年），最有名的是位于石经山的唐玄宗八妹金仙公主塔。

云居寺北塔又称“罗汉塔”，建于辽代，通高30米，顶部似钟，下部如钵，两层楼阁式的塔身，塔座紧腰处有一周伎乐天砖雕。此种塔全国现存两座，形式极为少见。

【历史价值】

1961 年 3 月 4 日，云居寺被国务院首批公布为全国重点文物保护单位。1992 年，云居寺作为世界上保存石刻经版最多的寺庙入选“北京旅游世界之最”，入选世界纪录协会世界上保存石刻经版最多的寺庙候选世界纪录。同年，云居寺塔及石经被列为世界文化遗产预备清单。1997 年以来云居寺连续被评为“北京市文明旅游景区”，同年被命名为“北京市爱国主义教育基地”，1999 年荣获“京郊环境建设示范景区”和“北京花园式单位”荣誉称号，2001 年荣列国家 4A 级旅游景区，同年通过 ISO 9001 质量管理体系和 ISO 14001 环境管理体系双认证。2004 年 11 月 15 日云居寺被北京市人民政府批准为市级风景名胜区。

天宁寺

【名僧诗话】

山水君居好，城隍我今沦。
静闻钟鼓响，闲对白云村。

——唐·法眼文益《赠僧》

【地理位置】

天宁寺地处北京市广安门外北面。

【寺庙历史位置】

天宁寺始建于北魏孝文帝时，原称“光林寺”，距今已有 1500 余年历史。

隋仁寿二年（公元 602 年），寺院改称“弘业寺”，唐代时名为“天王寺”，金、辽时，称“大万安寺”，元末毁于战火。明宣德十年（1435 年）寺院重建，遂改称“天宁寺”。今存殿宇为清代重修。

【建筑风格】

天宁寺塔是我国尚存的密檐式砖塔中较为典型的一座。

关于该塔的建成时间，说法不一，大致有两种，一说为隋代。据传，隋文帝遇阿罗汉授给舍利，登基之后，将舍利分往 30 州，每州建一塔，天宁寺塔便为其中之一。明人刘侗《帝京景物略》谓：“天宁寺，隋塔也。”

一说为辽代。这是根据天宁寺塔的制式是辽代始创并推广的一种塔型而推定的，从塔的雕塑手法上推断，也具有辽代艺术独特的风格。

1976年唐山大地震时天宁寺塔塔刹宝珠被震碎，部分瓦片下坠，但塔身整体尚完好。

在1992年对塔进行维修时，人们发现了48厘米见方、7厘米厚的汉白玉石碑一块，碑题是《大辽燕京天王寺建舍利塔记》，碑身正面刻“皇叔判留守诸路兵马都元帅府事秦晋国王天庆九年五月二十三日圣旨起建天王寺砖塔一坐举高二百三尺相计共十一个月了毕……”后边则记录了与工程相关人员的职务、姓名等。由此可见，现存的天宁寺塔为辽天庆九年（1119年）所建。诚然，这也不排除此前更早建有隋塔之可能，但现存之塔是辽塔却毋庸置疑。

天宁寺塔建于一方形大平台上，平面八角，十三层实心，总高57.8米，高度为京城古塔之首。

塔的底部为须弥座，座上是带有斗拱勾栏的平座和向上仰的两层莲花瓣，承托着塔身。

塔身十分高大，四面设拱券假门，门旁浮雕着形象逼真的金刚力士、菩萨、云龙等纹饰图案。

塔身二层以上为十三层密檐，每层皆系风铃，檐下置有斗拱。从立面上看，天宁寺塔的各部比例异常匀称协调，须弥座、塔身、密檐、结顶宝珠，相互构成轻重、长短、疏密相间相连的艺术造型，在垂直方向上构成一种看得见的美妙韵律。

天宁寺塔原有的塔影、铃声、“蝶仙”为三处神秘之所。据说，天宁寺塔影投射到大殿门窗中后，一塔多达数十影，而且皆为倒影。故有“兹塔多鬼怪”、“午中看倒影”等说法。

实际上这是现代光学所说的小孔成像的自然现象。出现这种现象需要特定的条件，如建筑群的布局位置、塔与殿堂的间距、殿堂进深的大小以及窗户的孔隙之大小等。

如今塔前原先的殿堂一无所有，倒影奇观也随之消失，只留给人们以无限的遐思和永远说不完的话题。

再者天宁塔之铃声也有相关说法和奇异之处：据徐善《冷然志》记载，天宁寺塔“每椽之首辍为一铃，八觚交角之处，又辍一大铃，通计大小铃三千四百有余，风作时铃齐鸣，若编钟、编磬之相和焉”。数以千计而大小不一的风铃，迎风齐鸣，应该说是自然而然的事情，而其奇妙之处在于，无论是否有风，天宁寺塔的铃声都连绵不断。

民间传说此为神力所致，显然是迷信说法掺杂其中。其实，铜铃如此之多，而且四面皆有，加上塔很高，高处迎风，总有铃声是正常之事。

至于“蝶仙”，据说每逢风清日朗的春日，站在塔下往上仰望，假如运气好，便能够见到五彩缤纷的大花蝴蝶绕塔翩翩起舞，美不胜收。但是架起木梯从塔上往下看，却眼中无物，故传说这里有“蝶仙”。出现此种现象的原因，至今尚属一谜，有待于科学家们去探奥揭秘。

【历史价值】

辽代建塔时，天宁寺位于当时城内最为繁华的市区，可以想象这座制式优美的高约60米的大建筑物对点缀当时的市容及形成城市的主体轮廓起着非常重要的作用。20世纪70年代，北京市政府对天宁寺周边环境进行了重新整治，新开辟的天宁寺路正对着这座京城名塔，使天宁寺显得尤为壮观。

1988年，天宁寺塔被国务院公布为全国重点文物保护单位。

真 觉 寺

【名僧诗话】

心如大海无边际，广植净莲养身心。
自有一双无事手，为作世间慈悲人。

——唐·黄檗希运《心如大海》

【地理位置】

地处北京市海淀区白石桥以东长河北岸的真觉寺，又称“五塔寺”。真觉寺始建于明代永乐年间（1403年—1424年），寺内高石台上有5座小型石塔，建成于明成化九年（1473年），称“金刚宝座塔”。

【寺庙历史】

据史载，明永乐初年，印度班迪达从西域抵京，向明成祖朱棣进献了5尊金佛和印度式“佛陀迦耶塔”的规式。明成祖与他谈经论法特别默契，封其为大国师，授予金印，并赐地于西关（今西直门）外长河（今高梁河）北岸，为之建寺，称寺为“真觉”，然后依据此位高僧提供的规式建成了金刚宝座塔，还重修了寺院。

以前很多人以为“班迪达”是人名，其实“班迪达”为古印度对通达大乘佛教大小五明高僧的称号。五明就是内明（佛学）、因明（逻辑学）、医方明、工巧明、声明（声韵及语文学）。经历史学家考证，这位来中国的班迪达名为室利沙。

清代乾隆帝为其母做寿，曾经两次重修真觉寺。

乾隆十六年（1751 年），首次重修后的真觉寺为避雍正帝“胤禛”名讳，改称“大正觉寺”。

乾隆二十六年（1761 年），当朝皇太后 70 大寿，作为祝寿主要场所的真觉寺再次进行了全面修葺，并且有 1000 名喇嘛念经，各国使臣纷纷进贡了寿礼。当时热闹繁华的场面被绘制在一幅彩图中，再现了真觉寺当年的全貌。

当时的真觉寺南临长河，南北向中轴线上依次排列着牌楼、山门、天王殿、大雄宝殿、金刚宝座塔、毗卢殿、后大殿，东西两侧分别列钟鼓楼、配殿等大小不等的 200 余间房屋。

寺内主要建筑屋顶皆为黄色琉璃瓦，阳光照射时，金碧辉煌，更显出皇家寺院的威严气势。

八国联军侵华时，真觉寺惨遭破坏，寺院已荡然无存，现仅存金刚宝座塔。

【建筑风格】

现存真觉寺塔台座高 7.7 米，长 18.6 米，宽 15.73 米，内砌砖而外甃汉白玉石，塔座南北分别各置大券门一个，内有塔室、佛龛、阶梯盘旋而上，可达宝座之上的平台，平台上的五座锥形小石塔，皆为方形密檐塔。

中塔高 8 米，十三层密檐，四角小塔高 7 米，十一层密檐。中塔正面须弥座的上面雕刻着莲花托浮的一双人足大小的足印，双足心向外，佛教中称之为佛足石。

佛足石起源于印度，据说是释迦牟尼临终前将足印留在一块石头上，于是后人刻此石，寓释迦牟尼足迹遍天下之意。

随着佛教的迅速传播，在各国出现大小不等，雕饰各异的多种佛足石，在印度、尼泊尔和我国的西藏地区常有发现，北京地区仅此一处。

佛足两侧还刻有吉祥八宝。

中塔的对面，石梯出口处还建了一座圆顶方室的琉璃瓦重檐亭子，融入了民族传统建筑模式，使 5 座小塔更具神韵，浑然一体，成为我国建筑吸取外来文化的成功范例。

全塔上下皆为雕刻，所雕以佛像为主体，共有佛像 1561 尊，其次为狮、象、马、孔雀、大鹏金翅鸟以及各种法物法器，使之成为一处巨大精美的佛教石雕艺术殿堂。

真觉寺金刚宝座塔为印度“佛陀迦耶塔”（释迦牟尼得道处迦耶山寺所建的纪

念塔）制式的佛塔。

据说印度高僧所带的5尊金佛就藏在该塔之中。

真觉寺塔是我国同类塔中年代较早、样式最为隽秀的一座，堪称明代建筑和石雕艺术的代表作。尽管它以印度的“佛陀迦耶塔”为制式，但它与我国传统的建筑和雕刻艺术相融合，是中外文化交流的实证。真觉寺塔在历史、艺术、科学上都具有特殊的价值，备受世人关注。

1976年的唐山大地震波及北京地区，使宝塔塔基下沉、后部开裂，因此北京市政府于1979年对真觉寺塔较全面地进行了修缮，并于1982年10月正式对外开放。

寺内还设有“金刚宝座塔资料陈列室”和“中国古塔图片展览室”等。

“北京石刻艺术博物馆”也建于其中，馆中陈列古代石刻1200余件，是观赏和研究中国古代石刻的胜地。

【历史价值】

1961年，真觉寺塔被国务院公布为全国重点文物保护单位。

戒台寺

【名僧诗话】

幽鸟语如篁，柳摇金线长。
烟收山谷静，风送杏花香。
永日萧然坐，澄心万虑忘。
欲言言不及，林下好商量。

——唐·法眼文益《幽鸟语如篁》

【地理位置】

地处北京门头沟区马鞍山麓的戒台寺，又名“万寿禅寺”，由于寺内有座闻名全国的大戒台，故而人们称此寺为“戒台寺”或“戒坛寺”。

【寺庙历史】

历史悠久的戒台寺前身是始建于唐高祖武德五年（公元622年）的“慧聚寺”，辽代清宁年间，高僧法均和尚隐居此山。辽咸雍五年（1069年）冬法均于寺左创建了一座菩萨戒坛，以普度众生，日度数千人。当时不但辽国民众来此受戒，宋国民众远道而来的也特别多。

明正统五年（1440 年），明英宗在重修此寺后赐“万寿禅寺”名。

清代该寺曾多次增建，许多民间组织也于寺中空地建些小殿，如财神殿、娘娘殿、老爷殿、地藏殿等，致使此座佛寺中出现了些许非佛教所用的建筑。

新中国成立后戒台寺停止了佛事活动，为北京市园林局经营管理。

1982 年后，该寺经过大修重新开放。

【建筑风格】

戒台寺坐西朝东，建于山麓缓坡之上，主要殿堂沿两条东西向轴线建筑而成。

南侧靠前为一组大雄宝殿，由低而高设置。北侧靠后是戒殿一组，一律建于高台之上。殿堂四周分布着很多庭院，各院内都有精美的叠山石，葱郁的古松古柏，配以古塔古碑，山花流泉，更显清幽宁静。

寺院内建山门殿、钟鼓二楼、天王殿、大雄宝殿、千佛阁（遗址）、观音殿、三仙殿、九仙殿等，殿宇依山而筑，逐渐升高，蔚为壮观。

全国闻名的戒坛在西北院内正中戒台殿，它和泉州开元寺戒坛、杭州昭庆寺戒坛并称全国三大戒坛。

戒坛高 3.5 米，三层汉白玉台座为正方形。底座边长约 11 米，各层石台外围均雕有数百戒神。当初石台外尚存 24 尊身高 1 米的戒神，环列戒台四周。

戒台殿顶中央，有藻井一座，几条金雕卧龙盘于其上，最深处有一龙头向下，寓意蛟龙灌浴。戒台顶层中央为释迦牟尼佛像。像前原置雕花沉香木椅 10 把，上首 3 把，是受戒律师座；左边 3 把，右边 4 把，则为受戒证人座，合称“三师七证大师座”。

寺中原有“千佛阁”，曾为全寺中心建筑，登阁放眼，可达百里之遥，如今仅遗台基及柱础。

阁为七开间，外观为两层，中间有腰檐和平座暗层，庑殿顶阁高 20 多米。

内部两侧分别为 5 个大佛龛，每龛内含 28 个小龛，每个小龛内存 3 座形态不同的 10 厘米左右的佛像，累计佛像有 1000 个之多，所以称“千佛阁”。

戒台寺内其他建筑物也不少，诸如南、北宫院、方丈院以及寺东南角高台上的两处小四合院等，皆为王公贵族及僧众居所。

北宫院又称“牡丹院”，清恭亲王奕忻曾隐居于此，院分两进，前院有叠石假山，后院广植牡丹，尤为名贵。

戒台寺内碑、幢林立，共有辽幢二、金碑一、元幢一，其他明、清以及民国石碑颇多。

寺后山上多洞，最著名者为太古洞、观音洞、化阳洞、庞涓洞、孙膑洞。太古洞、观音洞外置八角形十一层小塔；化阳洞右下百米处有石龟一个，若浮于波浪之中；庞涓洞深邃异常，两壁皆石乳，并存神秘深井一口，投以瓦砾，回声不闻。传说此井与浑河暗通。

戒台寺古树繁多，以松柏最为出名，寺内古松柏有的为辽、金两代所植。松树枝干虬曲离奇，可坐可卧，著名者为“自在松”、“卧龙松”、“九龙松”等，极罕见的为“活动松”，人们随意拉动它的哪个松枝，整棵树的枝叶便同时随之摇动。

清乾隆帝曾于此留下一座“题活动松诗”小石碑。碑上题诗两首曰：“老干棱棱挺百尺，缘何枝摇本身随。咄哉讹为挈其领，素动万丝因一丝。”“摇动旁枝老干随，山僧持以示人奇。一声空谷千声应，借问神通孰所为。”

【历史价值】

1996年，戒台寺被国务院公布为全国重点文物保护单位。

西　黄　寺

【名僧诗话】

兀兀不修善，腾腾不造恶。

寂寂断见闻，荡荡心无著。

——唐·六祖慧能《最后偈》

【地理位置】

西黄寺位于北京安定门外黄寺大街。

【寺庙历史】

西黄寺起初名为达赖庙，是清廷为当时的西藏宗教领袖五世达赖修建的。

清世祖顺治九年（1652年），西藏政治与宗教领袖五世达赖阿旺罗桑嘉措应清世祖的邀请，亲自带领3000余人来北京朝觐。为接待此位藏传佛教领袖，清廷特意修建了西黄寺。

1652年12月16日，五世达赖在南苑拜见了清世祖，并受到了清世祖的热情款待，随之清世祖接受了五世达赖进贡的马匹和珍宝。次日，五世达赖坐着清世祖御赐的金顶黄轿，奉旨移居西黄寺。从此以后，西黄寺便成为五世达赖在北京的驻锡之所，五世达赖曾多次在此讲经布道，举行法会。

1653 年 2 月，五世达赖辞归西藏，清世祖则正式册封五世达赖喇嘛阿旺罗桑嘉措为“西天大善自在佛所领天下释教普通瓦赤喇怛喇达赖喇嘛”。

从此，“达赖喇嘛”称号得以正式确定。后来历世达赖喇嘛传世，必须通过中央政府册封，遂成定制。

乾隆四十五年（1780 年），西黄寺又成为六世班禅的安禅说法之地。

六世班禅到达北京后，驻锡在西黄寺。六世班禅在此讲经弘法，王公大臣争相前来参访，善男信女接踵而至，顶礼膜拜。

12 月 2 日，六世班禅因病于西黄寺圆寂，震惊朝野。

乾隆帝为此辍朝一天，并诏命北京所有佛寺诵经 49 天，为六世班禅超度。

清政府用赤金铸六世班禅像一尊，将其供于西黄寺大殿，除此之外，清廷还用赤金七千两营造一座金塔，将六世班禅肉身移至其中。

乾隆四十六年（1781 年）春，清廷责成理藩院尚书博清额，护送六世班禅的骨身舍利金塔回日喀则的扎什伦布寺。

乾隆四十七年（1782 年），乾隆为缅怀六世班禅，还在西黄寺里建造了六世班禅衣冠塔，称之为清净化域之塔。

【建筑风格】

如今的西黄寺建筑面积 900 余平方米，计有殿堂房屋 59 间。

整座寺庙坐北朝南，进门有殿三间，院内建有钟、鼓楼各一座，第二进有正殿五间，殿前分别为东西碑亭。

东碑记述的是六世班禅入京的功绩和建造清净化域之塔的内涵，正面为汉文刻写，背面为藏、满两种文字。西碑上刻有乾隆题诗。

清净化域之塔位于西黄寺殿后中轴线上。此塔的整体除塔顶外，通为白石砌成。整座塔建在 3 米多高的汉白玉台基上，周围有栏杆、牌坊和辟邪。塔的四角分别有一座八角形塔式经幢，高 7 米，各分五层，每层供有 8 座雕刻精美、风格独特的佛像。

西黄寺主塔约 15 米高，八角束腰的塔基上，为八角形的须弥座承托塔身。

须弥座用莲花、卷草、云彩等纹饰，座的八面浮雕刻有佛教故事。座的 8 个拐角，各浮雕着一尊硕大的藏族力士像，手擎宝塔，气势雄伟，犷悍淳朴。

须弥座承托着整个塔身，正南面雕刻着佛龛一个，龛内浮雕着三世佛。塔顶是铜制鎏金双层莲花、相轮、宝瓶盖顶。

清净化域之塔以印度式大塔四角建小塔为基调，用汉族传统的牌坊、花纹作为衬托，用藏传佛教的塔式为主体，从而形成集汉族、藏族和印度佛教诸风格于一体的巧妙建筑风格。

清净化域之塔气势宏伟壮观，建筑和谐一体，雕刻精美细腻，洁白端庄如玉，有北京白塔之冠的美称。

【历史价值】

1954 年，十世班禅额尔德尼·确吉坚赞出席第一届全国人民代表大会，在会议期间，他与十四世达赖喇嘛联袂前往西黄寺朝拜清净化域之塔。1987 年 9 月 1 日，在党和政府的重视、关怀下，中国藏语系高级佛学院在西黄寺正式创立，十世班禅大师亲任第一任院长，西黄寺成为藏传佛教爱国爱教的高级僧人的培养基地，成为汉藏文化交流的重要平台。

1979 年 8 月 21 日，北京市政府宣布西黄寺为北京市重点文物保护单位。北京市文物事业管理局于 1981 年 7 月于清净化域之塔院天王殿右墙前设立了重点文物保护单位标志和文字。1983 年，西黄寺被国务院列为汉族地区佛教全国重点寺院，2001 年被国务院确定为国家重点文物保护单位。

大钟寺

【名僧诗话】

照面不用镜，布施不用财。
端坐念真相，此便是如来。

——唐·梵志《照面不用镜》

【地理位置】

位于北京市海淀区北三环西路北侧的大钟寺，正名为“觉生寺”，占地面积 3 万多平方米。

【寺庙历史】

大钟寺始建于清雍正十一年（1733 年），告成于清雍正十二年（1734 年）冬，雍正帝赐其名为“觉生寺”。

【建筑风格】

大钟寺坐北朝南，由南向北，依次是影壁、山门、钟鼓二楼、天王殿、大雄宝殿、观音菩萨殿、大钟楼。配殿和跨院分别列于中轴线两侧。

该寺在北京并非最早或最大的寺院，可是在中国第一历史档案馆保存的《京师二百九十一座寺庙细数折》中却位列第三，究其原因，就是由于此寺安放有驰名中外的永乐大钟。人们之所以称之为大钟寺，也缘于此。

寺中的大钟因为是明代永乐年间铸造的，所以被称为“永乐大钟”。铜钟通体褚黄，高6.75米，直径3.7米，重达46.5吨。钟唇厚18.5厘米，钟体光洁。此钟内外铸有经文230184字，无一字遗漏，铸造工艺特别精美，钟形弧度变化较大，周身无任何磨削加工痕迹，在中国大型铜铸中，堪称绝品。该钟音色特别好，衰减慢、传播远。轻撞之，声音清脆悠扬，回荡不绝能达1分钟之久；重撞则声音雄浑响亮，尾音可长达2分钟之久，方圆50千米可闻其音。据冶金专家研究表明，该钟配方科学，钟体强度达最佳值，所以受撞500余年，仍完好如初。

大钟的钟体内外全部铸有经文，外面为《诸佛如来菩萨尊者神僧名经》、《弥陀经》及《十二因缘咒》，里面是《妙法莲花经》，钟唇为《金刚般若经》，蒲牢（钟纽）之处为《楞严咒》等，总共有经、咒17种，全是汉字楷书，字体工整，古朴遒劲，匀称地分布于钟体各处，据说为明初书法家沈度之手笔，是明初馆阁体书法艺术的代表作。

大钟所铸经文，曾被误传是《华严经》，所以曾有“华严钟”的叫法。近年考古工作者查明，钟上所铸的实际是明成祖御制的《诸佛世尊如来菩萨尊者神僧名经》和以《法华经》为主体的八种经，其实并无《华严经》。

明成祖迁都北京之后营建京师，有故宫、天坛、永乐大钟三项工程。之所以要铸造大钟，为的是宣扬他的政绩，巩固他的统治地位。据说，敲钟一下，字字皆声，相当于诵读了一遍经文。钟上铸有23万余字，可见佛法传播之远。

铸好之后的永乐大钟，先挂于宫中，明万历年间才移置万寿寺。

清雍正十一年（1733年）朝臣们经过一番争论，依据阴阳五行生克之说，认为大钟属金，北方属水，金水相生，所以，应该把它置于京城之北。雍正帝遂决定，将此钟置放在位于“京城之乾方，圆明园之巳方”的风水宝地觉生寺。移钟工程用了近10年的时间才完成。乾隆帝为此题“华严觉海”大匾高悬于钟楼之上。

为了悬挂此钟，人们特地在寺后设计了一座两层钟楼，上层为圆形，下层是方形，楼内有梯可盘旋而上。

钟楼上面都有窗口，因里面光线充足，能见度良好，所以能够清楚地看到钟纽和钟身顶部。

悬钟所用的架子，是用粗大的木梁制成，它的四柱顶部内倾，结构相当合理，悬钟木架采用8根斜柱支撑，合力向心，受力均匀，符合力学原理。大钟悬挂于主梁上，仅靠一根长1米、高14厘米、宽6.5厘米的铜穿钉固定，穿钉承受几十吨的重力而安然无恙。为降低钟架的高度，钟的下方挖有一个深70厘米的八角形坑穴，人们能够站在坑穴里观看大钟内壁的字迹。

明、清两代，每逢辞旧迎新之时，僧人们都要敲钟108下。相传，人只要听到钟声便可消忧解愁。现在，为了保护永乐大钟，同时又能使广大游人可以欣赏到钟王美妙之声，大钟寺于每年正月初一到初三，每天敲钟3次，每次敲钟3下。在一些具有特殊意义的喜庆日子，大钟寺也会破例鸣钟。

【历史价值】

1985年，大钟寺被辟为中国古钟博物馆，馆中陈列古钟数百口，自原始社会时的陶钟至民国年间的警钟无所不包，除此之外尚有部分外国钟，可称之为“钟的王国”。

法　源　寺

【名僧诗话】

一钵千家饭，孤身万里游。

青目睹人少，问路白云头。

——南北朝·契此和尚《千家饭》

【地理位置】

法源寺地处北京宣武门外教子胡同南端东侧，它是北京城内现存历史最早的古刹，著名的中国佛学院、中国佛教图书文物馆就位于这里，是培养青年僧侣以及研究佛教文化的重要场所。

【寺庙历史】

法源寺始建于唐朝，开始叫“悯忠寺”，到现在已有1300多年历史。

公元645年，唐太宗李世民为纪念北征辽东的阵亡将士，诏令在此立寺，至武则天时的公元696年才完成建设，赐名“悯忠寺”。

安史之乱时，法源寺曾一度改称“顺天寺”，安史之乱平定后又恢复“悯忠寺”名称。公元892年到893年，唐幽州卢龙军节度使李匡威又对其加以重新修整，并增建“悯忠阁”。

1057年，幽州大地震，悯忠寺未能幸免而随之被毁。

辽咸雍六年（1070年）奉诏修复后，“悯忠寺”又改称“大悯忠寺”，形成今天的规模和格局。

明正统二年（1437年），寺僧相璐法师募资进行了修缮，易名为“崇福寺”。

清代统治阶级内部崇尚戒律，在寺中设戒坛。

雍正十二年（公元1734年），该寺被正式定为律宗寺庙，传戒法事，并将其更名为“法源寺”，一直沿用至今。

乾隆四十三年（1778年），法源寺应诏重新整修，待工程竣工后乾隆帝亲自来到法源寺，并且御书“法海真源”匾额赐寺，此匾至今依然悬挂在大雄宝殿上。乾隆帝还在寺内写下了“最古燕京寺，由来称悯忠”的诗句。“法海真源”的意思是说：千条万条戒律、刑律，都是“流”，只有内心存诚才是“源”。“法”包括佛教教义在内的所有事物，如欲弘扬佛教，追本溯源的话，就首先要抓住律学。从此匾不难看出法源寺作为佛教律宗寺庙的重要地位。

【建筑风格】

法源寺建筑总面积6700平方米，建筑规模宏大，结构也特别严谨，以中轴对称布局，由南至北依次为山门、钟鼓楼、天王殿、大雄宝殿、悯忠台、净业堂、无量殿、大悲坛、藏经阁、大遍觉堂、东西廊庑等，总计七进六院，布局合理，宽广开阔，是北京城内保存至今的历史最为悠久的古寺庙建筑群。

天王殿内中间供奉着明朝制作的弥勒菩萨化身布袋和尚铜像，此铜像高1.12米，袒胸露怀，喜气洋洋。在弥勒佛背后是明代铜铸的护法神韦驮坐像，高1.7米，勇猛威严，极富震慑力。两侧是明代铜铸四大天王像，身高皆为1.2米，非常珍贵。

大雄宝殿正中供奉着毗卢遮那佛、文殊和普贤菩萨像，是为“体严之圣”，均为明代制作，质地为木胎贴金罩漆。中间的毗卢遮那佛像高2米，脑后背光，连须弥座在内总计高达3.97米。文殊、普贤二位菩萨则分立两旁，像高2.14米。这3尊塑像，相貌端庄，雕制精美，在明代塑像中当推上乘。

大殿两侧为十八罗汉坐像，像高约1.35米，皆为木胎贴金，是清朝制品。大殿中向南两青石柱础，呈卷叶莲瓣状，据专家初步认定是唐初建寺时原物。

悯忠台又称“念佛台”，还叫“观音殿”。台基高超过1米，周围护以砖栏，殿堂建于台上，气势特别壮观，前人有“悯忠高阁，去天一握”之赞辞。此殿结构独具一格，外墙用12柱为架，室内以12柱支撑，其样式和故宫御花园万春亭相同。

此处保存着法源寺的历代石刻、经幢等，其中以唐《无垢净光宝塔颂》、《悯忠寺藏舍利记》、《承进为荐福禅师造陀罗尼经幢》、辽《燕京大悯忠寺菩萨地宫舍利函记》为极品。殿外山墙还镶嵌着清代翁方纲复制的唐“云麾将军碑”残柱基，此外还有《法源八咏》及《心经》等碑刻，为研究佛学和法源寺历史提供了重要资料。

净业堂前有一硕大石钵，双层石座，周围雕海水花纹和山龙、海马及八宝等造型，雕刻异常精美，可与北海团城的大玉海相媲美。堂内供奉一尊明代铜制巨像毗卢佛像，其身高4.58米，几乎接近屋顶。

寺内还存有唐至德二年（公元757年）张不矜撰、苏灵光书的《无垢净光宝塔颂》碑，原嵌在塔的墙壁上，碑高1.2米，宽0.73米。

无垢净光宝塔原来位于此寺南角，始建于唐至德二年（公元757年），辽代时因地震而倒塌。我国古代的碑文，通常都是从右至左书写，而此碑却是从左至右的书写形式，在我国古代碑刻中是仅此一例。

大悲坛是一座佛教文物宫殿，陈列着历代佛像、石刻等极有价值的艺术珍品，有中国最早的佛像——东汉的陶佛座像、东吴的陶魂瓶、北齐石造像、唐石佛像、五代铁铸像、宋木雕罗汉、元铜铸观音、明木雕伏虎罗汉等，皆为国家珍贵文物。另外尚存很多各国赠送的经像文物。

寺中最后一进殿堂为藏经阁，明、清时期所刻藏经就珍藏在阁内。

1980年5月，当日本国宝鉴真大师像回国巡展时，就曾在寺中供奉了整整7天，有16万信徒及各地群众前来观瞻。

【历史价值】

历史上的法源寺久负盛名。据史料记载，宋钦宗赵恒被金兵俘虏北上，就曾囚居在这里。

元至元二十六年（1289年），宋遗臣榭枋得抗元失败后，遁隐建宁（今福建省建瓯县）唐石山中，后被元军所俘，押至大都（北京），拒不降元，即在此寺绝食身亡。

法源寺于1983年被国务院确定为汉族地区佛教全国重点寺院。2001年，法源寺又被国务院公布为全国重点文物保护单位。

潭 柘 寺

【名僧诗话】

崇岩吐清气，幽岫栖神迹。
希声奏群籁，响出山溜滴。
有客独冥游，径然忘所适。
挥手抚云门，灵关安足辟。
流心叩玄扃，感至理弗隔。
孰是腾九霄？不奋冲天翮。
妙同趣自均，一悟超三益。

——东晋·庐山慧远《远庐山东林杂诗》

【地理位置】

潭柘寺地处北京市门头沟区，它坐北朝南，背倚宝珠峰，周围有九座高大的山峰呈马蹄状环护，这九座山峰自东往西分别是回龙峰、虎距峰、捧日峰、紫翠峰、集云峰、璎珞峰、架月峰、象王峰和莲花峰，九座山峰就像九条巨龙一样拱卫着中间的宝珠峰，气势磅礴的潭柘寺古刹就建在宝珠峰的南麓。高耸的山峰将从西北方袭来的寒流截住，使潭柘寺所在之处形成了一个温暖、湿润的小气候，故此处植被繁茂，古树名花数量众多，自然环境特别优美。

【寺庙历史】

始建于西晋时的潭柘寺，到现在已有近1700年的历史，是北京地区最早修建的一座佛教寺庙，民间有“先有潭柘，后有幽州”的谚语，用以说明潭柘寺的历史悠久。

潭柘寺在晋代时名为嘉福寺，唐代时改称龙泉寺，金代御赐寺名为大万寿寺，在明代又相继恢复了龙泉寺和嘉福寺的旧称，清康熙帝赐名为岫云寺，可由于寺后有龙潭，山上有柘树，所以民间始终称其“潭柘寺”。

【建筑风格】

潭柘寺建筑规模宏大，占地面积达121公顷之多。寺中殿堂随山势高低而建，错落有致。潭柘寺现存房舍943间，其中古建筑殿堂638间，建筑明显地保持着明清时期的特点，是北京地区最大的一处寺庙古建筑群。

全寺建筑可分东、中、西三部分。中间部分为牌楼、山门、天王殿、大雄宝殿、斋堂三圣殿（已不存）、毗卢阁。东部为以庭院式建筑为主的十间房、方丈院、万岁宫、太后宫、流杯亭、舍利塔等。西部为寺院式的殿堂组合，有楞严坛（已坍塌）、戒台、大悲坛、观音殿等。

除此之外，山门外左前方还有一处供和尚退休养老之所，名为“安乐堂”。

寺前为上、下塔院，现存金、元、明、清各代和尚塔总计 72 座，为此寺及戒台寺历代方丈及有名禅师的墓地。寺东西两侧的山坡上分别有一座观音洞，还有歇心亭、少师静室等建筑。山门前建有石拱桥，桥南有苍松一片，树龄已逾数百年。寺后的半山腰上，有泉水汇成的水池，称为龙潭。

潭柘寺的整体建筑以一条中轴线纵贯中间，左右两侧基本呈对称状，使整个建筑群显得浑然一体而又主次分明、层次清晰。其建筑形式为殿、堂、阁、斋、轩、亭、楼、坛等，琳琅满目，别具一格。

潭柘寺不仅人文景观丰富，自然景观也特别优美，一年四季各自有景，一天之中情趣各异，早在清代“潭柘十景”就已经名扬京师。

【历史价值】

从古至今，潭柘寺以其悠久的历史，雄伟的建筑，优美的风景，神奇的传说而受到人们的青睐。

潭柘寺在佛教界也占有重要的地位。自金代以来，在相当长的一个时期内，潭柘寺都是大乘佛教禅宗中临济宗的领袖，并且名僧迭出，历代的高僧大德们，研究佛学弘扬佛法，为潭柘寺的扩建和修葺，为延续和繁荣寺院的香火，作出巨大贡献，而在《高僧传》上标名，名传千古。

潭柘寺因为在佛门有着崇高的地位，加之寺院庞大的建筑规模，所以享有“京都第一寺”的美誉。

灵光寺

【名僧诗话】

莫漫求真佛，真佛不可见。
妙性及灵台，何曾受薰炼？
心是无事心，面是娘生面。
劫石可移动，个中难改变。

——唐·梵志《莫漫求真佛》

【地理位置】

灵光寺位于北京西山八大处第二处，寺内供奉着释迦牟尼佛牙一颗。

【寺庙历史】

灵光寺创建于公元8世纪，开始叫龙泉寺；1479年重建时，改称灵光寺。佛牙舍利塔建在寺内东南隅，称“招仙塔”，因塔砖上刻有佛像，所以又称为“画像千佛塔”。

据我国佛教史传记载，在佛陀寂灭荼毗之后，有两颗佛牙留在人间，其中一颗传到斯里兰卡，另一颗传到当时的乌苌国（今巴基斯坦境内），后由乌苌国又传至于阗（今我国新疆和阗县）。

公元5世纪末，南朝高僧法献西行，自于阗将佛牙请回南齐都城建康（今南京）供奉。从此以后，这颗佛牙辗转流传，一直受到历代统治者和佛教徒的恭敬礼拜。五代时期，由于中原战乱四起，佛牙便传到当时北方辽国的都城燕京（今北京），辽国丞相耶律仁先的母亲燕国太夫人郑氏，为此在西山灵光寺建了一座八角十层的砖塔供奉佛牙舍利。

几百年来，灵光寺始终是北京的一个朝拜、游览的胜地。1900年，八国联军侵华时，灵光寺也未能幸免，因遭炮轰，寺、塔皆化为一片瓦砾。后来，佛牙被僧人在塔基中找到。此后，因为战事频繁、社会动荡，佛牙舍利一直由寺僧供奉50多年。直到新中国成立后，僧人们才在1955年把佛牙舍利迎至广济寺，将其供养在舍利阁七宝金塔中，供国内外信众瞻礼。这颗佛牙舍利还曾相继应缅甸和斯里兰卡两国政府和佛信教徒的要求，出国巡礼。此颗佛牙舍利还去过泰国和中国香港。

为了使千年的圣迹得以恢复，让佛牙舍利这一稀世法宝获得一个永久供奉的场所，1957年，经周恩来总理批准，由中国佛教界发起，按照佛教传统在灵光寺原址重建新塔。

1964年春，一座凝重庄严、巍峨耸立的新塔及其附属殿堂落成。

【建筑风格】

新建的佛牙舍利塔高为51米，八角十三层，塔身外形采用单层密檐形式，并配以碧瓦金刹，绮窗复拱，显得朴素简洁而又挺拔秀丽，保持了中国古典佛塔所独有的传统艺术特色。

塔身内部共分为七层。塔顶供奉着尼泊尔国王赠送的佛陀肉身舍利12颗，以象征十二因缘。以下6层，又各供奉6颗，是六度波罗蜜之象征。除此之外，还分层供奉着汉、藏、蒙、傣各族佛教的经像、法物。

塔底是一暗室，四壁嵌镶石刻碑记和经文。

室外以石梯环绕，上达佛牙舍利堂。堂中则设置金刚座和彩绘屏风，用七宝金塔供奉着佛牙舍利，给人以既庄严肃穆而又恬静和平的气氛。

【历史价值】

1964 年 6 月 25 日，中国佛教协会在灵光寺举行了隆重的佛牙舍利塔开光典礼，来自柬埔寨、斯里兰卡、印度尼西亚、日本、老挝、蒙古、尼泊尔、巴基斯坦、越南等国佛教代表团以及一些国家的驻华使节与外交官员一起参加了典礼。

雍 和 宫

【名僧诗话】

千年石上古人踪，万丈岩前一点空。
明月照时常皎洁，不老寻讨问西东。

——唐·寒山《千年石上古人踪》

【地理位置】

地处北京市东城区雍和宫大街的雍和宫，是北京市内最大的藏传佛教寺院，同时也是全国闻名的藏传佛教寺院之一。

【寺庙历史】

雍和宫旧址原来是明代内宫监官房。清康熙三十二年（1693 年），始为皇四子胤禛的府邸。

胤禛由于生母为宫女，15 岁受封爵号“多罗贝勒”。清廷宗藩爵号分亲王、郡王、贝勒、贝子等六级。因此贝勒这个爵位不算显贵，故选赐明代内宫旧宅。

康熙四十八年（1709 年），胤禛晋封“和硕雍亲王”，他的旧宅也因其爵位的提高而相对有所变化，声势、规模都大幅度扩展，就连正门、正殿、寝殿的屋瓦都换成统一的绿色琉璃瓦。

胤禛登基于清康熙六十一年（1722 年）。雍正三年（1725 年）时，他当年的亲王府作为行宫改称“雍和宫”，列入“龙潜禁地”。

雍正帝不但将雍和宫作为佛事活动场所，而且还把御前“粘杆处”的署衙设在宫内。

雍正十三年（1735 年），雍正皇帝死于北京西郊圆明园后其灵柩曾停于雍和宫。移棺前，乾隆帝命工匠夜以继日地加工，把昭泰门、雍和门、雍和宫正殿、永佑殿、法轮殿等处，改换成黄色琉璃瓦。依金、木、水、火、土“五行”说，黄色代表中央方位和至尊地位。

自宋代起，我国皇宫的殿顶就多用黄色琉璃瓦覆盖。雍和宫的墙垣涂刷成红色，红色在我国民俗中历来是吉祥、喜庆的象征，并含庄严、幸福之义，在建筑色彩上也属最高等级。雍和宫享有皇宫的规格，这就是它黄瓦红墙的原因。后来，雍正帝移葬清西陵，永佑殿更名为“神御殿”。

乾隆九年（1744 年），雍和宫正院改为喇嘛庙。乾隆帝将雍和宫改为喇嘛庙是有其原因的，正如他在《喇嘛说》碑文中所述，“盖因蒙藏奉佛，最信喇嘛教，不可不保护之，以为怀柔之道”，并且用喇嘛教来保佑“大清基业万年磐石之安”。正是因为这样，雍和宫在神御殿供奉雍正皇帝的影像，从而使一地而具有奉佛和供奉清帝祖先的双重职能。

此后，乾隆帝便大兴土木，增建很多寺庙殿堂，使雍和宫规模格外宏伟、壮观。《天咫偶闻》中记述道：“殿宇崇宏，相设奇丽。六时清梵，天雨曼陀之花；七丈金容，人礼旃檀之像。飞阁复道，无非净筵；画壁璇题，都传妙手。固黄图之甲观，绀苑之香林也。”

【建筑风格】

万福阁是雍和宫内最高大的殿阁，又名“大佛楼”，高达 30 余米，飞檐三重，皆为木结构。

从外表看，万福阁为一座三层高楼，但从里面看，却是一座没有楼板相隔的通体高阁，这充分体现出辽、金两代的建筑风格，举世闻名的白檀香木雕弥勒佛像就供奉其正中。

雍和宫始建时，此处为观音殿一座，内有一座木雕的娃娃山。由于雍和宫坐落在柏林寺右，乾隆帝害怕它影响“龙潜禁地”风水，便打算在雍和宫北部开阔地建高阁供一大佛，依靠佛力保佑平安。

乾隆十五年（1750 年），平定了西藏郡王朱尔默特的叛乱后的乾隆帝，把西藏的军政大权交给了七世达赖喇嘛。

为了报答乾隆帝的恩典，七世达赖便用大量珠宝从尼泊尔国王手中换回这棵巨型的檀木，历经周折才将其运至北京，敬献给乾隆帝。于是乾隆帝命高级匠师将这棵白檀木雕成一尊大佛，并在佛像雕刻完毕立好后，建造了万福阁。故此老北京有“先有佛像，后有宫殿”、“先有大佛，后有雍和宫”之说。

此佛通体为一棵白檀树的主干雕成，高达 26 米（地上 18 米，地下埋有 8 米），径围 8 米，累计重量约 100 吨，为中国独木雕像之最。

1979 年雍和宫维修时，人们发现埋藏在地下的檀香木，尽管经历 200 余年历史沧桑，至今木质坚硬无比，完好无损，充分反映了古代艺术家在木雕工艺和文物保护上的高超水准。

弥勒佛像的头部处于万福阁的第三层，头顶离阁顶的藻井仅一二尺高，而佛像的胸部正处万福阁的第二层，所以，人们能够从二、三层的走廊非常清楚地观看此佛。

万福阁的东厢为“照佛楼”，这里本来是乾隆帝母亲供佛之处，内供一尊铜胎佛像，名“旃檀佛”。

佛经记载，释迦牟尼到兜率天为母亲摩耶夫人讲《涅槃经》，佛弟子乘机请求佛留下影像，因画师画像时不便直面佛，只好请佛立于水边，让画师照水中佛影而画，故此称“照佛”。

画好后，再用旃檀木依照佛的形象制作佛像：右手屈臂上伸，称“施无畏印”，以示佛能除众生苦；左手下垂，名“与愿印”，以示佛能满众生愿。佛之背后有一围屏式的火焰背光，这火焰背光与佛龛皆为楠木雕精制，被誉为雍和宫的“三绝”之一。

佛龛自地面直达楼顶，跨越上下两层空间。夕阳西下，佛像肃然而立，脑后镶嵌在围屏式火焰背光之中的黄铜镜，宛如火的光源。

火焰背光用楠木雕刻后再涂以黄色，高高耸起的部分形成了赤色的火焰，嵌入部分却似火中的墨炭。

这些火焰以黄铜镜为中心，蔓延四周，沿着围屏环绕成圈。火焰背光与长明灯交相辉映，照得佛堂明亮如镜。

从侧面看，只见围屏四周的火焰犹如烈火冲天，而站在高处看，火焰背光如同一盆烧红的木炭，生起微微火苗。

佛龛以两根金色蟠龙柱支撑，横梁金皮贴木，上雕金龙无数，中间为二龙戏珠。传说这蟠龙柱和横梁上累计大小金龙 99 条，栩栩如生，呼之欲出，有巧夺天工之妙。

万福阁东厢尚存一幅“六道轮回图”，描绘的是一个长爪三眼、形状像黑熊的巨大怪物坐在地上，怀里抱着一个大车轮形的圆圈。

圆圈周围彩绘各种人物和奸、杀、抢劫、欺诈、偷、盗、酒、嫖、赌等恶行劣迹。图中体现出几股气流将圆轮分成六道。第一道内五色云端中宫阙高大，有如仙境，称“天道”；第二道内呈现市井社会和平民百姓，称“人道”；第三道内烽烟四起，有水、火、旱、涝等灾，叫做“阿修罗道”；第四道内男女鬼怪混杂，口内生烟，瘦骨嶙峋，正受严刑拷打，称“饿鬼道”；第五道内是些猪狗牛马、鱼介昆虫，称“畜生道”；第六道内刀山冰谷，火海炼狱，鬼怪在此忍受煎熬，称“地狱道”。

此图非常形象地告诫世人“诸恶莫做”、“众善奉行”，希望达到抑恶扬善的目的。

在雍和宫大殿前的庭院里，呈椭圆形汉白玉石座上的石池中，有座高达 1.5 米的青铜“须弥山”。须弥山是梵文的音译，意译为“妙高”。山由金、银、琉璃、水晶四宝聚成，因此称“妙”，诸山不能与之相比，所以称“高”。

佛经以为，世上的最底层是风轮，其上是水轮，再上是地轮，地轮之上为九山八海，须弥山正处于山海之间。

【历史价值】

新中国成立后，人民政府对雍和宫的修缮极为重视。毛泽东、周恩来、朱德等党和国家领导人都先后到雍和宫视察。1950 到 1953 年，国家拨巨款对雍和宫进行全面修缮，雕梁画栋，金装绣裹，使它再现往日的庄严和华美。1953 年，印度、缅甸等七国僧侣代表团在这里举行隆重法会。1954 年，达赖和班禅都来到雍和宫讲经说法。印度的尼赫鲁、缅甸的吴努、柬埔寨的西哈努克亲王等诸国领导人，都曾来此朝拜。国内外游人香客参观、朝拜者更是络绎不绝。

1961 年，雍和宫被国务院列为全国重点文物保护单位。

独乐寺

【名僧诗话】

万象之中独露身，惟人自肯乃方亲。
昔时谬向途中觅，今日看来火里冰。
——唐·长庆慧棱《万象之中独露身》

【地理位置】

独乐寺位于天津市蓟县城内，距市区 110 千米。

【寺庙历史】

独乐寺始建年代不详。辽统和二年（公元 984 年）重建后，虽经历代修缮，但各代建筑均还保持着辽代风格。

【建筑风格】

现在我们所看到的独乐寺，大致划分为东、中、西三路。东、西两路为僧房和行宫。中路的山门和观音阁，皆为辽统和二年（公元 984 年）的遗物，为独乐寺的主体建筑。

山门高 10 米，单檐庑殿顶。门外横匾题写“独乐寺”三字，相传为明代严嵩手笔。屋面坡度平缓，正脊鸱吻尾向内卷，此构建形式在我国并不多见。

观音阁高 23 米，外表二层，实为三层，中间层为暗层。

阁前挂有上书“观音之阁”四个大字的匾额。

此阁斗拱硕大，出檐深远，达 3 米之多具有明显的辽代建筑的特点。

此阁木榫卯接，阁内有立柱两圈，两圈和每圈各柱之间全用短梁相接，且梁圈立柱的下端直进，和立柱高度的比例较为适当。

这样的结构，使观音阁具有相当强的抗震能力。清康熙十八年（1679 年）、雍正八年（1730 年）和 1976 年，三河、平谷、唐山等地相继发生强烈地震，民房纷纷倒塌，唯观音阁依然完好无损。

观音阁内供有 3 尊泥塑像，居中者为观音菩萨像，前面两侧是善财、龙女塑像。观音像高 16 米，两臂下垂，身躯略向前倾，立于须弥座之上。此为我国现存的最高泥塑菩萨像，观音像的头部还塑有十面小佛头，故有十一面观音之称。这 3 尊塑像，均系辽代创作。

在观音阁的下层四壁，全是壁画。壁画高 3. 15 米、长 45. 35 米，面积约 140 平方米。

壁画中有 10 余尊罗汉像，供养人和世俗人物 70 多人，山林、云水杂列其中，画面生动。画中人头戴元时普通的斗笠帽，因此这些壁画应该是元代作品。之后，明代又予以重绘。壁画原以灰泥封盖，1972 年维修时才被发现。这些壁画同样是独乐寺中的一项相当珍贵的古代艺术作品。

【历史价值】

寺内保存着我国已知现存修建时间最早的庑殿顶山门、高层木结构楼阁建筑以及全国最大的泥塑菩萨像。1961 年，独乐寺被国务院公布为全国重点文物保护单位。

普 宁 寺

【名僧诗话】

拥毳对芳丛，由来趣不同。
发从今日白，花是去年红。
艳冶随朝露，馨香遂晚风。
何须待零落，然后始知空。

——唐·法眼文益《拥毳对芳丛》

【地理位置】

普宁寺俗称大佛寺，位于河北省承德市，是承德外八庙之一。

【寺庙历史】

普宁寺是乾隆二十年（1755 年）清廷为纪念平定准噶尔部葛尔丹叛乱而修造的。

【建筑风格】

该寺规制为综合汉、藏建筑样式并依西藏桑耶寺样建造，建筑规模宏大，累计占地面积为 2. 3 万平方米。

普宁寺背山面水，坐北朝南，依自然山坡砌造了几个高度不等的台阶，修建了多层建筑物。全寺呈纵深式对称布局，以大雄宝殿为界，划分成前、后两部：前半部以伽蓝式布局，为汉族寺院样式，有山门、钟鼓楼、碑亭、天王殿、大雄宝殿及其配殿；后半部则有藏传佛教三摩耶寺（西藏桑耶寺）的基本特征。

大雄宝殿为重檐歇山顶，黄琉璃瓦绿剪边，殿中供奉着三世佛像与十八罗汉等。寺后部是沿曼荼罗而建的藏式主殿大乘之阁，阁高 36. 75 米，是须弥山的象征，外观正面层重檐，阁内放置大悲观音塑像。大乘之阁两侧分别为日殿和月殿，四周有黑、白、红、绿四色塔，寓意佛的四智，另有一组象征四大部洲和八小部洲的建筑，一起组成了藏传佛教特色浓郁的建筑群。

目前我国现存最大的木雕佛像，就置于普宁寺的大乘之阁内。

这座大佛名叫大悲金刚菩萨，是西方三圣之一。

这座金漆木雕千手千眼观音菩萨像总高 22. 28 米，腰围 15 米，全身重约 11 吨，以松、柏、榆、杉、椴五种木材雕刻而成。

大佛内部中空，由一木构架支承着身躯和 42 只手臂。构架分 4 层，每层都有不同数量的承重边柱。

第一层高 8. 5 米，等于大佛的下肢部位；第二层高 2. 5 米。等于大佛的腰部；第三层高 4 米，等于大佛的胸部，大佛的 42 手臂则铆固在这层的边柱上；第四层高约 7 米，是大佛首部。整座木雕佛像，耗用木材 120 立方米。四层木构架外安装木站板和雕刻衣纹的水板。

大佛整体造型匀称，表面通饰以金箔，纹饰细腻，绘色绚丽多彩，生动地表现了观音菩萨的表情和神采，是我国雕塑艺术的精品。

【历史价值】

1961 年，普宁寺被国务院公布为全国重点文物保护单位。

福 庆 寺

【名僧诗话】

扰扰一京尘，何门是了因？
万重千叠嶂，一去不来人。
鸟道春残雪，萝龛昼定身。
寥寥石窗外，天籁动衣巾。

——唐 · 齐已《怀终南僧》

【地理位置】

福庆寺地处河北省井陉县西南的苍岩山中。寺的主殿桥楼殿修建在一座拱桥上，风格独特，全国罕见。

【寺庙历史】

福庆寺何时兴建无从考证。传说此寺专为隋炀帝出家的女儿南阳公主而建，初名兴善寺，宋代改为福庆寺，直到如今。

【建筑风格】

因历史年代久远，寺内殿宇毁建多次。

现在的山门、天王殿、桥楼殿、碑亭、大佛殿、峰回轩、公主祠、砖塔等，皆为明、清两代的遗迹。

桥楼殿面宽五间，进深三间，在一座长 15 米、宽 9 米的跨涧拱桥上构建。

在重檐歇山顶的屋面上铺着琉璃瓦。仙人骑龙、狮子驮塔等琉璃构件装饰屋脊之上。殿内存有 1980 年塑造的一佛二菩萨及十八罗汉像。

殿外有供游人远眺、欣赏苍岩风光的回廊。此处山岩壁立，青天一线，桥楼横空而起，宛如飞虹再现。

自古苍岩美景即有桥楼飞虹，今日犹存，闻名遐迩。

背倚悬崖、面临深涧、形势险要的公主祠，宽不过三间，深不过一间，传说此祠便为当年南阳公主修行之所。现祠内尚有南阳公主的一尊塑像，两面山墙上还有描述南阳公主修行的壁画，形象生动逼真，引人入胜。

【历史价值】

福庆寺历史悠久，古迹甚多。寺中现存碑石甚多，有宋碑2通、金碑7通，元碑1通、明碑10通、清碑107通、民国碑12通，重要的有福庆碑、透龙碑；其中列为苍岩山十六景之一的“尚书古碣”，碑文撰写书丹，均出自明代吏部尚书乔宇之手，在书法、文献方面均有较高的价值，碑文勒刻与碑身雕琢等，均属上乘之作。福庆寺古今匾额题咏众多，共50余首，或抒情，或状景，有着浓厚的雅气、画意与诗情。北魏年代的玉玺墩配，为省级重点文物。

须弥福寿之庙

【名僧诗话】

蜀魄关关花雨深，送师冲雨到江浔。
不能更折江头柳，自有青青松柏心。

——唐·贯休《春送僧》

【地理位置】

须弥福寿之庙地处河北省承德市避暑山庄的北面，普陀宗乘之庙的东边。

【寺庙历史】

清乾隆四十五年（1780年），乾隆帝70岁诞辰寿日，西藏政教首领六世班禅额尔德尼准备到避暑山庄祝寿。

为礼遇六世班禅，乾隆帝下令依照其所居的日喀则扎什伦布寺的制式，兴修了这座庙宇。“须弥”即须弥山，藏语称“扎什”，“福寿”藏语名“伦布”。须弥福寿的寓意，是有如吉祥的须弥山一样多福多寿。

乾隆帝曾经在《须弥福寿之庙碑记》中写道：“布达拉既建，伦布不可少。择向兴工作，亦以不日成。都纲及寝室，一如后藏式。”因为建庙是为了接待六世班禅，故此庙又称“班禅行宫”。

【建筑风格】

此庙占地面积共3.79万平方米，从南而北有山门、碑亭、琉璃牌坊、大红台、金贺堂、万德宗源殿、琉璃万寿塔等主体建筑，沿一条较明显的中轴线采取左右相对称的排列格局。

从总体上看，此庙是典型的藏族寺庙，但某些建筑个体和细部装饰，又具汉族风格，形式独特。

庙周围环绕着墙壁，东西两端转角处，各建隅阁一座。庙山门前有五孔石桥，长约40米，宽6米余。山门的门额上悬挂着乾隆帝御书“须弥福寿”匾额，与普陀宗乘之庙山门相仿，门前两侧各立一列石狮子。

山门西北为碑亭，亭四面墙壁有拱门洞开，内有乾隆四十五年（1780年）立的《须弥福寿之庙碑》。碑文用四体文字镌刻，高达8米余。碑头碑身为一整石所造，周围和两侧都刻有云龙纹样；碑座是一巨型石雕成的龟趺，下部基石刻有波涛纹样，四角尚存鱼、虾、蟹、龟等动物装饰。在避暑山庄和外八庙的所有立碑中，此碑的规格最高。

大红台是须弥福寿之庙的主体建筑物，其顶部为平面，平铺方砖，砖下做锡板防水。壁面上辟有三层古代中国式垂花窗户，盲窗与实窗相间。窗头上浮嵌琉璃制垂花门头，汉族建筑风格明显。

大红台顶部较平，四角各建有一座庑殿顶式小殿，琉璃瓦顶。脊上吻兽，南面两殿用孔雀，北面两殿用鹿。各殿都是面阔三间，进深三间，里面供奉金刚佛像。

大红台内部四周为群楼，上下共三层。

妙高庄严殿高耸于群楼中央，是黄教始祖宗喀巴成佛的佛境的象征，是六世班禅在此居住时讲经的地方。妙高殿平面方七间，高三层。

大殿的屋顶，上面覆盖着铜制鎏金鱼鳞瓦，角脊下面为龙头形，脊身波状，匍匐两条金龙，各朝上下，每条重量皆有1吨之多。

屋上8条金龙，姿态迥异，栩栩如生，金光耀眼，活灵活现，大有腾空欲跃之势，映衬于蓝天白云之下，显得金碧辉煌，庄严美丽。据说殿顶的金龙等饰物用了11500两上等黄金，这在国内非常少见。

大红台东边，建有连续重层红台，称“东红台”，又叫“御座楼”，是乾隆帝来此休息的地方，外观与大红台基本相同。

金贺堂和万法松缘殿处于大红台北面的中轴线上，又合称“万花仲院”，原为六世班禅弟子的居所。

该院平面呈凸字形，外观为一白台形式。庭院北面为万法松缘殿，阔九间，深三间。

殿前是中庭，东西两侧有深一间的廊庑。

南面正中三间，又向南突出二间之深，名叫“金贺堂”，前间单层，后面两层，皆为平顶结构。

琉璃万寿塔高耸于须弥福寿之庙中轴线最北山巅，建在呈方形的基坛上，坛上再承以八角形须弥台基。塔身是八角形，计七层。底层建有广阔的木廊，廊上以黄琉璃瓦覆盖，上面又设有八角形平台，平台周围还有石栏杆。各层塔面用绿琉璃砖砌成，壁面上饰佛龛和佛像。塔身色调雅而不俗，轮廓清晰可见，结构美观大方，在两侧白台衬托下，显得分外秀丽。

据记载，为迎接六世班禅，年已古稀的乾隆帝，还特别学习了一些常用的藏语，并且研究了藏史。在与六世班禅参观了整个寺庙后，乾隆帝还请其讲经。六世班禅便把途中每一站祈祷、祝福皇帝万寿的记录送给乾隆帝，并献 40 多件哈达等礼物。乾隆帝异常高兴，回赠六世班禅身穿袈裟的画像一幅和弓、箭、金币、金丝袈裟等，还特别颁发了金册、金印，并为他题写了“宝地祥轮”匾额。

【历史价值】

须弥福寿之庙不但极富建筑艺术特色，而且还是一座具有重要历史意义的寺庙，它的建造和使用对于加强清王朝和西藏地方的联系，增进各民族间的团结，发挥了非常重要的历史作用。

1961 年，须弥福寿之庙被国务院公布为全国重点文物保护单位。

普陀宗乘之庙

【名僧诗话】

年老心闲无外事，麻衣草座亦容身。
相逢尽道休官好，林下何曾见一人。

——唐・灵澈《东林寺酬韦丹刺史》

【地理位置】

普陀宗乘之庙地处河北省承德市避暑山庄正北山坡之上，是承德外八庙中规模最大的一座寺庙。

【寺庙历史】

外八庙始建于清康熙五十二年至乾隆四十五年（1713 年—1780 年），由溥仁寺、溥善寺、普乐寺、安远庙、普宁寺、普佑寺、须弥福寿之庙、普陀宗乘之庙、殊像寺、广安寺和罗汉堂 11 座寺庙组成，由于这 11 座寺庙分八处为北京雍和宫所管辖，故名“外八庙”。

乾隆三十五年（1770 年）是乾隆帝 60 大寿之年，第二年是皇太后 80 寿辰，西藏、青海、新疆、蒙古等地各族王公首领都请求来承德贺寿。乾隆帝特别重视这两次盛大集会，特令内务府依照原来西藏政教领袖达赖驻地拉萨布达拉宫的制式，在承德修建此庙。

乾隆三十二年（1767 年）三月奠基，原计划 3 年完成，因施工后期发生火灾，延至三十六年（1771 年）八月竣工，占地面积约 21 万平方米。普陀宗乘是藏语“布达拉”的意译，因为此庙规模比西藏布达拉宫小，一般叫做“小布达拉宫”。

【建筑风格】

普陀宗乘之庙总体布局与西藏布达拉宫差不多，没有明显的中轴线，气势尽管较西藏布达拉宫差，可就其占地之广、体量之大而言却为内地寺庙所罕有。

此庙平面格局分为前、后两部分：前部位于山坡，由山门、白台、碑亭等建筑组成；后部处在山巅，设大红台和房堡。如按特征分，此庙可分三部分：其一由山门、碑亭、五塔门、琉璃牌坊组成；其二是白台群，由若干大小白台组成；其三为大红台。白台群呈“X”形，上拱大红台，下为山门、碑亭、五塔门和牌坊所围绕，这种建筑布局为我国寺庙建筑所独有。

第一部分，由藏式城台及汉式庑殿组成山门。城台是砖石结构，城台上起庑殿，前后置廊，廊中槛窗，两侧封实壁，面阔五楹，进深二间，单檐黄琉璃瓦顶，边沿施绿琉璃瓦边，里面供奉护法神。

山门北是碑亭，重檐黄琉璃瓦歇山顶，结构为砖拱，土壁，四面拱门洞开，下承须弥台基。亭内立石碑 3 座：《普陀宗乘之庙碑记》居中，《土尔扈特全部归顺记》居东，西则是《优恤土尔扈特部众记》。碑文镌刻着满、汉、蒙、藏 4 种文字，汉文为乾隆帝的亲笔。

碑亭以北为五塔门。此门高 10 多米，中开三拱门，拱门上方设三层藏式假窗。门顶上建有一排 5 座覆钵式琉璃塔。5 座喇嘛塔高低、大小相同，下部皆为重叠的覆钵，上部为相轮和宝盖，各部分比例相同，所不同的是覆钵的形状和塔的颜色。

五塔门的象征意义说法各异。一说五塔为佛教中的胜利塔，有长寿之意，一说五塔是金刚界五佛的标志，又一说五塔分别象征佛教中的五个教派。塔门前的一对石象，为大乘派的标志。

普陀宗乘之庙内尚存五塔台，其意义与五塔门应该是一样的。五塔门的北面是琉璃牌坊，三间四柱七楼形制，中楼前额是“普门应现”，意为观音显现普度众生之门，后额是“莲界庄严”，意为观音道场。

第二部分，大红台南和第一部分两侧零散设置30多座大小白台，呈“X”形不规则布局。

白台分殿台、楼台、敞台、实台，形状各异，体量不等，功能不一。

白台层高一至四层，以二、三层居多，大都白灰抹面，青砖镶边，红色盲窗，琉璃砌顶，上檐挑出溜水长瓦。

白台是藏式平顶碉房制式，建筑用汉族砖混结构。有的两座白台组合成一处院落用作僧房；有的白台则砌成实心，仅起障景增景及点缀作用。

白台群总体效果表现出西藏布达拉宫前山脚下梵宇的特征。琉璃牌坊的水面是罡子殿，四面砌藏式碉房高墙，三层盲窗置于墙面，东、南为僧房，借围墙为后墙。西砌蹬道，北面僧房顶起庑殿，单檐琉璃瓦顶，中置一座大威德坛城，供吉祥天母、四面护法神、大梵天。

第三部分就是大红台，处在普陀宗乘之庙最高处，面积1.03万平方米，依地形将几组建筑巧妙连成整体，视觉上更显威严硕大。

大红台正面基层是实心白台，高17米，花岗岩条石砌在下面，上部砌砖，壁置梯形盲窗，东西两面石阶磴道能到白台顶部。白台之上起红台，高25米，上宽58米，下宽59米，共七层。

大红台南面居中嵌饰垂直琉璃佛龛6个，黄绿相间，不但起装饰作用，而且也是中轴线的标志。

红台顶部砌女儿墙，墙下东西南三面装饰黄琉璃佛龛。

红台内里五至七层是三层阁楼，每层44间，四面合围，也叫做群楼。

群楼顶部西北角建慈航普渡殿，金铜瓦，檐呈六角亭形，二层匾额“普胜之界”，殿内匾额“示大自在”，内置讲经地坪，观音供奉其上。东北角建殿，门额“权衡三界”，内有“精严具足”额，内供铜质鎏金吉祥天母造像，前后有两个兽头人身的小型造像，底盘是大海。整组造像用青铜598千克，黄金57两。

万法归一殿为普陀宗乘之庙的主殿，藏匿于大红台群楼之中，殿顶高出群楼，金光四射，底部因三层群楼合围，色调灰暗，上下光照反差较大，造成一种森严肃穆的宗教气氛，是内地宗教建筑中的瑰宝。

【历史价值】

普陀宗乘之庙因楼阁殿宇之宏伟壮观而闻名于世，且以寺庙与园林的浑然一体闻名遐迩。庙内松柏繁茂，花草迷人，为庄严的寺庙平添了无限的秀色与生机。

1961 年，普陀宗乘之庙被国务院公布为全国重点文物保护单位。

普　乐　寺

【名僧诗话】

来时无迹去无踪，去与来时事一同。
何须更问浮生事，只此浮生是梦中。

——唐·鸟巢禅师《来时无迹去无踪》

【地理位置】

位于河北省承德市避暑山庄之东的普乐寺，是一座融汉、藏建筑风格为一体的佛教寺庙。

【寺庙历史】

普乐寺始建于清乾隆三十一至三十二年（1766 年—1767 年）。清廷平定了新疆蒙古族准噶尔部的叛乱后，柯尔克孜族首领每年秋天都必须到承德朝见乾隆帝。为更好地迎接他们的到来，清廷遵照“因其俗，不易其教”的原则，在承德修建了此座寺庙，又取“普天同乐”之意，将寺庙称为“普乐寺”。

【建筑风格】

普乐寺坐东朝西、依山而建，大体可分两大部分。前部为一组典型的汉族制式的寺庙建筑，中轴线上排列着山门、天王殿、宗印殿，慧力殿、胜因殿、钟楼和鼓楼则置于两侧。

普乐寺的后部是曼陀罗，为一组典型的喇嘛教建筑群。曼陀罗也称坛城或阇城。

坛城总高度为 35 米，上下共三层。

底层为一座方形石台，门殿三间居上，围廊 72 间。

中层仍是一座方形石台，四面和四角，分别是一座形状相同而颜色不同的喇嘛塔。

上层是圆形石台一座，周环栏杆，中间建有旭光阁一座。

旭光阁为双层圆形建筑物，屋面上铺着黄色琉璃瓦。这是按照北京天坛祈年殿的形式修建的。阁中的藻井制作精美绝伦。藻井中的金龙刻工细腻，鲜活欲飞，是木雕中的上品。

【历史价值】

中国古代方形是象征地，圆形象征天，普乐寺上圆下方的坛城，寓意着天上、地下共属佛门。

1961 年，普乐寺被国务院公布为全国重点文物保护单位。

安 远 庙

【名僧诗话】

尘劳迥脱事非常，紧抱绳头做一场。
不是一番寒彻骨，争得梅花扑鼻香？

——唐·黄檗希运《凌雪腊梅》

【地理位置】

安远庙俗称伊犁庙，地处河北省承德市避暑山庄的东面。

【寺庙历史】

安远庙于清乾隆三十年（1765 年）始建。曾参加清军平定达瓦齐部和阿睦尔撒纳部叛乱的漠西蒙古族达什达瓦部于乾隆二十四年（1759 年），迁移到承德附近居住。在伊犁河流域一带生活期间，达什达瓦部曾修建一座固尔扎庙。后来，庙宇毁于大火。为使达什达瓦部有一个进香礼佛之地，同时也为使其寄托乡思，乾隆帝遂决定在承德修建这座庙宇。

【建筑风格】

安远庙总占地面积 2.6 万平方米。现存重要建筑为山门、普渡殿等。

普渡殿系安远庙的主殿。古人以为，蓝色在五行中代表西北方位，也是伊犁河水的象征，因此普渡殿的屋面上铺着蓝色琉璃瓦。该殿分三层。一层绿度母像供奉于此，供着过去佛、现在佛和未来佛像的为二层，三层供奉着九头八脚十七双手的大威德金刚像。

【历史价值】

安远庙中现存的珍贵文物较少，然而普渡殿前保存的一座卧碑，其碑文却系乾隆帝亲笔撰书，记述了安远庙的建造经过和平定叛乱、统一西北的意义，价值颇高。在普渡殿一层的墙壁上，还绘满了绿度母降妖捉怪的生的动故事图画，特别引人注目。另外，此庙中主殿屋面上铺陈的蓝色琉璃瓦也很特殊。

1998 年，安远庙被国务院列为全国文物保护单位。

临 济 寺

【名僧诗话】

一池荷叶衣无尽，数树松花食有余。
刚被世人知去处，又移茅舍入深居。
——唐·大梅法常《答僧偈》

【地理位置】

坐落在河北省正定县城内的临济寺，原址在城东南的临济村，因濒临滹沱河渡口，故名“临济”。

【寺庙历史】

临济寺于东魏兴和二年（公元 540 年）始建。唐大中八年（公元 854 年），义玄法师住持临济寺，并在此处弘扬临济宗禅法。义玄禅学迅速得到广大信徒认可，前来问法求道者络绎不绝，并逐渐形成一大禅宗源，后世以寺名称之为“临济宗”，最终成为禅宗五大派别中流传最广的一支。

【建筑风格】

临济寺山门殿是歇山式灰筒瓦顶，面宽表现出明五暗七形式，义玄禅师大型石刻画像碑居中立于此殿。

此碑选用青田石料制作，由碑身和须弥座两部分组成，二者总计高约 3 米。碑身正面用白描手法镌义玄禅师半身画像，用阴线镌刻而成。画像的左上方刻有赵朴初题写的《临济义玄禅师像赞》：“无相示相，后人标榜。黄檗山头，滹沱河上。棒喝机锋，陶铸龙象。法流无下，千花竞放。”石碑背面刻《临济义玄禅师传略》，约 800 字，为本宗法师所撰。

临济寺澄灵塔为八角九级密檐式实心砖塔，总高度为 30.47 米，构筑于八角形砖砌基台上。义玄禅师圆寂后，其徒分别建造两塔藏其舍利衣钵，一在河北大名，现已踪迹全无，另一即在正定。为此唐懿宗赐塔名为“澄灵塔”，是“灵魂清静”之意。

金大定年间（1161 年—1189 年），重建此塔，现存的塔即为金代建筑。

该塔首层较高，四正面为砖雕拱形假门，四侧面饰方形假窗，转角刻圆柱。正面有“唐临济慧照澄灵塔”石匾。

二层以上，层高递减，密檐相连，各开间宽度也相应递减，形成协调乾廓线。塔各檐下皆为施砖仿木构斗拱，平座和第一层檐下为五辅作出双杪。

塔身各檐角梁为木制，檐瓦、脊兽和套兽完全为绿琉璃制作。

各层檐角悬挂风铃，微风过处，叮铃作响，清脆悦耳。塔顶覆以绿色琉璃瓦，塔刹由仰莲、宝瓶、相轮、圆光、宝盖、仰月、宝珠等组成。该塔整体显得玲珑剔透，肃穆挺拔。

作为临济宗祖师塔的澄灵塔，自古以来吸引着众多佛教徒来参拜。日本的很多临济宗佛教徒，仍以临济寺为该派祖庭。

位于澄灵塔后的大雄宝殿，背北面南，高 11 米，宽 20 米，面阔五间，硬山调大脊灰筒瓦顶，额枋绘旋子彩画。

释迦牟尼佛和迦叶、阿难二尊者像以及文殊、普贤、观音像供奉殿中，两侧则为樟木雕刻的十八罗汉像。

法乳堂位于大雄宝殿东侧，殿内供奉菩提达摩大师、六祖慧能禅师、义玄禅师等三位祖师佛像。

传灯堂位于大雄宝殿西侧，日本临济宗荣西禅师、南浦绍明禅师、日本黄檗宗初祖隐元禅师三位祖师像供奉其中。

【历史价值】

临济寺在中日文化交流史上具有十分重要的影响，南宋时，日本僧人荣西和俊芿两次入宋参学，将临济宗传入日本，弘扬光大，以至于“学徒云集，朝野尊尚”。

镰仓时期（1192 年—1333 年），日本佛教的 24 派中就有 20 派属临济宗岐派。直到今天临济宗仍是日本佛教中重要的一支。日本临济宗及分派黄檗宗现有信徒 300 余万，寺院 6000 多座，可谓兴旺发达。

1984 年以来，在中国政府的大力支持和日本临济宗、黄檗宗的友好帮助下，临济寺重建了主要殿堂。1988 年 5 月 19 日，临济寺举行了佛像开光典礼。中日两国佛教徒纷纷前来诵经。

1983 年，临济寺被国务院确定为汉族地区佛教全国重点寺院。2001 年，临济寺澄灵塔被国务院公布为全国重点文物保护单位。

隆　兴　寺

【名僧诗话】

赤旃檀塔六七级，白菡萏花三四枝。
禅客相适唯弹指，此心能有几人知。
——唐·贯休书《石壁禅居屋壁》

【地理位置】

隆兴寺坐落在河北省石家庄市正定县城内，是我国现存的时代较早、规模较大而又保存特别完整的佛教寺院之一。

【寺庙历史】

隆兴寺原名“龙藏寺”，始建于隋开皇六年（公元 586 年）。

宋初，太祖赵匡胤诏令于龙藏寺内铸造铜佛，并盖大悲阁，于是大兴土木，始建大悲阁，以大悲阁为主体的一组宋代建筑相继落成。

清康熙、乾隆年间，龙藏寺又经过两次大规模维修和扩建，寺院发展到鼎盛时期。康熙四十八年（1709 年），龙藏寺改称为隆兴寺，俗称大佛寺。历代帝王曾多次到此巡幸驻跸，上香礼佛，题诗书匾，刻碑立石。

【建筑风格】

隆兴寺的主体建筑为大悲阁，该阁五檐三层，高 33 米。阁内的高大铜佛铸像耸立正中，就是远近闻名的正定大菩萨。

这尊千手千眼观音菩萨像高达 22.28 米，42 臂分别执日、月、净瓶、宝杖、宝镜、金刚杵等法器，面部神情端庄恬静，仁慈厚重，达到了瞻之弥高、仰之益恭的艺术效果。

大佛始铸于北宋开宝四年（公元 971 年），有 3000 匠役投身于此项工程之中。

因为佛像超高，故采取自下而上，分段接续的方法铸造。第一段铸莲花座，第二段浇铸至膝部，直至第七段才浇铸至顶部，工程浩大，工艺复杂。它是目前北京周边地区 4 尊大佛之一，另 3 尊则是北京雍和宫大佛、天津蓟县独乐寺大佛、承德普宁寺大佛。

创建于明代的毗佛殿处在寺内末端。殿内置有铜铸的毗卢佛像，设计非常精巧，造型也很奇特，国内仅此一例。佛像整体分三层莲座，每层 4 尊铜像，铜像各向一方，相背坐于莲座中央。莲座的每一莲瓣上刻一小佛，累计大小佛像共 1072 尊。

【历史价值】

隆兴寺碑碣林立，所存皆为珍品，隋代龙藏寺碑具有相当高的书法价值和史料价值。荣国府居于隆兴寺北侧，近在咫尺。它是依中国文学古典名著《红楼梦》中所描绘的荣国府和宁荣街所建的仿古建筑群，是为拍摄电视剧《红楼梦》而建的。

柏林禅寺

【名僧诗话】

一度林前见远公，静闻真语世情空。

至今寂寞禅心在，任起桃花柳絮风。

——唐·栖白《寄西山景禅师》

【地理位置】

柏林禅寺地处河北省赵县县城东南角。

【寺庙历史】

柏林禅寺始建于东汉末年，至今已有约 1800 年的历史。

在一份元代皇帝给寺院的圣旨中，有“柏林禅寺”字样，故此这一名称元代时才开始出现，那时寺院柏树成荫，以致为林，故有“柏林”之称。

【建筑风格】

寺院建筑面积达 1.5 万平方米，有普光明殿、山门、钟鼓楼、观音殿（含藏经楼）、禅堂（含法轮阁）、问禅寮（含怀云楼）、开山楼、云水楼、指月楼、会贤楼，这些建筑，红墙黄瓦，雕梁画栋，古朴庄重，气势宏大。全寺主殿普光明殿占地 435 平方米，为木结构单檐宫殿式建筑，上覆以黄琉璃瓦，气势雄伟。殿内供奉着高 3 米、重达 10 吨、用大理石雕凿而成的释迦佛坐像和其他神佛雕像。普光明殿通过一条约 7 米宽、100 米长的石板路与山门相连，路两旁设置了 6 对仿唐石灯幢，植有近万平方米的草坪，新栽的 300 余株柏树与十几株历尽沧桑的千年古柏交相辉映。一进山门，就踏入清净佛地，与山门外的尘俗世界形成鲜明对照。

穿过普光明殿便是观音殿。该殿结构、外形与普光明殿相似，但分为两层。一层供奉用千年古柏雕成的观音像，二层为藏经楼，供有新印的《龙藏》一部。随着一座座殿宇相继落成，这处初具规模的佛教圣地，在大陆宗教界大放异彩。现寺内普光明殿右前方耸立着的古塔，是赵州古佛从谂禅师的舍利塔，因其在柏林禅寺内，故俗称柏林寺塔。该塔为河北省省级文物保护单位。柏林寺塔建于元代天历三年（1330 年），砖木结构，平面呈八角形，七级，高约 33 米。整个塔身坐落在坚固的方形台基上。

【历史价值】

这处有 1700 多年历史的佛教圣地，是中国佛教禅宗的祖庭，史称“古佛道场”、“畿内名刹”。历史上的柏林禅寺高僧浩如云海。影响如今尚大、仍为人们所知的有唐代的赵州禅师、宋代的归云老人、元代的月溪禅师、鲁云禅师等，其中的赵州禅师则是一位光照千秋，举世闻名的禅门巨匠。

1997 年，新加坡高家仁居士捐资百万元，将柏林寺塔修整一新。经过修整的柏林寺塔，“较之昔日，虽非新构，亦美轮美奂，典雅庄严”。今日的柏林禅寺，殿堂设施完备，佛事活动井然，中外僧侣、游人络绎不绝，已成为一处环境优美、教风淳正，集佛教活动、佛学研究、佛教教育及观光旅游于一体的典范寺院。

碧 山 寺

【名僧诗话】

人人送酒不曾沽，终日松间挂一壶。
草圣欲成狂便发，真堪画入醉僧图。
——唐 · 怀素《题张僧繇醉僧图》

【地理位置】

处于山西省五台山中的碧山寺，是我国台怀中心区以北最大的一座寺院。

【寺庙历史】

碧山寺始建于北魏，该寺传承法系以临济宗为主，法聪为开山祖师。碧山寺又称“普济寺”、“护国寺”、“北山寺”等，至清乾隆年间（1736 年—1795 年）改名为“碧山寺”，宣统年间（1909 年—1911 年）又改称“广济茅篷”，现在的全称为

“碧山十方普济禅寺”。

该寺规定：凡游方僧到此，全部免费食宿，任何人无权逐客，并且起程时如缺少盘缠，寺中须周济资助。

因为该寺乐善好施，到五台山朝拜的佛徒多愿来此住宿，寺中聚集有各方高僧名师，影响日益扩大，不仅在全国佛教界名气很大，而且在东南亚国家也有较高声誉。

【建筑风格】

碧山寺建筑宏伟壮观，自然典雅。寺中林茂清幽，寺前流水潺潺，景色宜人。全寺占地面积约1.6万平方米，有殿堂楼房50多间。

天王殿为碧山寺第一进大殿，与其他寺院的天王殿有所区别的是，该寺天王殿内所有圣像都置于木龛和壁窗内。

毗卢殿，又称“雷音宝殿”，为第二进大殿，殿内主供毗卢佛像。此殿韦驮、伽蓝二菩萨护法，佛和十二圆觉菩萨聚集一堂，俨然一幅讲经听法的场面。

第三进大殿是戒堂殿，前檐有23排每排3叠华拱，殿顶为单檐歇山顶。殿脊两端的吻兽面对面，口吞正脊。殿脊上排置有仙人、龙、凤、狮子、天马、海马、斗牛等，是吉祥和威严的象征。

殿内正中设青石砌成的戒坛，为五台山独有。戒坛始建于北魏孝文帝时，最早弘扬律宗的法聪曾于这里开讲《四分律》。

现存戒坛系明代遗物，坛上有缅甸玉佛一尊，通体洁白，结跏趺坐于莲台上，高约1.5米，姿态庄严圣洁，雕工尤为细腻精湛。

大殿两旁排列有十八罗汉，皆为金身，称“漆沙罗汉”。

藏经殿为最后一进大殿，雍正十三年（1735年）四月八日刊印之三藏经全部、计7500余卷曾经在此置存。

殿中佛坛上供释迦牟尼佛像居中，两侧分别为药师佛和阿弥陀佛。在释迦牟尼佛像背后，又有高大的弥勒佛像，此佛像塑法并非盘腿打坐，而是双腿自然下垂，脚蹬于地，佛头部达二层阁楼上。

碧山寺内还有华严经字塔和四大部经字塔以及数座僧人墓塔，另外尚存宋、元、明、清各代碑刻17块。

【历史价值】

五台山是我国佛教四大名山中唯一汉传佛教和藏传佛教（喇嘛教）兼有的佛教道场。“十方寺院”是专供十方僧人居住和修行的寺院，碧山寺就是举国著名的十方寺院之一。

1983 年，碧山寺被国务院确定为汉族地区佛教全国重点寺院。

大显通寺

【名僧诗话】

放出沩山水牯牛，无人坚执绳鼻头。

绿杨芳草春风岸，高卧横眠得自由。

——唐・百丈怀海《沩山牯牛》

【地理位置】

大显通寺坐落在山西省五台山中心区大白塔北侧、菩萨顶脚下，因寺院所在山峰颇似佛祖说法的灵鹫山，亦名“大孚灵鹫寺”。

【寺庙历史】

据说显通寺于东汉明帝永平十一年（公元 68 年）始建，距今已有 1900 多年的历史，它与洛阳白马寺同为中国最早的寺院。

唐代武则天称其为“大华严寺”；明代重修该寺时太祖朱元璋赐额“大显通寺”，万历年间（1573 年—1620 年）易名为“永明寺”，清康熙时（1662 年—1722 年）又再次称之为“大显通寺”。

现存建筑全部是明、清重修后形制，占地约 8 万平方米，有殿堂楼房 400 余间，中轴线上一连七进大殿，东西廊房呈对称配合，布局整肃严谨、阔畅宏大。

大显通寺很多建筑带有浓厚的宫廷色彩，为明、清寺院的代表性建筑。

寺前下层为石礦洞一座，上层系木构建筑的高大钟楼。

钟楼为两层三檐，上承十字顶，十字形脊的四端有两两相对四个龙头。通体遥望，排排廊柱，层层飞檐，后面配以大白塔，非常隽秀高雅。

钟楼上所悬大铜钟称“幽冥钟”，也叫“长鸣钟”，明天启年间（1621 年—1627 年）所铸，钟身高 2.67 米，最大外径为 1.67 米，厚 10 厘米，钟口边缘呈莲花瓣状，外壁铸有楷书佛经一部，计 1 万余字。这口铜钟据说重约 5 吨，为五台山寺院古钟之最。

气魄雄伟壮观的大显通寺山门，在五台山所有寺院中堪称第一。

山门两侧，各立石碑一座，左龙右虎，气势非凡。文殊殿前有两座八角碑亭，亭中分别立有一座汉白玉石碑，左者有清康熙帝御笔碑文，右者则为无字碑。

大佛殿处在文殊殿后面，系清光绪二十五年（1899 年）重建。大殿占地面积约 8000 平方米，重檐庑殿顶，四面有大柱环绕，气势宏大。

殿内正前方横梁高悬康熙帝御笔“真如权应”巨匾。殿台上，并列 3 尊主佛，居中者为释迦牟尼佛，东西二面分别是药师佛、阿弥陀佛。殿两侧十八罗汉皆为明、清雕塑。

无量殿处于大佛殿之后，为砖砌结构的建筑，卢舍那佛大铜像供奉其中，取佛法无量之意，所以称之为“无量殿”。又因殿内没有梁柱，亦称“无梁殿”。

该殿形制奇特，雕刻细腻，气势宏伟壮观，是我国古代砖石建筑艺术杰作。无量殿正面每层各有 7 个阁洞，砖雕匾额嵌于阁洞之上。无量殿最奇特处为殿堂中席地而坐许多铁罗汉，为明洪武年间大华严寺住持化缘所铸。此罗汉像群与大显通寺之得名有关。

据说明太祖朱元璋闻听五台山 500 罗汉大显神通，因此派大臣代表自己上五台山朝拜，并向大华严寺赐“大显通寺”额。从此大华严寺才改名大显通寺的。铁罗汉中的绝大部分遭到毁坏，现仅存 200 余尊。

无量殿后为千钵殿，因供千钵文殊铜像而得名。该铜像造型非常奇特，头上有头，重复出现五个头形，两边伸出许多手臂，统称千臂，其中有两条大臂举上头顶，托圣像一尊。这尊铜像是文殊菩萨多种法像中的一种，显示出古代造像艺术家的丰富想象力。

千钵殿后顺山势建有铜殿，为铜铸仿木建筑物，铸成于明万历三十四年（1606 年），是我国现存四铜殿之一（其他三铜殿为北京颐和园万寿铜殿、湖北武当山铜殿和昆明鸣凤山铜殿）。

铜殿呈平面方形，宽 3 米，深 2.67 米，高 3.3 米多。上、下层共有八面，格扇 56 块，格扇内壁铸有佛像，重叠出现，号称万尊，中央台上端坐铜铸大佛一尊，故称“万佛朝如来”。

格扇外壁铸多种图案和花卉鸟兽，计 36 幅，有二龙戏珠、鱼跃龙门、丹凤朝阳、犀牛望月、玉兔拜月等，形象生动逼真。

殿前原有铜塔 5 座，按东西南北中方位布局，现仅存东西两座。

塔为 13 层阁楼式，8 米高，塔身铸满佛像、图案和各种铭文。塔身之上还有重檐亭阁，再上才是塔刹。此类覆钵式、楼阁式、亭阁式三合一组合型塔式，是汉、藏佛教并存于五台山在建筑形式上的具体体现。铜塔塔体瘦削挺秀，上下布满精美的雕饰。

藏经殿为寺院最高层，现辟为文物陈列室。其中手工艺品有北魏孝文帝时黄金镇风印和铜铸旃檀像、苏武牧羊花瓶、南北朝的石雕观音等，书画有宋初开宝年间所印刷的雷峰塔藏经，元初赵子昂夫妇画的马和观音，丁云鹏在菩提叶上画的十八罗汉，明代沈周绘的关云长等。

其中最珍贵的首推华严经字塔。

该字塔长5.67米，宽1.67米，由白绫和黄绫装裱而成，上书华严经80卷，共600043字，一部经文恰好组成一幅宝塔图案。

该塔是清康熙年间苏州三宝弟子许德心花费12年心血书成，远望似用工笔画的七级高塔，塔身嵌以楼阁佛像，飞檐吊以风钟，塔边饰以花卉，非常形象，其实拼成高塔的每一线条皆为蝇头小字排列而成。

【历史价值】

在五台山诸寺院中，大显通寺历来地位最高，宋代时为五台山“十大寺之一”，明代在寺设“僧纲司”，统一管理全山僧寺，清代又是五台山“五大禅林之一”。

1982年，大显通寺被国务院公布为全国重点文物保护单位。

塔 院 寺

【名僧诗话】

明月分形处处新，白衣宁坠解空人。
谁言在俗妨修道，金粟曾为居士身。

——唐·龟山智真《因沙汰示众偈》

【地理位置】

塔院寺坐落在山西省五台山台怀镇的大白塔处。

【寺庙历史】

塔院寺原为大华严寺塔院，明成祖永乐五年（1407年）扩充建寺，为五台山“五大禅林”之一，“青庙十大寺”之一。塔院寺背北向南，由横列的殿堂和禅堂僧舍组成。

【建筑风格】

寺中主要建筑有影壁、牌坊、石阶、过门、山门、钟鼓楼、天王殿、大慈延寿宝殿、塔殿藏经阁、山海楼、文殊发塔等，殿堂楼房共计130多间，总占地面积15000平方米。

塔院寺大白塔非常著名，为五台山风景区的标志性建筑。

该塔全名为“释迦文佛真身舍利塔”，略称“释迦舍利宝塔”。由于其外部覆抹白灰，民间俗称“大白塔”。据1981年实测，大白塔地上部分高56.4米，较北京妙应寺白塔整整高出5米多，堪称中国覆钵式塔高之最。塔的基座周长83.30米，地下基础还有10米深。大白塔巍然屹立于群山众寺之间，被誉为“清凉第一圣境”。

据考证，此地在东汉明帝之前就有佛塔了。

传说，公元前486年，释迦牟尼佛圆寂后，其遗体炼就舍利子8.4万个，于是古印度阿育王用大量黄金七宝铸成了8.4万座佛舍利塔，布施于大千世界中。中国有19座，五台山得其一，称之为“慈寿塔”。

东汉明帝时，西域僧人摩腾发现五台山台怀之地如同佛祖所说之灵鹫山，况且此地已有一佛塔，才奏请于五台山修筑寺院。由此可知，慈寿塔建造于五台山兴建佛寺之初。如今的大白塔，于元大德六年（1302年）始建，建塔时把昔日的慈寿塔砌在大塔腹中，可谓塔中塔。此塔竣工后，开始作为大显通寺的塔院，明永乐五年（1407年），成祖朱棣诏令太监杨升重修此塔，并且独立起寺。

大白塔矗立殿阁之间，雄伟挺拔，气势宏大。塔基呈正方形，塔座须弥座南面为3个很浅的石洞，右边石洞中立有佛的迹像碑，碑上可见释迦牟尼双足印图。

传说释迦牟尼圆寂前曾在石碑上留下足迹，长53厘米，宽20厘米，足心有千辐轮相和宝瓶鱼剑图，十个足指有华纹万字形字。

唐玄奘法师去西天取经时看到此碑并临摹下来，取经归来后又在长安勒石建庙。

明万历十年（1582年）大白塔重建落成当晚，塔寺中明成、如意两位僧人同晚异梦，一僧梦见莲花生于塔侧，另一僧梦见月轮现于塔际，天亮，各言所梦，感到特别奇怪，恰逢此时来了一个叫正道的僧人，携着玄奘所绘的佛足图。两人非常兴奋，倾囊募捐，依图勒石，于大塔之侧立碑。塔台筑有碑亘于四周，四隅分别建有六角攒尖亭子。

所有这些，都为这座巍巍高塔平添了几分神秘色彩和肃穆气氛。

该塔通体洁白，塔身如藻瓶状，从下而上，精细相间，方圆搭配，造型异常优美。

塔顶之上，盖八块铜板，按乾、坎、艮、震、巽、离、坤、兑八卦安置，拼成圆盘形状，其上是风磨铜宝顶。圆盘周长 23 米多，铜顶高 5 米多，自铜顶至圆盘边缘有铜链固定 36 块。圆盘边缘，还吊装 36 块铜质垂檐，每块长 2 米余，宽近 1 米。各垂檐下端，又挂 3 个风铃，与塔腰风铃一起，总计为 252 个。

大白塔是我国建塔史上的杰作，为我国塔式建筑中罕见的珍品和孤例。

大白塔同时也是五台山朝佛信徒心目中的偶像。香客大都绕行白塔还愿，一边走一边念经或叩头，一边抚转法轮。很多佛教徒到五台山，要朝拜的第一圣迹，便是大白塔。

砖构文殊发塔在大白塔东侧，高约 7 米，外抹白灰，状如宝葫芦。据说文殊菩萨显圣遗留的金发，即藏其中。

大白塔北侧建有面宽五间，高二层的大藏经阁。

藏经阁内有木制经架一个，叫转轮藏，呈六角形，三十三层，高约 10 米，最上面一层周长为 11.5 米，最下面一层周长为 6.5 米，呈上大下小状，每层分小格若干，放置经书。

最下层底下有转盘，人力推动，可以来回运转。按照佛教的说法，转轮诵经，能为朝山拜佛者消灾除祸。藏经阁现存汉、蒙、藏多种文字经书 2 万余册，其中 2000 余册经卷为国家级善本书。

【历史价值】

1983 年，塔院寺被国务院确定为汉族地区佛教全国重点寺院。

金 阁 寺

【名僧诗话】

高淡清虚即是家，何须尽占好烟霞。
无心于道道自得，有意向人人转赊。
风触好花文锦落，砌横流水玉琴斜。
但令如此还如此，谁羡前程未可涯。

——唐·贯休《野居偶作》

【地理位置】

金阁寺坐落于五台山南台和中台交接处，除建于五台之上的寺庙外，金阁寺是海拔最高的一座寺庙。该寺占地面总计积约 2.1 万平方米，有殿堂僧舍大约

160 间。

【寺庙历史】

金阁寺始建于唐代。据说，唐玄宗开元二十四年（公元 736 年），有位法号道义的高僧到五台山礼佛，途中大风突起，道义和尚便席地而跪，叩头诵经求佛保佑。不久，有一童子来到道义和尚面前，说师父有请。于是道义随童子一同去拜见长老。当道义跨入长老所在的寺院时，眼前顿时一片辉煌，殿堂、墙壁皆为金色。长老所赐茶水异香扑鼻。茶后，童子遂带道义参观寺庙。道义为寺内的各种景色所陶醉，待回过神来再寻时，眼前一无所有，只是那金碧辉煌的殿宇形象却牢记在脑海中。道义遂将记忆中寺庙的形象描绘出来，献给唐玄宗。

唐大历五年（公元 770 年），代宗李豫诏令从印度来的三藏法师不空，按照道尚所留下的图纸在五台山修建一座寺庙。由于寺庙的殿堂屋顶全铺鎏金铜瓦，故此寺庙便名之为“金阁寺”。

这只是一个美丽的传说。事实上，金阁寺是参照当时印度最著名的寺庙那烂陀寺，由印度那烂陀寺纯约法师监工，依经轨建造的。

那烂陀寺，在古印度摩揭陀国王舍城东，也就是今天的印度比哈尔邦巴腊贡，是古印度建筑规模最为宏大的佛寺和佛教最高学府。

全寺总计 8 个大院，宝台星列，琼楼岳峙。鼎盛之时，寺中主客僧众往往可达万人。中国唐代的玄奘法师也曾在寺中就学多年。令人惋惜的是那烂陀寺毁于 12 世纪。

金阁寺建造期间，因当时不空深得朝野的倾心崇奉，所以得到全国通力支持，上自皇亲国戚文武百官，下至平民百姓，均慷慨布施，唐代宗竟然下诏命全国十节度使助缘建寺，化缘僧众分赴全国各地为建造金阁寺募集布施，五年后所有工程竣工。

当时的寺院富丽堂皇，规模宏伟气魄，寺中金阁高达百余尺，分为上、中、下三层，雕梁画栋，高耸云天。殿顶“铸铜涂金为瓦”，“照耀山谷”。

寺院落成后，金阁寺的开山祖师为不空。他还奏请皇帝在金阁寺等五寺各置定额僧 2 人。

金阁寺的建立与佛教密宗在中国的传播密不可分。

密宗，也叫“密教”、“秘密教”、“真言宗”、“金刚乘”等，自称受法身佛大日如来深奥秘密教旨传授。

据传说大日如来授法金刚萨埵，后传龙猛，龙猛传龙智，龙智传金刚智和善无畏，金刚智和善无畏传不空。

密宗主要经典为《大日经》、《金刚顶经》、《苏悉地经》等。唐开元四年（公元716年）善无畏带来《大日经》，与弟子一行将此经译出，开元八年（720年）金刚智及其弟子不空传入《金刚顶经》，由不空将其译出，密宗从此传入中国，并成为中国佛教中以修持密法为主的一个宗派。

该宗以为世界万物、佛和众生皆出自地、火、水、风、空、识“六大”妙性。众生与佛自心本性都具有“六大”妙性，性体并无差别。只不过由于众生无明遮盖，不能识得本心妙用而已，于“六大”妙性不能自在运用，执著尘相，不识尘相所由之妙性本体，最终酿成迷真逐妄，造业轮回。

该宗须要实证法性身的阿阇梨（导师）灌顶传授才能够有实际效用。阿阇梨用己心转运诸佛法流加持学法者，直接提起学法者阿赖耶识中超越因缘法的大圆镜智清净种子，并且由诸佛法流加持涵养。

行者在接受灌顶之后依照阿阇梨所传“三密”精进修持，自然而然就能感得诸佛清净法流，以此法流清除阿赖耶识中的杂染种子，持之以恒就能够实证诸佛自性法身，发明“六大”妙用，开发自心本具的一切“功德藏”，就可以使自身成佛。

【建筑风格】

金阁寺前院居中巍然耸立着一座重檐歇山顶的高大楼阁，其中供奉着高17.7米的千手（实有48臂）观音铜像，此为五台山最高大的佛像，仅次于西藏日喀则和河北正定的大铜佛像。

该铜佛为明嘉靖三十四年（1555年）所铸。至民国时，有信徒将铜佛施以薄泥贴金，因此演变成今天的金佛。

铜佛通贯两层，在下层铜像身旁为两尊高大的胁侍像，男左女右，据说是观音的父母“妙庄王夫妇”。

自南北朝后，中国寺庙据佛经女相也是观音菩萨三十二应身之一，多将其画、塑成女相。观音殿两壁分别供奉着12尊塑像，统称为“二十四诸天”。在古印度神话中有二十个天神呵恶护善的说法，于是佛教采用其说，以为护持佛法的神，称二十诸天。传入中国后，有的寺宇塑造时增补为二十四诸天。

千手观音站坛的西南壁角，还塑有诏令建造该寺的唐代宗李豫像。

殿阁内左右柱下有1米高的石柱砖两个，呈圆形中间束腰上下卷莲瓣形，为唐代遗物。

殿阁上层能够看到观音铜像的上身部分，两侧还有文殊菩萨和普贤菩萨塑像。

【历史价值】

金阁寺是由不空三藏创建的中国最早的密宗中心，为密宗在唐代的一时兴盛作出了重大贡献。金阁寺以其历史悠久，现存佛像众多、高大，特别是千手观音像，在五台山众多寺庙中独树一帜，为世人瞩目。

佛 光 寺

【名僧诗话】

学道先须且学贫，学贫贫后道方亲。

一朝体得成贫道，道用还如贫底人。

——唐·龙牙居遁《学道先须且学贫》

【地理位置】

佛光寺坐落在山西省五台县豆村镇北 5 千米处，呈梯田式，共有三层院落。

【寺庙历史】

创建于北魏孝文帝时的佛光寺，如今寺内仍存有很多北魏时期的建筑和文物，有建筑、塑像、壁画、墨迹“四绝”等。

【建筑风格】

佛光寺的东大殿是寺院的主体建筑，位于寺内东部的最高点，始建于唐宣宗时，到现在已有 1100 多年的历史。

该殿外观古朴，门窗、墙壁皆为红漆刷就，不施彩绘。

大殿正中的佛坛上有佛像 3 尊和菩萨像 35 尊，正中是释迦佛，左右分别为弥勒佛与阿弥陀佛，塑像面容丰满端庄，具有典型的中唐风格。东大殿内柱有壁画几幅，与敦煌莫高窟中的画像基本一样，为珍贵的唐代遗物。

东大殿左侧，有双层六角砖塔一座，上实下空，形制奇特，有印度式的束莲柱，俗称祖师塔。在佛光寺附近，尚存唐代和金代的墓塔 6 座。

在寺后东山坡上，筑有唐天宝年间（公元 742 年—756 年）建的无垢净光塔。塔的建造形式除敦煌壁画中可以看到外，其实物仅有此例。

【历史价值】

1961 年，佛光寺被国务院公布为全国重点文物保护单位。

南 禅 寺

【名僧诗话】

三间茅屋从来住，一道神光万境闲。

莫作是非来辨我，浮生穿凿不相关。

——唐·龙山和尚《示法诗》

【地理位置】

南禅寺地处山西省五台县西南李家庄，距县城 20 余千米。

寺内有我国现存建筑时间最早的木结构大殿，殿内保存着 17 尊唐代彩色泥塑佛像，特别珍贵。

【寺庙历史】

南禅寺坐北朝南，规模较小。寺院总占地面积只有 3078 平方米。整个寺院分东院和西院两大部分。

东院是僧房，为明、清时期的建筑。

山门、大殿和龙王庙、观音殿、菩萨殿等建筑构成西院。其中，龙王庙建于清代，而观音殿、菩萨殿建于明代。

【建筑风格】

南禅寺大殿称为正殿或大佛殿，为一座单檐歇山顶式建筑。屋面上铺着灰瓦，屋脊上安有鸱吻。

全殿面宽三间，进深三间，平面略呈方形。

按结构分，此殿由台基、屋架和屋顶三部分构成。殿内没有立柱和天花板。整个屋顶的所有重量，通通落在 12 根檐柱上。此类构筑结构简洁，庄重大方，体现出唐代建筑的特征。

从平梁下的题记人们可以知道，此殿建于唐建中三年（公元 782 年），为我国现存建筑时间最早的木结构大殿，所以显得特别珍贵。

在南禅寺大殿内，仍然保存着 17 尊唐代彩色泥塑佛像，其中包括释迦牟尼佛像、文殊和普贤菩萨像，还有天王、金刚、童子像等。这些佛像形态生动，为世上珍品。

此外，南禅寺内还有唐代石狮一对、石塔一座，也很珍贵。

【历史价值】

1961 年，国务院把南禅寺列为全国重点文物保护单位。

广　仁　寺

【名僧诗话】

百尺竿头不动人，虽然得入未为真。
百尺竿头须进步，十方世界是全身。

——唐·景岑《竹竿偈》

【地理位置】

广仁寺地处山西省五台山腹地的台怀镇。著名的藏文经书《丹珠尔》和《甘珠尔》就收藏在这里。

【寺庙历史】

始建于清道光年间（1821 年—1850 年）的广仁寺。原是罗睺寺的接待处。

康熙时，罗睺寺从和尚庙改为喇嘛庙，蒙、藏两族同胞来此朝拜者逐渐增多。道光年间，该寺的接待处改成一座寺庙并定名为广仁寺，取广施仁慈、接待八方来客之意。

【建筑风格】

广仁寺现有院落三重，50 余间房屋。除山门、钟楼和鼓楼之外，天王殿、文殊殿（宗喀巴大师殿）和大佛殿（弥勒殿），分别为三重院落的主殿。

大殿两侧是二层配楼，为来客接待处。在宗喀巴大师殿中供有头戴尖帽的宗喀巴像一尊，在两侧的木格中，有千尊宗喀巴大师的小铜像。

【历史价值】

藏文经书《甘珠尔》和《丹珠尔》保存在大佛殿两侧的经架上。《甘珠尔》是佛说经律，《丹珠尔》则是佛的弟子和祖师们的著作。此为广仁寺中保存的最为珍贵的文物。

龙泉寺

【名僧诗话】

岩下白云常作伴，峰前碧障以为邻。
免干世上名与利，永别人间爱与憎。
祖意直教言下晓，玄微须透句中真。
合门亲戚要相见，直待当来证果因。

——唐·良价《辞北堂书》

【地理位置】

龙泉寺位于山西省五台山中台山麓，以雕刻精细的和尚墓塔和石牌楼享誉大江南北。

【寺庙历史】

龙泉寺初建于宋代，为杨家将的家庙，明代重修，清末民初扩建，由家庙成为一座佛寺，是南山寺的下院。寺东沟内有泉水一眼，所以称之为“龙泉寺”。

【建筑风格】

龙泉寺占地面积15900多平方米，有大小不同的殿堂房屋160余间。

自横向看，整个寺院分为东院、中院和西院三大部分。天王殿、观音殿、大雄宝殿等建筑为东院。门殿、宗堂殿和祖师堂等建筑为中院。院与院之间相互以门相通。

在中院后部的小院中，有汉白玉喇嘛塔一座。整塔雕刻异常精美，塔上雕有百余尊小佛像。在四面拱形门中，各雕一尊弥勒佛像。塔肚上刻《般若心经》一部。此塔为非常著名的南山寺始祖普济禅师的墓塔。塔上还刻有普济少年、青年、中年和老年各个时期的图像。

【历史价值】

山门外的一座四柱三门的汉白玉牌楼，为龙泉寺诸多文物中的精华所在。牌楼上的楼头、拱券、佛像、鸟兽、花卉、果品等，形态异常逼真，做工特别精细。据统计，牌楼上雕有蟠龙89条，柱础上刻有石狮20只。这些作品有的部分细如发丝，有的部分薄若蝉翼。此牌楼为定襄县宏道镇胡明珠等人于1916年到1922年间遗留的杰作。

南 山 寺

【名僧诗话】

沿流不止问如何，真照无边说似他。

离相离名人不禀，吹毛用了急须磨。

——唐·临济义玄《传法偈》

【地理位置】

地处山西境内的南山寺依山而建，置有殿堂300余间。南山寺整个院落由七层三大部分组成，极乐寺为下三层，佑国寺为上三层，中间一层为善德堂，南山寺是它们的总称。

【寺庙历史】

南山寺创建于元代，如今寺内存有元代至元五年（1268年）所立石碑，时称“大万佑国寺”。

【建筑风格】

南山寺建筑以青石和汉白玉构成居多，特别是寺中的各种石雕，集佛、道、儒三家之大成。

步入寺内，回栏曲径、亭台楼阁，多有题材多变的石刻。

南山寺的建筑极具特色，整座寺院依山而建，层次清晰，错落有致，各殿之间迂回曲折，小径通幽，给人以神秘莫测之感。

在五台山所有寺庙中，如此宏观浩大、微观精细的群体建筑非常罕见。

【历史价值】

佑国寺的石雕内容极其丰富，其中包括花卉、动物、吉祥图案以及“穆桂英挂帅”、“伯牙抚琴”、“孟母择邻”、“太公钓鱼”、“吹箫引凤”、“三顾茅庐”等神话和历史故事，说得上是中国近代石雕艺术博物馆。

站在佑国寺最高层还可以远眺五台山的其他四台，景色极其壮美。

崇 善 寺

【名僧诗话】

唯念门前树，能容鸟泊飞。
来者无心唤，腾身不慕归。
若人心似树，与道不相违。
——唐·龙牙居遁《门前树》

【地理位置】

崇善寺，原名白马寺，坐落于太原市上马街中部南侧，后改称延寿寺，明初建为崇善寺，是“三晋名刹”。

【寺庙历史】

明洪武十六年（1383 年），晋王朱㭎（朱元璋第三子）为纪念其母孝慈高皇后，特派其岳父永平侯谢成奏请朱元璋钦准，于白马寺旧址上重建（扩建）新寺，8 年后的洪武二十四年（1391 年）竣工。

崇善寺原占地面积为 14 万平方米，沿中轴线自南往北有金刚殿、天王殿、大雄宝殿、毗卢殿、大悲殿、金灵殿等正殿 6 座。

每个正殿两旁统一配建左右对称的偏殿、画廊和方丈院。该寺最雄伟的大雄宝殿，面宽九间，高约 33 米，周围用白石栏杆拦护，用螭首、海鱼等装饰屋顶，被赞誉为“玉佛殿”。

令人惋惜的是，清同治三年（1864 年）的一场大火将大雄宝殿等焚毁，仅存大悲殿一组建筑，也就是我们今天所看到的崇善寺。

清光绪八年（1882 年），崇善寺的废墟上建起了一座具有相当规模的文庙，将崇善寺一分为二。至于崇善寺的辉煌的历史，人们只能观看寺内现存明代绘制的“崇善寺平面图”赖以遐思，而不能亲睹为快了。

【建筑风格】

如今的崇善寺有山门、钟楼、大悲殿、东西厢房和西小院等，占地面积只有 3000 平方米，仅是原寺的 1/46。

寺中不管是气宇轩昂、舒展稳健的木构建筑，还是造型奇特、比例协调的密宗造像，不管是构图丰满、色彩绚丽的壁画摹本，还是从宋至今的各种佛藏版本，以及各种雕刻等，皆为研究我国古代建筑、雕刻、绘画艺术、印刷技术和宗教历史提供了弥足珍贵的实物资料，有着极其重要的史料价值和艺术价值。

大悲殿是今天崇善寺的主体建筑，矗立在宽厚的台基上。殿前有宽广而水平的月台，殿身面宽七间，进深四间，重檐歇山顶，出檐深远，黄绿琉璃瓦剪边，总高度近20米。殿内正面须弥座上，泥塑贴金菩萨并立3尊，通高8.3米，为观音、文殊、普贤，被称作“三大士”。此3尊造像，比例恰当，身容敦肃，体态健硕，面相丰圆，颜貌舒泰，服饰华丽，衣纹流畅，具有一种温文尔雅、雍容华贵、秀丽妩媚、和蔼慈祥、可亲可敬的艺术神韵，为我国明代雕塑艺术的极品。

【历史价值】

现崇善寺内尚存从北宋迄今为止的各种刻印、手抄的经书总计3万余卷。其中有宋代的“碛砂藏”、明代的“普宁藏”、明洪武五年的“南藏”、永乐八年的“北藏”、明代以真金楷书的“华严经”、清代和尚刺血手书的“华严经”以及日本影印的“大藏经”，还有泰山拓碑“金刚经”一部和部分道藏。

《释迦世尊应化示迹图》和《善财童子五十三参图》是大悲殿内非常珍贵的工部壁画摹本，为明成化十九年（1483年）原崇善寺的主持，为“庸存楷式，永昭常住”，专门请人依大雄宝殿两翼画廊画临摹而来的。摹本虽历600余年的风雨沧桑，却依然绚丽如初，人称“宝石画”，为研究我国古代工笔画和宗教提供了宝贵资料。

这些珍贵的佛、道藏版本，不但为我国木刻印刷史上早期的标本，而且也是不可多得的古代书法、雕刻艺术的上乘之作，也是研究我国古代哲学、文学、书法艺术、印刷技术和宗教历史的极其宝贵的资料。

1983年，崇善寺被定为汉族地区全国重点寺庙。

华　严　寺

【名僧诗话】

夫人学道莫贪求，万事无心道合头。

无心始体无心道，体得无心道亦休。

——唐·龙牙居遁《学道》

【地理位置】

位于山西省大同市的华严寺，是我国现存规模较大、保存也较完整的辽、金寺院。由于隋、唐僧人杜顺（法顺）首创中国佛教华严宗，立《华严经》为主经约典，故得华严寺之名。

【寺庙历史】

华严寺于辽清宁八年（1062 年）始建，元、明、清各代都曾重修，终成现在规模。

【建筑风格】

整个寺院总占地面积 16693 平方米，分上下两寺。

以大雄宝殿为中心的部分建筑为上寺，建筑风格严谨，布局井然有序。下寺以薄伽教藏殿为中心，风格较为随意活泼。

上寺分为东西两院，有山门、过殿、观音阁、地藏阁和两厢廊庑，参差错落，环境特别幽雅。寺中主要殿宇完全面向东方，这与契丹族信鬼拜日、以东为上的信仰不无关系。

大雄宝殿高耸于 4 米高的月台之上，殿面宽九间，进深五间，建筑面积 1559 平方米，殿内采用减柱结构，从而扩大了殿内空间，为迄今国内辽、金佛寺殿堂之最。殿顶呈单檐庑殿式，檐脊两端的鸱吻高 4.5 米，由 8 块琉璃构件组成。北吻为金代原物，虽然历经 800 余年，光泽却依然如新。南吻为明代重制，也是我国古代建筑上最大的琉璃吻兽。整殿斗拱硕大，形制自然古朴，气象宏伟壮观。

殿内中央供五方佛，两侧二十诸天侍立，神态各异，身体均前倾 15 度，超凡脱俗，为国内罕见。

殿堂四壁绘有由清光绪年间（1875 年—1908 年）大同民间艺人董安创作的壁画。画面高达 6.4 米，总面积为 887.25 平方米，以描述释迦牟尼生平和佛教故事等为内容，采用山石、云树、楼阁隔联的传统艺术手法，色泽鲜艳，国内不多。

下寺的薄伽教藏殿是辽代建筑，整座大殿风格古朴，是国内现存辽代殿堂中的遗构典型。

殿内四周依壁设置重檐式壁藏 38 间，分为两层，下层是经橱，存有 1.8 万余册明、清佛经，上层为佛龛。

后檐明间于门楣之上置 5 间券拱桥和天宫楼阁，凌空环接壁藏，使得两侧壁藏形成整体，为国内仅有的辽代小木作，被誉之为“海内孤品”。

殿内佛坛上依然完整保存 31 尊塑像，这些佛像体姿自然，表情生动，其中最为传神者当属胁侍菩萨。菩萨合掌露齿，面容丰满，身姿秀美，笑容可掬，正如一位性情温柔、体态匀称的少女，为辽代彩塑之珍品。

下寺还辟有大同市博物馆，展出大同市各种珍贵的历史文物和自然化石等，其中还有弥足珍贵的新、旧石器时代人类遗物、战国铜器、汉代彩陶、北魏木板年画、金、辽瓷器等稀世珍品。

【历史价值】

1961 年，华严寺被国务院公布为全国重点文物保护单位。

白　云　寺

【名僧诗话】

沧溟几度变桑田，唯有虚空独湛然。
已到岸人休恋筏，未曾度者要须船。

——唐・龟山正原《示徒偈一》

【地理位置】

位于太原市的白云寺，原名“净业庵”、“清凉寺”，于清康熙二年（1663 年）定名为白云寺。因该寺招待十方游方僧，故又名“十方寺院”，简称“十方院”。又因此寺位于城南，所以还称“南十方院”。

【寺庙历史】

明代时，有个叫净业的尼姑进驻堂内，由于尼姑住的佛寺大都称庵，故名“净业庵”。明崇祯十三年（1640 年），净业去五台山，将此庵献给天泽和尚。天泽和尚是陕西蒲城人，在五台山清凉寺受戒，所以他把净业庵更为“清凉寺”。清康熙二年（1663 年），天泽和尚在观音堂东面营造一座两进寺院，寺院落成后取名“白云寺”。

【建筑风格】

白云寺山门殿额为高悬的“白云寺”三个贴金大字，“真境”和“光寐”书写于山门下左右门楣两侧。

殿前置石狮一对，给人以幽深肃穆之感。殿内四角塑四大天王，弥勒佛端坐于殿中央，背后是身穿铠甲、手执金刚杵的韦驮。

钟鼓楼分别耸立于山门殿两翼，山门殿对面为前殿，和东、西厢房构成一个完整的前院。

前殿以十八罗汉朝观音布局。

西厢房有尊“常八十”泥塑。所谓“常八十”，为一僧人名号，据说他曾是李自成的理发师，李自成进北京，他断然不从，便削发为僧。有人问他多大年纪，他总是说八十岁，又过十年再问他，还是八十岁，所以“常八十”就叫开了，人们反而把他的真名遗忘了。相传“常八十”活了 120 岁，因为他接济贫困，免费行医，威望颇高，因此圆寂后，人们为他塑了此像，以示怀念。

大雄宝殿居后院正中，院内古木参天，环境幽雅。其中的白皮松，高约 30 米，为珍稀树种。大雄宝殿的释迦牟尼佛，双目微睁，面相慈祥，跏趺坐于莲花上，显得特别庄严肃穆。毗卢阁在大雄宝殿的后面，分两层，因上层供毗卢佛而得名。

【历史价值】

白云寺以西有天泽和尚墓，墓碑是清代大书法家傅山所撰书，有极高的艺术价值，如今存于太原市纯阳宫。白云寺本来的传承法系为禅宗南岳派临济宗，后改为净土宗。寺内有 8 块清代碑记，2 块现代碑记，另有珍藏《龙藏》一部。该寺现辟为太原市佛教协会所在地。

广　胜　寺

【名僧诗话】

学者恒沙无一悟，过在寻他舌头路。
欲得忘形泯踪迹，努力殷勤空里步。

——唐·洞山良价《辞世偈》

【地理位置】

广胜寺地处山西省洪洞县东北的霍山，距洪洞县城 17.5 千米。

【寺庙历史】

始建于东汉建和元年（公元 147 年）的广胜寺，初名阿育王寺，又名俱卢禅寺。在北魏、北周的两次“法难”中，广胜寺难逃劫难而被毁。

唐上元元年（公元 760 年）、大历四年（公元 769 年）寺院曾再次重修，并改名为广胜寺。

金贞祐年间（1213 年—1217 年）寺毁，没过多久又重新修复。

元大德七年（1303 年），广胜寺被地震所毁，延祐六年（1319 年）重建。

明、清时期，广胜寺历经数次毁建。

1952 年、1961 年，人民政府又先后拨款大修，使广胜寺的各类建筑能够得到妥善保护。

【建筑风格】

广胜寺分上寺、下寺和水神庙三部分。

上寺位于霍山山顶，主要建筑为山门、大雄宝殿、毗卢殿、弥陀殿和飞虹塔。

下寺地处霍山山麓，主要建筑有天王殿、弥陀殿、大佛殿等。

水神庙坐落于下寺旁，主体建筑为明应王殿。

【历史价值】

寺内的飞虹塔、大藏经《赵城金藏》和元代壁画，被人们称为“三绝”。

坐落在上寺山门内的飞虹塔，始建于明正德十年至嘉靖六年（1515 年—1527 年）。此塔呈八角形，总计 13 层，高 47 米。塔体砖砌，外施各种琉璃构件，使这座楼阁式宝塔不仅坚固稳健，而且形态美观，富丽堂皇，成为广胜寺一绝。

广胜寺第二绝为大藏经《赵城金藏》，此经书印于金代，是我国历史上首部汉文大藏经即宋代《开宝藏》的复刻本。《开宝藏》久已失传，《赵城金藏》欲显珍贵。

元代壁画为广胜寺的第三绝，主要保存于明应王殿内。此殿建于元延柘七年，现该殿建筑、殿内雕塑和壁画，皆为当时的遗物。据测，布于四面墙上的壁画，面积达 190 平方米，其中有元代的广胜寺上寺图，也有水神的内庭生活图，还有祈雨图、降雨图、打球图、卖鱼图、下棋图，以及罕见的元代杂剧图，为我国古代壁画中的上乘之作，异常珍贵。

水神庙前的水池，人称海场，即霍泉的泉源。池中泉水突起，池边柳荫成行，所有这一切都使古老的广胜寺显得非常美丽。

在抗日战争时期，由于八路军战士和当地僧众共同努力，这部经书才得以妥善保存。1949 年，人们将它交给人民政府。1982 年出版的《中华大藏经》，就是以它为蓝本而印制的。

1961 年，国务院把广胜寺列为全国重点文物保护单位。

普 救 寺

【名僧诗话】

无处青山不道场，何须策杖礼清凉？
云中纵有金毛现，正眼观时非吉祥。
——唐·铁名禅师《无处青山不道场》

【地理位置】

普救寺位于山西省永济县的峨眉塬上。

【建筑风格】

普救寺始建年代不详。隋代时此处已有寺庙一座，称西永清院。唐代对该院进行大规模维修，五代时更名普救寺，宋代又重修。明嘉靖三十四年（1555 年），该地区发生地震，寺庙被毁，嘉靖四十二年（1563 年）重修。尽管历代有所维修，但寺内建筑损毁厉害。后因 1924 年的一场大火和后来日军的破坏，寺内殿堂荡然无存。1985 年起人民政府再度修复。

【建筑风格】

普救寺分前、后两大部分。寺院为主的建筑为前部，后部则为花园。

寺院部分又分东、中、西三条轴线。

前门、僧房、枯木堂、正法堂、斋堂等为东路轴线上的建筑。中路轴线上的建筑为天王殿、菩萨洞、弥陀殿、罗汉堂、十王堂等。大钟楼、塔院回廊、莺莺塔、大雄宝殿等为西路轴线上的建筑。

后部花园中置树木花草、亭台假山等，人们称之为情侣园。

莺莺塔为楼阁式砖塔建筑，呈方形，13 层，高达 76.76 米。塔内有甬道能够上行。

此塔重建于明嘉靖四十二年（1563 年），但仍然保持着某些唐塔的特征，诸如方形、塔檐微呈凹线等。倘若在塔旁击蛙石处，以石相击，就能够于蛙鸣亭中听到类似青蛙鸣叫的回声。当环境清静时，人们能在塔内听到四五千米外村镇上的鸡鸣狗叫声。此为莺莺塔所具有的回音和收音功能，非常奇特有趣。

【历史价值】

寺内的莺莺塔独具特殊的回音、收音效果，为世界六大奇塔之一，同时也是我国古代四大回音建筑之一。

法 兴 寺

【名僧诗话】

欲得安身处，寒山可长保。
微风吹幽松，近听声愈好。
下有斑白人，喃喃读黄老。
十年归不得，忘却来时道。

——唐·寒山《欲得安身处》

【地理位置】

山西省长子县城东南 17 千米处的崔庄山腰有座北魏时的寺院，名为法兴寺。寺的规模较小，但寺内的宋代塑像却远近闻名。

【寺庙历史】

始建于北魏神瑞元年（公元414 年）的法兴寺，初名慈林寺。唐嗣圣元年（公元684 年）该寺进行扩建，改名广德寺，宋元丰四年（1081 年）又更名为法兴寺。寺院后来屡经修缮，保存至今。

【建筑风格】

在法兴寺的南北中轴线上，按顺序排列着舍利塔、圆觉殿和后殿。寺内的主体建筑为圆觉殿。

圆觉殿，宋元丰四年所建，面宽五间，进深三间，硬山到顶制式。殿内的青石八面柱和前檐青石墙上，各自雕有花纹和动物、莲花图案。佛坛上释迦牟尼坐像居中，两侧是文殊、普贤菩萨像，阿难、迦叶则侍立于前。圆觉殿前隅，有金刚塑像两尊。这些佛像、菩萨像、金刚像的塑造，都特别精美。

表现成佛修行门径的十二圆觉菩萨像最令人称道。十二圆觉像排列于圆觉殿两侧，每侧 6 尊呈对称阵容，每尊高达 2. 24 至 2. 5 米。此十二像皆为女性，高髻秀眉，上身半裸或全裸，或说法论道，或托腮沉思，神态怡然；发髻不但形式多变，竟连发丝亦清晰可辨，足见制作技术十分高超。塑像上尚存制作年代和工匠姓名，难能可贵。从中可知，这批塑像应该是创作于宋政和元年（1111 年）。

该寺内的舍利塔、燃灯塔、东西二塔等，都是唐代遗物，也是我国珍贵的民族文化遗产。

【历史价值】

1988 年国务院将法兴寺列为全国重点文物保护单位。

资 寿 寺

【名僧诗话】

心本绝尘何用洗，身中无病岂求医。

欲知是佛非身处，明镜高悬未照时。

——唐・龟山智真《上堂偈》

【地理位置】

资寿寺地处山西省灵石县城东 10 千米的苏溪村，此处风光秀丽景色迷人，与华夏民居第一宅王家大院仅相距 2 千米。

【寺庙历史】

资寿寺始建于唐代，宋代重建，在金代又遭破坏，元泰定三年（1326 年）重新构建。

【建筑风格】

资寿寺总占地面积 15000 平方米，共 15 座殿堂，院落宽敞，布局严谨。

寺内主要建筑为天王殿、雷音殿、罗汉殿、地藏殿、药师殿、二郎殿等。这些古代建筑结构非常奇巧，雕梁画栋美不胜收，碧瓦凌空势欲冲天，屋顶覆以三彩琉璃瓦，制作异常精巧，独具特色。

大雄宝殿内的壁画，构图完整，笔功精湛细腻，描金点翠，色彩斑斓。最令人喜爱的是护法韦驮，蟒袍玉带缠身，美髯飘逸潇洒，执刀而立，活脱脱一位征战沙场的猛将。

尽管殿内供的是释迦牟尼，壁画上却是儒、释、道三方神圣同台“献艺”，体现了一种多元交融、博采兼收的坦荡心怀。

资寿寺内，各殿塑像总计 79 尊，以十八罗汉与菩萨塑像艺术造诣最高。这些塑像，形态秀美，姿态娴雅、端庄，衣纹线条清晰流畅，较为成功地塑造出了人物变化中的美感。

【历史价值】

资寿寺主要以大型元代壁画以及以十八罗汉为标志的彩塑艺术而闻名于世，是山西省重点文物保护单位。

玄 中 寺

【名僧诗话】

三间茅屋从来住，一道神光万境闲。
莫把是非来辩我，浮世穿凿不相关。
——唐·龙山禅师《悟道诗》

【地理位置】

玄中寺位于山西交城县西北 10 千米处的深山之中，是净土宗的发祥地。

【寺庙历史】

据玄中寺碑文记载，该寺始建于北魏孝文帝延兴二年（公元 472 年），于承明元年（公元 476 年）竣工。

北魏孝庄帝永安年间，高僧昙鸾于玄中寺始创佛教净土宗。唐时，日本高僧圆仁来中国学习佛教的天台宗及密宗教义，与此同时也学习了净土宗教义，从此中国佛教中的净土宗便传至日本。后来，日本高僧源空（号法然）创建日本净土宗，其弟子源信（号昙鸾）又开辟了净土真宗。此二宗派的信徒、弟子都把玄中寺视为祖庭，到我国参观、访问，都要到玄中寺进香。所以说，玄中寺是中日文化交流的纽带。唐贞观年间（公元 627 年—649 年），太宗李世民曾赐名“石壁永宁禅寺”，元和七年（公元 812 年），唐宪宗又赐名“龙山石壁永宁寺”。由于皇家对玄中寺的青睐，该寺院也就得到了不断扩建，香火异常鼎盛。此后，玄中寺几经磨难，历尽沧桑。新中国成立后，玄中寺得到大规模的修缮。

如今的玄中寺佛殿雄峙，禅堂栉比，佛像姿态各异，形象逼真。

【建筑风格】

寺内现存最古建筑为明神宗万历三十三年（1605 年）所建天王殿、七佛殿、千佛阁、四殿三院。钟鼓楼、南北塔院、祖师殿、鸠鸽殿、接引殿、准提殿及僧舍、禅院、客房、斋堂等建筑散布各处。秋容塔雄峙寺东山巅，为宋代所建。山门为单檐式建筑，正中雕刻“永宁禅寺”。

天王殿亦为单檐歇山式，正中供弥勒佛像，两边为泥塑持国天王、增长天王、广目天王和多闻天王像。天王殿两侧为钟鼓楼，东西两侧各有碑亭。西侧为唐开元二十九年（公元741年）立《石壁寺铁弥勒像颂并序碑》，为唐代女书法家、太原参军房嶙之妻渤海高氏所书，记载唐太宗与玄中寺的往来。东侧为元至顺三年（1332年）重刻的《唐石壁禅寺甘露义坛碑》。

大雄宝殿为寺中主体建筑，正中供奉着阿弥陀佛木刻立像，为典型净土宗风格。大殿四周悬挂着十六罗汉画像。

七佛殿上悬挂着“西方圣境”门匾，殿内供奉着泥塑镀金的七佛坐像，分别为毗婆尸佛、尸弃佛、毗舍佛、拘楼孙佛、拘那含佛、迦叶佛和释迦牟尼佛。

千佛殿为该寺的最高点，可收尽石壁山幽静景色。千佛殿内还供有600余尊小型坐式佛像，正中供奉着一尊旃檀佛。

大雄宝殿西侧的院内，有祖师堂。堂内悬挂昙鸾、道绰、善导3位法师的画像。佛龛前悬挂着一对精美幢幡，为日本净土宗寺庙所赠。

【历史价值】

玄中寺内历代碑刻众多，价值较高。这里有北魏、北齐和隋代的造像碑，唐代的戒坛碑、寺庄山林四至碑和石壁寺铁弥勒像颂并序碑。

除此之外，还有宋、元、明、清的数十座碑刻。这些上至北魏，下至明、清时期的碑刻，是艺术珍品，更是难得的历史文献，它们记述了玄中寺的历史兴衰，同时也为研究中国的佛教史，尤其是研究净土宗的历史，提供了异常丰富而又特别宝贵的资料。

善 化 寺

【名僧诗话】

切忌从他觅，迢迢与我疏。
我今独自往，处处得逢渠。
渠今正是我，我今不是渠。
应须恁么会，方得契如如。

——唐·洞山良价《过水睹影》

【地理位置】

善化寺俗称南寺，位于山西省大同市南门内西侧。

【寺庙历史】

唐开元年间（公元713年—公元741年）始建的善化寺，初名开元寺。五代后晋初年开元寺更名为大普恩寺。辽保大二年（1122年）至金皇统三年（1143年）该寺重修。明正统十年（1445年），英宗朱祁镇赐名为善化寺，并将该寺作为官员们学习礼仪的场所。此后直至清末，善化寺曾三次大修。新中国成立后，人民政府又多次对善化寺进行维修，使其面貌焕然一新。

【建筑风格】

善化寺坐北朝南，总占地面积达1.2万平方米。寺中主要建筑有善化门（山门和天王殿）、三圣殿和大雄宝殿，位居两侧的有普贤阁、观音殿、地藏殿和配殿等。其中的大雄宝殿是辽代遗物，善化门、三圣殿及普贤阁是金代遗物。

善化寺的主体建筑为大雄宝殿。此殿面宽七间，达40.7米，进深四间，达25.5米，重檐庑殿顶，砖砌殿基，高3.3米。

钟亭、鼓亭和木牌坊位于殿前。

殿内保存着金代泥塑神像33尊，其中包括金身五方佛像5尊，其两侧分别有天王像12尊。殿内墙上有清代绘制的壁画190多平方米，题材皆为佛传故事，特别生动。

三圣殿的建筑制式为单檐庑殿顶式。殿内有毗卢佛、文殊和普贤菩萨等彩色泥塑像6尊，还有4座古代石碑。其中，以金大定十六年（1176年）刻立的《大金丙亥大普恩寺重修大殿记》碑为重中之重。

三圣殿采用减柱法建造，整个殿内仅有四根殿基，从而大幅度地增加了室内空间，为金代建筑中的一大杰作。

【历史价值】

善化寺有我国现存面积最大、保存最好的辽、金建筑群。1961年，国务院把它列为全国重点文物保护单位。

悬 空 寺

【名僧诗话】

一住寒山万事休，更无杂念挂心头。
闲书石壁题诗句，任运还同不系舟。

——唐·寒山《一住寒山》

【地理位置】

坐落于山西省恒山下金龙口西崖峭壁之上的悬空寺，为“恒山十八景”（磁峡烟雨、龙泉甘苦、云阁虹桥、虎口悬松、果老仙迹、云路春晓、断崖啼鸟、危岩夕照、金鸡报晓、茅窟烟火、奕台鸣琴、玉羊游云、脂图文锦、岳顶松风、幽窟飞石、仙府醉月、紫峪云花、石洞流云）之一。

【寺庙历史】

据《恒山志》记载，始建于北魏晚期的悬空寺，距今已有1400多年的历史，金、明、清等历代都曾经重修，是我国极少见的一座高空建筑物。

【建筑风格】

寺宇建筑高耸于恒山之麓的峭壁之上，崖壁呈90度垂直，崖顶呈倒悬之势。

该寺坐北朝南，寺基距谷底26米，最高处离地达50多米。

全寺上载危岩，下临深渊，足踏峭壁，于峭崖之上凿洞插梁为基，楼阁之间以栈道往来。登楼俯视，如临深渊之中，谷底仰视，悬空如虹，隔峡远望，就像一座仙阁悬挂在绝壁之上，古人于栈道上题刻云“公输天巧”。

全寺建筑依山向北梯次增高，计殿宇楼阁40余间，皆为木质结构，凿石为基，就岩起屋。

三教殿是全寺建筑的制高点，殿内供奉儒、道、佛三圣塑像，佛祖释迦牟尼居中，老子、孔子分别列其左右，集三教于一堂，可谓匠心独运。

寺内尚存铜铸、铁铸、泥塑、石雕等大小儒、道、佛塑像780余尊，壁间镌刻有历代名人题咏，皆为珍贵文物。

【历史价值】

因地理环境的局限性，悬空寺面积和建筑规模较小，然而该寺却是远近闻名的海内名刹，其独特之处就在于奇险。悬空寺是我国古代建筑艺术的伟大创举。

1982年，悬空寺被国务院列为全国重点文物保护单位。

佛 宫 寺

【名僧诗话】

碧涧泉水清，寒山月华白。

默知神自明，观空境逾寂。

——唐·寒山《碧涧泉水清》

【地理位置】

佛宫寺坐落于山西省应县城内西北角。

【寺庙历史】

佛宫寺最初建于辽清宁三年（1057 年），原名宝宫禅寺，后更名为佛宫寺，直到今日。金明昌年间（1190 年—1195 年）该寺增修。元延祐七年（1320 年）、明正德三年（1508 年）、清康熙六十一年（1722 年）、同治五年（1866 年），该寺相继大修。1926 年，因军阀混战，佛宫寺建筑遭到破坏。新中国成立后，人民政府多次拨款大修，佛宫寺焕然一新。

【建筑风格】

佛宫寺的山门、僧房、客堂和释迦塔等为现存建筑。

释迦塔又叫做应县木塔，为一座高达 67.31 米的八角形楼阁式木塔，初建于辽代。塔基是一座中心夯土的二层砖石台，下层为方形，上层是八角形。

塔的外观为五层，加上暗层，塔内实则九层。每层塔外皆为平座栏杆，内有楼板楼梯，可供游人登之远眺。每层塔檐和平座下面，都有斗拱支撑。全塔共有 54 种斗拱，称得上是我国的一座斗拱陈列馆。

释迦塔的所有隔层均供佛像。

一层正中，供有一尊释迦牟尼佛像，高达 10 米。

墙上有如来佛画像 6 幅，以及金刚、弟子和供养人像等。

二层为一佛、二菩萨、二胁侍塑像。

三层为四方佛塑像。

四层为释迦牟尼佛、文殊和普贤菩萨以及阿难、迦叶的塑像。

五层为毗卢遮那佛和八大菩萨塑像。

所有佛像，皆为佛宫寺文物中的珍品。

【历史价值】

我国古代早期的佛教寺庙建筑，都以塔为中心。辽代修建的这座佛宫寺和释迦塔，同样是这种建筑思想的再现。由于应县是辽、宋交界地，双方征战频繁，著名的杨家将就曾在此作战，辽国之所以修建这样一座高耸牢固的木塔，同时也是为了借用佛塔来监视宋方的军情。可以说，释迦塔也具有瞭望敌情的效果。此塔是我国现存建筑时间最早、体量最大的木塔。

1961 年，国务院把佛宫寺列为全国重点文物保护单位。

崇 福 寺

【名僧诗话】

移家虽带郭，野径入桑麻。
近种篱边菊，秋来未著花。
扣门无犬吠，欲去问西家。
报道山中去，归来每日斜。

——唐·皎然《寻陆鸿渐不遇》

【地理位置】

地处山西省朔州市东大街北侧的崇福寺，因寺内保存的金代建筑、泥塑像和壁画而闻名遐迩。

【寺庙历史】

崇福寺始建于唐麟德二年（公元665年），原名大藏经阁，辽代改名为林衙寺。金天德年间（1149年—1153年）赐名崇福禅寺。明成化五年（1469年）、十六年（1480年），寺院先后两次重修，清乾隆（1736年—1795年）、嘉庆（1796年—1820年）、同治年间（1862年—1874年），均有不同程度的补修。1985年崇福寺大规模翻修，重现旧观。

【建筑风格】

崇福寺现存大小不同的殿堂10座。其中，山门、金刚殿（天王殿）是清代建筑；钟楼、鼓楼、千佛阁（藏经阁）、文殊堂、地藏堂是明代建筑；三宝殿（大雄宝殿）于明代重建、清代重修；弥陀殿（后大殿）、观音殿是金代建筑。

始建于金皇统三年（1143年）的弥陀殿，面宽47米，进深25米，总占地面积1112平方米。

此殿建筑结构科学合理，斗拱奇巧，隔扇雕刻细腻精美，屋脊上高大的琉璃鸱吻，以及非龙非虎兽头、顶盔胄甲的力士等，颜色都非常鲜艳。殿中的阿弥陀佛、观音、大势至和4尊胁侍菩萨、两尊金刚力士像，形态特别生动。周围墙壁上，有释迦牟尼说法图、千手千眼十八面观音像等壁画达327平方米。此殿从殿基到殿顶乃至殿前的竖匾、殿内的雕塑和绝大部分壁画，皆为金代的遗物，被称为“金代艺术宝库”。

【历史价值】

1988 年，国务院把崇福寺列为全国重点文物保护单位。

双 林 寺

【名僧诗话】

举手攀南斗，回身倚北辰。
出头天外看，谁是我般人！

——唐 · 五台智通《示寂诗》

【地理位置】

双林寺坐落于山西省平遥县城西南 6 千米的桥头村。寺中的唐槐、宋碑、明钟、彩塑以及古代建筑皆为稀世珍宝，特别是其中的彩塑艺术举世闻名。

【寺庙历史】

双林寺原名中都寺，始建于何时已不可考。寺中北宋大中祥符四年（1011 年）所立之《姑姑之碑》记载："中都寺重修于北齐武平二年（公元 571 年）。"仅就此推算中都寺距今也有 1400 多年的历史了。后来，取佛经"双林人灭"之说，中都寺改名双林寺。

【建筑风格】

占地面积约 1.5 万平方米的双林寺，坐北朝南，寺院居西，而禅院居东，殿宇群组成三进院落。

重修于明弘治十二年（1499 年）的天王殿，位居中轴线前端。寺中前院为释迦殿、阎罗殿、武圣殿和土地殿等建筑。中院为大雄宝殿、千佛殿和菩萨殿，其中大雄宝殿于明初在焚毁的七层楼阁台基上重新构建。后院为重建于明正德年间（1506 年—1521 年）的五楹娘娘殿和贞义祠。

双林寺今存彩塑 2056 尊，其中最大的 1 丈多高，小的也有 1 尺多高，它们形神兼备，艺术价值非常高，为我国元、明彩塑的精品。这些彩塑形象生动，神态迥异，造型也很准确。

【历史价值】

1987 年 8 月 7 日，双林寺彩塑艺术馆正式成立。1988 年 1 月 13 日，双林寺被列为全国重点文物保护单位。1997 年 12 月，双林寺作为"平遥古城"的一项被列为世界遗产。

镇 国 寺

【名僧诗话】

秋风落叶满空山，古寺残灯石壁间。

昔日经行人去尽，寒云夜夜自飞还。

——唐·皎然《秋晚宿破山寺》

【地理位置】

镇国寺位于山西省平遥县东北的郝洞村北，距城区 12.5 千米。

【寺庙历史】

始建于五代时期的镇国寺，原称京城寺。元、明时期此寺进行扩建，明嘉靖十九年（1540 年）改称镇国寺。清代雍正、乾隆、嘉庆年间多次维修，镇国寺才具有了现在这样的规模。

【建筑风格】

镇国寺占地面积总计近 1.1 万平方米。整个寺院有两重院落。天王殿、万佛殿和三佛殿为中轴线上的主体建筑。钟楼、鼓楼、三灵侯殿、财福神殿、三郎殿、土地殿、罗汉殿、地藏殿等，位列中轴线建筑两侧。禅院居寺西。

万佛殿为单檐歇山式构建制式，始建于五代北汉天会七年（公元 963 年）。其建筑时间在全国的重要古建筑中名列前茅。

清嘉庆二十年（1815 年）该殿大修。今天的万佛殿宽 11.57 米，深 10.77 米，总高度达 8.78 米，为一座有 12 根檐柱的厅堂式建筑。该殿设计科学严谨，施工精巧细致。殿内供奉的 11 尊塑像为释迦牟尼佛像，阿难、迦叶像，菩萨、供养菩萨、供养童子、天王等像，完全是五代时期的作品。各塑像面容丰满，具有唐代遗韵。

天王殿为元代建筑。钟楼内保存着金皇统五年（1145 年）所铸造的一口铜钟。地藏殿、三佛殿内，存有明代彩色泥塑像。三佛殿内还有描绘释迦牟尼生平故事的壁画。这些都是我国难得的珍贵历史文物。

【历史价值】

1988 年，国务院把镇国寺列为全国重点文物保护单位。

崇 善 寺

【名僧诗话】

滔滔不持戒，兀兀不坐禅。

酽茶三两碗，意在镢头边。

——唐·仰山慧寂《滔滔不持戒》

【地理位置】

崇善寺坐落在山西省太原市五一南路皇庙巷内。此寺现有规模很小，但寺中所存的《大藏经》等文物却闻名于世。

【寺庙历史】

此寺始建于唐，起初称白马寺，后改名为延寿寺、崇善寺、新寺等。现存的寺中殿堂，建于明洪武十六年至二十四年（1383 年—1391 年）。

洪武十五年（公元 1382 年），明太祖朱元璋的马皇后去世。由马皇后养育成人的朱元璋第三子晋王朱棡，请求修建一座兼有祖庙功能的佛教寺庙以为纪念，得到了朱元璋的批准。

【建筑风格】

此时重建的崇善寺，占地面积为约 16 万平方米，殿宇金碧辉煌，规模宏伟，其布局近似于北京故宫。后经多次维修，寺庙得到了有效的保护。清同治三年（1864 年），崇善寺的大部分建筑被大火烧毁，仅存大悲殿。我们现在所看到的崇善寺，只是原有面积的几十分之一。

【历史价值】

尽管崇善寺曾遭破坏，但保存的文物却极有价值。

首先，现存的大悲殿基本上保持明洪武年间的建筑原貌，以后的维修只是小修小补，并无大的改动。

其次，北宋《崇宁万寿藏》17 卷零 18 页，南宋《碛砂藏》562 函、4846 卷，元代皇庆元年（1312 年）刻印的《普宁藏》505 函、4257 卷等都保存于寺中，尽管并非原刻经书的全部，但也称得上是稀世珍品。除此之外，寺中尚存明版《南藏》、《北藏》与其他手写经书，也都异常珍贵。

再者，寺内至今还保存着当年大雄宝殿两掖长廊壁画《释迦世尊应化示迹图》、《善财童子五十三参图》的临摹本，亦为世间罕见的珍品。

另外，供奉于大悲殿内高达 8 米的千手千眼观音像、千手千钵千释迦文殊像和普贤菩萨像，皆为明代的泥塑珍品。

殊 像 寺

【名僧诗话】

雪后始谙松桂别，云收方见河济分。
不因世主教还俗，哪辨鸡群与鹤群？

——唐·龟洋慧忠《雪后始谙松桂别》

【地理位置】

地处山西省五台山台怀镇杨林街西南里许的殊像寺，坐风林谷，面向梵仙山，因供奉文殊菩萨像而得名。

【寺庙历史】

相传，该寺始建于唐代，元延祐年间重建，后毁于火，明成化二十三年（1487 年）重建。明天启六年（1626 年），寺后西北角起建客堂。清顺治年间客堂改称为“善静室”，作为“习静”的地方。

【建筑风格】

该寺与显通寺、菩萨顶、塔院寺、罗喉寺被称为五台山“五大禅处”，还是“青庙十大寺”之一，是名气很高的寺院。

殊像寺牌楼前下方，有清泉一处，其泉水冬暖夏凉，清流无浊，望眼可穿，叮咚而流，游人喝上几口，顿觉周身爽快，沁人心脾。此为人们视作圣泉的“般若泉”，当地人称为“万水泉”，言其水源充足，日夜不息。“般若”，是梵文的译音，“般”字读如“钵”，意译为“智慧”、“智”、“慧”、“明”等。般若泉，意思就是智慧泉。

佛教徒认为，饮用五台山般若泉的圣水，能够消除烦恼、获得智慧；用供奉文殊菩萨之处的般若圣水洗目灌顶，能使人聪明眼亮，从而达到美好的般若境界。明朝时五台山的高僧觉玄曾写诗赞道：“般若池边止渴时，山瓢一吸乐何支。尘尘烦恼俱消歇，无限清凉说向谁！”

清康熙帝和乾隆帝御碑各一通现存寺中，载有般若泉形制。康熙帝御制碑称：“（殊像寺）泉称般若，落清涧于云端。”乾隆帝御制碑称：“（殊像寺）般若泉清，晨飞补衲之云。”

由于殊像寺一带水源不足，特别是人们赋予殊像寺般若泉很多美丽神奇的传说，所以，佛教徒视之为圣水。

传说，五台山喇嘛寺供佛用的“净水”，非殊像寺般若泉水而不用，朝台的达赖喇嘛和班禅喇嘛，以及住五台山的黄教首领扎萨克大喇嘛，也非般若泉水不饮。康熙帝巡幸五台，住菩萨顶时，更是日日饮般若泉水，直至今天还留有茶厅痕迹。

对于那些千里迢迢来此朝山拜佛者，不但要饮般若泉，而且还用泉水灌顶洗目，临走时还要带一些回家送与亲友兄弟，与之共享佛祖圣恩。

据检测，此泉水质清澈、透明、无毒、无臭，清冽甘美，水中含有多种对人体有益的微量元素。饮用此水，尽管难以成佛，却有益寿延年、增进健康之功效。有学者曾赋予“茗吸般若，智爽神怡”的赞誉。

文殊阁是殊像寺大殿，殿阔五间，重檐歇山顶，为五台山台怀镇中心区规模最大的殿宇。

殿内有文殊菩萨驾狻猊塑像，高约 9.3 米，如出神工，闻名遐迩。“狻猊”是狮子的古称。

站在塑像前认真观赏，狮子生动逼人，跃跃欲试，将腾云而行。

狮子的腰身和腿上呈蓝底白点颜色，颈上则长满深绿色卷毛，胸佩鲜红的穗缨，显得分外活泼。

在五台山所有的文殊驾狮塑像中，独有这一只塑得最活，最传神。文殊菩萨端坐于金狮子背上，面颊丰满，两耳垂腮，双目平视，双手微举，身后的一片黄亮，就像菩萨身上放出的金光。

文殊为梵文“文殊师利”的音译略写。文殊菩萨是智慧的象征。依照佛典所说，他与佛祖释迦牟尼是同时代人，大约出生于公元前 6 世纪的舍卫国，系多罗聚落婆罗门种姓。他一诞生，就有三十二相，八十种好，这也和佛祖释迦牟尼一样。

在大乘佛教里，文殊菩萨一直是诸菩萨的上首，往往与普贤菩萨一起，侍奉于佛祖释迦牟尼之左右。佛门弟子将文殊菩萨视为智慧的化身。

佛祖释迦牟尼从 35 岁证道，到 80 岁圆寂，在长达 45 年的传教弘法生涯中，凡是大乘法会，文殊菩萨都来参加。

佛祖释迦牟尼演说“四谛”、“十二因缘”、“三十七菩提分”、“五蕴”、“四禅”和“三明”等法理时，得到文殊菩萨的辅助。并且，在佛祖释迦牟尼形成僧团、建立寺院的过程中，文殊菩萨都作出了不可磨灭的贡献。

佛祖释迦牟尼涅槃后，文殊菩萨遵照他生前的嘱托，与阿难、弥勒等人合作，在铁围山集结大乘经典，使大乘经典得以保存并光大。五台山有五顶，象征文殊菩萨顶有五髻，彰显出这位上首菩萨智慧圆满。

在文殊阁的三面墙壁上，塑有明代渡海五百罗汉图的悬塑。悬塑的形状，就像山洞里倒垂下来的冰岩冰凌一样，支离参差，又像镂空的大浮雕倒嵌在殿顶和墙壁上，加之蓝、绿、红色对比鲜明，把整个大殿装饰得更加色彩斑斓。

【历史价值】

文殊阁内的悬塑五百罗汉图，浓缩了古印度的佛国世界。殿内柱子上还蹲有一尊罗汉，据说是中国的著名僧人济公。

殊像寺是全国重点文物保护单位之一。

大召寺

【名僧诗话】

焰里寒冰结，杨花九月飞。
泥牛吼水面，木马逐风嘶。
——唐·曹山本寂《焰里寒冰结》

【地理位置】

坐落于内蒙古自治区呼和浩特市旧城的大召寺，蒙古语为“伊克昭”，意思是“大庙”，至今已有400余年历史，为呼和浩特最早兴建的黄教寺院。

【寺庙历史】

明万历六年（1578年），蒙古土默特部阿勒坦汗为款待西藏三世达赖索南嘉措，始建大召寺，于次年竣工，万历帝为之赐名“弘慈寺”，因寺中供奉银制释迦牟尼像，因此也叫做“银佛寺”。

万历十四年（1586年），三世达赖索南嘉措来呼和浩特，并亲临大召寺，主持了银佛开光法会，从此以后大召寺成为内蒙古地区著名的寺院，蒙古各部都相继派人到大召寺顶礼膜拜。

后金崇德五年（1640年），大召寺在皇太极的命令下重修和扩建，完工后，皇太极便赐予满、蒙、汉三种文字的寺额。汉名“弘慈寺”后来又改为“无量寺”，此为现在的大召寺汉名“无量寺”的起源。

清顺治九年（1652 年），西藏五世达赖途经呼和浩特，在大召寺驻锡，至今大召寺内还供有五世达赖的铜像。

【建筑风格】

清康熙三十七年（1698 年），康熙帝派内齐托因为呼和浩特八大寺掌印喇嘛，并此把大召寺印玺交付给他。后内齐托因二世请求康熙帝修葺大召寺。工程完工后，清廷用黄金铸造“皇帝万岁”牌，交给大召寺供奉。此金牌现在仍然存于大召寺内。这次修建后，大召寺的主要建筑物从未有过大的变化。

大召寺建筑布局新颖，自南至北，由山门、天王殿、菩提过殿、经堂、佛殿、九间楼和东西二组配殿组成，是呼和浩特现存最大最完整的木质结构建筑群。

寺中最南端是三开山门，前有石狮一对，山门正中檐下悬挂“九边第一泉”横匾，匾上端尚存“古无量寺”字样。

天王殿殿内雕塑彩绘四大天王像。菩提过殿檐下悬挂一蒙、满、汉三种文字书写的“无量寺”小型匾。

经堂与佛殿连为一体而形成大殿，中间有隔扇。殿前立明天启年间（1621 年—1627 年）的铭文铁狮一对，庭院正中置清代铁香炉。

大殿由 50 余根大柱支撑，显得气势宏伟庄严，殿内壁上为佛教传说的绘画，悬挂的缯子上画有各种佛像，形象古怪，神态各异。

大殿居中为喇嘛诵经之所，香烟缭绕不绝，银光熠熠生辉。

大殿正中，两米多高的释迦牟尼银佛端坐莲花台上，顶部笼罩孔雀羽毛伞，佛面线条柔和，丹唇微启，慈眉善目，给人以威严肃穆之感，堪称大召寺一绝。

银佛两边是如来佛、弥勒佛、黄教始祖宗喀巴、尖令宝欠喇嘛、白录观世音等泥塑像，均为两米多高，工艺精细，形象栩栩如生。

四世、五世达赖铜像分坐两侧，万岁金牌供奉于桌上，银佛前两根明柱上盘绕的“二龙戏珠”，高达 10 米，工艺相当考究，是佛殿中的精品。大殿后的二层九间楼为供奉财神、五世达赖及保存藏经和活佛休息之所。

大召寺的古建筑、雕塑、绘画，都翔实地记载了各族劳动人民的聪明才智，艺术价值极高。

【历史价值】

大召寺的一幅长卷《月明楼》，为清乾隆年间的名画。此画长 3.5 米，宽 1.3 米，画面上描绘了 100 多个人物，画的是康熙帝到明月楼微服私访的场景。该画极其生动地再现了清代归化城（今呼和浩特）大酒楼兼戏馆的面貌，人物栩栩如生，特别传神。

现在的大召寺是内蒙古自治区重点文物保护单位。

五 当 召

【名僧诗话】

摧残枯木倚寒林，几度逢春不变心。

樵客过之犹不顾，郢人那得苦追寻。

——唐·大梅法常《答僧偈之二》

【地理位置】

五当召坐落于内蒙古自治区包头市固阳境内。“五当”是蒙语柳树之意。五当召，即寺庙建于柳树沟内。五当召的藏文名称叫巴达格勒，是白莲花的意思。

【寺庙历史】

五当召始建于清康熙年间（1662 年—1722 年），雍正五年（1727 年）扩建，乾隆十四年（1749 年）重修，乾隆二十一年（公元 1756 年）赐名为广觉寺。今天的寺内建筑，都是清代遗物。

【建筑风格】

五当召累计占地面积约 20 万平方米，有大小房屋 2500 余间。整体建筑可按一陵、三府、六宫划分。

所谓一陵，即苏尔盖陵，此为召内历代高僧的灵堂，堂内存放着他们的骨灰。

所谓三府，为甘珠尔府、章嘉府和洞阔尔府，为历代活佛的住所。

所谓六宫，分别为苏古沁独宫、却依林独宫、洞阔尔独宫、当坎希德独宫、日木伦独宫和阿会独宫，为喇嘛们念经、拜佛、集会、说法和举行宗教仪式的地方。

其中的苏古沁独宫位置最前，同时也是召内最大的一座建筑物。宫分三层：一层是经堂；供奉释迦牟尼和宗喀巴塑像的为二层；三层为两座高大的铜制曼陀罗，自上而下依次铸有宫殿、城墙、须弥山和云水图案。除此之外，在却依林独宫中，弥勒佛铜像为全区最大。在日木伦独宫中，有全区最大的宗喀巴铜像。这些，都是五当召内极其珍贵的历史文物。

【历史价值】

五当召是内蒙古自治区规模最大的一座喇嘛庙。

1996 年，国务院将五当召列为全国重点文物保护单位。

美 岱 召

【名僧诗话】

落雪临风不厌看，更多还恐蔽林峦。
愁人正在书窗下，一片飞来一片寒。
——唐・清江《落雪临风》

【地理位置】

美岱召位于内蒙古自治区包头市土默特右旗美岱乡。这是一座集寺庙、城堡和王府为一体的古代建筑群。

【寺庙历史】

始建于明万历三年（1575 年）的美岱召，原名为福化寺，又名灵觉寺，其始建者是蒙古族土默特部归服明朝的首领、顺义王阿勒坦汗及其妻子三娘子。清康熙年间（1662 年—1722 年）更名为寿灵寺，然而，人们却始终将其称为美岱召。明万历三十四年（1606 年），西藏地区派迈达里活佛来此主持召务，影响颇大。迈达里和美岱召发音基本相近，寺名便因此称为美岱召了。

【建筑风格】

美岱召占地总计 4 万平方米，平面呈不规则方形，整体建筑由一圈高达 4 米、以黄土和石块修建的城墙环绕。城墙上筑有角楼、马面，与城堡的建筑雷同。

作为寺庙，美岱召有经堂、大雄殿、罗汉堂和观音殿等建筑。此为喇嘛们供佛、念经、说法和举行宗教集会的地方。

其中，经堂和大雄殿相连，一前一后，布局奇特。在高达 20 余米的大雄殿内，不但供有佛像、菩萨像，而且还绘有表现佛的故事和佛教教义的满壁彩画。召内的以供养人面貌出现的壁画，表现出当年蒙古族同胞的世俗生活，实属罕见。

作为王府，美岱召内尚存有非从事宗教活动的建筑。当年的阿勒坦汗接受朝拜的地方便是大雄殿后的琉璃殿。楼院，则是阿拉勒汗和他的子孙们的居所。太后庙，为阿勒坦汗妻子三娘子的骨灰供奉处。

美岱召将寺庙、王府和城堡建筑巧妙地融合在一起，确实难得一见，因此也较为珍贵。

【历史价值】

1996 年，国务院将美岱召列为全国重点文物保护单位。

席力图召

【名僧诗话】

四大由来造化功，有声全贵里头空。

莫嫌不与凡夫说，只为宫商调不同。

——唐·赵州从谂《鱼鼓颂》

【地理位置】

坐落于呼和浩特市玉泉区石头巷北端的席力图召，汉名“延寿寺”，是呼和浩特最为精美的一座寺庙，在中国古代建筑史上颇负盛名，被誉为“召城瑰宝”。席力图召，还叫做舌力图召。席力图，为蒙语“首席”或“法座”的意思。

【寺庙历史】

席力图召始建于明万历十三年（1585 年），因本寺的第一世活佛而得名。来自西藏的一世活佛希迪图噶布齐，因其熟悉经典，并素谙蒙、藏、汉三种语言文字而深得来内蒙古传教的三世达赖索南嘉措的信任。索南嘉措死前曾嘱托，由他代替自己来主持传教和负责寻访转世灵童诸事。后来，他又成为四世达赖云丹嘉措的启蒙老师，并且在明万历三十年（1602 年）亲自护送云丹嘉措入藏坐床，因此他的地位也愈加尊荣。当时宗教界尊其为席力图呼图克图（意为首席活佛），与此同时也将他主持的寺庙叫席力图召。

【建筑风格】

席力图召坐北向南，累计占地面积约 1.3 万平方米，整体建筑面积达 5000 平方米。该召的建筑群以南北为中轴呈东西对称布局建造而成。召庙建筑富丽堂皇，风格独特。

召前为特别华丽的过街牌楼与山门对峙。四大天王殿设于山门之内。山门的左右两侧还各开一拱形门。两侧门内分别建有一座钟楼、鼓楼。入山门后是席力图召前院。正面为菩提过殿，殿前竖有 10 米多高的旗杆一对。院两侧是东西厢房。过殿左右各置垂花门。穿门而过是席力图召的经堂大院。正面是大经堂，南侧有两座对称的碑亭。东西配殿居院两侧。

在席力图召众多的建筑中，大经堂独领风骚，其在寺内占地面积最大，外观造型最美，为藏汉式建筑。

整个经堂平面呈方形，面阔、进深各九间，故称八十一间大经堂。经堂的墙体为典型的藏式围墙。墙上开有藏式盲窗，并且配有藏草、铜镜等装饰物品。正面墙壁统一使用彩色琉璃砖镶嵌而成，黄、绿、蓝等各色相间，构成一幅绚丽多彩的精美图案。

经堂的殿顶，分别由前后两部分组成。前者是藏式平顶建筑，后者则为汉式歇山顶建筑。平顶和歇山顶的有机结合，构成了一种藏、汉合璧、造型特殊的建筑风格。这种建筑形式，是我国古代蒙藏地区藏汉式结合建筑中最成功的典型之一。精美多姿的雕绘图案、色泽鲜艳的琉璃砖瓦，配以金光闪闪的鎏金饰件，使得整个经堂显得更加富丽堂皇，无与伦比。

经堂内部宽阔高深，气氛庄严肃穆，空间里竖有藏式风格的方形明柱 64 根，每根柱上皆为彩色的龙纹挂毯包装。顶棚、栏板及横梁处布满了各种彩绘图案。四面壁上挂有数百幅精心绘制的佛教画像，色泽艳丽，内容完整。

殿堂正中供有释迦牟尼塑像。塑像两侧分别供奉十方佛、度母、菩萨等。在东西两壁的经架上，还有藏文的《甘珠尔》和《丹珠尔》经卷珍藏。整个殿堂内部配置适当得体，布局合理有序。

御碑亭呈东西对称而立，每一座亭内皆有高达 3 米的石碑一块，名为“纪功碑”。它既是重要的历史文物，也是我国各族人民维护祖国统一的历史见证。

塔院内，有造型奇特的佛塔一座，是覆钵式喇嘛塔。此塔为内蒙古地区现存覆钵式喇嘛塔中最为精美的一座。

【历史价值】

席力图召现为内蒙古自治区重点文物保护单位。

五　塔　寺

【名僧诗话】

寻师认得本心源，两岸俱玄一不全。
是佛不须更觅佛，只因如此更忘缘。

——唐 · 龟山正原《示徒偈二》

【地理位置】

五塔寺又称金刚座舍利宝塔，坐落于呼和浩特市玉泉区五塔寺后街。

【寺庙历史】

该寺始建于清雍正五年（1727 年）。宝塔本来是藏传佛教召庙“慈灯寺”内的一座建筑，原为三重院落，其殿宇规模宏大。慈灯寺在三世活佛之后，从未寻找呼毕勒罕的转世，因此香火渐衰，佛殿通通塌毁，独五塔幸存。

【建筑风格】

五塔主体总高 16.5 米，为金刚宝座式，由塔基、金刚座、塔顶三部分组成。金刚座顶部置 5 座玲珑小塔，矗立云霄，造型独特，端庄隽秀。塔整体有 1500 余尊浮雕佛像，以及蒙、藏文等。塔后山墙存有石刻图 3 幅，蒙文石刻天文图最为珍贵。

【历史价值】

金刚座舍利宝塔不但为一座建筑物，而且还是一座硕大的雕刻艺术品。

妙 法 寺

【名僧诗话】

无去无来本湛然，不居内外及中间。
一颗水晶绝瑕翳，光明透出满人天。

——唐·拾得《无去无来》

【地理位置】

位于内蒙古包头市吕祖庙巷的妙法寺，是内蒙古地区最为著名的汉传佛教古寺，香火非常旺盛。

【寺庙历史】

妙法寺系续州法师建于清咸丰（1851 年—1861 年）末年，同治五年（1866 年）该寺扩建，奠定了基础规模。续州法师属临济宗，因此妙法寺为禅宗寺院。

寺院原来佛道兼容，在包头村镇形成过程中，对维系信教民众起了非常重要的作用。民间传说，吕洞宾皈依佛法后，成为了佛教的护法神祇。

【建筑风格】

如今的寺院有山门（天王殿）、吕祖殿、大雄宝殿、观音殿、功德堂、地藏殿、祖师殿、禅堂等建筑，除了吕祖殿是清朝遗物之外，其他建筑完全建成于 1992 年以后，五百罗汉堂于1999年动工。这些建筑风格都是古典汉式，以歇山式为主体，在内蒙古规模最大，布局最依法度。

【历史价值】

寺内有光绪九年（1883年）的一口八卦钟，三块同治（1862年—1874年）、光绪年间（1875年—1908年）建寺碑文，都是极其珍贵的历史文物。

贝子庙

【名僧诗话】

空门寂寂淡吾身，溪雨微微洗客尘。
卧向白云情未尽，任他黄鸟醉芳春。

——唐·可止《精舍遇雨》

【地理位置】

坐落于锡林浩特市北区额尔敦敖包南麓的贝子庙，原名为“班迪德格葛黑特”，民间称“大庙”，是阿巴哈纳尔左翼旗（今锡林浩特市）旗庙。

【寺庙历史】

清康熙帝统治时期，阿巴哈纳尔左旗形成后，该地区各种集会逐渐繁多，为数不多的信仰佛教的喇嘛也举行非定期经会。

1684年，根据治旗贝子的提议，于今宝力根山下建一座木质小庙，有30名喇嘛，名叫旗庙。此为贝子庙的雏形。

到乾隆年间，该旗兴建寺院庙堂，政教合一。此时该旗也出现了庙小僧多的窘境，需再择一吉祥福地，贝子庙一世活佛便与该旗第四代札萨克贝子商议，把木质小庙迁徙到锡林河东岸的额尔敦敖包脚下，始建如今的贝子庙。

贝子庙喇嘛教属藏传佛教，在该地区叫黄教、喇嘛教或黄帽派教，自元代起由藏、青传入此地。清廷为达到“政教合一”的目的，将喇嘛教分成四个管辖区，内蒙古等地的黄教由章嘉活佛统辖。

【建筑风格】

占地面积为1.2平方千米的贝子庙，沿袭黄教传统建筑样式，结构独具匠心，雕刻精细优美。由主庙、属庙、家庙、佛塔及众多僧房所组成。

贝子庙在整体布局上分为7座红墙寺院。排列着的七座围墙两侧为各呼毕勒罕

（转生者）私庙、庙仓、王公府邸及喇嘛房屋总计2500所。其中具有代表性的大殿（独宫）7座，经堂（学部）5座，寝宫（拉卜楞）6处，塔6座，尚存11座带有宝顶的庙。

西红墙内（亦称西庙或千佛殿）以供奉千尊佛像为主，其中包括拉卜楞寺、千佛殿、活佛殿及执事喇嘛庙房。

中红墙内则以朝克沁大殿（亦称大经堂、大雄殿、行政教务殿）为主，有弥勒佛、钟鼓楼及安放本庙历代活佛舍利塔的灵堂等建筑。

东红墙内（亦称东庙），以却日殿（大诵经堂、显教部，亦称“福源寺”）为主，还包括厢房、沙木庆、贡青、容肯、却日后宫、大庙仓、查度服库房及执事喇嘛住处。

再往东是珠都巴、满巴、丁克尔、甘珠尔4座。

西边4座大殿内筑有山门，余者为小门或侧门。其中大经堂山门较为高大，其前方为整个大庙的广场（现今是集贸市场），此处有讲经台，一应全庙性集会都于此处举行。

贝子庙的西庙也叫做活佛仓，为规模宏丽壮阔的四合式院落，系全庙建筑的精华所在。

东庙有5座拉卜楞，即色木春、新拉卜楞、却日后宫、古力道布图、旺岱哈斯尔。各个建筑皆庄严雄伟，彩绘细腻，内外装饰极具民族特色，为此庙活佛的高级住处或接待尊贵宾客处，就像皇宫一样富丽堂皇。

此庙的营建，当地有许多有关的传说和神话。

其中一则为：

贝子庙一世活佛和该旗第四代札萨克贝子二人，择一良辰吉日，沿着河畔，登上额尔敦敖包选择庙址。

此时，只见牧放几只白山羊的老汉额尔敦和他的妻子走上前来，请他们进入自己的帐篷。在他们喝茶攀谈时，猛然间锡林河水流到此敖包前，居然竖起了一个高大的金色水柱，尔后缓缓退去。

观此奇景的一世活佛和贝子豁然领悟：“此地不就是苦苦寻觅的福地？”于是一世活佛对老汉说：“你为此座敖包的主人，刚刚竖起的金色柱子乃吉祥之兆，我们应当在那一处供奉神祇。”两位老人听后便高兴地答应了，并主动让出整个敖包，迁移到西北宝力根山一带居住，后来两位老人不仅有了一个儿子，而且他们的几只山羊也随之发展成群。

【历史价值】

贝子庙以“广富寺”而闻名。据载，各殿经堂内所供奉的佛像，种类齐全，数量巨大，形状各异。以释迦牟尼佛像为主的图画雕塑、泥塑、铜木质佛像就多达几千尊，有很多纯金银及金银粉饰的佛像。

该庙各学部有丰富的经卷。其中较贵重的经卷为《甘珠尔》、《丹珠尔》两套。此外还有《宗喀巴全集》、《佛学要义》、《经咒》等，也存有藏译蒙文经卷，计4000余卷。

贝子庙大小法会数不胜数，可分年读经会、月读经会、日读经会及早晚读经会等。每年的正月初一早晨至腊月除夕，几乎每日都在进行。除此之外，还有全庙性的纪念宗喀巴诞生日、本庙历世活佛降生日、圆寂日读经会等。而时间最长的则为却日经会，一年中通常进行160多天。各经会定期召开，自千米以外即能听见众僧的读经声和伴奏的鼓乐声。各经会还为朝拜者的集会时期，叩头者、上供者、布施者、负经卷环绕经堂者接踵而至，虔诚拜佛。

第二章 东北地区

长安寺

【名僧诗话】

小溪庄上掩柴扉，鸡犬无声月色微。
一只小舟临断岸，趁潮来此趁潮归。

——宋·金山县颖《小溪》

【地理位置】

长安寺位于辽宁省沈阳市沈河区朝阳街长安寺巷6号。

【寺庙历史】

长安寺为唐贞观年间（公元627年—649年）尉迟敬德所建，明永乐七年(1409年)、天顺二年（1438年)、成化二十三年（1487年）均有重修。清顺治二年（1645年)，深泉禅师建造了伽蓝殿，乾隆三年（1738年）亦加修缮。清代末年寺院日趋颓败和荒废，后来一部分钱行、借贷行的信众捐资重修。1948年，寺内建筑又多颓毁。1985年市政府拨款310余万元进行维修，设立了长安寺文物管理所，1986年9月正式对外开放。

【建筑风格】

长安寺殿宇璀璨辉煌，圣像庄严肃穆。寺院建筑有山门、天王殿、戏楼、拜殿、大殿、后殿等，完全是由南向北建在一条中轴线上。

山门3间，进山门后分别有东西配殿、钟鼓二楼。北面居中是天王殿，面阔3间，进深1间。

紧接天王殿后壁有一座戏楼，两檐相连同为一体，戏楼面阔较天王殿小，呈正方形一大间，别具风格。天王殿东西两侧为配殿5间，正北是长安寺主要建筑拜殿和大殿。天王殿、东西配殿、拜殿之间有回廊四座，把二进院内的建筑连在一起，具有独到之处。

该寺主要建筑为大殿，单檐歇山结构，灰瓦顶，斗拱为三翘七踩，遗留着显著的明代建筑风格，面阔五间，进深三间，檩枋有彩画。

南面紧接大殿前檐的拜殿是券棚屋顶，灰瓦，面阔四间，进深一间，前后没有墙壁，东西两侧壁上嵌有清道光时期两通重修碑记，在拜殿东西两侧角门处竖立四通清朝重修碑。

第三进院内正北是后殿，其构建结构为单檐歇山式，灰瓦顶，面阔五间，进深三间，其东西两侧各建有 3 间配殿，后殿西北角建有方丈室一座。

在沈阳市，历来有“先有长安寺，后有沈阳城”之说，另有一种说法为“庙在城中，城在寺里”。

事实正是这样，长安本寺和山门相距很远，坐落于沈阳城大北门以南、钟楼以北，可是寺的山门却建在 7.5 千米外的浑河岸边。

出现这种情况是有其历史原因的。相传，唐太宗东征来到此处，人困马乏，就地休息，看见远处有个土岗，尽管不高，可树木很多，遮天蔽日，便意欲在此建寺。

唐太宗派尉迟敬德负责建寺。施工中，尉迟敬德接到紧急作战命令，便匆匆离寺。僧人们此时尚不知将山门建于何处，就派人飞马追赶，于浑河岸边追上了尉迟敬德，说明来意后，尉迟敬德用马鞭一指，又急忙上路了。

因此，僧人就带领工匠们在浑河北岸尉迟敬德马鞭所指处建起了山门。随着时间的推移，人们后来在山门和大殿之间逐渐建起了沈阳城，所以形成了“城在寺里”的局面。现在的沈阳城市建设日新月异今非昔比，“城在寺里”早已成为过去。

【历史价值】

1985 年 2 月，长安寺被列为沈阳市文物保护单位，1988 年又被列为辽宁省文物保护单位。

龙泉寺

【名僧诗话】

门前绿树无啼鸟，庭下苍苔有落花。

聊与东风论个事，十分春色属谁家？

——宋·酒仙遇闲《门前绿树》

【地理位置】

坐落于辽宁省鞍山市千山北沟东部的龙泉寺，为千山“五大禅林”中现存的最大的佛寺。“龙泉”名称之来源说法有 4 种：其一为毗卢殿前石隙有泉，涓涓细流弯曲似龙，故名龙泉；其二为寺中心泉水常年潺流，如“龙涎吐水”，故名龙泉；其三为寺前为照山，后为靠山，左山为青龙，右山为白虎，泉出自小山脉以北佛堂基下，山与泉合，故名龙泉；其四为唐太宗东征，驻跸千山，饮过此水，故名龙泉。

【寺庙历史】

此寺创建于唐代，历代都曾重修，如今存有大小建筑 20 余座。寺中主体建筑坐落于山腰平台上。平台分三层，第一层为法王殿、斋堂、客堂，第二层是观音庙和东、西配殿，第三层是大雄宝殿。整组建筑布局严谨，中轴线明显。其余建筑包括山门、钟楼、鼓楼、藏经阁、弥勒殿、韦驮殿、毗卢殿、西阁、后殿、僧房等，则顺山形地势，高低错落地分布于四周。寺院整体依山势修建，坐落于幽邃丛林之中，前低后高，半依峭壁，半筑短垣。寺院奇峰环绕，古松林立，素以历史悠久、建筑与自然景色和谐而著称。

【建筑风格】

山门地处弥勒殿西下方，为歇山式建筑，砖石结构，外面刻“敕建龙泉”，里面刻“金轮永镇”，竖刻“万历三十八年（1610 年）四月吉旦立，奉敕重造”。第二道山门依崖石而筑，在门洞东壁石崖上镌“龙泉洞天”四字，字体雄浑遒劲，是明隆庆五年（1571 年）侍御胡公所题。

位于韦驮殿前的法王殿，始建于明隆庆之前，名为“金刚殿”，清康熙、乾隆等朝进行重修，改称“法王殿”。该殿为单檐歇山式构造，梁枋彩绘，面阔三间，进深三间。殿开南北二门，南门外两旁写有冯子和撰书的楹联：“百万神兵护彼一人得道，三千世界看他谁肯参禅。”殿内两侧则塑有高约 5 米的四大天王泥塑，中央神台上前面是弥勒像，后面是韦驮像。最为奇特的是弥勒佛像坐南面北，被人们称作“倒坐弥勒”。弥勒佛像如此安置，也有其原因。据说，龙泉寺的“风水”相当不错，只是由于北面有一个山口，易跑“风水”。为保住龙泉寺的好风水，就将弥勒佛面北而坐，用来永镇北门。

位于法王殿之后的是韦驮殿，建于清代，其结构为硬山式砖石，面阔一间，高三层。

上层殿内前是接引佛，高 1 米，以檀香木雕刻而成。后为观世音菩萨及善财童子，都是泥塑。

中层是石砌龙王庙，高约 2 米，小拱门，其上嵌“龙泉演梵”石额。

下层石砌，有一罅，龙泉水从此流出，甘洌甜美。游人多到此烧香跪拜，并品尝泉水。

大雄宝殿位于该寺中心，于明隆庆之前始建，明隆庆、万历时，清康熙、乾隆时都进行过重修，为单檐歇山式建筑结构，面阔五间，进深三间，雄伟壮观。

殿内塑有佛像 3 尊，居中者为释迦牟尼佛，两边则是药师佛和阿弥陀佛。两侧有十八罗汉泥塑。

殿内外悬挂王尔烈撰书的两副楹联。其一为："长白发祥叠嶂层峦朝拱遥看千笏列，龙泉擅胜深庭幽壑巡游曾引云飞来。"其二为："龙之为灵昭昭降雨出云何必独推东岳，泉之不舍混混烟波柳浪无难更作西湖。"两联寓意深远，书法流畅，游人来到此处无不驻足品诵。

位于大雄宝殿后山半坳弥勒峰下的毗卢殿，始建于金代。

明嘉靖之前存有罗汉洞，嘉靖三十七年（1558 年）开始由宗斌和尚将其改创如来堂。隆庆五年（1571 年）、万历六年（1578 年）又经过数次重修。

如今的毗卢殿为单檐歇山式建筑，面阔三间，进深三间，殿内供奉着毗卢遮那佛。

殿东有泉眼，上用石板砌成石棚，龙泉水便从此流出，殿西有 3 间斋堂。

大雄宝殿的东半山坡上有风阁凉亭，为四角亭，攒尖顶，亭基周围砌矮砖围墙，青砖铺地，地上有寺僧朝参功课时，手膝磨成之印迹。

藏经阁位于风凉亭南下方，创建于明代，民国年间有过重修，面阔三间，进深三间，前有回廊，属硬山式建筑。内藏万历十二年（1584 年）李太后所赐明版藏经 678 函。李太后还送来铜铸莲花座佛像一尊，高达 1.4 米，重 150 千克，一同供奉于阁内。钟楼位于藏经阁南下方，法王殿东南，为明代建筑。

【历史价值】

龙泉寺历经千余年而存留至今，为千山旅游的重要景点之一。游千山而不到龙泉寺，诚为憾事。

实 胜 寺

【名僧诗话】

四威仪内不曾亏，今古初无间断时。
地狱天堂无变异，春回杨柳绿如丝。

——唐 · 香严智闲《常照》

【地理位置】

实胜寺位于沈阳市和平区皇寺路206号，与全国重点文物锡伯族家庙紧邻。

【寺庙历史】

实胜寺，全称莲花净土实胜寺。据史料记载，实胜寺最初于清崇德元年（1636年）由皇太极下令建造，于崇德三年（1638年）竣工，到现在已有近400年历史，是东北地区唯一的皇家寺院，因此民间又称它为“皇寺”，又因它属藏传佛教中的黄派，因此还被称为“黄寺”。

【建筑风格】

寺院坐北朝南，呈长方形，总计占地面积约7000多平方米，其建筑面积1000余平方米。

寺院两进院落，山门门顶以黄琉璃瓦覆盖，金光闪烁，寺院最南端东西大道上有一对飞檐斗拱的木牌楼，不管几品官员到此均须下马。

正南为三楹黄绿琉璃瓦顶山门。

门内两侧东西分别为钟楼和鼓楼，中有天王殿，后有大殿。在天王殿与大殿之间，东西两侧各有配殿。在天王殿后两侧各有碑亭一座，里面置有满、汉、蒙、回四体文字碑。

大殿为实胜寺主体建筑，整体建筑在青砖平台基础上，高10余米。

内廊有24根明柱，是飞檐斗拱歇山式木架结构，覆以金黄色琉璃瓦镶缘剪边，显得大殿富丽堂皇。

两根顶梁的柱上有金龙盘柱图绘，天棚是藏式风格藻井。

天花板上彩绘的极乐世界线条细腻，色泽鲜明。

大殿供奉的释迦牟尼塑像居中，体态丰盈，面目慈祥。左右供奉的有阿难、迦叶、莲花生大士、无量寿佛等，并且还有黄教祖师宗喀巴塑像。

十八罗汉，八大金刚形态迥异，形象生动活泼，个性鲜明，是上乘艺术佳作。

皇太极于1643年征服蒙古各部，蒙古喇嘛墨尔根用白骆驼载着玛哈噶拉护法神像抵达盛京向皇太极进献。

玛哈噶拉护法神又称大黑天，为蒙古各部最信奉的护法神，金像是元世祖时以千金铸成的。

白骆驼走到距沈阳城2.5千米的地方便卧地不起，皇太极于是命令在此地修建一座佛楼以供奉玛哈噶拉护法神金像。

崇德元年（1636年）就在此处建起了实胜寺。遗憾的是，1946年金佛被盗，现在供奉在佛楼上的是1990年时雕塑的玛哈噶拉护法神的“泥身”。

沈阳有“盛京八景”（天柱排青、辉山晴雪、浑河晚渡、塔湾夕照、柳塘避暑、花泊观莲、皇寺鸣钟、万泉垂钓）之称，“皇寺鸣钟”便为其中之一。在实胜寺右边的钟楼内悬挂着一口重达500千克的大铁钟，喇嘛按时敲钟报时，钟声浑厚，全城人都能听到。伴着钟声，人们迎朝送晚。

实胜寺左边的鼓楼内放一大鼓，夜间击鼓报时辰，声音低沉而远播，依更次而不同。

实胜寺不仅以建筑宏伟、装饰华贵而闻名，更以其备受清帝喜爱而著称于世。

该寺由于清帝多次临幸而香火兴旺。乾隆皇帝曾经4次来此，并有《题实胜寺》诗：“天聪建年后，蒙古曰观来。是皆奉佛者，梵宇于是开。神道而设教，易语理最该。圣人岂外兹，所谋远且恢。是寺名实胜，徵明德胜回。上下同努力，成功资众财。”寺内还藏有多种经卷及乐器，也是弥足珍贵的历史文物。

【历史价值】

实胜寺现为辽宁省文物保护单位。

般若寺

【名僧诗话】

危桥当古寺，闲倚喜同僧。
极浦霁秋雨，扁舟明夜灯。
风沉人语远，湖涨月华升。
万事空凝念，其如总不能。

——宋·秘演《淮上》

【地理位置】

般若寺地处沈阳市沈河区大南街8号，清康熙二十三年（1684年）高僧古林禅师修建此寺，宣统元年（1909年）和民国十三年（1924年）曾两次重建。后该寺遭到破坏，1979年后再次对该寺进行了维修，并重修塑像。

【寺庙历史】

般若寺坐北朝南，二进院落，占地面积为2289平方米，建筑面积2037平方米。

寺中主要建筑是砖木结构的硬山式建筑，为保存较好的佛教建筑群体。该寺为比丘尼庙，具有布局严谨、中轴明显的特点，天王殿、大雄宝殿、藏经楼为中轴线上的主要殿堂。住持室、僧舍、厨房、斋堂及接待室等为东西两侧配房。东院是祖师堂，东西配房则为僧舍。

山门居于天王殿两侧。正面大门上悬挂着一块由著名书法家冯日庵先生书写的“般若寺”镏金匾额，后门上的横匾题字为“三洲感应”。殿正中供奉着贴金弥勒菩萨（又称布袋和尚）泥塑，弥勒背后有手持降魔宝杵的护法韦驮菩萨。两侧为四大天王塑像，即东方持国天王（梵音多罗吒）手持琵琶，南方增长天王（梵音毗琉璃）手持宝剑，西方广目天王（梵音毗留博义）手持一蛇，北方多闻天王（梵音毗沙门），手持宝伞。此四大天王威武庄严，镇守山门，以保护佛、法、僧三宝。大殿后院正中，巍然屹立着一尊铁铸宝鼎，为1984年般若寺主持和众弟子所铸。

大雄宝殿地处天王殿之后，正殿上方高高地悬挂着著名书法家霍安荣题写的“大雄宝殿”四个金字，东侧为“诸法空相”匾额。

殿门左右红柱上有“如是妙相庄严主伴斋彰灵山会俨然未散，本来佛心清净圣凡一体菩提道当下圆成”对联一副。

殿内透雕刻花供奉泥塑贴金的三如来佛坐像，居中者为佛祖释迦牟尼佛坐像，右侧为消灾延寿药师佛，左侧为西方极乐世界阿弥陀佛。释迦牟尼佛像前，左右分别站立着弟子阿难尊者和迦叶尊者。佛前灯、花、幢、幡庄严罗列。

殿内东西两侧山墙上则绘有十六尊者的画像。

在三如来佛像后面的迎风屏上，为观世音菩萨、文殊菩萨、普贤菩萨的彩绘画像，其形象生动逼真、栩栩如生。

藏经楼在二进院内，为一座青砖青瓦的二层楼房，楼内收藏传佛经“三藏十二部”。位于寺庙的东院的祖师堂，于康熙三十五年（1676年）始建。正殿供奉佛教二十八祖。该殿内曾埋有唐代面釉瓷坛，其上绘绿叶红牡丹，内装般若寺始祖古林禅师之遗骨。祖师堂内存有历史悠久的祖师传法图，自首代祖师摩诃迦叶至三十三代祖师慧能大师，形象各异惟妙惟肖。

【历史价值】

般若寺藏有有重要价值的历史文物。

慈 恩 寺

【名僧诗话】

聚如浮沫散如云，聚不相将散不分。

入郭当时君是我，归山今日我非君。

——宋・保福清豁《龟山吟寄友》

【地理位置】

慈恩寺地处沈阳市沈河区大南街慈恩寺巷12号。

【寺庙历史】

慈恩寺始建于后金天聪二年（1628年），清顺治（1644年—1661年）、道光（1821年—1850年）及民国年间都曾有过扩建和重修，为沈阳市现存最大的佛教寺院。

【建筑风格】

该寺院坐西朝东，占地面积约12000万平方米。

正面为山门，小式硬山造，灰瓦顶制式。

门内有钟、鼓二楼，全是歇山九脊，灰瓦，亭为两层围廊，下面是呈方形基座。

往西寺院的建筑可分为三路。中路最前面为天王殿，面阔三间，彩绘檩枋，朱红地仗，殿内有四大天王、弥勒、韦驮的塑像供奉其中。向西按顺序是大雄宝殿、比丘坛、藏经楼等建筑。

建在高台之上的大雄宝殿，面阔五间，进深三间，前后分别出廊，殿内供奉如来三世佛、航海观音、四大菩萨和十八罗汉塑像。

比丘坛为单檐歇山前廊式，正脊梁上装饰有“法轮常转，国泰民安”的文字砖，殿内则供奉释迦牟尼佛像。藏经楼为两层硬山前廊式，面阔七间，楼下为客厅、禅房，楼上面放置经卷、佛像。原藏有明正统五年木版藏经1600卷，是较为珍贵的历史文物。

寺院南路从东到西有退寮居、厨房、司房、斋堂、禅堂、法师寮、佛学院等建筑，北路有养静寮、客堂、念佛堂、方丈室、十方堂库房等建筑。全寺共有房屋135间，建筑面积为2995平方米。

【历史价值】

慈恩寺为沈阳市现存最大的佛教寺院，有“十方丛林”之称，新中国成立后始终为省、市佛教协会所在地，并于1988年12月经辽宁省人民政府公布为省级文物保护单位。

奉 国 寺

【名僧诗话】

万家云树水边州，千里秋风一锡游。
晚渡无人过疏雨，乱峰寒烟入西楼。
——宋·秘演《书光化军寺壁》

【地理位置】

奉国寺又名大佛寺、七佛寺，地处辽宁省义县城内东街。

【寺庙历史】

奉国寺始建于辽开泰九年（1020年），原名咸熙寺，后来才改今名。昔日的奉国寺规模很大，殿堂也特别雄伟壮观，香火异常鼎盛。然而，由于年久失修，再加上战火的破坏，寺庙损毁严重。如今寺中的建筑，除大雄殿是辽代遗物外，余者诸如山门、牌坊、无量殿、大雄殿西跨院等，全是清代遗物。

【建筑风格】

奉国寺中的主体建筑为大雄殿。此殿面宽九间，48.2米；进深五间，25.13米；总高度为20米。全殿面积达1842平方米，为我国目前最大的一座单层辽代大殿。

殿内有立柱20根。殿外置檐柱28根，在梁、柱、斗拱等构件上，全部绘有花草、流云等图案。

殿内佛坛上，供着7尊高达8米的佛像。这些佛像，按从左至右的顺序依次为迦叶佛、居留孙佛、尸弃佛、毗婆尸佛、毗舍浮佛、拘那舍牟尼佛、释迦牟尼佛。

在周围的墙壁上，还绘满了绚丽多彩的壁画。殿中除壁画为元代作品之外，其他的彩色泥塑神佛和大殿建筑，都是辽代遗物。

佛像两侧的胁侍菩萨和天王神像，亦为辽代作品，极其珍贵。

在大雄殿的后门处，有彩色泥塑观音像一尊，为明代遗物。在大雄殿的两侧，还有11座金、元、明、清修庙记碑，为我们研究奉国寺的历史提供了非常宝贵的文物资料。

【历史价值】

寺内保存的辽代建筑、辽代彩色泥塑像和元代壁画，异常珍贵。1961年，奉国寺被国务院列为全国重点文物保护单位。

护国般若寺

【名僧诗话】

因僧问我西来意，我话居山七八年。
草履只裁三个耳，麻衣曾补两番肩。
东庵每见西庵雪，下涧长流上涧泉。
半夜白云消散后，一轮明月到窗前。

——宋·灵澄《山居颂》

【地理位置】

护国般若寺坐落于吉林省长春市清明街，为长春市最主要的佛教寺院。

【寺庙历史】

临济宗第四十四代弟子倓虚法师及澍培法师于1923年始建此寺。由于长春市佛教界迎请倓虚法师于此处开讲《金刚经》，遂取“般若寺”作为寺名。

当天王殿、大雄宝殿等先后落成，佛像也塑造完毕，寺僧打算举行开光典礼时，便发生了“九一八事变”。日本军队侵占长春后，为了修路，刚刚建成的寺庙被拆除，搬迁到现址重建。

【建筑风格】

占地面积1.4万平方米的护国般若寺，建筑面积达2700平方米，为长春市最大的佛教庙宇。寺院的山门由并列的3座拱门组成，门楼檐角飞翘，参差有序，建工精巧，门侧的红墙上写有“南无阿弥陀佛”6个大字。进入山门，东为钟楼，西是鼓楼，这两座建筑设计奇特、工艺精湛，遇重要节日，此处便会钟鼓齐鸣。

整个庙宇进深三层。第一层为弥勒殿，殿内供奉弥勒佛坐像，殿前有汉白玉石碑一座，碑文记载着建庙的详细过程；第二层为大雄宝殿，此为整个庙宇的中心所在，也是最大的一座建筑，宝殿外观庄严雄伟，斗拱交错，檐于高啄，画栋雕梁，彩画精丽，金碧辉煌。殿内居中供奉释迦牟尼佛祖，两侧是十八罗汉，殿后则供奉观世音菩萨佛像；第三层为西方三圣殿，该殿结构为二层歇山式建筑，楼上是藏经楼，楼下供奉阿弥陀佛、大势至菩萨和观世音菩萨三圣塑像。

西方三圣殿的两侧为大雄宝殿的后院配殿，此处的东配殿为观世音菩萨殿，西配殿为地藏王菩萨殿。与前两个院落相比，此处松柏参天，鸟语绕梁，给人以古朴、玄远的宗教气息。

西方三圣殿的后院，为般若寺的尾端，墙外为纷扰嘈杂的马路和街市。此院内有 3 座塔形建筑物，前面一座是寺院始祖炎虚法师七十寿辰的纪念幢，后面两座分别为炎虚和第二代法师澍培的舍利塔。

【历史价值】

1983 年，护国般若寺被中国佛教协会确定为汉族地区全国重点佛教寺庙。

玉 皇 阁

【名僧诗话】

扬子江头浪最深，行人到此尽沉吟。
它时若遇无波处，还似有波时用心。

——宋·酒仙遇闲《扬子江头》

【地理位置】

地处吉林市船营区的玉皇阁，是吉林北山古寺庙群中规模最宏大、气势最雄伟的一座庙宇。

【寺庙历史】

始建于清乾隆四十一年（1776 年）的玉皇阁，由宽真大师选址建造。宽真大师曾经是宫廷演员，看破红尘后，皈依佛门。当他云游至关东吉林时，才开始化缘修建玉皇阁。

【建筑风格】

进入玉皇阁山门（天王殿），右侧是持国天王、广目天王，左侧是增长天王、多闻天王。

寺庙内中轴线东侧是祖师殿，里面供奉着释迦牟尼佛、道教祖师老子、儒教圣人孔子。

两侧供奉的为各行各业祖师共 16 人。右侧 8 人是：药圣李时珍、建筑祖师鲁班、烧炭祖师孙膑、制图祖师诸葛亮、阉割祖师华佗、道教北五祖之一吕洞宾、棉纺织业祖师黄道婆、诗圣杜甫；左侧 8 人是：造纸祖师蔡伦、制盐祖师沈括、命相祖师姜太公、造笔祖师蒙恬、佛教禅宗师达摩、造酒祖师杜康、茶圣陆羽、造墨祖师吕祖。

三教争辉，诸业同聚一堂，是玉皇阁最大的特色。

老郎殿居中轴线西侧，主位为梨园祖师唐明皇李隆基，配祀赵公元帅和文曲星。

农历三月十八是伶人节（伶人即戏曲演员，梨园弟子）。从前每逢此日，各个戏院都要停演，全体演员前往老郎殿焚香顶礼膜拜。祖师庙和老郎殿之间是“天下第一江山”牌坊，为清道光年间（1821 年—1850 年）大学士吉林将军松筠所撰写。

朵云殿是玉皇阁最为雄伟壮观的建筑。朵云殿西侧是大雄阁，阁内正中供奉释迦牟尼佛，两厢为栩栩如生、姿态各异的十八罗汉像。佛祖背后站立着的是护法菩萨韦驮。

【历史价值】

玉皇阁曾经是吉林省文人墨客荟萃的地方，各界名流和军政要员每每至此吟诗作赋。

“万绿轩”的匾额，是“吉林三杰”之一的我国近代著名诗人、书法家成多禄所题，他还题了副楹联“五载我重游，桑海高吟诗世界；一层谁更上，乾坤沉醉酒春秋”。

西耳房之内有晚清东三省总督后任中华民国大总统的徐世昌所题写的行书楹联：“泰华西来云似盖，大江东去浪淘沙。”民国十六年（1927 年）张作相迹题楹联：“仙吏本蓬莱，夜雨名山寻梦偶来香案地；江城似图画，春风绮陌踏青遥见玉珂人。”

朵云殿右侧有古松一棵，苍枝遒劲，生机盎然，分外引人注目，据说为开山祖师宽真和尚于清乾隆年间亲植。

极 乐 寺

【名僧诗话】

忙处须闲淡处浓，世情疏后道情通。

了然得旨青冥外，兀尔虚心罔象中。

泉细石根飞不尽，云蒙山脚出无穷。

樵夫钓客虽闲散，未必真栖与我同。

——宋·永明延寿《山居诗之一》

【地理位置】

极乐寺坐落于黑龙江省哈尔滨市南岗区东大直街尾端。

【寺庙历史】

建于20世纪20年代的极乐寺，为临济宗的四十四代弟子所建，占地面积5.7万平方米。极乐寺地处南岗区东端。南岗是道里、道外区的一条高岗，因而得名。当时南岗被哈尔滨市民当成关乎本地兴衰的“龙脉”。然而1898年俄国人却在“龙脉”的中腰构筑了圣尼古拉教堂，被认为是破坏了哈尔滨的风水，唯一补救的方法，就是在“龙”头部位建一座佛寺，于是极乐寺始成。

【建筑风格】

极乐寺无论是整体设计、形式布局还是建筑结构，都保留了我国寺院建筑的风格和特点，其主要建筑分布于南北中轴线上，有山门、天王殿、大雄殿和三圣殿等，都是硬山式屋顶。

山门为牌坊式，青砖砌成弧形卷门洞。进入山门，东侧有钟楼，西侧有鼓楼。

天王殿为寺内第一重大殿，东西面阔三间，南北进深一间。殿正中供奉着弥勒佛坐像，高1.6米，东西列持国、增长、广目、多闻四大天王坐像，面北立像为韦驮。天王殿和大雄殿中间甬道设一高达3米的铁铸宝鼎。

寺内主殿为大雄宝殿，东西面阔五间，南北进三间。

阶前置石狮一对，殿内正中塑2.7米高佛祖释迦牟尼坐像，两旁分别站立阿难、迦叶二尊者像。

东西寺壁之上悬挂拓印“五百罗汉图”。“慧灯净照”匾额悬于佛阁之上，明柱上平挂“愿大地都成净土，问众生谁是如来”楹联，佛阁背后塑千手千眼佛像。

三圣殿地处大雄殿后，东西面阔五间，南北进深三间，殿中塑八尺（约2.7米）高阿弥陀佛站像，左边为观音、右边是大势至菩萨站像，东面塑地藏王坐像一尊。

【历史价值】

极乐寺是黑龙江省最大的近代佛教寺院建筑，也是东北地区的四大著名佛教寺院之一，与长春护国般若寺、沈阳慈恩寺、营口楞严寺齐名。

兴 隆 寺

【名僧诗话】

秋至山寒水冷，春来柳绿花红。
一点动随万变，江村烟雨蒙蒙。
有不有，空不空，笊篱捞取西北风。

——宋·酒仙遇闲《秋至春来》

【地理位置】

兴隆寺又称南大庙、石佛寺，地处黑龙江省宁安县渤海镇西南，距宁安县城35千米。寺内保存着我国唯一的渤海国大石佛和大石幢，名气非常大。

【寺庙历史】

传说，早在渤海国时期，此处就有寺庙一座。辽灭渤海国时，这座寺庙也随之被毁。现在的兴隆寺，重修于清康熙初年。道光二十八年（1848年），部分殿堂被一场大火烧毁。咸丰五年至十一年（1855年—1861年）又重新修复。新中国成立后，政府多次拨款维修，才使兴隆寺保存尚好。

【建筑风格】

兴隆寺的现存建筑马王殿、天王殿、关帝殿、大雄宝殿、三圣殿等，皆为清代遗物。寺中最为珍贵者，却为渤海国留下的大石佛以及大石幢。

【历史价值】

兴隆寺的石雕艺术水准非常之高。端坐于三圣殿中的莲坛上的大石佛，面目慈祥，造型隽秀，是渤海国石雕艺术水准的集中体现。大石幢也叫做石灯幢、石浮屠，地处大雄宝殿和三圣殿之间。石幢由塔刹、相轮、塔盖、塔室、莲花托、中柱石、莲花座和底座等部分组成。原高6.4米，由于顶残，故此现高6米。塔室呈八角形，外刻窗，上刻斗拱，与塔顶连接。塔顶是八角攒尖式，状如伞形，上刻屋脊和瓦垄，特别清晰。莲座上的花瓣，刻得尤为生动。此为不可多得的渤海国历史文物佳品。

大 乘 寺

【名僧诗话】

幽斋独坐绝参详，兀尔何如骤世忙。
拯济终凭宏愿力，安闲须得守愚方。
柴门半掩花空落，苔径虚踪草自荒。
最好静中无一事，翛然养得道芽长。

——宋·永明延寿《山居诗之二》

【地理位置】

大乘寺坐落于黑龙江省齐齐哈尔市，又称大佛寺，因寺内供有数尊巨大的汉白玉石雕佛像而得名。

【寺庙历史】

大乘寺属“十方丛林”制式，在黑龙江省内和哈尔滨极乐寺齐名。该寺筹建于民国时期，前后历时 14 年之久始才竣工。

【建筑风格】

大乘寺坐北朝南，由山门、配殿、正殿、前殿、后殿组成，院墙按八卦建造。庙宇采用斗拱式建筑，玻璃瓦覆盖，院墙呈八边形结构，以大雄宝殿为中心，各边有一座配殿，共 7 座配殿，每座配殿距离大殿恰好 88 米，而且均面向大殿。配殿为斗拱式建筑，屋顶由彩色琉璃瓦铺成，均高 4 米，宽 3.3 米，长 8.3 米，五间。7 座配殿与山门组合，呈八卦形排列，配殿与山门之间由涂红砖墙连接。

距山门 26.3 米的中轴线上，是天王殿（前殿），高、宽均 4.6 米，长 12 米，五间。中三间连贯为一，供奉弥勒佛祖，坐北面南，高 4 米，下首左为阿弥陀佛，右为燃灯佛。东单间供奉观世音菩萨，西单间供奉地藏王菩萨。距天王殿 18.3 米的中轴线上是大雄宝殿（正殿），是大乘寺的主体建筑，高 4.8 米，宽 8.3 米，长 12 米，五间。大雄宝殿屋脊中央的麒麟背驮一座玲珑宝塔经幌，与绿色琉璃瓦组成的“大乘寺”三个大字交相辉映，具有浓郁的宗教色彩，排檐下为各种珍奇动物的彩色木雕。正殿中间供奉释迦牟尼佛，左首文殊菩萨，右为普贤菩萨。隔扉后为坐南面北的观世音菩萨。东单间供奉太上老君，西单间供奉孔圣人。距大雄宝殿 18.3 米的中轴线上是藏经楼（后殿），两层，每层高 4 米，各五间。楼下中室供诵经用。距藏经楼 18.3 米的中轴线上是北配殿。新辟有五百罗汉堂和全市最高观世音（高 8 米）供奉殿。

山门西侧是钟楼和鼓楼，二层阁楼上分别悬着直径 1.8 米的大鼓和重达 5 吨的大钟，钟上刻着一整部《金刚经》。山门殿和大雄宝殿中间，是天王殿，天王殿前，有一尊汉白玉露天观音像，高 7 米多，手拿杨枝和净瓶，端庄慈祥。大雄宝殿后面有藏以楼及闭关楼。市佛教协会设在西配殿内。

寺院虽为近代所造，但因采用传统的古建筑形式而独具一格。墙内外古树参天，绿草如茵，环境幽雅，已辟为游览区。

【历史价值】

1980 年，大乘寺被市政府列为市级文物重点保护单位；1987 年，大乘寺被省政府列为省级文物重点保护单位；1990 年 10 月 29 日，受黑龙江省佛教协会派遣和齐齐哈尔市政府及齐嫩地区居士的邀请，93 岁高龄的东北妙修法师驻锡大乘寺，开始大乘寺的正式维修工程；1995 年农历五月二十八，大乘寺举行大雄宝殿开光暨妙修和尚升座法会。

观音寺

【名僧诗话】

一兔横身当古路，苍鹰才见便生擒。
后来猎犬无灵性，空向枯桩旧处寻。

——宋·韩大伯《悟道偈》

【地理位置】

观音寺地处黑龙江省双城市东北隅，距哈尔滨市 40 千米，原名“观音堂”。

【寺庙历史】

始建于清光绪二十六年（1900 年）的观音寺，占地面积 2400 平方米，民国二年（1913 年）重修，是民众道场。后寺院被毁，仅存正殿三间，破漏不堪，寺身严重倾斜，围墙被夷为平地，杂草丛生，一派荒凉。1981 年落实宗教政策，寺院又重新回到僧人手中，由比丘尼安海法师担任住持。寺众节衣缩食，历经千辛万苦，9 年筹资 12 万元，才破土动工，历时 3 年建成。

【建筑风格】

该寺内有宏伟的大雄宝殿、山门、弥勒殿、三圣殿、地藏殿、延寿堂和东西配殿等建筑。

新建寺院佛像庄严肃穆，法器齐备，又请来法宝《大藏经》，成为一个难能可贵的修行道场，寺名改为“观音寺”。

走进寺院后，院落开阔，中心甬路贯通寺院南北，大雄宝殿前，宝鼎袅袅飘香，苍松绕云，幽草铺地，四季香客接连不断。

除建设观音寺之外，安海法师还率领信众在距观音寺 2 千米处又兴建了一座七宝佛塔塔院，塔高 36.9 米，另外还有大雄宝殿、山门、放生池、配殿、寮房等建筑。

【历史价值】

观音寺有寺碑一块，刻《双城市观音寺志》，另外还供养舍利 4 粒，非常珍贵。观音寺现为黑龙江省重点寺院。

第三章　华东地区

玉　佛　寺

【名僧诗话】

闲居谁似我，退迹理难过。
要势危身早，浮荣败德多。
雨催虫出穴，寒逼鸟移窠。
野径无人蓟，疏窗入薜萝。

——宋 · 永明延寿《闲居》

【地理位置】

玉佛寺地处上海市安远路。该寺内有从缅甸迎回的坐、卧玉佛各一尊，闻名遐迩。

【寺庙历史】

玉佛寺始建于清光绪年间（1875 年—1908 年）。当时，普陀山的慧根和尚，经过五台山、峨眉山到缅甸，迎回玉佛 5 尊，并且在上海留下坐佛和卧佛各一尊，建寺供奉。此为最初的玉佛寺，后来，玉佛寺被战火所毁，1928 年由可成和尚筹资又重新建成玉佛寺，这就是我们现在所看到的安远路玉佛寺。

【建筑风格】

玉佛寺有三重院落，规模较小。山门、天王殿、大雄宝殿和玉佛楼为中轴线上的主要建筑。两侧则为卧佛堂、弥陀堂、观音堂和禅堂等建筑。

玉佛楼高二层，处于寺的后部。楼上供奉着高 1.9 米的玉佛坐像一尊。佛像的头上和手上围着金带，镶有宝石，显得晶莹剔透而又富贵华丽。

卧佛堂位于玉佛寺的西部院内。堂内供着一尊长 0.96 米的玉佛卧像。是为释迦牟尼的涅槃像。

【历史价值】

在玉佛寺内，除坐、卧玉佛外还存有各代佛像、唐人手写佛经，以及《清藏》、

《频迦藏》、《续藏》、《大正藏》和藏文版的《藏经》等经书，都特别珍贵。

龙 华 寺

【名僧诗话】

踞地盘空势未休，爪牙安肯混常流。

天教生在千峰上，不得云擎也出头。

——宋·雪窦重显《狮子峰》

【地理位置】

坐落于上海市徐汇区龙华路的龙华寺，是上海地区最古老的寺院之一。

【寺庙历史】

据说龙华寺始建于三国吴赤乌十年（公元247年），距今已有1700多年历史，创建者是吴主孙权及高僧康僧会，该寺名由弥勒信仰之龙华会一说而得。后来寺院曾经改名“空相寺”、“慈化禅寺”。

该寺经历代多次废兴，于明永乐年间（1403年—1424年）再兴，到嘉靖、万历诸朝幸蒙皇宠，法幢备盛，于是成为上海第一名刹。清代时，龙华寺又经屡次兴修，殿堂建筑较明朝更为壮观，鼎盛空前。

【建筑风格】

山门外宝塔是龙华寺重要文物，同时也是上海市重要名胜古迹，其悠久的历史，宏大的制式，显赫的名气，优美的姿态，皆称沪上宝塔之冠。

该塔传说建于三国时期，然而据专家考证，应该始建于北宋时期。

该塔历代曾多次重修，最近的一次重修是在1984年。

龙华塔共有7层高40.64米，在20世纪20年代之前，始终为上海市的建筑物制高点。塔身有廊有檐，玲珑隽秀，表现出典型的宋塔风格。塔刹高达8米，由铁制的覆钵、露盘、相轮、宝瓶所组成，重达10余吨。

龙华寺建筑群仍然保持宋伽蓝七堂制。

中轴上按顺序排列为弥勒殿、天王殿、大雄宝殿、三圣殿、方丈室以及藏经楼，两侧是钟、鼓楼和偏殿，布局严谨，气势宏伟壮观。

各殿供奉的天冠弥勒、华严三圣、西方三圣等像庄严慈祥，令人肃然起敬。玉佛殿供奉一尊释迦成道像，由整块缅甸白玉精雕而成，高1.7米，遍饰珠宝，妙相端庄。

【历史价值】

龙华寺历来为上海人所游览的胜地。

在新建藏经楼中珍藏有唐五代写经、清《龙藏》7000 多卷、明万历年间皇帝钦赐金印、南宋心经经幢和明鎏金毗卢遮那佛像等弥足珍贵法宝。

此外圆通殿、罗汉殿内的千手千眼观音像及五百罗汉群雕等也已修复。

寺中鼓楼是明成化年间（1465 年—1487 年）重建建筑，明嘉靖（1522 年—1566 年）、清光绪（1875 年—1908 年）时曾两次重修。楼内悬挂着清光绪二十年（1894 年）所铸青铜大钟。

另外，寺内牡丹园内还植有一株清咸丰年间（1851 年—1861 年）移植的“百年牡丹”，每逢谷雨时节，繁花盛开，雍容华丽，同上海八景之一的“龙华晚钟”并称为龙华双绝。

钟鼓楼前立有两座碑刻，分别是赵朴初所撰写的《重修龙华寺碑》和明踢法师所作《龙华寺诸殿阁赞诗碑》。

真 如 寺

【名僧诗话】

忆着当年未悟时，一声号角一声悲。
如今枕上无闲梦，大小梅花一样香。

——宋 · 孚上座《悟道偈》

【地理位置】

真如寺坐落于上海市嘉定县真如镇。

【寺庙历史】

真如寺于元延祐七年（1320 年）始建。当时，寺庙的规模非常大，殿堂林立，香火鼎盛。后来由于年久失修，尤其是战火的破坏，寺院建筑惨遭毁坏。清光绪二十三年（1897 年），正殿进行了大规模修缮。1967 年，正殿再度翻修。大殿的基本材料和基本形式，依然是元代复原。

【建筑风格】

真如寺正殿面宽、进深都是三间，基本上为正方形。殿基以黄土和铁渣分层夯筑，厚达 1.8 到 2 米。这在其他同类古建筑物中难得一见。

【历史价值】

真如寺内的文化遗迹十分珍贵，在正殿内的梁枋和斗拱上，有用毛笔写下的当时构件的俗称，如“上眉”（指阑额）、“六”（表示“头”）等。在内额枋底还有一行特别清晰的字迹，说明此殿建于元延祐七年。寺内的元代大殿，在我国南方很少见。这些历史资料非常翔实可靠，也十分珍贵。

1996 年，国务院把真如寺列为全国重点文物保护单位。

静安寺

【名僧诗话】

实际从来不受尘，个中无旧亦无新。

青山况是吾家物，不用寻家别问津。

——五代·太平清海《实际从来不受尘》

【地理位置】

坐落于上海最繁华的南京西路上的静安寺，寺外灯红酒绿，红尘滚滚，寺内烟火缭绕，一派寂静，彼此间判若两个世界，为闹市中不可多得的清修之所。

【寺庙历史】

据说静安寺始建于三国吴赤乌十年（公元 247 年），南宋嘉定九年（1216 年）时移至现址。

寺院在元代后虽经屡次修建，终毁于太平天国，仅存大佛殿，到 1921 年增建三圣殿，才有了现在的规模。

1999 年，寺院进行了大规模的整修，梵音古韵更加清幽绵长。

【建筑风格】

寺院现主要建筑有山门、天王殿、大雄宝殿、三圣殿、方丈楼、念佛堂等。方丈室楼上置真言宗坛场，分为上下 5 坛。除此之外还有真言宗大德持松法师纪念堂。今尚存宋光宗题词的石碑以及明洪武二年（1369 年）的大钟等历史文物。

大雄宝殿重建工程于 1991 年竣工。殿中所供奉的来自缅甸的释迦牟尼佛像，为纯玉雕成。玉佛高达 3.87 米，宽 2.6 米，重达 11 吨。因玉佛太高大，奉安时只好拆除门墙。玉佛的修饰按照汉族传统佛像的式样，面如满月，庄严吉祥，慈和安静。

清光绪七年（1881 年）四月初八恰逢释迦诞辰，同日静安寺大殿竣工，住持鹤峰举行浴佛节庆典，四面八方的善男信女云集而至。此后，每到四月初八，寺外搭起很多芦席棚，附近农民前来摆摊设点，出售农副产品和各种手工艺品，价廉物美，特别受欢迎。庙会上人声鼎沸，热闹非凡。

农历四月初八到静安寺逛庙会，为上海民间的习俗。而静安寺外寸土千金，难以拓展。1984 年再次开始的静安庙会，只能再觅宽阔之所举行。

另外，历史上静安寺有 8 处名胜古迹，原称“静安八景”。这八景分别为：赤乌碑、虾子潭、陈朝桧、讲经台、涌泉、沪渎垒、绿云洞、芦子渡。历代诗人多有题咏，到元末时，诗僧寿宁曾汇集名家之作，将其辑为《静安八咏集》。史迹“静安八景”已黄鹤西去，可静安寺对面的静安公园内却有新“八景园”，此“八景园”并非历史人文景观的再现，而是以历史为素材，把古“静安八景”的特征、意境进行充分地提炼、浓缩、组合，并且采用中国传统造园艺术，把历史八景融会于只有 2300 平方米的园中，创造出的一个精品的新“八景园”。

新园名是当代书法家周慧士君所书。由此人园，沿曲径可见高大的“沪渎垒”城墙上，嵌有 8 块由上海著名书法家张森、周志高、张晓明等 8 人所书古人咏“静安八景”的诗文碑刻。

沪渎垒北侧，但见一堵粉墙引导游人折向东南曲池边的观景亭，从亭中可观水景，曲桥浮光；池中小岛古松掩映，怪石嶙峋；对岸三两栋具有宋代风格的屋舍散落其间，房前可见一高大的真假难辨的古桧——陈朝桧。

沿水池蜿蜒南行，过芦子渡口入芦花村，越过粉墙月洞门后，右侧见一照壁，照壁门洞后有一座千年古碑巍然矗立，它就是“赤乌碑”。左侧为大假山，全都为太湖石堆叠而成，左右盘旋，登峰入谷，极富真山野趣，游人可穿过绿云洞，或登上讲经台。假山中有一泉汩汩涌出，就是如鼎如沸、颇负盛名的涌泉，泉水清流潺潺直入虾子潭中。

【历史价值】

大雄宝殿供奉的来自缅甸的释迦牟尼佛像，比著名的玉佛寺中的两尊玉佛还要大许多，为中国大玉佛之最。1984 年寺外重开开始举行静安庙会。寺中的当代书法名家作品，使游人既能够增加游趣和历史知识，又可以欣赏书法艺术。

沉　香　阁

【名僧诗话】

四野豁家庭，柴门夜不扃。
水边成半偈，月下了残经。
随逐诸尘转，终归一念醒。
未知斯旨者，万役尽劳形。

——宋·赞宁《居夫柱山》

【地理位置】

沉香阁也叫慈云禅寺，坐落上海市南市。

【寺庙历史】

沉香阁初创于明万历二十八年（1600年），是上海市著名的佛教比丘尼道场。

沉香阁因其古雅与沉香观音，而举世闻名。加之地处上海市市中心的旅游胜地，与老城隍庙及豫园邻近，因此吸引着无数的海内外佛教信徒和游客。

【建筑风格】

沉香阁为前后三进，两侧耳房为配殿、僧寮，结构完整，布局严谨。

中轴线上，第一进建筑为修复后的明代石牌楼，飞檐斗拱，气宇轩昂，著名书法家沙孟海先生题写的匾额“沉香阁”悬挂于上。

第二进为天王殿，天冠弥勒、韦驮和四大天王像统一新塑装金。

明清以后的四天王像，基本成为定式，也就是东方持国天王，白面，手执琵琶；南方增长天王，黑面，手执宝剑；西方广目天王，红面，手执一条龙或蛇；北方多闻天王，绿面，手执一柄大宝幢（雨伞）。

佛教以为，四大天王能够护佛、护法、护国土、护众生，佛教信徒信仰四天王手中所持的风调雨顺法宝（宝剑挟“风”、琵琶“调”音、宝幢喻“雨”、龙蛇喻“顺”人之心意），以保佑五谷丰登、六畜兴旺、年年“风调雨顺”吉祥有余。

天王殿的正中，面南而塑的为弥勒菩萨，弥勒的背后为韦驮天将像。佛教中说韦驮每每手执降魔杵，巡游东、西、南三洲，面对佛尊，守护佛法，称之为“三洲感应”。

第三进为大雄宝殿，大殿正中须弥座上端坐的是报身佛卢舍那佛，文殊、普贤，大梵天、帝释天分列左右，顶上为精工雕刻的藻井。

整个大雄宝殿顶上，有 348 尊贴金小佛像环绕着卢舍那佛，依照佛教《梵网经》经义，象征此所庄严的比丘尼道场，严持比丘尼 348 戒。

佛前供桌和桌上五供具统一按明代式样配置。大殿两侧为装金十八罗汉。大殿南端则是东钟西鼓，晨钟暮鼓用来修持诵经。

穿过大殿后的天井，正对着一座非常特殊的建筑。自庭院向上看，正中 4 根立柱腾起一重飞檐，檐上悬一凌空亭阁，东南西全部落地窗。这就是举国闻名的沉香阁，赵朴初居士为之题额为“南海飞渡沉香大士宝阁”。登两侧的楼梯而上，马上能够闻到芳香馥郁，到此方是真正的沉香阁。尽管名称为阁，而事实上，阁只是凸出向外的 10 平方米的小阁，只放几把明式单背的椅子以及高脚花几。

阁的后面即为观音殿，上面张挂着绣有“南海宝筏飞渡沉香大士”的欢门与四条风幡。

正面为一个大佛龛，龛内供的就是沉香观音，这尊沉香观音，还称如意观音。观音呈坐像，原高三尺（1 米），是以特别名贵的沉香木雕刻而成，故而得名。

【历史价值】

1983 年，沉香阁被国务院确定为汉族地区佛教全国重点寺院。

灵 谷 寺

【名僧诗话】

千尺丝纶直下垂，一波才动万波随。
夜静水寒鱼不食，满船空载月明归。

——唐·船子德诚《垂钓偈》

【地理位置】

灵谷寺坐落于江苏省南京市中山陵东 1 千米处。寺内有我国现存最大的无梁殿，格外引人注目。

【寺庙历史】

始建于南朝梁天监十四年（公元 515 年）的灵谷寺，原名开善寺，是梁武帝萧衍的女儿永定公主专为宝志和尚所修建的。

唐乾符年间（公元 874 年—公元 879 年）将其更名为宝公院。

五代后唐又改名为开善道场。

北宋更名为太平兴国寺。明初易名蒋山寺。

明太祖朱元璋赐名为灵谷寺。

清初，因战火该寺毁。康熙、乾隆时进行重修。

太平天国时，寺庙再度为战火毁坏。同治、光绪时重修。

1928 年，国民政府以无梁殿为中心，修建了国民革命军阵亡将士公墓，并且修建了纪念塔即灵谷塔。

1949 年新中国成立后，人们对无梁殿等建筑进行了维修，并把国民革命军阵亡将士公墓、纪念塔和灵谷寺一同，开辟为灵谷公园。

【建筑风格】

无梁殿和龙王庙为灵谷寺现有主要建筑。龙王庙中有大雄宝殿、观音殿等建筑。

宽 53 米、深 37 米、高 22 米的无梁殿一律用长砖砌成。这是我国迄今最大的无梁砖殿。殿内殿外，无梁无柱，建筑十分特殊。此为灵谷寺屡遭浩劫而唯一幸存的建筑物。

1929 年，国民政府将其变成了国民革命军阵亡将士的祭堂。今天，它是人们前来参观的主要场所。

【历史价值】

灵谷塔即国民革命军阵亡将士纪念塔，始建于 1929 年，八角九层，高 60 米。该塔内有孙中山先生对黄埔军校同学的演讲词，而且有楼梯能够上达，以观看周围风景。

鸡 鸣 寺

【名僧诗话】

欲识永明旨，门前一湖水。

日照光明生，风来波浪起。

——宋 · 永明延寿《欲识永明旨》

【地理位置】

鸡鸣寺也称古鸡鸣寺，位于江苏省南京市内的鸡笼山东麓。此为古都南京的一座古寺，香火曾一度鼎盛。

【寺庙历史】

鸡鸣寺创建于东晋永康元年（公元300年）。南朝梁大通元年（公元527年）该寺定名为同泰寺。梁太清三年（公元549年）寺因战乱而毁于兵火，后重建，定名为千佛院，然而面积却比原寺小了一半。

后来，千佛院被雷火烧毁，至南唐时再度重建，并且定名为净居寺。后又更名为圆寂寺。宋代再次重建，定名法宝寺。明洪武二十年（1387年）再建，改名鸡鸣寺，直至今天。明弘治元年（1488年）、清同治年间（1862年—1874年）又先后两度重修。

1973年，鸡鸣寺的大部分殿堂被火烧毁。1981年重建，1989年又重修了药师佛塔，从而使鸡鸣寺恢复了明、清时期的建筑规模。

【建筑风格】

鸡鸣寺的各种建筑依山布局。该寺的主要建筑有山门、大雄宝殿、观音楼、景阳楼、豁蒙楼、药师佛塔等。

【历史价值】

寺内供奉着泰国赠送的重达5吨的释迦牟尼和观音菩萨铜像。梁代时，鸡鸣寺有6座大殿、10余座小殿，以及高层佛阁、佛塔等建筑，规模大，香火盛，为南朝佛寺之首。梁武帝萧衍曾经4次入寺舍身为僧。如今，鸡鸣寺的规模尽管比那时小得多，但寺旁有小九华山、玄武湖、鼓楼等名胜古迹，寺内山顶还有一座八面七层，内有楼梯、外有平座栏杆、高度达48.8米的药师佛塔，能够登高远眺，因此该寺仍然为现在南京的一处游览胜地。

栖 霞 寺

【名僧诗话】

柴门寂寂黍饮馨，山家烟火春雨晴。
庭花蒙蒙水泠泠，小儿啼索树上莺。

——唐·贯休《春晚书山家屋壁》

【地理位置】

坐落在南京市栖霞山的栖霞寺，为我国佛教著名圣地之一，与济南灵岩寺、天台国清寺、荆州玉泉寺一起并称“天下四绝”、“天下四大丛林”。

【寺庙历史】

栖霞寺得名于我国南朝宋著名隐士明僧绍之号——“栖霞”。

明僧绍看透了当时官场的钩心斗角、尔虞我诈，下决心不为俗事所累，遂“刊木结茅”，隐居摄山。从永光元年（公元465年）始，至明僧绍去世，历20余年，相继有6个皇帝6次征明僧绍出仕为官。明僧绍一直推辞，时人推崇他这种自甘淡泊的真隐士精神，将其尊为“徵君”。

南朝齐永明七年（公元489年），明僧绍捐其住宅为寺，并称其寺为“栖霞精舍”，后来又改为“栖霞寺”。

栖霞寺后来屡次易名，曾经有“功德寺”、“徵君栖霞寺”、“妙因寺”、“普云寺”、“岩因崇报禅院”、“虎穴寺”等名。至明洪武二十五年（1392年）明太祖朱元璋敕书“栖霞寺”。

【建筑风格】

栖霞寺前面有彩虹亭、白莲池，池形似半月，又称“月牙池”。池周新增汉白玉栏杆。寺门上横嵌“栖霞古寺”四个大字。

一入寺门，就能见到弥勒殿；过弥勒殿，为金碧辉煌的毗卢殿，重檐九脊，高大雄伟，殿内佛像制作工艺精美，姿态各异。另外，寺中还有藏经楼、摄翠楼等古代建筑，以及千佛岩、舍利塔、大佛阁、明徵君碑等名胜古迹。其中以舍利塔最为著名。

舍利塔地处大佛阁右侧。初立于隋文帝仁寿元年（公元601年）。隋文帝笃信佛教，即位后一改周武帝的灭佛政策，极力复兴佛教。

文帝即位前，曾从天竺僧人手中得到佛舍利一包，即位后就相继三次令全国各州建舍利塔分置安放，累计立塔110所。栖霞寺的舍利塔为当时第一批建立的30座舍利塔之一。

现在的舍利塔为五代南唐时重修的。该塔为一座八角五层的密檐式塔，全塔用大块的花岗岩分层雕砌而成，高约18米。

塔身第一层非常高，统一制作成八角柱形，正面双门紧闭，门上刻铜钉兽环，西面是普贤骑象图；正东、西北、西南和东北四面都雕刻天王像；四天王上又镌飞天之像，特别生动；其背面亦作户门。

在前后门两旁柱上，刻有《金刚经》四句偈。塔从第二层以上，上下檐间距离很短，各面均作两圆拱龛，内刻坐佛，下为莲花座，上作璎珞花绳。

这座塔有两处值得特别注意。其一为它的形制。栖霞寺舍利塔是现在所知江南地区年代最早的密檐式塔。其二为塔身上的精美绝伦的雕刻。

舍利塔东面是举世闻名的千佛岩。岩壁之前，镌刻着宋朝游九言书写的正楷大字“千佛岩栖霞山”。

西壁的无量殿，为修建最早、最大的佛龛。龛正中坐的无量寿佛身高达 10.83 米，连座高 13.33 米，分别侍立两侧的观音、大势至菩萨线条清晰流畅，结构匀称。塑像衣褶风格很像大同云冈石佛，然而它的开凿却比云冈石窟早 17 年。

千佛岩上的佛像，或一二尊一龛，或三五尊一窟，或十来尊一室，大到数丈，小仅尺许，计 700 余尊。“千佛岩”为极言其多的称号。

栖霞寺还是唐朝鉴真和尚足迹所到之处，因此在寺内的藏经楼院内特设“鉴真和尚纪念堂”，供奉着 1963 年日本文化代表团访问南京时赠送的一尊鉴真和尚脱胎塑像，同时还陈列多种鉴真和尚有关史迹资料。

《摄山栖霞寺明徵君碑》始建于唐上元元年（公元 674 年），碑文为唐高宗李治所作，通篇四六韵文，以十首铭词结束。碑文由初唐著名书法家高正臣书写，通篇皆为行书，笔画奉润圆劲，其书法既师承了王羲之，还吸取了褚遂良等的笔法，自成一家。此碑为我国尚存的最早的行书碑刻之一。碑阴有“栖霞”两个大字，据说是唐高宗李治亲题。

【历史价值】

1982 年，中国佛教协会在栖霞寺辟中国佛学院栖霞分院，栖霞寺名声愈振。

1988 年，栖霞寺舍利塔被国务院列为全国重点文物保护单位。

大 明 寺

【名僧诗话】

去年贫，未是贫；
今年贫，始是贫。
去年贫，犹有卓锥之地；
今年贫，锥也无。

——唐·香严智闲《去年贫》

【地理位置】

大明寺位于江苏省扬州市。

【寺庙历史】

大明寺初建于隋代。唐天宝元年（公元742年），名僧鉴真东渡日本前，在此传经授戒，大明寺因而名闻天下。

【建筑风格】

大明寺主体建筑由大雄宝殿、平远楼、平山堂、御园、鉴真纪念馆、栖灵塔、天下第五泉等部分组成。大明寺既是一座佛教庙宇，也是一方风景名胜。

大雄宝殿地处天王殿之南，殿阔三间，气势庄严雄伟。殿中覆莲高台之上为释迦牟尼佛，左侧为药师佛，右侧为阿弥陀佛。这里的两尊站像中，年老者为迦叶，年轻者为阿难。排立于两侧的为十八罗汉像。释迦牟尼等3尊大佛背面是海岛，上有观音脚踏鳌头的立像。十八罗汉分别列于殿内东西两侧，此处香烟缭绕，经声连绵，每年元旦前夕，向来有日本客人到此撞钟，以求幸福。殿内大小塑像计106尊，形态各异，非常逼真。

平山堂坐落在大明寺大雄宝殿西侧的“仙人旧馆”内，是北宋文学家欧阳修在扬州任太守时所建。堂为敞口厅制式，面阔五间。堂前有石砌平台，称之为行春台。台前以栏杆围绕，栏下为一深池，池内修竹千竿。凭栏远眺，“江南诸山，拱揖栏前，若可攀跻，名曰‘平山堂’”。现在堂内还挂有“风流宛在”、“坐花载月”的匾额，堂北檐挂林肇元题“远山来与此堂平”匾额。游人到此，怀古之情便油然而生。

始建于隋代仁寿元年（公元601年）的栖灵塔，塔高9层，气势宏伟壮观，唐代大诗人李白、白居易、刘禹锡等都曾多次登临，并且吟诗颂扬。塔为阁楼式方形建筑，高70米。塔内每层都供奉着4尊佛像，神态安详；塔外风铃摇曳，清脆悠长。登临其上，让你神思悠远，凭栏远眺，令人心旷神怡。

大明寺里面还有株天下唯一的传奇名花琼花，不仅香馥四溢，而且随一天十二时辰变化成12种颜色。

【历史价值】

大明寺泉水的历史地位是相当高的。大明寺西边的花园内有“天下第五泉”。古人评定说：镇江金山泠泉为第一，无锡惠山石泉为第二，苏州虎丘石井水为第三，大明寺井水为第五。另外，扬州琼花在历史上尤为风光，欧阳修等许多名人曾多加咏颂；隋炀帝曾经劳师动众开运河至江都观赏这株琼花；宋仁宗先后3次把琼花移种汴梁结果却有树无花，移回扬州就又叶茂花繁；金兵掳北，琼花枯死，万幸的是琼花之根尚留扬州，得以发芽再生。每逢琼花开时，绿叶瓣瓣，白花簇簇，慕名来观者接踵而至。

保 圣 寺

【名僧诗话】

黄梅席上数如麻，句里呈机事可嗟。
直是本来无一物，青天白日被云遮。
——唐·云门文偃《黄梅席上数如麻》

【地理位置】

保圣寺，全名为保圣教寺，坐落在江苏省吴江县的直镇西街。保圣寺内保存的宋代泥塑罗汉像，为我国民族文化中的瑰宝。

【寺庙历史】

保圣寺始建于南朝梁天监二年（公元 503 年），唐、宋、元、明各代都有不同程度的修缮。

【建筑风格】

初建时，保圣寺占地约 6.6 万平方米，有殿堂僧舍 5048 间，寺僧超过千人。因年久失修，现寺中仅存清乾隆二十六年（1761 年）重建、1974 年再建的山门和两侧照壁，唐、宋、元、明、清都重新修建过的天王殿，唐大中八年（公元 854 年）开始创立、宋皇祐五年（1053 年）重立的尊圣陀罗尼经咒石幢，以及宋代的幡竿夹等。于 20 世纪 30 年代初兴建的罗马式建筑古物陈列馆中所保存的宋代罗汉塑像，为保圣寺中世间少有的珍品。

保圣寺中的宋代罗汉塑像最初为 18 尊，1918 年被当代著名学者顾颉刚、陈万里首次发现，并呼吁社会各界给予保护。

1928 年，由于墙壁倒塌，其中的 9 尊被砸坏。蔡元培、马叙伦、叶楚伧、顾颉刚、陈万里等专家学者，又一次呼吁并发起募资，由著名建筑专家蔡文照设计，兴修了这座古物陈列馆。后来由雕塑艺术家江小鹏、谭田友将 9 尊罗汉重新修复，置于岩石嵯峨、浪花翻滚、流云似锦的背景前，陈列在古物馆内。

此 9 尊罗汉像，居中者是禅宗祖师达摩。达摩闭目敛首，双手笼袖，盘腿而坐，宛如于苦修中已进入定境界。

降龙罗汉双眼圆睁，伏虎罗汉高举手臂，表现出一派健壮威猛的气势。

讲经罗汉则背微驼，嘴微张，好像在娓娓说法。听经罗汉目微闭，神态谦恭，似乎在静心听讲。

袒腹罗汉等也各具特色。总而言之，9 尊罗汉，尊尊形神兼备，非常难得。

据《吴县志》记载，保圣寺罗汉为唐代著名雕塑家杨惠之的作品。杨惠之和著名画家吴道子齐名。从其生平和创作经历推测，杨惠之不大可能于保圣寺捏塑罗汉。况且，保圣寺罗汉像并不具备唐代瑰丽丰满的时代特征，而是清瘦隽秀，此为北宋时期的艺术风格。因此，人们普遍认为，保圣寺罗汉应该是宋代作品。

【历史价值】

1961 年，保圣寺被国务院列为全国重点文物保护单位。

寒　山　寺

【名僧诗话】

三十年来寻剑客，几回落叶又抽枝。
自从一见桃花后，直至如今更不疑。
——唐·灵云志勤《三十年来寻剑客》

【地理位置】

坐落于江苏省苏州市枫桥镇江村桥旁的寒山寺，由于有唐朝诗人张继《枫桥夜泊》诗“月落乌啼霜满天，江枫渔火对愁眠。姑苏城外寒山寺，夜半钟声到客船”而举世闻名。

【寺庙历史】

始建于南朝梁天监年间（公元 502 年—公元 519 年）的寒山寺，原名为“妙利普明塔院”。据说唐贞观年间（公元 627 年—公元 649 年）天台山名僧寒山、拾得（民间传说中的和合二仙）两人来到此寺，后拾得东渡至日本，寒山在此寺任住持，于是将塔院改名为“寒山寺”。现在寺东庑尚存寒山、拾得的塑像。

【建筑风格】

寺中现存建筑为清光绪二十二年（1896 年）至宣统三年（1911 年）间先后重建的。1949 年后该寺进行过两次全面修整。寺中有山门、大殿、藏经楼、钟楼、枫桥夜泊楼、南罗汉堂、撞钟亭、碑、坊等主要建筑。

寺内绿树黄墙，曲槛回廊，寺外石桥高耸，河流映带，很有一种“曲径通幽处，禅房花木深”的神韵。

【历史价值】

寒山寺最为著名的地方是它的“夜半钟声”。张继《枫桥夜泊》诗中所提到的那口寒山寺的“夜半钟”，始为唐朝所铸，令人遗憾的是此钟早已失传。明嘉靖年间又造了一口钟，悬挂于钟楼之上，后流入日本。清光绪三十年（1904 年）重建寒山寺时，仿旧钟式样新铸一口大钟，钟高近两米，需三人合抱，可谓鸿钟巨制。寺内另存一钟，是日本人士所赠仿唐式青铜乳头钟。1960 年日本友人募铸青铜钟一对，一只挂日本馆山寺，而另一只挂于我国寒山寺，以示中日佛教联谊。该钟如今悬挂在大雄宝殿内。

过去的骚人词客，大都受张继诗的影响较深，每咏及寒山寺，总要提及“夜半钟声”。现在的寒山寺，钟声依旧，很多游人就是为了听那悦耳的钟声而纷纷来到寒山寺的。每年除夕，寒山寺都要鸣钟 108 响，吸引了大量的中外游客。岳飞、文徵明、唐寅、康有为等人题咏寒山寺的很多诗文碑刻都存入寒山寺内。除此之外，碑廊及殿阁、走廊壁上还有清代名画家罗聘、郑文焯所绘寒山、拾得二位寒山寺开创者的画像石刻。

云 岩 寺

【名僧诗话】

满口语，无处说，明明向道人不决。
急著力，勤咬啮，无常到来救不彻。
日里话，暗嗟切，快磨古锥净挑揭。
理尽觉，自护持，此生事，吾不说。
玄旨求他古老吟，禅学须穷心影绝。

——唐 · 香严智闲《励觉吟》

【地理位置】

云岩寺坐落于江苏省苏州市阊门外的虎丘山上，因此又称虎丘寺，距离市区 3.5 千米。此寺因拥有中国斜塔虎丘塔，而享誉中外。

【寺庙历史】

始建于东晋的云岩寺，初名虎丘寺。东晋司徒王洵和其弟司空王珉在虎丘山上建有别墅，后改宅舍为寺。

唐初，由于避高祖李渊祖父李虎之讳，改名为武丘报恩寺。

宋至道年间（公元995年—公元997年）重建，并且更名为云岩寺。

清康熙时（1662年—1722年）再次更名为虎阜禅寺。康熙帝的御笔大匾“虎阜禅寺”，到现在还挂在寺的头山门上。

云岩寺的香火在南宋绍兴年间（1341年—1368年）最为鼎盛，为我国东南的一大丛林。那时，云岩寺中殿阁宏伟壮丽，千佛阁、转轮大藏殿、罗汉堂、伽蓝堂、水陆庵、大士庵等建筑，金碧辉煌。然而，由于云岩寺多次被毁，自隋至清曾毁7次，寺中殿堂多已不存。如今寺内建筑除二山门、虎丘塔较为古老外，头山门、大殿、御碑亭等，多为清末或以后的建筑。

【建筑风格】

二山门面宽三间，屋顶为单檐歇山式。可是三间中只有两根脊梁，在中间相接，犹如断梁，故又名断梁殿。此为元代建筑。

大殿面宽五间，进深四间，同样为单檐歇山式屋顶。殿内释迦牟尼像供奉居中，两侧是阿难和迦叶像。殿前有石阶53级，每一级上都能看见释迦牟尼佛像。人行其上，一步一点头，好像在向佛祖礼拜。此类布局，寓意着人们正在走着善财童子五十三参成道之路。

立于寺中山顶的虎丘塔为云岩寺的精华所在。虎丘塔也被称为云岩寺塔。此为一座八面七层的木檐砖塔，高47米。此塔于北宋建隆二年（公元961年）建成。因为塔身北倾，已偏离中心线2.3米，其倾斜度仅次于意大利比萨斜塔（偏离中心线4.1米），所以被称做中国斜塔。站在我国古塔的发展历史的角度看，虎丘塔是四方、单壁、砖砌唐塔，为向宋、元时期多角、双筒、砖木混合塔逐渐转变的实物资料，弥足珍贵。“出城先见塔，入寺始登山。”“塔从林中出，山向寺中藏。”云岩寺和虎丘塔相映生辉。

此外，在二山门和大殿之间，有试剑石、点头石、百莲池，寺周有剑池、憨憨泉、孙武子台，后山还有小武当、通幽轩等古迹名胜，也都非常引人入胜。

【历史价值】

1961年，国务院将云岩寺中的虎丘塔列为全国重点文物保护单位。

戒 幢 寺

【名僧诗话】

迹遁寒岩云鸟绝，阴崖流水花微发。

昨夜天风扫石床，寥寥坐对三生月。

——宋·云峰文悦《寄福严禅师》

【地理位置】

戒幢寺又称西园寺，地处江苏省苏州市留园路。此寺以制作精美的清代五百罗汉像而远近闻名。

【寺庙历史】

始建于元至正年间（1341 年—1368 年）的戒幢寺，原名归源寺。明嘉靖年间（1522 年—1566 年），此处为太仆寺卿徐时泰的部分住宅。后来，徐时泰之子把东院也就是留园作为宅第，将西园舍为寺庙。崇祯八年（1635 年），正式定名为戒幢律寺。清咸丰十年（1860 年）时，戒幢寺为兵火所毁，同治、光绪年间（1862 年—1908 年）进行重建。这就是我们现在所看到的戒幢寺。

【建筑风格】

天王殿、大雄宝殿、藏经楼等为戒幢寺的主体建筑。观音殿、罗汉堂等分列左右。除此之外，还有以放生池为中心的风景秀丽的西花园。

大雄宝殿为戒幢寺的中心建筑。释迦牟尼佛、药师佛和阿弥陀佛等神像供奉于殿内。

在这 3 尊佛像的背后，还有彩塑的海岛观音，其布局活泼，人物神态生动，尤为精美。

可是，更令人称道的却是罗汉堂中的清代五百罗汉塑像。罗汉堂内有 36 条通道。

堂的进门处，有四面千手千眼观音像一尊。这尊观音像以 4 根香樟木拼接雕刻而成，四面分别有一身躯，每个身躯分别有 25 只手，每只手分别有一只眼睛。这样的观音像，全国罕见。

在罗汉堂的中央，存有我国四大佛教圣地普陀山、五台山、峨眉山和九华山的缩影。在交通极不发达的古代，人们到此一游，便算拜遍四大名山了，真可谓匠心独运、构思巧妙。

罗汉堂中的五百罗汉塑像，尊尊形态生动逼真，只有疯僧和济公塑像高出一筹。疯僧鸡胸、跛脚、歪嘴、斗鸡眼，形态十分丑陋，可他却敢于怒斥杀害忠良岳飞的奸臣秦桧，因而受人敬佩。济公表情异常丰富，自右面看满面春风，自左面看愁眉苦脸，自正面看不愁不笑。这样的塑像，实在是难得一见。

【历史价值】

苏州戒幢寺堪称精美的园林佳作。1983 年，戒幢寺被国务院确定为汉族地区佛教全国重点寺院。

金 山 寺

【名僧诗话】

草岁依山人事稀，松下相逢话道奇。
锋前一句超调御，拟问如何历劫违。

——唐·云门文偃《示众偈之二》

【地理位置】

金山寺坐落于江苏省镇江市西北的金山（古名浮王山）之上。

【寺庙历史】

据《金山志》载，“山有佛寺，始建于晋明帝时”，原名“泽心寺”，因唐时开山得金，故称“金山寺”。宋真宗天禧年间，由于皇帝梦游“金山寺”，故赐名“龙游寺”。清康熙南巡时又赐名“江天禅寺”。南朝梁天监四年（公元 505 年），梁武帝令名僧宝志、僧祐在金山举行规模宏大的水陆法会。此为中国佛教举行水陆法会之始。金山寺也因此而天下闻名。

【建筑风格】

脍炙人口的“水漫金山”故事使金山寺的名字家喻户晓、妇孺皆知。《白蛇传》说法海和尚把许仙软禁在金山寺，于是白娘子赶来索要，法海和尚不肯，白娘子遂施法术引来洪水，水漫金山。

法海俗姓裴，为唐宣宗宰相裴休之子。他始到金山时，寺庙倾毁，杂草丛生，半山崖有一条白蟒每每出来伤人，致使百姓不敢上山烧香。法海勇敢地与白蟒斗法，将其赶入江里。他立誓匡复古刹。在僧徒和周围群众的支持下，法海修庙盖屋后重续香火。

法海圆寂后，弟子们在他打坐的石洞里雕了一尊法海石像以为供奉，现在金山还有法海洞、白龙洞、朝阳洞和仙人洞“四大名洞”。在法海洞中供奉着法海和尚的石像。

《白蛇传》使法海成了闻名遐迩的人物，它的传奇色彩反倒掩盖了金山寺祖师、一代名僧的本来面目。

水陆法会又称为“水陆道场”、“悲济会”，为我国佛教经忏法事中最隆重的一种仪式，宋代以后逐渐流行全国。法会内容为诵经设斋、礼佛拜忏、追荐亡灵，主要活动内容有结界洒净、遣使发符、请上堂、供上堂、请下堂、供下堂、奉浴、施食、受戒、送圣等。举行此类法事活动，至少要用 7 昼夜，多者 49 天。参加法事的僧人最少需 48 人，多则上百人，十分隆重。

宋元丰七八年间（1084 年—1085 年），名僧佛印住持金山寺时，有海贾至寺设水陆法会，佛印亲自主持，气势宏大，遂以“金山水陆”闻名天下。

南宋乾道九年（1173 年），四明人史浩尝过镇江金山寺，因仰慕此处水陆道场之盛，乃施田百亩，于四明东湖月波山特建四时水陆。

由于金山寺在中国佛教史上的特殊地位，历代对它都异常关注。唐代武则天之侄孙灵坦出家后，曾任金山寺方丈。

明代释澈法师任金山方丈时，曾经为万人开堂传戒，因此皇帝赐锦斓袈裟一件。

清代康熙帝和乾隆帝屡次游金山寺，并题字作诗，赠送藏经珍品。

现在金山寺还珍藏着颇富负名的文物“金山四宝”即苏东坡的玉带、诸葛亮的战鼓、文徵明绘的金山图和周鼎。

金山寺与日本佛教界也有较深的渊源。自唐代以来，很多日本僧人漂洋过海，到金山寺参禅学经，为中日两国佛教界的交流作出了卓越贡献。

【建筑风格】

慈寿塔坐落于金山之巅。该塔始建于南朝齐梁时代，本为两座宝塔，南北遥相而立，后坍塌。宋哲宗元符年间建成一座八角七层塔。明隆庆三年（1569 年）明了法师将其重建，清同治、光绪年间又加以修葺。现存的塔为光绪二十六年（1900 年）修建，砖身木檐，仿楼阁式，七级八面，每级四面开门，每层有走廊和栏杆能够凭栏远眺。王安石在《金山》诗中曾经生动描绘了登塔感受：“数重楼枕层层石，四壁窗开面面风；忽见鸟飞平地上，始惊身在半空中。”

顺着楼梯盘旋而上，眺望四野，果然风景如画。

【历史价值】

金山形胜天然，风景幽绝，自古为我国优美游览胜地之一。然而，令其声名远播的却是白娘子水漫金山寺的传说，纵使这个故事引人入胜、这段爱情凄美醉人，但它终究只是一个民间传说罢了，而金山寺真实的历史，却在被人们渐渐遗忘，不免令人慨叹。一千多年来，它默默见证了多少朝代兴亡？迎接过多少文人墨客？又冷眼看尽了多少世事？与所有历史文化古迹一样，金山寺的价值与其商业价值并没有多大关系，它“真正的宝藏”其实就蕴藏在其自身的历史文化当中。

定　慧　寺

【名僧诗话】

萧然独处意沉吟，谁信无弦发妙音？
终日法堂唯静坐，更无人问本来心。

——唐·瑞峰神禄《示徒颂》

【地理位置】

定慧寺地处江苏省镇江市焦山南麓。

【寺庙历史】

始建于东汉兴平元年（公元194年）的定慧寺，初名“普济庵”，为中国最早的佛教寺院之一。宋元祐年间（1086年—1094年）更名“普济禅院”。元朝时再次更名为“焦山寺”。直至清康熙四十二年（公元1703年）康熙帝南巡时赐名“定慧寺”，并且亲笔题额而沿用至今。

【建筑风格】

定慧寺依山傍水，雕檐飞甍，建筑雄伟壮观。寺中有大雄宝殿、天王殿、藏经阁、斋堂、念佛堂等建筑，鼎盛时僧众数百。如今还有房舍数百间。

“海不扬波亭”是定慧寺山门，简称“不波亭”，为两层门楼式建筑，上层是方亭结构，下层只有东西两面墙，中间是大门通道。两旁有清朝光绪年间廖纶所书写的“长江此天堑，中国有圣人”对联。门前明朝石狮一对，迎门影壁上刻有明朝书法家胡缵宗所书“海不扬波”四个大字，赞焦山巍然屹立江心，如镇海之石，故而海不扬波。亭之西，还刻有清道光年间仅15岁童子王夔和所书“中流砥柱”四个大字。

在天王殿前原有东、西两座御碑亭，现仅东亭依然尚存。亭系木质结构，是方形，上以琉璃瓦覆盖。亭中石碑亭，正面碑文是清乾隆帝第一次南巡时所作《游焦山歌》，背面为乾隆帝第三次来焦山时所作《游焦山作歌叠旧作韵》。乾隆帝特别喜爱镇江金、焦二山，并将二山加以比较，感到焦山尤胜于金山。其歌曰："金山似谢安，丝管春风醉华屋；焦山似羲之，偃卧东床坦其腹；此难为弟彼难兄，元方季方各腾声；若以本色论山水，我意在此不在彼。"

始建于南宋景定年间（1260 年—1264 年）的大雄宝殿，元初便毁于兵火。明宣德年间（1426 年—1435 年）再次重建，到现为止还保持明代建筑风格。宝殿雕龙描风的屋顶全用木块拼成，无一铁钉，实在是难得一见。藻井彩绘，图案特别精美。大殿内有康熙帝亲笔所书"香林"二字。殿前两株银杏郁郁葱葱硕大苍劲，已有 400 余年的历史。

定慧寺东有道光年间（1821 年—1850 年）所构建的观澜阁，是乾隆帝南巡时行宫旧址。阁为两层楼阁，视野非常开阔，登阁可近观江涛，远眺群山。观澜阁所在的院中有一株 400 余年的枫杨，冠如华盖，绿荫盈院。

东泠泉位于定慧寺西原海云堂（又名"枯木堂"）院中，此泉原为一口井，据说为东汉隐士焦光炼丹取水处，称"炼丹井"。镇江金、焦二山都有名胜遥相呼应，金山寺有苏东坡玉带，焦山寺有杨一清玉带；金山有吞海亭，焦山有吸江亭；金山有名闻天下的中泠泉，焦山有举世无双的东泠泉。

焦山以"江南书法之岛"而著称，焦山碑林现有历代碑刻 400 多块，有米芾、陆游、赵孟頫、颜真卿等书法名家手迹。其中的《瘗鹤铭》被誉为"碑中之王"，尤为珍贵。《瘗鹤铭》是梁武帝于天监十三年（公元 514 年）书写，字体潇洒遒劲，属六朝书风，后人称之为"大字之祖"。其笔法之妙，为书家之首。有关《瘗鹤铭》的作者，另有王羲之说、陶弘景说、顾况说等，据专家考证，认为非梁武帝莫属。

【历史价值】

1988 年，焦山碑林被国务院公布为全国重点文物保护单位。

惠 山 寺

【名僧诗话】

摘茶更莫别思量，处处分明是道场。

体用共推真应物，禅流顿觉雨前香。

——宋·汾阳善昭《摘茶偈》

【地理位置】

惠山寺坐落于无锡市惠山东麓. 秀丽静谧的惠山，系无锡旅游胜地，山上有非常著名的“天下第二泉”惠泉以及寄畅园、愚公谷等名胜古迹。

【寺庙历史】

南朝梁大同三年（公元 537 年）有僧人于此处建立了慧山寺。因为寺院坐落在钟灵毓秀之地，随着“天下第二泉”惠泉名满天下，早在唐宋时代香火就特别旺盛，据说当时整个寺院僧舍高达 1048 间之多。

【建筑风格】

惠山寺几经沧桑，反复毁建，现寺院依山势而筑，梯次增高，气势特别宏伟。

寺中主要建筑和文物有山门和唐、宋石经幢。惠山寺的头山门置三座拱形大门，在正中大门上方刻有“古华山门”四个金字，所以惠山古时还叫做华山。

于大门背面门楣上刻有“胜地名泉”四个大字，点出了锡惠山区既是风景名胜之地，同时又是名传四海的“天下第二泉”所在地。

山门内侧，有两座古老的石经幢分别列于左右。南边一座始建于 1100 余年前的唐代乾符年间（公元 874 年—879 年），此为无锡上迄今尚存的最古老的石雕艺术。

在八角形的幢身上刻有《佛顶尊胜陀罗尼经》，是白鹿山人李端符书写，字迹挺拔隽秀，经文还依稀可辨。

经幢总高 6. 26 米，由幢基、幢身、幢顶三部分组成，设计华丽精美，组合奇特，雕刻精细，充分表现出唐代的艺术风格。

始建于 900 多年前的宋代熙宁年间的北面的一座经幢，高 6. 22 米，形制和雕刻很多都模仿唐幢，然而幢身刻的是《大白伞盖神咒》，这种刻咒而不刻经的做法，为宋代以后才流行于佛教界。

入古华山门，迎面一座飞檐翘角的两层古建筑，此为金刚殿，居中高悬红底金字的“惠山寺”匾，字迹刚健遒劲。据最新考证，此三字为明代正统年间，无锡书法家、工部员外郎陈勉所撰书。

金刚殿两旁廊柱上面悬挂着的是清代后期无锡知县廖纶所撰的对联：“大哉王言，山为第一，泉第二；巍然庙貌，祠为教孝，寺教忠。”此联由著名书法家武中奇重书。经过金刚殿向里，只见两旁翠柏成行，一条大道通过石桥、二山门徐徐向上，伸向惠山腹部，使人感到庄严、肃穆、古朴淡雅。

过金刚殿较近之处有一方池，水中睡莲红黄相间，称“日月池”，池上所架石桥，为香花桥，池是南朝宋元徽二年（公元 474 年）开凿的，到现在已有 1500 多年了。

香花桥为明代所造，池和桥的命名全是根据佛经“日月飞升……以香花使乐相迎”而取得的。由香花桥向前，穿过 20 世纪 50 年代建造的杏黄色两山门，能够看到一条紫褐色的古老石桥，由于架于金莲池上，所以冠名金莲桥。

此桥约建于北宋靖康年间，距今已有 800 多年的历史了。桥长 10.7 米，宽 3.4 米，两面桥台及其桥墩上雕有石鱼首 4 个，石螭首 4 个，桥两边石板上雕刻着缠枝牡丹和男女童子的精致图案，象征荣华富贵代代相传，此为典型的宋代流行的吉祥图案。

这座古桥设计造型匀称、优美，结构牢固，雕饰华丽，刻工精美，是古代庭院桥梁中不可多得的佳作，为无锡最古老的石桥。

御碑亭置于金莲桥西，大同殿之前，为一座重檐歇山高大碑亭，在亭的正中处树立了一块巨大的石碑，周围刻有乾隆帝作的 4 首诗。

穿过御碑亭拾级而上，有一棵铺天盖地的古老银杏树，据说为明代洪武初年惠山寺僧性海种植，距今已有 600 多年。

据说当年惠山寺前一共种了 18 棵，是佛门十八罗汉的象征，现在仅存这一棵了。此树高 21 米，树干直径 1.9 米，孤傲挺拔，直冲霄汉。树身上长满疙瘩，树干上有 3 个倒垂的树乳，其中一个特别粗大。此类倒垂树乳，一般树龄在 500 年以上者才会生长。

在古银杏的北侧，有座小巧玲珑的六角亭立于此处，亭中横卧一石，称“听松石床”，它是享誉全国的江南奇石之一。

石床全长 2 米，宽厚各近 1 米，整体无刀斧痕迹，是天然断裂而成，石质暗黄属火成岩，质地坚硬，石面平坦而光滑，一端略翘起宛如睡枕，是座天然石床。唐高宗时，著名书法家李阳冰为之篆写了“听松”两字，刻于石床枕端，以示纪念。

据说晚唐诗人皮日休，曾休息于此石上，倾听阵阵松涛，遂写出了“殿前日暮高风起，松子声声打石床”的诗句。抗日战争时期，无锡著名的民间艺人阿炳曾以石床听松为主题，谱有《听松》一曲，该曲旋律明快雄健，流传甚广。

大同殿也就是惠山寺大雄宝殿，由于建于梁代大同年间因此称之为“大同殿”。原殿前有砖刻门楼，上刻“大同殿”三字，如今的大殿仅存故址。故址后边有一泉井，系惠山最古老的泉井，名“龙眼泉”，因是梁代建造大同殿时开凿的，故又名“大同井”，也有人把它称为“天眼泉”。

无锡市已将锡山与惠山相连，辟为“锡惠公园”，惠山寺是锡惠公园的重要景点之一。

【历史价值】

从2002年起，惠山寺就在原址重修，并恢复了宗教活动。2004年4月26日，具有1500余年历史的江南名刹惠山寺法喜充盈，修复开放并恢复宗教活动，从此晨钟暮鼓、经声佛号又回荡在锡惠山麓。惠山寺佛法僧三宝俱足，古老的丛林正呈现出勃勃生机。惠山寺是惠山古镇保护建设的重要组成部分，惠山寺的恢复落成，不仅进一步满足了信教群众宗教活动的需要，也将为无锡历史文化名城的建设作出重要贡献。

天　宁　寺

【名僧诗话】

万机休罢付痴憨，踪迹明容野鹿参。
不脱麻衣拳作枕，几生梦在绿萝庵。

——宋·石头怀志《万机休罢》

【地理位置】

坐落于江苏省常州市城区的天宁寺，素有“东南第一丛林”之称。

【寺庙历史】

天宁寺初建于唐贞观、永徽年间（公元627年—公元655年）。据史料记载，天宁寺的创始人为唐朝高僧法融禅师。法融（公元594年—公元657年）是禅宗牛头派的始祖。

唐贞观、永徽年间，法融到常州弘法、化缘，并在此处“筑室十数楹”，以供僧人栖身，此为天宁寺的开端。唐天复年间（公元901年—公元904年），维元法师路过常州，听说法融旧事，便“施舍利，卜寺址”，正式建寺，名“广福寺”。后该寺屡次易名，唐末为“齐云寺”，北宋为“万寿崇宁寺”、“天宁寺”、“报恩广孝寺”，南宋时又恢复“天宁寺”名，直至现在。

天宁寺的中兴祖师为近代名僧冶开。冶开其人，原籍扬州，12岁时就在镇江依明真和尚出家，17岁受戒，20岁拜定念为师，而承其法嗣。后来又到镇江等地寺院埋头修行多年，1890年回常州天宁寺任方丈。此时，天宁寺因遭兵燹尚未恢复原貌，冶开就四处募资，历时十几年，相继修复了天王殿、文殊殿、普贤殿、地藏殿及罗汉堂等建筑，殿宇嵯峨，比以前蔚为壮观。

寺田由过去的1500亩增加到8600亩，使天宁寺成为“东南第一丛林，一郡梵刹之冠”。1920年春，冶开法师于天宁寺开坛传戒，受戒的信徒竟达1500余人，盛况空前。天宁寺后遭破坏，1981年，按照“修旧如故、恢复原样”的原则，进行了重新修葺。

【建筑风格】

新修后的天宁寺占地面积约8.6万平方米，有8殿、25堂、24楼，计479楹，殿宇巍峨，楼阁宏大，气势非常壮观。

在天宁寺山门门额上有“天宁禅寺”四个大字，端庄肃穆，门上的蟠龙、门前的石狮都为这座古刹增添了凝重的气氛。

入山门，沿通道而进，迎面的首座殿堂是天王殿。天王殿建筑面积约790平方米。殿中汉白玉浮雕神台上供奉着大肚能容笑口常开的弥勒佛像。佛龛飞檐翘角，其上端刻有佛像90尊，4根主柱分别有盘龙一条，异常精美。弥勒佛两侧是四大天王像。此四大天王塑像高大雄伟，每尊竟高达7.8米，在全国同类塑像中实属少见。天王殿两侧是普贤殿和文殊殿。

罗汉堂建筑面积627平方米，五百罗汉塑像供奉于堂中。罗汉堂自成院落，穿过院中就到了寺的主体建筑也就是大雄宝殿。

大雄宝殿因其高大宏伟而闻名于世，高达25.9米，面阔26.4米，进深28米，总建筑面积1021平方米，其高大壮观为国内罕见。

殿为重檐歇山顶式建筑结构，飞檐斗拱，高大巍峨。“大雄宝殿”匾额每字直径为1.7米，遒劲雄浑，是清光绪年间翰林院编修、常州书法家弗念慈所书。

大殿居中为身高5米的释迦牟尼佛，左侧为药师佛，右侧为阿弥陀佛。它们都端坐于椴木精雕的3.5米高的六角须弥座之上，座上雕刻有神像、禽兽、花卉等图案。释迦佛的两侧侍立的是高达 6 米的迦叶、阿难塑像。背面为高达 15 米的海岛观音壁塑。整个殿堂金碧辉煌，庄严而又神圣。

天宁寺中还有观音殿、地藏殿、普贤殿、文殊殿等建筑。据说天宁寺的观音殿象征普陀山，地藏殿象征九华山，普贤殿象征峨眉山，文殊殿象征五台山，为佛教四大名山的凝缩。因此人们有到了天宁寺就等于到了四大佛山的说法。此外尚有放生池、功德堂、长寿廊、万寿亭、达摩阁等建筑。

庄严雄伟的天宁寺不仅是佛教场所，同时也是常州的旅游胜地，吸引着日益增多的国内外信徒和旅游者到此参观访问。

【历史价值】

天宁寺与镇江金山寺、扬州高旻寺、宁波天童寺一起并称为“禅宗四大丛林”，在中国佛教发展史上有相当地位。

1983 年，天宁寺被国务院确定为汉族地区佛教全国重点寺院。

灵 岩 寺

【名僧诗话】

挂锡西原上，玄徒苦问津。
千峰消积雪，万木自回春。
谷暖泉声远，林幽鸟语新。
翻思遗只履，深笑洛阳人。

——宋·云峰文悦《原居》

【地理位置】

灵岩寺位于江苏省苏州市西南，距市区 15 千米。

灵岩寺坐落于木渎镇的灵岩山上，山上原来为吴王馆娃宫旧址，初名“秀峰寺”，南朝宋时改称“显亲崇报禅院”，唐时称“灵岩寺”，后来成为净土宗著名道场之一。

【寺庙历史】

灵岩塔，初名“多宝佛塔”。明天启年间（1621 年—1627 年）因遭雷火将其所有木构部分焚毁，成了一座砖壁套筒，此后人们便把该塔称之为“空心塔”。

塔为八角七层，砖身木檐楼阁式建筑，原底层绕有外廊，今只存柱础和台座。

塔身四面开壶门，其他四面置佛龛，佛像已失落很多。

门位上下各层相闪，壁面设柱枋、斗拱，绕有腰檐架平座，今仅能见其带焦迹的部分木质残骸，塔顶早废。塔内本为八边形，内室经后期改成圆形，昂首可直观塔顶。

【建筑风格】

灵岩寺雄踞山巅，占地面积约 2.3 万平方米，坐北向南，中为殿宇，东为塔院，西为花园。中轴线上按顺序依次有弥勒阁（天王殿），砚池及界清桥、大雄殿、藏经楼等建筑。弥勒阁、大雄殿都是歇山式。

大雄殿面阔 5 间 23 米，进深 18 米，高约 18 米。

中轴线两侧，有企归轩，净念轩、方丈室、尊客寮、库房等建筑物分列两边。塔院以灵岩塔为中心，前有智积殿，后有香光厅，东有息虑堂、斋堂，西南有香岩厅，东南有钟楼。钟楼是歇山式，三重飞檐，呈平面正方形，里面悬挂大钟。花园地势高于中部殿基，有吴王井、玩花池、玩月池、梳妆台等吴宫遗迹。

【历史价值】

明代唐寅书《落花诗》为灵岩山寺镇寺之宝。寺内有大小不一的碑刻 147 块，系宋、元，明、清时所刻，除此之外尚珍藏元、明、清各代佛经 10 部。

灵岩寺因奇石而得名，旧有“十八奇石”之说。此十八石分别是灵芝石、石马、石鼓、石龟、石躲堋、披云台、醉僧石、望月台、牛眠石、槎头石、佛日岩、石幢、石城、献花岩、袈裟石、猫儿石、出洞龙、升罗石。

灵岩山上有很多古墓。其中以宋朝名将韩世忠之墓最为著名。韩世忠逝世 10 余年后，宋孝宗追封其为蕲王，划灵岩山为赐山，并亲自为他书墓碑，撰写碑文。此碑至今尚巍然矗立于灵岩山，上镌“中兴佐命定动之碑”，是碑刻中的巨制珍品。灵岩山香山溪北边，有清代诗人张永夫之墓。

灵岩山南脚下有溪水一条，通向太湖，此为著名的箭泾河，又称“采香泾”。据说为满足西施的需要，吴王射箭为线，于是开出了这条河道，宫女能泛舟香山为西施采香草。这条笔直的水道没有自然河流的迂回曲折，有人工开凿之像。山脚下的石龟背上有足迹隐然，据说是吴王射箭过猛而造成的。

隆昌寺

【名僧诗话】

万象森罗极细微，素话当人却道非。

相逢相见呵呵笑，顾伫停机复是谁？

——唐·云门文偃《示众偈之三》

【地理位置】

隆昌寺坐落于江苏省句容市宝华山。宝华山原本称花山（古字“华”同“花”），因盛夏季节黄花满山而得名。南朝梁宝志和尚登山结草为庵，讲经布道，遂称其为宝华山。

【寺庙历史】

隆昌寺于南朝梁天监元年（公元 502 年）始建，至今已有 1500 余年的历史。当初，宝志和尚结庵于此，所以得宝志公庵之名。后来曾更名为千华寺，又称千华社。

明万历三十三年（1605 年），妙峰禅师受到明神宗、慈圣皇太后的资助，于是造铜殿一座、无梁殿两座；神宗还敕赐大藏经及御书“护国圣化隆昌寺”，该寺便易名为隆昌寺。清康熙四十二年（公元 1703 年）康熙帝第四次下江南时，赐御书“慧居寺”，所以又称慧居寺。

宝志圆寂后，此山此寺随之逐渐冷落。据隆昌寺山门内西侧墙上碑记载，明隆庆年间，有位叫普照的和尚，为再振宝华山，仿效宝志重新结庵于此。当时宝华山，狼奔虎突。寺之右侧有一洞，洞穴之中竟有一窝猛虎。虎狼当道，没有信徒焚香听道。普照苦思无策，便断其臂以祭虎，祈之迁去，消息传开，众人深感其诚，纷至沓来顶礼膜拜。此时猛虎亦惧人，退避三舍，成全了普照，宝华山因此再度振兴。

【建筑风格】

建筑宏伟的隆昌寺，有 999 间半之称。因为寺庙建在山坳之中，故史称“山为莲花瓣，寺在莲心中”。该寺院有大雄宝殿、铜殿、无量殿、戒坛、方丈楼、藏经楼、大悲楼、斋堂等殿宇 380 余间，其中的铜殿和无梁殿被列为江苏省文物保护单位。

隆昌寺寺貌雄伟壮观别具风格，四合方形就像一座法坛。山门本来朝南，由于皇帝登此山乃由北而至，故改山门面北。隆昌寺山门即小且僻是由于隆昌寺为律宗寺院，僧人平常不能随便出入，有意将山门造得较小，表明戒律严明。

一进大山门，左侧为戒坛堂，右侧是大悲楼，南面由东向西是普贤无梁殿、铜殿、文殊无梁殿、藏经楼、大雄宝殿、方丈楼、乾隆行宫等建筑。

戒坛堂前置照壁，两翼有走廊，上有“佛制戒坛”额。出戒坛堂沿左侧拾级而上，经“圆通示现”，就可到汉白玉平台，过道两侧墙基，皆为石雕流云。

【历史价值】

隆昌寺是明、清以来最富影响力的传戒道场。尤其是隆昌寺第七代祖师福聚率众僧抵京参加放皇戒（授御戒）后，威望日益提高。光绪二十六年（1900 年）开戒，云集受戒者多达 1200 余众；1955 年农三月初一举行受戒仪式，来自 12 省市求戒者达 289 人，历时整整 18 天；1957 年 11 月举行受戒仪式，来参加受戒的僧尼有 996 人，其中包括印度僧 1 名。

据《宝华山志》记载："宝华山律院见月大师开戒七十余期，得戒僧徒遍于天下，以数十万计。"降昌寺不仅闻名全国，而且在东南亚国家佛教界也颇负盛名，慕名来此礼佛、受戒的特别多。日本、泰国、缅甸、印度等国都曾向隆昌寺赠送过玉佛、石佛和铜磬等法器物件。

广 教 寺

【名僧诗话】

思远神仪奥，精虚履践通。
见闻离影像，密际语前踪。
得意尘中妙，投机露道容。
藏明照惊觉，肯可达真宗。

——唐 · 香严智闲《显旨》

【地理位置】

广教寺坐落于江苏省南通市的狼山之上。并不高大的狼山所以有名，只因为它是大势至菩萨的道场，是中国佛教的小名山之一。

【寺庙历史】

广教寺建于唐总章二年（公元 669 年），是一座有 1300 多年历史的古刹。据《通州志》记载："唐总章二年，由上即建大雄宝殿、殿阁、方丈室，山在巨浸中，设舟以济，号慈航院，后改广教寺。"狼山奉祀的开山师祖是僧伽，又称狼山大圣。传说当时狼山为白狼精占据，僧伽与白狼精斗法，以一袭袈裟遮遍全山降伏恶狼，白狼只得让出此山。从此这里香火兴起，成为佛教乐土。僧伽是唐代高僧，唐高宗时，曾到长安、洛阳游历，为人治病，名声大噪。他南游江淮时，医病治水，为百姓称道。唐中宗尊他为国师，后世称他为"大圣菩萨"。

北宋太平兴国年间（公元976年—公元983年），智幻法师住持广教寺，弘法创业，修建寺宇，主持建造了大圣殿、支云塔，并塑僧伽像进行供奉，此后江淮一带许多寺院供奉僧伽像。智幻法师圆寂时，留下一偈曰："当初不肯住长安，现向西归泗水间。今日还思展化，东来海上镇狼山。"后人称他为僧伽化身。为纪念智幻法师，明嘉靖年间（1522年—1566年）在寺内建幻公塔，至今保存。

自1980年以来，广教寺耗资500多万元进行了全面维修。先期修复了法乳堂、支云塔、圆通宝殿、大圣殿、三贤祠等主要建筑，随后又对藏经楼、晒经楼、枕山楼、葵竹山房、萃景楼等房舍作了全面修缮，并扩建了餐厅楼、票房、宿舍、围墙、焚香亭等。在殿堂内雕塑了佛像，建造了佛台，添置了钟、磬、香炉等法器。新建建筑从布局与色调上与其他建筑和自然景观相协调，进一步完善了寺院的整体格局。

【建筑风格】

广教寺的建筑大致可分上下两部分，遍布于山前阳坡和山巅，山下叫紫琅禅院，山顶则名支云塔院。大佛殿、轮藏殿、大悲殿、金刚殿、藏经楼、晒经楼、枕山楼、方丈室及僧寮等为山下主体建筑。数处建筑依山递升，形成纵横六区、上下三层的布局，蔚为大观。

藏经楼院外有七层砖砌实心的明代智幻公塔一座，特为纪念智幻法师而建，玲珑隽秀。据说祖师僧伽曾以法力降伏盘踞狼山的白狼精，广教寺建筑也呈"金龙伏狼"布局，龙头下龙尾上，山下山门是龙口，大佛殿为龙头，两侧的轮藏殿、大悲殿为龙角，龙后身则为山顶建筑，支云塔是龙尾，山腰葵竹山房、三仙祠等建筑为伸展的龙爪，贯通上下的山边为龙身，香客游人则被视为龙鳞。

广教寺的主要建筑群居于山顶，有山门、萃景楼、圆通宝殿、大圣殿，还有葵竹山房、三仙祠、支云塔等建筑。

大势至菩萨和十六尊者供奉在圆通殿里。大势至和观音同为阿弥陀佛胁侍，"有大势力，能断众生之烦恼，以智慧光普照一切"。大势至像与观音像基本一样，只是其宝冠上以宝瓶为标志，身放紫金光。

屹立在狼山之巅的支云塔，为广教寺最具特色的建筑。塔建于北宋太平兴国年间（公元976年—983年），高35米，是砖木结构，五级四层，四面成正方形，每层分别有3个小间，绕以木栏，腰沿成翅形，从下至上次第收缩。刹顶有相轮7重和宝珠、金铎等物。游人登塔远眺，山色风光尽收眼底，抬头仰望天空，有高入云端的感觉。

广教寺四周还有唐代文学家骆宾王墓、望江亭、御碑亭、平倭碑亭、清末革命者白雅雨墓等建筑景观，有双眼石、磊落矶、鸽子岩、寒玉泉、名盘醒石、仙人洞、题名坡、净智泉、狮石、滴珠岩、海月岩等名胜古迹。

【历史价值】

广教寺收藏文物众多，一度仅字画就有3000余件，日军侵华时掠走很多。今存明藏、龙藏各一部，另有弘一法师手抄《僧伽六度经》，清末状元、实业家张謇手抄《心经》等珍贵历史文物。

历年农历七月十三大势至菩萨生日和农历三月初三僧伽生日时，广教寺都有上万信众前来烧香朝拜，异常火暴。

元宵之夜，汉族唯一的火把节——狼山火把节独具一格，人们手举火把，到处奔走呼号以祈求风调雨顺、五谷丰登。

灵隐寺

【名僧诗话】

庭前柏树地中生，不假牛犁岭上耕。
正示西来种千路，郁密稠林是眼睛。

——宋·汾阳善昭《西来意颂诗》

【地理位置】

灵隐寺地处西湖迤西的北高峰与飞来峰之间。灵隐山距杭州城约6千米，又称为“灵苑山”、“仙居山”。

【寺庙历史】

鼎盛时期的灵隐寺，有9楼、18阁、72殿堂，僧徒多达3000余众。北宋时，灵隐寺被列为禅院五山之首。据说晋成帝咸和三年（公元328年），印度高僧慧理抵达灵鹫峰时，说：“此天竺（古印度）灵鹫峰之一小岭，不知何代飞来？佛在世日，多为仙灵所隐，今复尔耶？”于是在此处结庐而居，名山曰“飞来峰”，并且建寺为“灵隐寺”。

清康熙帝南巡时，曾登寺后的北高峰顶览胜。他看到山下云林隐现，整座寺庙笼罩在浓浓的绿荫之中，显得特别幽静时，遂赐名灵隐寺为“云林禅寺”。如今天王殿前的那块“云林禅寺”巨匾，便为当年康熙帝的御笔。

而康熙帝所题“云林禅寺”还有一段佳话。康熙二十八年（公元1689年），康熙帝亲临灵隐寺，灵隐寺的方丈为他预备好笔墨，请他赐题寺名。康熙帝提笔直书，却把灵（繁体为靈）的雨字头写得过大。正当他筹措之时，礼部侍郎高士奇悄悄地把手心中“云（繁体为雲）林”两字示给他看，因此康熙帝机智地写下了“云林禅寺”四字。这块匾额300多年来始终高悬于天王殿上。

灵隐寺名副其实，整座雄伟寺宇就深深地隐藏在西湖群峰密林清泉的一片浓绿之中。寺前有冷泉、飞来峰等名胜。相传北宋苏东坡守杭时，常携诗友僚属到此颐游，并且曾在冷泉亭上“画扇判案”。

【建筑风格】

大雄宝殿原名“觉皇殿”，为单层三叠重檐制式，高33.60米，占地面积1200平方米，为全寺的主殿，气势宏伟壮观。

殿内主像释迦牟尼佛像高19.6米，连座达24.8米。此为我国最高大的木雕坐式佛像之一。此尊佛像为1953年由中央美术学院专家和民间艺人依据唐代禅宗著名雕塑为蓝本所创作。开始，佛像的发式为菊花状，灵隐寺方丈大悲法师提出了不同看法，认为应按佛教传统，设计成螺钉状。这尊佛像，用24块巨大香樟木雕成，妙相庄严，发髻、衣褶、坐姿都具唐代佛雕特色。佛趺坐说法相，右手上扬，左手扶膝，双目微启，面颊丰润，微露笑容。全身装金，光芒四射，雄健端庄。此像被国际佛教界人士和学者看做佛祖释迦牟尼的标准像。

释祖像后壁是“五十三参”彩绘群塑，共有形象不同的大小佛教塑像150尊，显示的是佛经中善财童子历尽艰辛参拜53位“善知识”，最终得证佛果的故事。

大雄宝殿前月台两侧分别有一座八角九层仿木结构石塔，塔高超过7米，塔身每面雕刻精美细腻，经古建筑专家考定，两石塔为五代十国吴越末年所雕造。

【历史价值】

在大雄宝殿东、西两侧分别植有娑罗树，非常著名，据说是在东晋咸和元年（公元326年），由灵隐寺的始祖印度和尚慧理从家乡带来的娑罗籽栽培起来的。

娑罗树还叫七叶树，原产喜马拉雅以南的丘陵山地，一般都是随着佛教一起从印度、尼泊尔传入中国的。应该说娑罗树是佛门的一种标志，江南的庵堂寺院基本上都栽有这种树。

按照佛教的说法，释迦牟尼佛在尼泊尔兰毗尼园的一棵菩提树下诞生；长大悟道后以贝叶树叶片刻写经文，传播世人，普度众生；后来在80岁高龄时在印度拘尸那迦城外小河边一片茂盛的娑罗林中两株娑罗树之间的吊床上涅槃的。因此娑罗树和菩提树、贝叶树被佛家并称为“佛国三宝树”。

地处灵隐寺大雄宝殿西侧“紫竹林”佛字南隅的两株娑罗树高达二十六七米，其树身斑驳，苍劲古老，树干需数人合抱。这株娑罗树尽管历经1600多年的风雨沧桑，到现在仍然是葱茏挺秀，生机盎然，为杭州西湖周围数十里湖山中最老的古树，也为中华大地上最古老的佛树，所以千百年来始终被历代僧人珍视为古刹灵隐的“镇山之宝”。

飞来峰处于灵隐寺之前，又名灵鹫峰，山高168米，其山体由石灰岩构成，隔冷泉溪和灵隐寺相对。其面朝灵隐寺的山岩石壁上或洞壑中，到处皆为五代十国以来的佛教石窟造像，数目达340余尊。

五代吴越造像有5尊，其中时代最早的为青林洞入口西侧，后周广顺元年（公元951年）滕绍宗捐资雕造的弥陀、观音和大势至，造像全坐在高束腰仰莲须弥座上，背后有火焰纹光，带有晚唐风格。

分布在玉乳洞、青林洞等处的宋代造像约200余尊，大部分是罗汉像，而且体形较小。其中玉乳洞内的十八罗汉与六祖像较大，风格古朴。在青林洞南口崖壁上，一龛雕凿于北宋乾兴元年（1022年）的“卢舍那佛会”浮雕，结构完整，主次清晰，对称中稍有变化，堪称佳作。

龙泓洞口的白马驮经故事，浮雕二高僧，身后饰头光，似乎正在长途跋涉的样子，右上角处分别刻“摄摩腾”、“竺法兰”字样，其后面一人牵马，上刻“从人”二字，为宋代佳作。于冷泉溪南岸有布袋弥勒像一尊，袒腹踞坐，粗眉嬉笑，一手按布袋，一手执念珠，非常生动逼真。

其他的元代造像形体较大，今存89尊，除龙泓洞内一尊观音外，余者都分布于冷泉溪南岸和青林、龙泓、呼猿各洞周围的崖壁之上。其中有19尊纪年题记，时代在元至元十九年（1282年）到二十九年（1292年）之间。这些造像内容极其丰富，为密宗佛像较多。

位于青林洞的一龛毗卢遮那、文殊与普贤坐像，头戴宝冠，服饰华美，宝冠纹饰繁缛，冠顶外撇，莲座低矮，与宋代造像区别很大。理公塔旁的金刚手菩萨，身短腹大，两脚叉立，手持金刚杵，表现非常雄伟。冷泉溪旁的多闻天王，全身披甲，骑坐青狮，手执宝幢，神态威严。此皆为飞来峰元代造像的代表作。明代的飞来峰造像已为数不多，现存的只有菩萨、天王像等，雕凿水平也较元代差。

净 慈 寺

【名僧诗话】

垄麦重重覆紫烟，太平时节见丰年。
野云忽散孤峰出，列派横飞落涧泉。

——宋·云峰文悦《山居之三》

【地理位置】

坐落于浙江省杭州西湖之南的南屏山慧日峰下的净慈寺，为杭州第二大名刹，与灵隐寺一起称作南北两山之最。净慈禅寺背依南屏山慧日峰，面对风光旖旎的西子湖，历代以来始终为游览胜地。

【寺庙历史】

净慈寺始称“慧日永明院”，为五代十国时期后周显德元年（公元954年）吴越王钱弘椒所构建。后来南宋王朝偏安江南一隅，建都临安（杭州），当时的杭州是江南经济文化重镇，同时也是净慈禅寺发展的全盛时期。

【建筑风格】

净慈寺屡毁屡建。现在的寺宇、山门、钟楼、后殿、运木古井和济公殿，都是20世纪80年代重建的。其中大雄宝殿单层重檐，黄色琉璃瓦脊，更显庄严。特别是一口重达100多千克的新铸铜钟，铸有赵朴初等人书写的《妙法莲花经》，计6.8万字。每日黄昏，悠扬的“南屏晚钟”在暮色苍茫的西湖上空荡，激起人们的无限遐思。

由于净慈禅寺临湖近城，地处清幽，深得帝王将相仰慕，所以十方檀越供奉丰厚。南宋嘉定年间（1208年—1224年），净慈禅寺因“闳胜甲于湖山”之胜，与余杭径山寺、杭州灵隐寺、宁波天童寺、阿育王寺一起并列为“禅宗五山”。

净慈寺享誉海外，特别对日本佛教影响颇大。1210年，日本僧人永平道元在净慈禅寺从师于如净禅师，学成圆满归国后创曹洞宗，奉如净为日本曹洞宗祖师。到今天净慈禅寺后山仍保留如净禅师墓塔，日本佛教界寻法祭祖接踵而至，沿袭成俗。

【历史价值】

净慈寺所以在民间久负盛名，除该寺历史久远，僧行高隆之外，还与济公和尚和“南屏晚钟”有关。

历史上的济公确有其人。据《净慈寺志》和南宋僧人居简的《北涧集》中的《湖隐方园叟舍利塔铭》记载，济公俗称李心远，南宋台州（今浙江临海）人氏，18 岁时，在杭州灵隐寺从高僧堂远为师出家，法号道济。尽管他有饮酒食肉的恶习，其实却是带果行因的圣僧。因其不拘行止，疯疯癫癫，时人称其为“济颠和尚”。他痛恶巴结权贵，乐善好施，戏弄为富不仁者，所以深得人心，被尊称为“济公”。堂远圆寂后，道济先后移住永乐寺、崇真寺、净慈寺。有关济公的传说以净慈寺最多。

据传，南宋嘉定四年（1211 年）寺院毁于大火，济公外出募化建寺的木材，他使出神通令六甲神相助，居然让木材从寺中香积厨井中连续不断运出，所以后人称之为“神运井”。人们认为他是罗汉下凡，称他为“降龙罗汉”。现在寺内还有“运木古井”遗迹。为了纪念济公高僧，大雄宝殿西侧建有济祖殿，殿内供奉着济公塑像，为净慈寺最富传奇色彩的殿堂。

净慈寺钟声在历史上颇负盛名。因寺后的南屏山，山高穴多，寺前西湖，湖面空旷，故此每当寺内梵钟鸣响，山谷为之回荡，湖波随即接应，其音悠扬不断。

康熙二十八年（1699 年），康熙帝南巡至杭州，钦定“南屏晚钟”为“西湖十景”之一。寺内铜钟为明洪武年间所制，重达 1 万千克。清代末年，铜钟遗失于战乱之中，从此钟声沉寂。

1984 年 10 月，日本曹洞宗捐资再铸铜钟。绝响百年的南屏晚钟得以再度唱响西湖上空。新铜钟悬挂于净慈禅寺重建的钟楼之内，高 3.6 米，直径 2.3 米，重仍为 1 万千克。新钟造型古朴大方，外面铸有《大乘妙法莲华经》，计 6.8 万多字。每敲一下，余音袅袅可达两分钟之久。

明代净土宗八祖莲池大师，于寺前万工池内植莲放生，从此开启了净慈禅寺放生法会的先河。其后，每逢农历四月初八释迦牟尼佛的诞辰日，此处都举行隆重的放生法会。数以万计的信徒连同本寺僧众，以慈悲为怀，护生济物，培植善根，增福延寿，以求国泰民安。

1983 年，净慈寺被国务院确定为汉族地区佛教全国重点寺院。

法 雨 寺

【名僧诗话】

寒谷荒台七里洲，置人永逐水东流。
独猿叫断青天月，千古冥冥潭橱秋。

——唐·神颖《宿严陵钓台》

【地理位置】

法雨寺又名法雨禅寺、后寺，位于浙江省普陀山白华顶左侧光熙峰下，为我国四大佛教圣地之一的观音菩萨道场，也是普陀山的一座重要寺院。

【寺庙历史】

法雨寺创建于明万历八年（1580 年），原名海潮庵。万历二十二年（1594 年）更名为海潮寺，万历三十四年（1606 年）赐额“护国镇海禅寺”，后毁于大火。清康熙二十八年（1689 年）再建。康熙三十八年（1699 年），赐额“天花法雨”，改名为法雨寺沿袭至今。后经相继维修，使得法雨寺保存依然完好。

【建筑风格】

法雨寺依山而进，占地面积为 3.3 万平方米，建筑面积达 9000 多平方米，有大小房屋 200 多间。此寺的主体建筑为天王殿、玉佛殿、圆通殿、御碑殿和大雄宝殿等。

圆通殿还叫九龙殿，为清康熙年间从南京明代故宫拆迁而来的建筑，为重檐歇山制式大殿，面宽 35 米，进深 20 米，高 22 米，屋面上铺着黄色琉璃瓦，雄伟壮观而又金光灿烂，为法雨寺的主体建筑。殿内顶部的穹窿是拱圆形，中有一珠，九龙争抢，图案异常生动优美。此为法雨寺独有。

圆通殿前，有两株古银杏树，生长得粗壮而高大。东侧，有一株长势奇特的龙凤柏。寺后，有枫香林宛如彩霞铺地。这些名木古树，为法雨寺增添了无限的生机。

【历史价值】

1983 年，法雨寺被国务院列为首批对外开放的全国重点寺庙之一。

普 济 寺

【名僧诗话】

入圣超凡割爱亲，便同孤雁不同群。

雪毛丹顶天然贵，清唳翱翔一片云。

——宋·汾阳善昭《证道颂》

【地理位置】

位于浙江省普陀山白华顶南、灵鹫峰下的普济寺，其前身为有名的“不肯去观音院”。

【寺庙历史】

唐大中年间（公元847年—公元860年），日僧慧锷自五台山请得一尊观音像回国，因遇狂风险浪阻隔，且有铁莲花围船，无法航行，只得上岸，和山民张氏在潮音洞建此院供奉观音，所以有“不肯去”之称。

五代后梁贞明年间（公元915年—公元921年），“不肯去观音院”扩大成寺。宋代相继改名为“五台圆光寺”与“宝陀观音寺”，香火开始旺盛。

南宋嘉定七年（1214年）时，皇帝御书“圆通宝殿”匾额，定为专供观音之寺院。

明清时期，该寺多次遭到焚毁。康熙三十八年（1699年）再次修复后，康熙帝赐额“普济群灵”，称“普济禅寺”。雍正九年（1731年），该寺扩建殿堂及用房，形成现在的基本规模。

【建筑风格】

普陀山为中国佛教四大名山之一，普济寺则是普陀山最大的寺院，全寺占地面积3.7万多平方米，共有10殿、12楼、7堂、7轩，累计231间，建筑面积达11400平方米。

普济寺山门为一石牌坊，四柱三门，高约20米，柱上横楣雕刻有精致的云绫和石葫芦。在坊内北侧，树一石碑，上书“文武官员军民人等到此下马”。传说此为皇帝传下的圣旨，从前官吏到此，文官下轿，武官下马，用来表示对观音菩萨的崇敬。

在山门内，还有明万历、清康熙时的三块御碑，正中一块刻的为普济禅寺历史沿革，立于3.5吨重的基座上。钟楼居于山门东侧，重檐歇山顶制式，内悬大铜钟一口，重3500千克，铸于清嘉庆十二年（1807年）。鼓楼居于西侧，建筑形式与钟楼相同。

普济寺前有一水面约为15亩的莲池，称“海印池”，也叫“放生池”，始建于明代。池上三座筑桥。中间一座，桥面平阔，北接普济寺正门，南衔御碑亭。亭是清雍正九年（1731年）所建，中竖雍正帝所书白玉碑一方，高3米，宽1.5米。碑文记载的是普陀山历史，碑额雕龙形象逼真，碑文书法遒劲刚健。东面一座拱桥，名“永寿桥”，长40米，宽7.5米，高6米，是明万历十四年（1586年）所构建。桥上石栏柱头，刻有狮子40座，形态各异，栩栩如生。桥前的影壁上书“观自在菩萨”五个大字，字高约1.7米，遒劲有力。西面一座拱桥，四隅镂有龙首，逢雨水从龙嘴喷出，似袅袅轻烟，设计特别精妙。

天王殿也称“金刚殿”，面宽五间，进深四间，重檐歇山顶形式。进门迎面为一袒胸盘坐的弥勒菩萨，手执布袋，据说他能将世人一切苦难装入布袋之中。殿后有8株古樟，枝叶繁茂，树荫覆盖整个庭院，树干最粗者直径竟达2米多。

普济寺的主殿为大圆通殿，“圆通”系观音菩萨别号，该殿供奉的正是观音菩萨。

殿堂巍然屹立，大殿能够容纳数千人。殿面阔七间，进深六间，重檐歇山顶制式，黄琉璃顶，九彩斗拱，门心板雕二龙戏珠图案。殿前平台周围有石雕栏板，台中有高约4米的铜鼎炉，上铸“普济禅寺”、“千秋宝鼎”等字样。

殿内居中端坐高达8.8米的观音菩萨，满身金黄，眉清目秀，慈祥微笑，身边站立着善财和龙女，神态天真烂漫。东西两侧各塑有16尊服饰、形态有别的菩萨，称“观音三十二应身”，是观音以不同身份教化世人时的现身说法形象，加上中间供的观音佛身，总计三十三身。这种塑法在观音道场中，别具一格。

主殿两侧建有配殿。东首文殊殿，供奉应化于五台山的文殊菩萨；西首普贤殿，供奉应化于峨眉山的普贤菩萨。两侧庑廊为罗汉堂，有十八罗汉塑像。

普济寺多宝塔为普陀山现存年代最为久远的佛教建筑，该塔建于元顺帝元统年间（1333年—1335年），据说为元世祖第九子脱欢、镇南王第四子帖木儿为著名高僧孚中禅师而建。

多宝塔为一四方形三层石塔，高达32米。塔的基座，是一双层高台，每层周围皆有石栏围绕，在栏板、栏杆和座身上完全刻有精美的浮雕图案。

基座上筑有须弥座，塔身就立于座上。塔为实心，不能登攀，每层各面分别辟有壁龛，龛内有石雕佛像，神态迥异，栩栩如生。底层以上每层都有平座栏杆环绕。塔顶为宝箧印经塔式样，四角制作成蕉叶插角，中耸相轮、宝珠。整座建筑造型别致，雕工精巧，具有浓郁的元代建筑风格。像这样的元塔，全国少有。

普济寺后有一石，就像三扇门板并竖，状如宝鸟，名“灵鹫石”，又名“慈云石”，上刻明朝会稽人陶望龄的题词“鹫岭慈云”。石隙间有清泉流入寺中，甘洌含香，明朝丁继嗣有诗赞曰“泉流穿橱入，昙香满院闻”，说的就是慈云石当年的盛况。

普济寺后湾有真歇庵遗址，是开山祖师真歇和尚静修之所，其东有高 16.7 米、周长 333.3 米的无畏石，上有“海天春晓”、“空有境”等题刻。西侧一岩俨如狻猊，做跳跃状，俗称“猴岩”。

【历史价值】

1983 年，普济寺被国务院确定为汉族地区佛教全国重点寺院。

慧 济 寺

【名僧诗话】

好是住汾阳，犹连子夏冈。
西河莲藕熟，南国果馨香。
野客争先采，公侯待后尝。
仲尼不游地，唯我独消详。

——宋·汾阳善昭《拟寒山诗之一》

【地理位置】

坐落于浙江省普陀山之佛顶山（又称“白华顶”、“菩萨顶”）右上方的慧济寺，与普济、法雨一同被称为“普陀山三大禅寺”。

【寺庙历史】

慧济寺明代时为“慧济庵”，清乾隆年间扩庵为寺，到光绪年间终成巨刹。

【建筑风格】

慧济寺总计建筑面积5500 平方米，寺中有4 大殿、7 堂、4 楼、2 阁、4 房，布局不很规则，颇具江南园林风格。

该寺山门左面，上书“慧济禅寺”。

天王殿与普陀山其他寺院有所差别，属硬山建筑。大雄宝殿屋顶皆为天蓝、淡绿、鹅黄、紫红等色琉璃瓦覆成，阳光下映出万道彩虹，形成“佛光普照”的绮丽风光。

殿内供奉释迦牟尼佛像，左右侍立阿难与迦叶。大殿两厢分别塑有 10 尊塑像。

寺中旃檀阁是一幽静去处，阁前有池，用汉白玉石栏围栏，中有曲桥相通，四周翠木掩映。

慧济寺前有一条香云路，全程共有石级 1088 层，1 千米左右，清光绪三十年（1904 年）时由慧济寺住持文正、东监院庆禅募集资金砌石而成，路旁设铁栏杆。香客游人到此，一路青山绿水，鸟语花香，沁人心脾顿觉心旷神怡。

路西的青玉涧，从山巅至山麓，一带漂流，淙淙汩汩之声，时有所闻悦耳动听。过香云亭向前，有略呈方形巨岩高高耸立于路侧，垂面上镌数尺见方 4 个大字：“海天佛国”，是明代抗倭名将侯继高所书。“海天佛国”石上又叠一石，状如巨钟，直入霄汉。石上有摩崖题刻“云扶石”三字。云扶石之上有一小潭，如碗若钵，承受天露，潭水清澈见底。

慧济寺后门左侧立有普陀山三宝之一的“普陀鹅耳枥”。该树目地表处分两杈并列长出，在 3.3 米多高处再分两杈，往上再有规律地一分为二，所以有“夫妻树”之称。

这棵树是 200 多年前由缅甸僧人到普陀朝拜时携来，是世间稀有植物。植物学家把它定名为“普陀鹅耳枥”，被列为国家二级保护树种。除此之外还有被誉为“佛光树”的新姜子木，同样为稀有树种，恰如报春的使者，每年的春天农历二月十九观音大士圣诞之日，它的嫩梢枝叶便披上金黄色的绒毛，在阳光照耀下熠熠闪光，为佛国增光添彩。

慧济寺所在的佛顶山为普陀山制高点，晴天四望，远山近礁，环列奔趋。如山雨欲来，则白雾环绕山腰，渐至混蒙，诗意盎然。历来有“不上佛顶，等于未到普陀”之说。山顶还能看到难得一见的海市蜃楼和佛光。

【历史价值】

1983 年，慧济寺被国务院确定为汉族地区佛教全国重点寺院。

阿育王寺

【名僧诗话】

渐调渐伏息奔驰，渡水穿云步步随。

手把芒绳无少缓，牧童终日自忘疲。

——宋·普明禅师《受制第三》

【地理位置】

阿育王寺在今宁波市东 20 千米，鄞县五乡镇宝幢。寺之坐落方位，在郧山分支育王山之西麓。面对玉几山，左界育王岭，右是赤莹山峡谷。

【寺庙历史】

该寺始建于西晋太康三年（公元 282 年），至今已有 1700 多年历史。

据说古印度孔雀王朝国王阿育王统治时期（公元前 2 世纪），于波吒利费城举行了佛教史上规模最大的第三次结集，以编纂整理经、律、论三藏经典，并遣僧侣四方传播佛教，使得佛教成为世界性宗教。他还取出王舍城大宝塔阿阇世王所分得的佛陀舍利，“令羽飞鬼，各随一光尽处，安立一塔”。

舍利，为梵文的音译，意指身骨，一般是指佛陀的遗物。相传释迦牟尼遗体火化后，灵骨中有很多晶莹明亮、击之不碎的坚固之物，表现出三种颜色，白色骨舍利、黑色发舍利、赤色肉舍利。于是，天竺（古印度）诸国的国王便达成协议，将舍利分成八份，由八国建塔供奉。此为“舍利塔”的起源。

阿育王在中国共建造了舍利塔 19 座。据说西晋太康三年，山西僧人慧达禅师云游至此，突然闻听地下钟声震耳，当即诚心祷告，果然看到一座宝塔从地下涌出，塔高一尺四寸，四面空虚，内悬宝磬，中缀舍利，特别奇妙。东晋义熙元年（公元 405 年），为保护这一佛国珍品，始建安置舍利的塔亭，并构筑禅堂一所。

南朝宋元嘉二年（公元 425 年），宋文帝敕寺僧道佑始创寺院，并立阿育王寺常住田，十二年又建塔寺，至此已初具寺院规模。南朝梁普通三年（公元 522 年），梁武帝又赐“阿育王寺”额，萧子云作飞云白榜书，以扩建寺院，赦免阿育王寺田赋，阿育王寺由此而得其名。从此阿育王寺名闻天下，舍利塔居神州第一。

阿育王寺由于舍利宝塔的存在，所以受到历代统治者的赏赐和殊遇。例如北宋仁宗赵祯，曾请阿育王寺大觉禅师怀琏入宫，在化成殿垂问佛法大意，并且赐颂诗 17 篇，留住数载。一直到英宗赵曙即位，才恩准大觉禅师回山的请求，并赐诏一道，内有“凡经过小可庵院，随性住持、十方禅林，不得抑逼坚请”等语。回到阿育王寺后的大觉禅师，于神宗熙宁三年（1070 年）构建了良奎阁，用来供藏仁宗的御书偈颂和英宗的手诏。

宋哲宗元祐元年（1086 年），苏轼撰《宸奎阁碑铭》一文，详细地叙述了建阁过程。现宸奎阁虽已被毁，可《宸奎阁碑铭》尚存舍利殿前。明洪武十五年（1382 年），太祖赐名“阿育王禅寺”，称其为天下禅宗五山之第五山。明清时，佛殿屡次倾塌。现存寺庙为清康熙十九年（1680 年）住持法钟重修。

阿育王寺在我国佛教史以及中日文化交流史上有着极其重要地位。唐天宝二年（743 年），高僧鉴真第二次东渡，自岭南出海，在浙东海面遇飓风，获救后曾挂靠于阿育王寺。现在，阿育王寺内还保存着一尊鉴真塑像。

阿育王寺因以佛舍利名闻天下，所以，寺中最大的看点便为佛舍利和安放佛舍利的舍利塔与舍利殿。

舍利殿为全寺内最庄严的场所，系 1909 年依照北京皇宫模式建造，以黄色琉璃瓦盖顶，使整个建筑金碧辉煌，鹤立于全寺建筑群中，佛国珍品舍利塔就供奉于此。

此舍利是释迦牟尼的顶骨，和北京灵光寺舍利与西安法寺舍利（指骨），为国内仅存的三处佛舍利，称得上佛国珍品。

舍利塔的塔身为青色，高一尺四寸，方广七寸，为五层四角，四面窗孔，每层雕有菩萨像。塔内顶悬宝磬，特别小的一颗舍利就在磬中，圆转不停。游客只有细心窥视才可见到，因光线照射角度有别，游人看到的色彩也就不同。

千百年来，舍利塔曾有许多帝王崇奉，高僧护持。舍利殿上悬挂着宋高宗御书“佛顶光明之塔”及宋孝宗御书“妙胜之殿”匾额。

阿育王寺内有元塔两座，一在东侧山上，称上塔，又称“东塔”，建于唐初，后经风雨剥蚀而倾塌，元代时重建；民国时曾遭雷击，因此塔顶被毁；1990 年重修，并新辟禅堂五盈，使塔身恢复原状。

塔中有梯，每层均辟窗口，抬眼远望，云林尽收眼底。明代御史王应鹏所撰《登育王寺上塔》诗云：“病眼多年慵来开，强持筋力上高台。野花正在林间发，海鹤初从何处回？天际千峰飞白日，云中万壑起晴雷。无端一霎冥冥雨，疑是双龙叫法来。”

在西侧山下的称之为下塔，又称“西塔”，为元至正二十五年（1365 年）所建，是寺内仅存元塔，砖木结构，仿楼阁式，六面七层，高 36 米，每层置腰檐、平座，底层周边有围廊。

阿育王寺所在的鄮山，被佛家称之为“六殊胜八吉祥地”。

此处据说有迦叶佛左脚踏过的痕迹，其上盖一石亭，是为“佛迹亭”。再行数步有金沙井，“一峰横玉前阵几，九井沉金下涌沙”，“山看玉几无云好，泉取金沙瀹茗甘”，指的就是此处。民间传说井底有金鳗，每遇天旱，祷之辄雨。

佛迹亭旁有弯弯小路可登鄮山之巅，登上峰顶，自“极目亭”远望，晴日澄空，便见东海，因此又称“望海亭”。亭下有“陨石”，岩上能坐十数人，岩下有小涧，涧中流水淙淙。鄮峰畔有东塔院，相传为舍利塔涌出之处。“仙书岩”葛仙翁所书“才坤”二字依稀可辨。传说中的“七佛深浴之处”七佛潭，潭水清洌，为夏天避暑的好地方。

阿育王寺三山拥处，吉林参天，修竹蔽日。西望古刹，寺在山奥之底，南而远眺，俱在峰峦之中，有世外桃源之感。加之四周翠岗蜿蜒，群陵起伏，称之为“六殊胜八吉祥地”实非虚言。早在南宗嘉熙元年（1237 年），宋理宋就把其列为“天下五山之第二”。明洪武十五年（1382 年），被诏定为“天下禅宗五山之第五”。

【历史价值】

我国禅宗名刹“中华五刹”之中就包括阿育王寺，它是国内现存唯一以古印度孔雀王朝阿育王而命名的千年古寺，又因为寺内藏有一颗泽迦牟尼的真身舍利（顶骨）而举世闻名。

天童寺

【名僧诗话】

一条青竹杖，操节无比样。
心空里外通，身直圆成相。
渡水作良朋，登山堪倚仗。
终须拨太虚，卓在高峰上。

——宋·汾阳善昭《咏竹杖》

【地理位置】

坐落于浙江省宁波市东 30 千米鄞县东乡的太白山麓的天童寺，为国务院确定的汉族地区全国重点寺院，有“东南佛国”之称，是我国“五大丛林”之一。

【寺庙历史】

西晋永康元年（公元300年）天童寺始创，距今有1700余年历史。此寺为日本佛教曹洞宗的祖庭，在中日文化交流中占极其重要的地位。

【建筑风格】

天童寺累计占地面积7.6万平方米，建筑面积达3.88平方米，有殿、堂、楼、阁、轩、寮、居30余个建筑物计999间。天童寺现存规模，大致上保持明朝格局，寺宇布局严谨，结构精致，主次分明，疏密得体。

主要建筑天王殿在民国二十五年（1936年）落成，近几年进行重修。广七间32米，深六间24米，高18米。殿正中供奉笑口常开弥勒佛。

据说，当时僧人义兴法师云游至此，于是结茅开山，建造“精台”，日夜虔诚诵读经书，此事为天上的玉帝所感动，玉帝便令太白金星化为童子下凡，为义兴法师伺给供奉。由于传说中此座寺庙是从天上派下来的孩童帮助法师所建造的，所以得天童寺之名。

【历史价值】

天童寺内保存的珍贵文物有宋代周葵撰文，张孝祥书写的《宠智禅师妙光塔铭》碑石；明崇祯十四年（1641年）铸造的，直径2.36米，深1.07米，重2吨的千僧铜锅；著有81卷的《华严经》；重6.5吨的铜钟；清顺治帝赐鎏金药师铜像以及顺治帝、康熙帝御书碑刻等。

保 国 寺

【名僧诗话】

片片残红随远水，依依烟树带斜阳。
横笻石上谁相问，猿啸一声天外长。

——宋·云峰文悦《山居之二》

【地理位置】

地处浙江省宁波市洪塘镇灵山半山腰上的保国寺，距市区约15千米。

【寺庙历史】

保国寺始建于东汉，原名灵山寺。唐会昌年间（公元841年—公元846年）灭法运动中该寺被毁。广明元年（公元880年）再次重建，唐僖宗为其题名保国寺。

后经相继维修，才使该寺保存至今。

【建筑风格】

保国寺坐落于山区密林中。山门、天王殿、大雄宝殿、观音堂和藏经楼等为该寺现存主要建筑。除此之外，寺内还有钟楼、鼓楼、僧房、斋堂和禅堂等建筑。

大雄宝殿为保国寺的主体建筑。这座单檐歇山制式的大殿始建于北宋大中祥符六年（1013 年）。殿周围有回廊。屋顶翼角平伸，并且略微上翘。殿内梁架被天花板和 3 个镂空藻井掩盖，似为无梁殿。立柱粗壮，横断面呈花瓣形，俗称瓜陵柱。此种立柱，由中间一根大柱、四周 12 根小柱拼接而成，体现出我国古代建筑师们用小材料制作大构件的高超水准。

大雄宝殿殿自建筑之时起，蚊蝇不进，鸟雀不入，老鼠不宿，白蚁不蛀。其主要原因是建殿所用的木料为黄桧木。此类木材具有一种特殊的气味，虽然人闻不到，可鸟、鼠、虫、蚁却能嗅到。这样的建筑物在国内的古建筑中仅此一例，弥足珍贵。

【历史价值】

保国寺中保存着我国南方不可多得的宋代建筑物。1961 年，国务院将保国寺列为全国重点文物保护单位。

高　明　寺

【名僧诗话】

日久功深始转头，癫狂心力渐调柔。
山童未肯全相许，犹把芒绳且系留。

——宋 · 普明禅师《回首第四》

【地理位置】

高明寺位于浙江省天台县幽溪之畔。

【寺庙历史】

高明寺据说是智者大师储藏紫金钵盂、袈裟、贝叶经之处，亦即史称“一叶飘经”的幽溪道场。

相传，智者大师某日礼佛，如入梦境，见一高山，面临大海。山顶有一僧人，招手唤他攀登，并以臂接引。当他登上山顶时，僧说：“汝当居此，汝当终此。”遂出家，至南朝陈太建七年（公元575年），辞别陈宣帝到天台山，宿于定光庵。定光说：“还忆梦中招手事否？此峰金地，我已居之，此峰银池，汝当居之。”智者大师这才悟出梦中宿缘，从此居佛陇，并建修禅道场，遂苦心修持，始称“高明寺”。

高明寺“一叶飘经”的故事至今为人喜闻乐道。

某日，智者大师在说法台上讲经，忽然一阵大风将手中的经卷刮走，他忙于拣拾，不料经卷却越飘越远，等追到谷底，只见经卷变成了一只只小蝴蝶，徐徐地飞到他的脚前，并纷纷落下，转眼又变成了经书，智者拣起细瞧，见经卷完好无缺，大为惊奇。这时只见谷底涧水淙淙、鸟语花香，智者不禁脱口赞道：“好一个钟秀之地，真是条幽溪呀！”因此后人便把此溪叫“幽溪”了。智者由于追赶经卷，有点累，便坐在溪石上休息片刻，不料竟安然入定了。

定中，智者猛然感到眼前五彩祥云飞渡，金光闪烁。观音菩萨飘然而至。智者忙上前顶礼膜拜。只听观音说道：“大师今日有缘，佛经引你到此，此山名高明，你可在此建造一座高明寺。”随后还说：“被海螺精撞沉的南海三尊佛像尚存海底，你在此诵经七七四十九天，佛像自然浮起。”智者出定，心里清楚此为观音点化，遂在此兴建高明寺，将三尊铁佛放在大雄宝殿中。撞船的海螺精也被观音净瓶吸去，仅剩一个躯壳，便为现在所见到的“海螺岩”，涧水变成了山溪，也称“螺溪”，那只载佛的大船，遂化成为青山一座，合成为天台“螺溪吊艇”这一景观。

【建筑风格】

“一叶飘经”故事中观音所指的三尊沉在海底的大佛，据说为寺僧募铸于南海，因为海运途中船被撞翻，所以佛沉海底，百年过后才运到天台。今天释迦牟尼、文殊、弥勒这三尊铁佛就供奉于高明寺大雄宝殿。每尊高约4米，重达8500多千克。

除此之外，高明寺钟楼中还有3500千克重的大钟一口，是明万历年间铸造，过去有人曾以“国清的松”、“塔头的风”、“华顶的雾”、“万年的柱”、“高明的钟”来形容天台名刹的古迹特征。每当晨曦微露，高明钟声在重山幽谷中久久回荡，声传数里令人遐思不已。

在高明寺四周，翠竹成荫，流水淙淙，环境异常幽美，古迹甚多。

幽溪之上有一石横架，下有四石相承，自成一洞，称为“圆通洞”，高约4米，宽6米。洞的南端豁然开朗，在此俯瞰，峭壁千寻，溪流如带，据说传灯大师曾在这里写过《天台山方外志》，并注《圆通疏》。圆通洞周围多奇石和摩崖石刻。

北首山侧有一直径7米大“佛”字，为明代僧人兴慧的手书，笔遒劲有力，气势磅礴。

洞下有“望云”两字，是传灯大师所书，对面小亭后的岩壁上刻有“幽溪”二字，每字约为40厘米见方，相传是智者大师手笔。

【历史价值】

高明寺为中国佛教天台宗创始人智者大师亲手创建（当时称幽溪道场），在佛教天台宗的发展史上，具有显著的地位。

国 清 寺

【名僧诗话】

我有芒绳蓦鼻穿，一回奔竞痛加鞭。
从来劣性难调制，犹得山童尽力牵。

——宋·普明禅师《初调第二》

【地理位置】

国清寺坐落于浙江省天台县天台山南麓，是中国佛教天台宗祖庭，也是日本佛教天台宗祖庭。天台国清寺和济南灵岩寺、南京栖霞寺、荆州玉泉寺一起并称“四绝”。

【寺庙历史】

据说南朝陈宣帝太建七年（公元575年），该寺开山祖师智顗率慧辩等20多名僧徒至天台，结茅成庵，遍植松柏，历经数年，初成规模。智顗在此坐禅修行，先后十多年之久。到了隋开皇十七年（公元597年），智顗应晋王杨广诏请，离天台山北上，途中当走到新昌大佛寺时，因病圆寂。

他于《临终遗晋王书》中曾谈到准备在五峰山麓建一大寺之事。杨广得书后，就在次年派司马王弘协助智顗弟子灌顶把五峰山麓的天台寺建成，了却智顗的夙愿。

大业元年（公元605年）杨广当上皇帝后，因念及智顗有“寺若成，国即清，当呼国清寺”之遗言，故赐额“国清寺”。自灌顶建寺以来，国清寺兴衰轮回，屡毁屡建。

1973年，周恩来总理指示重修，由政府拨款，并且自北京等地调来佛像、法器等物件。

【建筑风格】

重新落成后的国清寺坐北朝南，建筑面积为2.3万平方米，殿、堂、寮房约700多间。

寺外有古塔迎宾、双漳回澜之胜；周围有五峰环抱、层林染翠之美。清幽深邃，风光旖旎。

寺院由数十个大小不同、建筑风格各异的院落及建筑群组成。

殿宇顺山而上，前低后高，层檐交错，特别壮观。计有4殿（弥勒殿、雨花殿、大雄宝殿、观音殿），5楼（钟楼、鼓楼、方丈楼、迎塔楼、藏经楼），6堂（妙法堂、安养堂、斋堂、静观堂、大彻堂、客堂）。

该寺建筑最当显著的特点是，有接近2000米的廊沿贯穿整个寺院，通道廊沿有挑檐廊、连檐柱廊、重檐柱廊、双层柱廊、单层柱廊、双层双檐廊等建筑，集中了我国古建筑中所有廊沿形式。廊沿互应，禅门重重，明暗搭配，高低不等，其规划之合理，形制之完美，都令人赞叹不已。

以下为寺内最具特色的佛教建筑及文物。

隋塔：地处寺东南山坡上，为一座六角九层的砖塔，高59米。塔砖呈绛红色，体积硕大而质坚，轻敲一下，就能发出类似金属的声音。相传建造此塔所用的几十万块砖皆为一窑烧制。四周砖壁上雕有佛像，其形态栩栩如生，特别精美。

天王殿：也叫雨花殿，面宽三间，歇山顶式建筑。殿前有一对石狮，殿内有威武庄严的四大天王。殿后钟鼓楼上所悬挂的梵钟，为清嘉庆年间铸造，音质洪亮悠长。

大雄宝殿：殿内居中的莲花宝座上有高6.8米，重13吨的释迦牟尼佛铜像，是明代作品。两旁分别站着阿难、迦叶两弟子，前面站着旃檀佛。左右两厢分坐十八罗汉，而后壁左右两旁则分坐文殊、普贤二菩萨。后壁正中是慈航普渡南海观音，左有善财，右有龙女，右上角为象征性的天台山浮雕作品。

隋梅：在大雄宝殿东侧有一小巧玲珑的六角梅亭，亭前黄墙边有一株苍劲多姿的梅树。据说此树为灌顶禅师亲手栽植，距今已有1300余年。树干弯曲宛如龙爪，但仍枝繁叶茂充满生机。近年返老转青，再发新枝。每到大雪纷飞之际，暗香油然而生，游人在梅亭小憩鉴赏，倍感清新宜人。1964年5月，郭沫若游国清寺时曾经为隋梅题诗："塔古钟声寂，山高月上迟。隋梅私自笑，寻梦复何痴。"

锡杖泉：观音殿东侧立有碑记："宋僧普明坐禅于此，因寺内取水不便，以锡杖顿地曰'此处当有泉'，水即涌出，故名。"

鱼乐园：入“双涧萦流”小门，能够看到鱼池如镜，是为放生池。池呈圆形，各种各样的大鱼，摇首摆尾，其乐无穷。池东有座6米高乾隆帝御题碑，碑文记载着国清寺秀丽风光及其历史沿革；池西有2米高石碑，其上刻有“鱼乐园”三字，是明代书法家董其昌手书。池旁有“清心亭”，高屋建瓴，飞檐翘角，石桌石凳置于其中。

三圣殿：位于莲花池前，该殿内有三尊樟木雕的丈六金身西方三圣立像，正中是阿弥陀佛，左、右分别为观音、大势至。

鹅字碑：三圣殿东侧有座独笔“鹅”字石碑，黑底红字，字分两半，可又浑然一体，右半边是晋代大书法家王羲之手笔，左半边则为天台人曹抡以七年之功所补写。

一行墓：一行为唐代高僧，密宗教观的发起人和天文学家，精通天文历法。一行与梁令瓒同制黄道游仪，用来测定150颗恒星位置，组织全国12地点进行天文观测，著有《大日经疏》，并且制订《大衍历》等。唐睿宗曾经诏令东都留守以礼征聘，一行称疾坚辞不出。该墓即为纪念他而建。

寒拾亭：此为纪念寺僧寒山、拾得而建。寒山、拾得是唐代高僧，同时也是著名诗人，与丰干之人并称为国清寺三贤。此亭平面呈长方形，南北有门相通，门上匾额题“五峰胜境”和“五松深处”。

丰干桥：是为纪念高僧丰干而建。桥架于“双溪回澜”之上，为一座造型古朴的石拱桥制式，两端有特殊造型的石狮守护。

碑亭：是1982年新置建筑，在国清寺大殿东侧松林纵深之处。碑坐北朝南，东西宽10米，南北深6米，为一座双层六角飞檐、朱漆斗拱四廊式木结构建筑物，和隋梅成一直线。亭中3碑系《天台智者大师赞仰颂碑》、《最澄大师天台得法灵迹碑》、《行满座主赠别最澄大师诗碑》。正面碑文匾额由赵朴初先生题笔，而背面碑文则由日本天台宗座主山田惠谛长老撰写。

国清寺驰名海外，早在一千多年前，唐代高僧鉴真就曾东渡日本，日本高僧最澄接受天台宗教义后，便产生了到国清寺向天台宗大师求法的愿望。贞元二十年（公元804年），最澄渡海入唐，终于到国清寺拜天台宗十祖道邃、行满为师，与之研习天台宗教义。归国后，最澄将日本的比睿山命名为“天台山”，接着又把延历寺命名为日本内国清寺。后来，日本佛教天台宗尊天台国清寺为祖庭。

【历史价值】

1983年，国清寺被国务院确定为汉族地区佛教全国重点寺院。2001年，国清寺被国务院公布为全国重点文物保护单位。

江　心　寺

【名僧诗话】

理奥绝思量，根寻径路长。
因兹知隔阔，无那被封疆。
人生须特达，起坐觉馨香。
清净如来子，安然坐道场。
——唐·香严智闲《达道场与城阴行者》

【地理位置】

江心寺坐落在浙江省温州市江心屿。

【寺庙历史】

江心屿为温州永清门外瓯江上的一个小岛，面积只有 1 平方千米大小，本是两个独立小岛，后经填塞淤浅而两岛相连。

岛两端分别有一座小山峰，峰顶各有一座宝塔，由于东西相对峙，遂称东塔、西塔。

东峰西麓原有“普寂禅院”，又称“东塔院”，唐咸通十年（公元 869 年）所建，宋高宗南渡时曾经驻跸于此；西峰东麓有“净信讲寺”，称“西塔院”，为北宋开宝二年（公元 969 年）所建造。

南宋绍兴元年（1131 年）宋高宗回临安后，赐改普寂禅院为“龙翔禅寺”，改“净信讲寺”为“兴庆讲寺”。绍兴七年（1137 年），宋高宗下诏，青了禅师自普陀山来此主持两寺诸务。

担任龙翔、兴庆寺住持后的青了禅师，见两寺隔水相望，东西相对，就亲率僧众篑土垒石，将两屿之间川流填满，使两岛连为一体。并在中川新基兴建“中川寺”，集三个寺院为一体。由宋高宗赐名为“龙翔兴庆禅寺”。又由于它挺立于瓯江之中，俗称“江心寺”。于是朝廷赐田一千亩，并将江心寺尊奉为高宗道场，每年的春秋二季派京官来寺朝拜进香。

江心寺香火盛极于南宋，原寺宇横列数百间，巍然屹立，金碧辉煌，为南宋江南十刹之一。

宋以后800余载的沧桑历史中，江心寺废兴反复，延续至清末民初，官家来寺朝拜者仍接踵而至。历代诗人游江心寺者题咏颇多，如谢灵运、孟浩然、李白、杜甫、陆游、文天祥、朱彝尊、袁枚以及郭沫若等都有佳作传世。

江心寺素传临济宗风，唐宋时远播日本、新罗（朝鲜）。唐代有日本高僧慧运、圆珍，宋代有义介、义尹和新罗的绍明，元代有祖能，明代有清启，先后渡海来此寻师访道，与江心寺僧众研习教义。江心寺也曾派出大休、宗觉、子昙等僧众前往日本、新罗参学，为中日、中朝之间的文化交流作出了巨大贡献。

新中国成立后，江心寺被其他部门所占用，后胜地古迹破坏严重，珍贵文物损毁殆尽。

后国务院落实宗教政策，维护古文物建筑免遭湮没。从1985年起，经6年时间的不断修复，一座全新的江心寺已挺立于烟波江上。

新建寺院建筑仍然按照乾隆五十四年（1789年）的建筑原貌，恢复旧观。寺分三进：前为天王殿，中奉弥勒、韦驮，两边为四天王坐像。门口寺额“江心寺”三个金字为赵朴初先生所书。两侧悬联“云朝朝朝朝朝朝朝散，潮长长长长长长长消”，相传为宋人王十朋所作。该联巧用一字双音中间断句法，读来妙趣横生，朗郎上口。可谓中国联坛上乘之作，许多人由于慕该联之名而千里迢迢、不辞辛苦到江心寺一游。

【建筑风格】

寺内圆通殿左右配以钟、鼓楼。东厢廊是“三畏堂”，西厢廊则是“去来斋”。居中者是圆通殿，殿额也是赵朴初先生所书，下檐是当代书法家沙孟海题“江天福地”四个大字。

殿内正中供奉的观世音坐像为香樟木雕刻而成，总高达8米，两边侍立善财、龙女。两侧靠壁塑三十二应身像，上悬顾廷龙先生书“慈航普渡”四篆字。正殿内外的对联皆为当代书法家所撰写，诸如苏渊雷、林剑丹、沈定庵、徐无闻、刘江、郭仲选等。后进三圣殿，中供奉三圣立像，有“极乐庄严”四字，为弘一法师真迹。“三圣殿”三字是由老书法家张鹏翼先生亲笔所书。

大殿西首是方丈殿，正屋双檐7间，两厢6间。整个寺院建筑面积达4000平方米，飞檐翘角，壮观宏伟。

江心寺所在的江心屿，面积尽管较小，然而景色却非常秀美。岛上有谢公亭、澄鲜阁、文公祠、浩然楼等景观。全岛古木参天，莺歌燕舞，生机勃勃，加上江流浩荡，四面烟波，构成一幅美不胜收的山水画，素有“江天佛国”之美誉。江心屿自古以来就是温州最具韵味的游览胜地。

【历史价值】

1983 年，江心寺被国务院确定为汉族地区佛教全国重点寺院。

大 佛 寺

【名僧诗话】

人牛水见杳无踪，明月光含万象空。
若问其中端的意，野花芳草自丛丛。
——宋·普明禅师《双泯第十》

【地理位置】

位于浙江省新昌县南明山（古称石城山）的大佛寺山清水秀，风景宜人。

【寺庙历史】

大佛寺开山始祖为东晋名僧昙光和尚。东晋永和（公元 345 年—公元 356 年）初年，昙光在江左漫游，宿石城山下，因见此处古木参天，石壁千仞，环境特别幽雅，便在此处披荆斩棘，居洞修行。百余年后，南朝齐永明年间（公元 483 年—493 年），僧护发现寺北有千余尺青壁，决心就石壁刻成佛像。僧护事业未竟即圆寂西去，其弟子们秉承其业，继续刻佛。历时 30 余载，终于刻成。唐、宋、明三代，该寺分别称为“瑞像寺”、“宝相寺”、“毗卢阁”，到清末民初，始称“大佛寺”。

【建筑风格】

天王殿、西方殿、大雄宝殿、大佛殿、地藏殿、藏经楼、隐鹤楼等为大佛寺主要殿堂。除此之外有千佛院、智者法塔等建筑，另有朱子题字、隐岳洞、无量桥、放生池、龟化石、回音殿、米芾所书“面壁”题刻、古银杏、解开岩、仙岩、七寸头等名胜古迹。

大佛禅寺的石雕弥勒大佛名气最大，其佛座高 1. 91 米，佛身高 13. 74 米，佛头高 4. 87 米，耳长 2. 7 米，两膝距离 10. 6 米。

此佛像为我国江南一带第一大石佛，可与大同云冈石窟、洛阳龙门石窟中大佛相媲美，为全国少有的几尊石雕大佛之一。

大佛不仅以其规模巨制，气势恢弘而著称于世，而且在造像艺术上也别具一格。石像盘膝而坐，容秀骨清，面部端庄慈祥，额部宽阔，鼻梁高隆，眉眼细长，方颐薄唇，两耳垂肩，身披袈裟，中胸袒露，衣着皱褶自然流畅。给人以超脱、庄严之感。

雕刻者在造像时匠心独运地适度放大头部，巧妙处理视差关系，当人们抬头仰视大佛时，毫无比例失调之感，显得面容亲近真实。此外还特地凿成深穴以取代眼珠，使观瞻者不管从哪一角度仰视，都有与佛目相接之感。

大佛寺西北处有一石窟，名为“千佛院”，又称“千佛岩”，是天然溶洞。

岩壁上布置着南齐永明三年（公元 485 年）开凿的 1040 尊佛像，为我国早期南方石窟艺术之瑰宝。

石窟由两个平行相连的大小不同的窟室组成，两窟平面略呈椭圆形，后建有砖木结构的窟檐。

大窟后壁居中雕释迦坐像，左右两侧窟壁佛龛密布，人称千佛区。千佛区外两侧分别有一浮雕护法像，护法足踏圆形覆莲台，有圆形顶光，颈部饰桃尖形茂圈，双肩披帛下垂，交叉在腹间又翻悬肘于体侧，大裙下摆外扩。护法像显示出了以南方士族冕服取代印度、西域佛装的南朝风格，此类清新的艺术时尚，在北魏孝文帝时期（公元 471 年—公元 499 年），震动了北方石窟艺术，并不断发展成此时全国佛教艺术的主流。

小窟约为大窟的五分之一。窟内雕两排平行坐佛，每排约有小龛 20 个，龛呈圆拱形，佛像样式与大窟中千佛相差无几，然而体量较大。两排造像正中约 4 个小龛的位置开一方形大龛，内雕一结跏趺坐佛，小窟内共计佛像约 35 尊。根据雕刻纹样推断，龛内坐佛应该属于南朝齐风格。

魏晋南北朝时期为我国佛像艺术起步并获得重大发展阶段，在凿崖造像方面，南方较北方差。

据史籍和现存遗迹判断，南方属于南朝的石窟造像，只见于今江苏南京摄山和浙江新昌南明山两地。所以，千佛院石窟之南朝遗韵弥足珍贵。

把千佛石窟与西北、中原的麦积山石窟、龙门石窟、巩县石窟及川北广元千佛崖石窟中的一些佛像相比较，容易看出，在当时南北对峙中，相互间的文化交流尚存，占据华夏文化正统地位的南朝，在文化上较北方影响更大。所以，在许多北方、中原的石窟造像中，清晰地显示出南朝风格。与此同时，北方佛教开崖凿像之风的盛行也有力地推进了南方石窟雕刻艺术的发展过程。新昌千佛石窟正是这种历史文化背景下的一大历史产物。

解开岩为大佛寺另一重要古迹。该岩是一块中间裂缝宛如锯开的磐石，据民间传说为两位神仙化成孩童，以茅草锯开岩石，鼓励僧俗要坚持不懈地雕凿佛像。解开岩旁有一断石似和尚倒立，称之为“倒拖和尚”。据说一和尚见顽童以草锯石，于是讥笑说：“尔等能锯开石头，我就倒着走路”。最终巨石锯开，和尚只得不失前言倒立于此处。

【历史价值】

1983 年，新昌大佛寺被国务院确定为汉族地区佛教全国重点寺院。

雪　窦　寺

【名僧诗话】

是机是对对机迷，辟机机远远机栖。

夕日日中谁有挂，因底底事隔情迷。

——唐・云门文偃《示众偈之一》

【地理位置】

位于浙江奉化市溪口镇西 7.5 千米雪窦山上的雪窦寺，全名“雪窦资圣禅寺”。

【寺庙历史】

雪窦寺四周青峰林立、泉瀑相间，有“四面青山，山山朝古刹：涧绕寺走，处处可听泉”之盛名。据清《雪窦寺志》记载：晋时有尼结尘山顶，原称“瀑布院”。唐会昌元年（公元 841 年）迁建现址，改名“瀑布观音院”。唐景福元年（公元 892 年）进行大规模扩建，建筑面积达 6000 平方米，寺田 90 公顷。宋咸平二年（公元 999 年）时宋真宗赵恒赐名“雪窦资圣禅寺”。宋景祐四年（1037 年）宋仁宗梦游此山，遂遣内侍张履新赍赐沉香山子（木雕假山）、白金、龙袍、龙茶等物件，因此号称“应梦道场”。南宋孝宗乾道元年（1165 年）下诏敕铸大钟。南宋宁宗时，寺院被列为“五山十刹”中的十刹之一。南宋理宗淳祐五年（1245 年），御书“应梦名山”赐寺，至今尚存。

布袋和尚出生于五代时的奉化，自称“契此”。契此 8 岁来到奉化长汀，素以杖背一布袋入市，见物即乞，一应供身之具尽装袋中，自称：“我有一布袋，虚空无挂碍，展开遍十方，人时观自在。”时人称之为“布袋和尚”。据说布袋和尚出语无定，寝卧随安，形如疯癫，“示人吉凶，必应期无忒”。契此本来诙谐，笑颜常开，讨人乐趣，被称为“欢喜和尚”。他手执布袋随缘度化，为当地百姓所敬信。布袋和尚圆寂前，说了一首偈语：“弥勒真弥勒，分身百千亿；时时示世人，世人自不识。”所以，人们一般认为布袋和尚为弥勒菩萨的化身，就在寺院的天王殿正中塑了他的像。自宋代之后，江浙一带寺庙始按其形象来塑弥勒佛像，逐渐遍传全国。

据印度佛教《弥勒上生经》、《弥勒下生经》和《增一阿含经》记载，弥勒叫阿逸多，为释迦牟尼的弟子，南天竺人。他先佛入灭，上生在六欲天之一的兜率天内院中教化菩萨，经过四千岁当降生人间，于华林园龙华树下成佛，广传佛法。因此，弥勒为释迦牟尼佛授记应该在娑婆世界成佛的未来佛。

在印度佛教传入中国并在中国广泛传播的历史演变中，弥勒佛被塑造成袒胸裸腹、笑口常开的中国僧人布袋和尚的形象，深受中国人喜爱。

雪窦寺现存文物为清光绪二十三年（1897 年）皇帝御赐玉印，印文为“敕建万寿雪窦御书应梦名山资圣禅寺法王宝印”，左边是汉文雕刻，右边则为篆文。另有光绪帝御赐玉佛一尊，系汉白玉坐佛，高 80 厘米，刻工细腻，玉质洁白，线条自然流畅。又有光绪帝御赐的《龙藏》经书，今存 5760 卷，也非常珍贵。另外尚存光绪帝赐的龙钵、龙袍、袈裟等物，都精美绝伦。

【建筑风格】

雪窦寺规模宏大，梵宫深邃，占地面积为 85847.4 平方米，现有建筑面积 19873.4 平方米。依中轴线自外而内，依次为山门、放生池、照壁、天王殿、弥勒殿、大雄宝殿、乳峰泉、法堂，依山而筑，层层递高。其中弥勒宝殿为佛门独创，宝殿建筑面积为 1218 平方米，重檐歇山顶，覆盖黄色琉璃瓦。殿正中，供布袋和尚像，高 5 米，端坐于青田石雕九龙图案之须弥座上。袒腹屈膝，笑容可掬。殿壁两侧彩塑姿态各异之千尊弥勒小像，以中国五大名山为背景，别开生面，令观者耳目一新。

出雪窦寺沿石径拾级而上，闻名遐迩的“浙东瀑布”千丈岩突兀眼前。

千丈岩悬崖峭壁，山腰处有巨石拦阻。每当春夏之交雨水充沛之际，巨石般飞瀑自岩顶急泻而下，到半壁又为岩石击撞，如雷似雪，五彩纷呈，难怪唐宋八大家之一的曾巩发出这样的赞叹：“玉虬垂处雪花翻，四季雷声云月寒；凭槛未穷千丈势，请从岩下举头看。”

顺山涧，穿林径，峰巅平坦之处即为妙高台。妙高台又叫妙高峰，也称天柱峰，绝壁千仞，万丈深渊。

峰顶有坪如台，三面临空，登雪窦绝顶俯视，只见平台不见峰，从山下仰望，只见峰不见台，可以说是雪窦山胜景中一绝。此处山高林深、风光旖旎、空气清新，是游览避暑的绝佳之所。

【历史价值】

雪窦寺历史既久，宗风远播。历代皇帝，屡颁宠典，所赐文物，亦复不少。今尚存文物计有御赐玉印、御赐玉佛、大清龙藏、御赐龙钵、龙袍和袈裟等。

禅源寺

【名僧诗话】

露地安眠意自如，不劳鞭策永无拘。
山童稳坐青松下，一曲升平乐有余。

——宋·普明禅师《无碍第六》

【地理位置】

禅源寺坐落在浙江省临安市西天目山南麓昭明、旭日两峰之下，掩映在青山绿林之中，为浙江名刹之一。天目山一名“浮玉”，又称“天眼”，由于山上有二湖像左右二眼而得名。

【寺庙历史】

天目山佛教开山始祖为晋代竺法旷法师，东晋名士谢安做吴兴太守时，特来“展敬”；简文帝派堂邑太守“诏问起居”；孝武帝“要请至京，事以师礼”。到唐、宋、元、明时佛事鼎盛，高僧频出，寺名屡有变化。清康熙四年（1665 年），玉林国师在此处重兴道场，雍正十一年（1733 年），雍正帝御书“禅源寺”额，悬挂在天王殿，该寺乃得定名沿袭至今。

玉林国师名通磅，俗姓杨，为江苏江阴人。此人从小就机敏聪慧，19 岁时自磬山圆修出家，受具足戒。后传临济宗，居湖州报恩寺，四方衲子，纷而沓至。当时与天童密云圆悟道法并行，称之为“二甘露门”。

顺治十五年（1658 年）顺治帝派使臣诏请。顺治帝召至内苑“从容问道，恨相见之晚”，玉林“机辩纵横”，顺治帝异常高兴，赐以名香、法衣，并赐号“大觉禅师”。

顺治十七年（1660 年）秋，玉林又一次被召至京城，遂进号“大觉普济能仁国师”，赐紫衣金印，开皇坛，在佛祖成道日于阜成门外慈寿寺为1500人说菩萨大戒。从此之后浙江人请玉林国师住持天目山，玉林国师高兴而至。

天目山是武林发源之地，古木参天，最为幽胜。可因战乱，不轨之徒妄加砍伐，森林遭到严重破坏。玉林国师以古德“千株竹，万株松，动着无非触祖翁”为训，严禁斫伐，数年后，渐复旧观。他还重修殿宇，改山麓“双清庄”为禅寺，形成现在禅源寺旧址之旧观。康熙十四年（1675年），玉林国师圆寂。

【建筑风格】

西天目山兼有天台之富丽与龙湫之变体，奇石峭拔，曲水潺缓，为东南名山。故人曾赞誉西天目云：“棱棱峭峭石，嵯嵯峨峨岭，凹凹凸凸坡，层层藤藤松，斑斑点点竹，纠纠蛟蛟藤，幽幽雅雅洞，明明朗朗岩，叮叮咚咚泉，青青淡淡烟，朦朦胧胧雨。”禅源寺则如镶嵌在西天目山的一块宝石，为天目胜境增添了许多秀色。

禅源寺规模恢弘，布局严谨。分中、东、西三条轴线：中轴线上依次是天王殿、韦驮殿、大雄宝殿、法堂、祖堂；东轴线上为客堂（又称五间楼房）、上客房、药师殿、方丈室、追远堂，追远堂东侧又有地藏殿（楼上为观音阁）；西轴线上为官客堂、西客堂、戒堂、禅堂、栖云轩等。余者还有焙茶房、斋堂、库房等附属建筑。

抗日战争期间，禅源寺遭日军飞机轰炸严重破损。2000年5月，月照大师应临安市人民政府及佛教协会邀请，受聘出任禅源寺方丈。7月4日，正值韦驮菩萨诞辰，禅源寺隆重举行了月照大师晋院暨复建禅源奠基典礼法会。国内诸山长老云集天目，出席盛典。2001年9月，大雄宝殿最终落成。

新修的大雄宝殿是钢筋水泥仿木建筑，以清式北派皇家建筑与曲阜孔庙大成殿相结合为风格。屋顶是重檐庑殿式，上盖金黄琉璃瓦，大红圆柱，平金斗拱，彩绘额枋，该殿面阔40.8米，进深27.3米，高25.6米。大雄宝殿气势雄伟，富丽堂皇，殿内可容上千人同时进行法事活动。

【历史价值】

禅源寺在中国佛教史上有非常重要的地位，日本佛教临济宗把它看做祖庭之一，屡次前往参拜。西天目山林木繁茂，风景幽雅，是杭州整个山系、水系的发源地。“浙江”之得名，与天目山不无关系。天目山旅游资源相当丰富。随着禅源寺的复建，天目山必然成为东南又一令人神往的旅游胜地。

化 城 寺

【名僧诗话】

绿杨阴下古溪边，放去收来得自然。

日暮碧云芳草地，牧童归去不须牵。

——宋·普明禅师《驯伏第五》

【地理位置】

化城寺为安徽省九华山开山祖寺，历史最悠久又是地藏菩萨道场，是九华山寺院的“总丛林”。

【寺庙历史】

东晋隆安五年（公元 401 年）天竺僧杯渡在此构室为庵。唐开元年间（公元 713 年—741 年），僧人檀号居住于此，寺额曰“化城”。建中二年（公元 781 年）池州郡守张岩奏请朝廷移旧额“化城”于该寺。

九华山以地藏道场远近闻名，一草一木皆与地藏菩萨有关。地藏，梵文音译成乞叉底婆。地，居所之意；藏，含藏之意。《地藏十轮经》称其“安忍不动，犹如大地；静处深密，犹如秘藏”，因此称之为“地藏”。地藏菩萨受释迦牟尼之嘱托，于佛祖涅槃后到弥勒菩萨成佛前此段无佛时代普度众生。由于地藏菩萨非常悯念五浊恶世的受苦众生，常变化化身济度、教化众生，所以又叫“千体地藏”。佛典载，地藏菩萨于过去久远劫时是一女子，名叫光目，由于其母堕于地狱受苦，光目为救度其母，而发愿救拔世间一切罪苦众生，待众生尽度成佛后，方成正觉。此传说在中国民间流传久远。

地藏菩萨“众生度尽，方证菩提；地狱未空，誓不成佛”，“我不入地狱，谁入地狱”等誓语大愿，已融入中国人的文化精神生活之中。在中国对地藏的敬奉特甚，把地藏看成佛教四大菩萨之一。

金地藏，即金乔觉，系唐代僧人，原籍新罗国鸡林州（今韩国庆州市），是新罗国王室金氏近属（或曰新罗国王之支属）子弟，心慈而貌丑，颖悟天才，顶耸奇骨，躯长七尺，力倍百夫。他曾经说：“六籍寰中，三清术内，惟第一义与方寸合，”本着此类学修佛法的信念，他在新罗圣德王在位期间，也就是中国唐玄宗开元年间毅然辞荣就苦，落发出家，涉海西渡，入唐求法，历尽艰辛，参禅学法。

他于开元末辗转到江南池州，卓锡九华山。他开始居住在东岩石室，后归山潜心修法。至德初年，诸葛节等乡老见到了苦修的地藏，便构建化城寺延请大师居之。从此以后，化城寺成为地藏传经布道的大伽蓝。他在这里广施教化，德被四方，故乡新罗人听到消息也相与渡海来从，致使一度东僧云集，无以济粮，他就带领他们垦荒种植，过起了“夏则食土，冬则衣半火”的生活。这种“请法以资神，不以食而养命，南方号为枯槁众”的苦修精神，深深地得到了世人的敬仰。晚年后的地藏仍苦修不辍，每当结夏期，便带领一名从者居南台，攻读佛经，“独味深旨”。

唐贞元十年（公元794年），地藏年岁已九十九，夏末的一天突然召徒众告别，跏趺示寂。当时，山鸣石陨，扣钟嘶嘎，群鸟哀啼。其肉身趺坐石函之中，经三年开启后，颜状如生，摇撼骨节，发出金锁般声音。佛经说：“菩萨钩锁，百骸鸣矣，知其为圣人降世也。”视其瑞相和生前言行，僧俗都认定他即为佛经中所记载的地藏菩萨示现，化城寺便被辟为地藏道场。

【建筑风格】

化城寺为四进院落式建筑。第一进为灵官殿，进深16.5米，面阔五间，有两个小井，两侧为厢房。其台基比平面高出3.7米。第二进为天王殿，宽20米，进深20.5米，敞厅堂，有落水天井，东、西两侧有伴廊。殿厅上方的藻井，四周镶画板一圈，呈满天星斗状，结构严谨，造型精美。其台基比第一进高出1.5米。第三进为大雄宝殿，进深20.5米。殿宇门楣以上为水纹格棂。殿梁上，原悬有明崇祯帝和清康熙帝、乾隆帝题赐匾额，后被烧为灰烬。殿门正面佛像台基乃汉白玉砌成。大雄宝殿正上方有大、小三个藻井，建于光绪十五年（1889年）。大藻井的八角部共雕饰八条飞龙，加藻井顶端一条蛟龙和珠球，组成“九龙戏球”。九条缠绕交错的游龙，首尾相顾，龙头伸向正中的一颗明珠。游龙生动多姿，明珠光焰四射。殿内有一副“愿将佛手双垂下，摸得人心一样平”的楹联。佛像的造型，虽形状各异，从未有两手下垂的造型，楹联对仗工整，通俗易懂，祈求佛的法力使人心公平。最后一进为三层藏经楼，高20米，进深14米，其台基比大殿高2.7米，为明朝建筑。

化城寺如今有铜“谛听”一只，据说是地藏菩萨坐骑，地藏菩萨就是坐着它由新罗国渡海来至九华山的，它头上只有一只角，俗称“独角兽”。铜谛听长73厘米，高66厘米，重250千克，为纯铜铸成，上刻文“姑苏梅诚吾造”，传说是清康熙年间百姓募化冶铸并将其敬献九华。佛教信徒视此谛听为珍宝，香客更将其尊做吉祥之物，常有人在朝拜地藏时便用铜元、制钱在“谛听”背上摩擦几下，然后带回家去系在小孩子身上以“避邪”、“降福”。

人们在佛堂、静室经常看到的“帘卷春风暖，经翻贝叶香”楹联，这里的“贝叶”指的就是“梵文贝叶经”，俗称“贝叶真经”。此为古代印度佛教徒，使用铁笔在贝多罗树叶上刻写的佛教经文。唐时玄奘去印度取经，取的就是此类经文。

据史料记载，宋高僧圆道自西域归来，得梵文贝叶经四十札，藏于西安大雁塔。九华山所藏贝叶经，可能即源于此。

九华山现存梵文贝叶经二札。一札内藏10叶，每叶长52.5厘米，宽6.5厘米，叶片两面全都刻梵文7行，字迹清楚，有墨色未褪之感。夹贝叶经册页上有光绪二十四年四月八日竹禅题跋。此经是画僧竹禅捧呈九华的。另外一札夹板上画有红黑两色相间的荷花瓣，内藏73叶梵欢叶经，每叶长39厘米，宽5.5厘米，叶片两面也都刻梵文7行，字迹清楚，仍然墨色未褪。叶片距两端12厘米穿孔处，有线绳贯穿，可系可解为活页。

“每当红日西沉，白云归山岫，蒲牢一击，鲸铿徐发，四山响应。”此即为九华山十景之一的“化城晚钟”。化城寺原有大钟一口，重约5000千克，然而已毁于兵燹。现存的化城寺幽冥钟，高199厘米，底口径141厘米，厚4.5厘米，二龙四爪合背钮。钟上铸有“南无幽冥散主地藏王文佛”的牌位，高60厘米，宽40厘米，上面刻有二龙，钟上方一圈铸有“皇图巩固，帝道遐昌，佛日增辉，法轮常转”字样，钟下方一圈铸二龙戏珠、寺庵名和功德芳名10排11行，计183个，另外五行铸“简称提督总理制造局洪宝麟监造，署两江总督巡抚沈秉成倡建，千总陈万顺承造，孔昭溶沐手敬书，大清光绪十七年夏日铸”等文字。

此钟铸造精美，体积超群，音质悠扬洪亮，用手轻叩即能听到微微清脆悦耳的响声；用槌撞之，则钟声宏亮高扬，由近及远徐徐地在山谷中回荡。尤其是夜深人静之时，听到此钟声，更为清悠，仿佛置于佛国，令人超凡脱俗。所以，朝山进香之人，无不醉听化城晚钟，以领略“化度群生悲愿宏，城开两序别西东；晚来香火因缘盛，钟送梵音澈太空”的古钟圣音，用来消除人间万事烦恼。

【历史价值】

每年农历七月三十日（地藏菩萨吉诞日）前后，佛教徒和当地工商界会联合举办盛大纪念活动，远近朝山拜佛者和游人纷至。

1981年9月8日安徽省人民政府定化城寺为重点文物保护单位。1983年国务院批准化城寺为汉族地区佛教中国重点寺院。同年，庙会制度恢复。

祇 园 寺

【名僧诗话】

南台静坐一炉香，终日凝然万虑忘。

不是息心除妄想，只缘无事可商量。

——唐·南台守安《问道颂》

【地理位置】

坐落在安徽省九华山东崖西麓的祇园寺，为九华山四大丛林之一（其他三者为甘露寺、百岁宫、东崖寺）。

【寺庙历史】

始建于明嘉靖年间（1522 年—1566 年）的祇园寺，本名“祇树庵”。清康熙年间（1662 年—1722 年）是化城寺东序寮房。到嘉庆年间（1796 年—1820 年）祇园寺住持没有接续，庵将倾颓，诸长老议定迎请禅居伏虎洞 20 余年的隆山和尚来山住持。于是隆山弟子大根等人在祇园寺聚众说法，开坛受戒，大兴土木，重建殿宇，其规模结果变成全山寺院之首。光绪三十年（1904 年），大雄宝殿建成，祇园寺从此成为九华山四大丛林之首位。

【建筑风格】

祇园寺是由灵宫殿、弥勒殿、大雄宝殿、斋殿、客堂、退居寮、库院、方丈寮以及光明讲堂等 9 座单体建筑组成，建筑面积达 5175 平方米。

除弥勒殿和大雄宝殿属宫殿式建筑外，其他的都是民居式建筑。

全寺殿宇罗列，回旋曲折，结构精巧，气势恢弘。其中最有特色的为灵官殿，它是中国佛道融合的一个文化象征，如此构制在全国佛寺中实为罕见。

祇园寺第一进殿堂并非天王殿，而是灵宫殿，龛内站立灵官，周身金黄铠甲，赤面红须，圆睁怒目，嘴巴大张，额头上还有一只小眼睛，相传为“三眼能观天下事”。灵官右手高举钢鞭，左手攥拳，形象非常威猛。

祇园寺前有条浮雕莲花甬道，由 100 余块长方形石条铺砌而成。

每块石条分别都有浮雕图案三个：两边是金钱古币，纵看似两串金钱，中间呈方形图案，宛如一条斗方画图，三步一朵盛开的荷花。其他画面，或蜻蜓戏莲叶，有青蛙伏于莲茎下等，生动成趣。佛寺建筑中莲花雕饰特别多，但古钱铺路，一般寺院不可多见。

寺门门楼覆盖金黄色琉璃瓦，飞檐高挑，檐角龙头伸头吐舌，大有行云之势。梁栋雕饰彩绘，相当精致，有玄奘取经、水漫金山、渭水垂钓等故事图案。

门额镶嵌的是白底青花图案组成的“祇园禅寺”瓷匾。

全寺主体建筑为大雄宝殿，高35米，阔25米，进深19米。于金黄琉璃瓦顶上的正脊、水戗之上完全饰有堆花彩瓷的天王、罗汉像，动静鲜明，形态迥异。殿脊、水戗两端皆饰以青花细瓷的鱼龙正吻。飞檐四角悬有镂空花篮8只，檐下有17个雕花斗拱，交相辉映，雍容华贵。

大雄宝殿之中，正面是高约12米的三世佛塑像，分别为释迦牟尼佛、阿弥陀佛和药师佛。座下为碧绿莲花座，下有须弥座（又叫金刚台），雕刻细腻。殿内金黄色铜磬，重约200千克，掷地有声。大钟和皮鼓悬在大殿两角。居中悬挂着镂空八角的龙凤琉璃灯，又称海灯、长明灯。

文殊、普贤和十八罗汉的金身坐像排列于大殿后墙两侧。

文殊坐骑青狮，示狮子威猛；头结五髻为“五智”，手持宝剑，为智慧利剑，象征“智慧威猛”。普贤骑白象，手持如意、荷花，象征“义理圆通”。

十八罗汉或怒目作法、降龙伏虎，或温良典雅、捧读经卷，或凝眸沉思、托腮假寐，神态迥异，生动活泼。

三世佛像背后，有一组群像，高30米，宽7米，塑像的图案为起伏的山峦和波涛汹涌的大海。

观音像居中赤脚立于鳌鱼头上，玉女侍立在左，金童参拜于右。上面还有持金刚杵的韦驮、握大刀的伽蓝、托宝塔的天王李靖。最高处居中间有一个瘦骨嶙峋、赤膊、抱膝蹲坐的人，为释迦在雪山苦修时的形象描述。

另外还有高不盈尺的百余个小佛像。其中有老僧，有穿红着绿的少儿，其形态或赤发绿面，或泰然自若，或张皇四顾，或盘膝打坐，神情不一。

祇园寺四周还有山崖、松林、溪流，环境极佳，引人入胜。

【历史价值】

1983年，祇园寺被国务院确定为汉族地区佛教全国重点寺院。

肉身宝殿

【名僧诗话】

前三三与后三三，大事光辉明皎皎。

回头不见解空人，满目白雪卧荒草。

——宋·杨岐方会《前三三与后三三》

【地理位置】

肉身宝殿又名肉身殿、肉身塔，地处安徽省九华山的神光岭上。此为地藏王菩萨金乔觉的肉身供奉之所。它与地藏王菩萨成道处化城寺一起，同样是九华山的重要佛教寺庙。

【寺庙历史】

肉身宝殿始建于唐贞元十三年（公元 797 年）。24 岁出家的金乔觉，自新罗（今朝鲜）渡海至九华山修行、传道，99 岁时圆寂，共度过了 75 个春秋。此时，离金乔觉圆寂已经过了 3 年之久。后来，人们对肉身宝殿多次修葺。明万历年间（1573 年—1620 年）对其进行扩建。清咸丰七年（1857 年）被大火焚毁。同治年间（1862 年—1874 年）再次重建。

【建筑风格】

长、宽均为 15 米，高 18 米的肉身宝殿，顶部覆以铁瓦，四周建有回廊。殿内雕梁画栋，雍容华贵。一座八面七级、高达 17 米的木塔，巍然屹立于殿中。塔外雕刻有佛龛，龛内的金身坐像为地藏王菩萨。木塔内壁贴有地藏菩萨的《地藏本愿经》。安放金乔觉肉身的三层石塔，就存放于此座木塔之中。木塔前，还有一盏八角琉璃灯，四季长明。此处便为佛教信徒们敬仰的圣地。

在肉身宝殿之前，尚存有 84 级石台阶及作为僧房和文物陈列室的东西厢房。殿后，有一座石砌的半月形瑶台、铁鼎三只与古花园一座。此为人们俗称的布金圣地。

【历史价值】

在肉身宝殿中，尚存唐至德年间（公元 756 年—758 年）皇帝赐予的璃龙金印及“利生”玉印，明万历年间（1573 年—1620 年）皇帝赐给的龙印和明代的“八音石”，清康熙年间（1662 年—1722 年）铸造的金地藏渡海坐骑地听——独角兽等也存置于此，这些都是珍贵的历史文物。

百 岁 宫

【名僧诗话】

白牛常在白云中，人自无心牛亦同。

月透白云云影白，白云明月任西东。

——宋·普明禅师《相忘第八》

【地理位置】

百岁宫又称万年寺，地处安徽省九华山东崖之巅的摩空岭之上。百岁宫为九华山的四大丛林之一，殿堂建筑与岩石巧妙结合在一起，无瑕和尚肉身立于殿内三百多载至今不腐，所以闻名于世。

【寺庙历史】

明万历年间（1573 年—1620 年）此寺始建。那时，有位叫做海玉，字无瑕的和尚（1513 年—1623 年）至此结茅修行。由于那时此地称为摘星亭，他所建的茅庵，就被称为摘星庵。

无瑕活了一百多岁，人们把他当成菩萨应身。明崇祯帝赐钱赐物，并把无瑕和尚赐为应身菩萨，改庵为寺，定名称作百岁宫。

清康熙五十六年（1717 年），寺院因火而毁。康熙六十年（1721 年）再次重建。道光六年（1826 年）进行重修，十九年（1839 年）将其扩建，更名为万年禅寺。以后经反复维修，才使百岁宫的建筑保存到现在。

【建筑风格】

百岁宫现有大小不同的房屋 99 间半。它们一律修建在高低错落的天然岩石上，上下连成一体，左右互有相通，布局灵活。

从远处看去，殿堂上部高低相同，然而屋基却修建在高低不一的岩石上。墙壁有长有短，屋内的地面宽窄、方圆相间，完全由岩石的形状和面积决定。这种将房屋与天然岩石巧妙结合起来的古建筑群，全国罕见。

大雄宝殿宽 16 米，深、高都是 15 米，面积较小，但它却是百岁宫的主体建筑。

大殿的地面、南墙墙基和后墙，皆为两块削制过的天然岩石。正面佛龛中，供奉的是释迦牟尼佛、文殊和普贤菩萨像。东面佛龛中供奉着禅宗始祖达摩像。西面佛龛中供奉的便为古今闻名的无瑕和尚肉身。身披袈裟，头戴僧帽，300 多年来坐在空气流通的殿堂内的无暇和尚，至今不腐，实属罕见。

【历史价值】

大雄宝殿的前面，有左右厢房。此为客堂、库房和钟房。墙上，存有清代遗留的诗文碑、捐钱捐物碑 20 多块。此为记录百岁宫历史进程的可靠资料。

百岁宫古柏参天，松树密布环绕，山泉、奇石、古洞点缀其间，风光无限迷人。

天 台 寺

【名僧诗话】

船子当年返故乡，没踪迹处妙难量。
真风遍寄知音者，铁笛横吹作散场。
——宋・妙普性空《船子渔歌》

【地理位置】

天台寺是九华山位置最高的寺院，海拔高度为 1036 米。该寺地处九华山的天台峰顶，又称“地藏寺”、“地藏禅寺”。

【寺庙历史】

相传唐时新罗僧地藏在此禅居，留有“金仙洞”遗迹。宋代高僧宗杲《游九华山题天台高处》诗云：“踏遍天台不作声，清钟一杵万山鸣。”说明宋代已有寺宇。明洪武元年（1368 年）居士阵履泰捐资，住持僧昭莲重建，遂为丛林。相传嘉靖年间寺僧玺玉居山护林，佛德高洁，享年 110 岁。清康熙五十九年（1720 年）僧人尘尘子行脚至天台峰结茅而居，庵名“活埋庵”。据乾隆《青阳县志》载：“尘尘子，名杜多，能诗工书法。年七十犹坐蒲团，严冬着单布衣。圆寂后六年其形趺坐不仆，皮肉如生。”后僧徒在庵旁为其建舍利塔。清中叶，天台峰周围 48 座寺庙已形成“八刹”，均从属天台寺。寺院至道光时荒废。另据陈蔚《九华纪胜》卷十四载：“云峡下，面阳阿中，印信石畔，旧有天台寺。天台寺遗基侧其上有金铜千佛塔。”咸丰年间寺毁于兵火。光绪十六年（1890 年）重建。1920 年住持僧彻德募建佛殿，寺前有额“天台正顶”。1921 年住持僧兰田重修天台石板路。1936 年至 1949 年住持僧义方重整仪轨，大振沙门。

1953 年青阳县人民政府重修寺院。1983 年国务院批准天台寺为汉族地区佛教全国重点寺院。同年九华山管理处重修殿宇，并为佛像上漆、贴金。

【建筑风格】

此寺依山势而建，根据峰顶岩石高低不等，分为三层，最高处殿檐与寺后峰顶岩石接连在一起。前后三进殿宇形成既无天井又无院落的整体建筑。

寺内三进殿堂相通，宽敞、明亮、严谨，有藏殿、大雄殿、万佛楼等建筑。巨钟、大鼓等法器陈设齐全。万佛楼头，木质小雕像挂满梁间，被香火熏得宛如铁铸佛像。

楼下敞厅，门对古拜经台，门槛下为万仞深渊。香炉峰、烛峰、钟峰、鼓峰都伏于脚下。虽设门而不宜走，可在门内观赏秀丽山景。

自寺后小门可达天台的制高点——云峡。在此处看日出日落，观云海沉浮，无比瑰丽壮观给人以无限遐思。“天台晓日”胜景，为“九华十景”之一。

每逢晴日，停立在云峰之上，拂晓前，凝视东方，启明星尚未坠落，曙光初露，眨眼间，一轮红日跳出山顶，天地一片光明，九十九峰清晰可辨，如在眼前。置身其中，确有“一莲峰簇万花红，百里春阳涤晓风。九十莲华一齐笑，天台人立宝光中”的美妙感觉。

【历史价值】

天台寺为全国重点寺院。九华山历史文物馆藏历代金、铜、玉印十多枚，被人们视为佛教圣物。因天台是佛教徒朝拜地藏圣迹必到之处地，所以往往将天台称为九华山主峰，有到九华“不上天台，等于白来”之说。

甘 露 寺

【名僧诗话】

蜀魄连宵叫，[illegible]

——宋·天衣义怀《山水真如》

【地理位置】

甘露寺坐落于九华山北麓，半山定心石下，本名“甘露庵”，又称“甘露禅林”。

【寺庙历史】

清康熙六年（1667 年），玉林国师朝礼九华，途经此地，赞曰：“此地山水环绕，若构兰若，代有高僧。”时居伏虎洞的洞安和尚闻之旋即离洞，并得青阳老田村吴尔俊等人资助破土建寺。动工前夜，满山松针尽挂甘露，人称奇迹，故得“甘露庵”名。洞安在此两度登坛说戒后，仍归伏虎洞。乾隆年间住持僧优昙开坛传戒，成为丛林。

【建筑风格】

寺院内厅堂楼阁、鳞次栉比，众多名人留诗题词，书匾碑石林立其间。庭院深深，古木参天，现在甘露寺旧址上两棵两人合抱的古银杏见证了寺院兴衰。

现存大雄宝殿、配殿、寮房、钟鼓、碑刻等古迹文物。全寺总体建筑面积为3500平方米。著名的九华山佛学院，就设在甘露寺内。

甘露寺周围树林葱茏环绕，甘露淋漓尽致，环境幽静宜人。寺的正门构造匠心独运，进门即见后墙，非与院落相通，至大殿须从两旁山墙小门而入。整座寺庙依山而布，高达五层，殿宇严谨，楼阁整齐、背倚青山，淙凉泉水自殿角流来，诗情画意油然而生。寺旁有定心石，即为玉林国师当年歇息之所。

【历史价值】

九华山甘露寺为九华山四大丛林之一，同时也是全国重点寺院。

东崖禅寺

【名僧诗话】

崇天门外鼓腾腾，蓦扎虚空就地崩。
拾得红炉一片雪，却是黄河六月冰。

——元·梵崎《悟道偈》

【地理位置】

东崖禅寺地处九华山东峰顶，坐落于巨岩之上，海拔871米。在此能够眺望长江，俯视九华镇，仰观天台顶，环顾九华群景。佛国风光，一览尽收眼底。现主要有大殿、圆通殿、寮房等佛教建筑。

【寺庙历史】

该寺院始建于明正德年间（1506年—1521年），僧人周经于此处建“晏坐堂”。心学大师王阳明曾经两度至此与周经谈经论道，相契甚深。万历年间（1573年—1620年）“晏坐堂”改称为“东崖精舍”，这是由于石崖位于化城寺之东。

明末，对大雄宝殿和天籁轩进行了扩建。清同治九年（1870 年），住持定慧再修大雄宝殿并建万佛楼、地藏殿和禅堂。

民国初，释心舟主持修建了僧寮，称其为“走马通楼”，高五层，能容纳数百人之多。

1920 年，住持心坚在化城寺右侧又兴建了东崖下院。上院主佛事、集法会，下院则广纳十方僧侣游人。东崖上院 1933 年毁于火灾，僧众都迁至东崖下院。1940 年，下院又遭兵燹，仅存云水房。1980 年，下院改建成东崖宾馆。

清末，月霞禅师应聘担任东崖禅寺方丈，遂设坛讲经，领众参禅，十方僧众慕名而来，常住者多达数百人；与此同时又在翠峰寺创办华严道场，推行僧伽教育，修学并重。

继月霞禅师之后，心坚法师为东崖禅寺方丈。在此期间，继月法师创建了东崖下院与法华寺，大力开展弘法活动，屡次出任九华山佛教协会理事长以及安徽省佛教协会理事长等职。

【历史价值】

东崖禅寺四周有很多名胜古迹。石崖之东有深数米、宽 3 米的古洞穴。洞口堆云似雪，称“堆云洞”，为金地藏初至九华栖身之处。洞上之东岩，巨石呈正方形，金地藏每每于石上诵经观景，晏坐清修，所以此石有“晏坐岩”之名。

石崖的西、南两侧有摩崖石刻。南侧的“飞身处”为金地藏出入东崖之处。西侧的“云深处”、“云舫”、“赠周经和尚喝”是王阳明手书。每当风起云涌之时，遥望此岩，形似巨舫，故有“云舫”之誉。“东崖云舫”是九华山十景之一。

广 济 寺

【名僧诗话】

我有明珠一颗，久被尘劳关锁。

今朝尘尽光生，照破山河万朵。

——宋·茶陵郁山主《明珠一颗》

【地理位置】

坐落在安徽省芜湖市赭山南麓的广济寺，从古到今就是芜湖登高览胜的绝佳之处。

【寺庙历史】

广济寺始创于唐乾宁年间（公元 894 年—898 年），原名“永清寺”，又称“广济院”，于宋大中祥符年间（1008 年—1016 年）改称为“广济寺”，一直沿用至今。

唐时，新罗国王子金乔觉渡海来到中国，首先修持在芜湖广济寺，以后才至九华山开辟道场，因此芜湖广济寺又称“九华行宫”。

金乔觉圆寂后，佛教徒尊其为“地藏王”或“地藏菩萨”。自唐以来，每年农历七月三十日，广济寺都要举行“地藏庙会”，信徒纷至沓来，游人如织，香火鼎盛。

广济寺所在的赭山海拔 86 米高，山上翠柏修篁，葱郁成荫，右控长江，舳舻连云，俯瞰城郭，历历如画，为芜湖著名景区。广济寺宛如镶嵌在赭山的一颗璀璨明珠，使名山为之大放异彩。

【建筑风格】

依山而建的广济寺，有山门、药师殿、大佛殿、地藏殿四重殿堂建筑。殿殿相接，层层高叠。

山门内为高达 10 余米的弥勒、韦驮像，两侧是哼哈二金刚像。

药师殿居中供奉的是药师佛，药师佛左右为日光、月光二配像，两边分别为二十四诸天像。

大佛殿就是大雄宝殿，正中供奉着三尊大佛，左右各有一尊配像，两边为十八罗汉。

经过大雄宝殿，登 88 级高耸陡峭的石级，可直上地藏殿。地藏殿仿九华山的肉身宝殿式样而建，殿的正中供奉着泥塑金身地藏菩萨像，高达 12 米，异常庄严。像前是闵公、道明二塑像。该殿石阶高耸，两旁以铁链护栏，是广济寺最具特色的建筑。殿前一株银杏古树，是宋人所植，枝繁叶茂，果实累累。

广济寺这四重殿宇，自山脚下一直延伸至半山腰，后殿较前殿高出数十米。整个建筑金碧辉煌，气势恢弘。

地藏殿是广济寺最高殿堂，在它的旁边，有栋两层阁楼“滴翠轩”，据说是宋代诗人、书法家黄庭坚隐居读书之所。

由于门前有株大桧树，又名“桧轩”。

历代文人在此题咏颇多，楼下墙上嵌着许多碑刻。

滴翠轩后面便为著名的赭山塔，塔始建于宋治平二年（1065 年），保存完好至今。

塔高五层，耸入云端，飞檐铁马，玲珑八面，各个层外墙嵌着许多刻工精致、形象逼真的佛像砖雕。周围林木茂盛，芳草遍野，景色淡雅。每当雨过天晴，或朝晕夕照之际，林中薄雾辉映出五色光芒，变幻多端。此为排在著名的芜湖八景（赭塔晴岚、荆山寒壁、玩鞭春色、吴波秋月、镜湖细柳、雄观江声、蛟矶烟浪、白马洞天）第一位的“赭塔晴岚”。

广济寺的“地藏利成金印”为镇寺之宝。这枚金印系唐至德二年（公元757年）为纪念九华山金地藏而用砂金铸造而成，重4千克余。印头雕刻着精美的九龙戏珠，正面刻有楷体“唐至德二年”字样。

昔日凡经芜湖朝拜九华的香客，都必须到广济寺顶礼膜拜，在香袋上盖上金印。如今的广济寺不但为佛教活动场所，而且还是芜湖市著名旅游胜地。

【历史价值】

1983年，广济寺被国务院确定为汉族地区佛教全国重点寺院。

云　峰　寺

【名僧诗话】

门外仙庄近翠岑，杖藜时得去幽寻。
牛羊数点烟云远，鸡犬一声桑柘深。
高下闲田如布局，东西流水若鸣琴。
更听野老谈农事，忘却人间万种心。

——宋·石佛显忠《白云庄》

【地理位置】

坐落在安徽省六安市南部的大华山上的云峰寺，地处舒城、霍山、六安三县（市）交界之处。此处山清水秀风景优美，空气新鲜，在晨钟暮鼓、香烟缭绕之中，形成了别具一格的佛国景观。

【寺庙历史】

云峰寺于唐代始建。明成化年间（1465年—1487年），大华山便成为地藏王第二道场。历年都有百万信众朝大华山，直至今天。现在的云峰寺“中华第一古枫”和万亩竹海，据说就是那时所栽。后来云峰寺屡遭破坏，1993年后，人民政府曾不断重修。

【建筑风格】

在十方大德一起支持下，大山门、弥勒殿、大雄宝殿、观音殿、藏经楼、地藏殿、法堂、方丈楼、念佛堂、斋堂、寮房等建筑先后落成。重新建造的寺院红墙黄瓦，飞檐鎏金，玉雕木刻，金狮白栏，诸佛金身重塑。地藏王第二道场以全新面貌展现在世人面前。

云峰寺依山构建，整体上随地势梯次升高，气宇轩昂、庄严古朴。山门巨匾“大华山云峰寺”由现代著名书法家赵朴初居士题写。

寺内有奇特古枫一株，据说此树植于明代，树干周长达6米，高60多米。在树干根部有明显的刀砍后愈合的疤痕。相传清代时有人欲砍倒此树，可砍了半天，仅砍破个小口子，等休息后再来砍时，原先砍的口子都已愈合。因此人们称此树为“神树”。

云峰寺附近景观还有老龙瀑布、万亩竹海、地藏岩、嵩寮岩、龙井神水等。高40米，宽6米多的老龙瀑布，据传说为老龙在天池翻腾作浪，龙尾一扫，将寒山尖打成两半，形成现在的长约250米，深达300米的大山谷。山谷一侧山崖上，悬挂一巨石，恰似金蟾，故名曰“金蟾望龙”。

山口有一圆石，称为“老龙赠珠”。距此山口百米的地方有棵数十米长的紫藤，状如蛟龙盘绕，称“龙床树”。站在万景台上遥望云峰寺，周围毛竹、水竹、圆竹、紫竹等组成了万亩竹海，繁茂葱绿，蔚为壮观。

地藏崖是云峰寺后山一处天然石崖。据说地藏菩萨在崖下苦修3年，未食人间烟火，每日让小僧于大华山上挖采“黄精”、“玉竹”和松子以充饥。不料那“黄精”作用甚大，地藏食用后，居然力大无穷。于是人们争相传言，人食三年“黄精”就能变成“半仙之体”。现在“黄精”、“玉竹”已被列入国家名贵中药宝藏。

据说地藏菩萨还把吃剩的松子撒在崖顶，最终长出数株松树。现在崖顶的那棵直径1.35米，高达30多米的望客松，宛如一尊慈祥的佛陀，远远俯视着来往香客。

位于云峰寺西北处的嵩寮岩，有雌、雄两岩，东西对峙。传说汉武帝曾颐游此岩。岩洞宽30余米，中高6.5米，洞深可纳千余人。

洞内多石钟乳，奇形怪状。龙井神水是云峰寺山门前一口古井，井水清洌甘甜，据说长期饮用有延年益智功效，每天前来取水的人接踵而至。经有关部门检验该井水为优质矿泉水。

【历史价值】

云峰寺旅游资源丰富。名寺、古枫、奇石、圣水，组成一幅完美的图画，构成了皖西大地一大胜景，而云峰寺则是这胜景中的佼佼者。

琅 琊 寺

【名僧诗话】

帝释倾心崇二塔，为怜舍眼满千生。

不因行苦过人表，岂得光流法界明。

——唐·玄奘《题西天舍眼塔》

【地理位置】

琅琊寺坐落在安徽省滁州市琅琊山。

【寺庙历史】

该寺于唐大历年间（公元 766 年—779 年）始建，由滁州刺史李幼卿与僧人法琛共同创建。后来相继称为“宝应寺”、“开化禅寺”、“开化律寺”等。琅琊寺所在的琅琊山，为滁州名山。

据说晋元帝任琅琊王时，曾在此暂驻，因此山与溪皆以琅琊取名。琅琊山山势挺拔，起伏绵亘，深岩幽谷中，修竹、清泉极富佳趣。陡山之巅，南望大江有如白练，堪称淮东胜地。

【建筑风格】

依山而建的琅琊寺，殿堂隐映于绿树碧水之中。该寺的第一道山门上有“琅琊胜境”字样。穿过石板路就可到达韦驮殿，也称弥勒殿，殿中供奉的是弥勒佛、韦驮菩萨塑像。韦驮殿前庭院中有放生池、明月观等景观。

明月观之北由三友亭、濯缨泉、积馨斋组成一院落。

三友亭，是由于院内有松、竹、梅“岁寒三友”而得名。濯缨泉还称“庶子泉”，泉面约为 9 平方米，深约 3 米，泉流出石罅中，清澈见底，味甘可口。明嘉靖三十二年（1553 年），莆田人郑大同题“濯缨”两字于崖壁之上，故此后人称濯缨泉。

自明月桥向西是大雄宝殿，始建于唐大历六年（公元 771 年），殿高约 12 米，进深 14 米，正殿 5 间，殿前的“大雄宝殿”匾额为赵朴初居士所题。在香港和九华山佛教界的资助下，1990 年琅琊山将大雄宝殿内佛、菩萨、罗汉像统一装金。藏经楼又称玉佛楼，1990 年 6 月，缅甸华人和仰光极乐寺赠送给琅琊寺释迦牟尼玉佛坐像一尊，高约 1.2 米，供奉于楼中。

在建筑上琅琊寺兼具南北两种建筑风格，寺门、院墙以及寺外各建筑都采用红墙、拱门，有北方皇家园林建筑风格，可是寺内明月观、山门、藏经楼等建筑却采用粉墙、细木柱、鹅颈椅、漏窗、小青瓦屋等江南古典园林建筑处理方法，此种规制非常特殊。

著名的醉翁亭，是北宋著名作家欧阳修在滁州时令僧人所修，其位置处于琅琊寺近旁。因欧阳修自号醉翁，故取“醉翁亭”名。欧阳修常来此游历，并留下了脍炙人口的《醉翁亭记》。今天的醉翁亭已成为琅琊山一大景观。醉翁亭处于园林式庭院之中，建筑具有明显的江南园林风格，粉墙漏窗，洞门曲流，小巧别致，独具匠心，使人流连忘返。周围还有玄帝宫、二贤堂、六一泉、宝宋斋等建筑或自然景观。

【历史价值】

宝宋斋内珍藏着宋朝文学家苏轼书《醉翁亭记》著名碑刻。该寺还有传为唐朝画圣吴道子画《观自在菩萨像》，是镇寺之宝。寺内有 5 座僧人墓塔，还有自唐以来历代各类碑记 50 块。

1983 年，琅琊寺被国务院确定为汉族地区佛教全国重点寺院。

乾 元 寺

【名僧诗话】

狰狞头角恣咆哮，奔走溪山路转遥。
一片黑云横谷口，谁知步步犯佳苗。

——宋·普明禅师《牧牛图颂未牧第一》

【地理位置】

乾元寺坐落在风景秀丽的天柱山中，原名山谷寺，又称三祖寺，苍峰环绕、万翠环抱，实属灵山圣地。山门、大雄宝殿、觉寂塔（俗称“三祖寺塔”）、藏经楼等为寺内主要建筑。寺院周围名胜很多，诸如宝公洞、三高亭、立化亭、锡杖井等。

【寺庙历史】

始建于南朝梁天监六年（公元 507 年）的乾元寺，武帝萧衍（号“佛心天子”）赐称“山谷寺”。隋大业二年（公元 606 年），禅宗三祖僧璨在此地向四众弘法时立化，并且葬在寺后。唐天宝四年（公元 745 年），舒州别驾李常在此得五色舍利，遂建塔奉之。肃宗元年（公元 756 年），赐寺名为“三祖山谷乾元禅寺”。代宗大历七年（公元 772 年）、册谥舍利塔曰“觉寂”。从此以后，寺、塔兴废几度。元末，寺遭兵燹，唯塔独存。至明清时相继重建。

1979 年，政府有关部门拨款对觉寂塔进行了整修，另于 1982 年修复了藏经楼。

【建筑风格】

始建于唐玄宗天宝乙酉年（公元 758 年）的觉寂塔为舒州别驾河南少尹赵郡李常所捐奉。根据潜山县志记载：“前河南少尹李常任舒州别驾，访得达摩祖师三世僧璨之墓，启真仪火化，得五色舍利三百粒，以百粒捐俸建塔，并模塑三祖像于塔内。塔于唐肃宗乾元初年建成，到唐代宗大历七年，经御史大夫张延尝请额，得名觉寂塔。”

唐代兴建的觉寂塔后来被兵火所毁，今塔是唐宣宗大中初年重建，可塔貌还保持唐时风格。

此塔高十余丈，上下七层，每层都有斗拱和环廊，出入相制，外旋中空，国内罕见。塔的北面有石梯可上塔中，四门相对，虚实相错，凭栏眺望，奇山秀水尽收眼底。

塔中尚存明嘉靖三十四年（1555 年）寺僧了莹修复时所立碑记一通。塔顶有一高达一丈五尺相轮，皆为生铁铸成，既壮观，还能起到避雷作用。轮分 9 节，上面是葫芦铁圈，下为壶形宝瓶，中间 5 节如轮，轮上有宝瓶一个，承轮而立。底下尚有相轮反扣在塔顶之上，从而增强了相轮的稳定性，是艺术和建筑的巧妙结合。

为使相轮与宝塔连成一体，有力地抗击风雪，建筑者还以一根斗粗的木柱穿立于塔的上端，用 8 根铁链拉向八方挂上 51 个风铃。微风吹来，叮当作响，非常悦耳动听。

寺院周围名胜颇多，或宝志禅师开山所居的宝公洞，或宝志禅师用锡杖拄地，掘出的锡杖井、卓锡泉，至今还泉水清冽。

三祖寺最具特色的建筑是觉寂塔，还叫“三祖寺塔”。塔刹矗立，气吞霄汉，屹立于云石涧之中，七层八角的古塔高达十丈，造型宏伟壮观，雍容堂皇，塔壁上有唐风雕绘图案。微风过处八方塔铃音传幽谷，更为山寺笼上了一种神秘的气息。

乾元寺距今已有1500余年的历史，寺内当年遗留下来的三祖洞、立化塔和佛教著作《信心铭》为镇寺三宝。

【历史价值】

1983年，乾元寺被定为汉族地区全国重点寺院。

明 教 寺

【名僧诗话】

依棹望云际，寥寥出峡情。
心如无一事，愁不在三声。
带露诸峰迥，悬空片月明。
何人同此听，彻晓得诗成。

——宋・文兆《马峡闻猿》

【地理位置】

明教寺坐落在安徽省合肥市逍遥津公园南面的教弩台上。

【寺庙历史】

据说此台曾为曹操点将台，由于曹操曾在此教强弩500人御孙权水师而得名。台高5米，占地面积4000平方米。明教寺始建于南朝时期，原名铁佛寺，距今已有1400余年历史。明代后改称“明教寺”，直到今日。

教弩台为安徽省重点文物保护单位，台上建有屋上井、听松阁等名胜。

屋上井在大殿左侧，由于井口超过附近民居屋脊而得名。此井本是魏军汲水用井，晋时整修，井口石栏之上刻有“泰始四年殿中司马夏侯胜造”12字隶书。泰始四年为公元268年，足见该井历史之久远。在石栏沿口见到23条被汲水绳磨成的深沟，为漫长岁月的佐证。听松阁地处台的东南隅，从前此处松木成荫，松涛有声，寺僧建阁时，取名“听松”。阁上有楹联：“教弩耸高台不为炎刘消劫难；听松来远客谁从古佛识真如。”登听松阁，顿时令人心旷神怡，不禁慨叹怀古之幽情。是昔日“庐阳八景”即有教弩松荫，另七景为蜀山雪霁、淮浦春融、镇淮角韵、梵刹钟声、藏舟草色、巢湖夜月、四顶朝霞。

【建筑风格】

明教寺是明代院式建筑制式，山门朝南，自两侧拾级而上，依顺序为天王殿、大雄宝殿、地藏殿等建筑，西侧有法堂、方丈室，后殿两翼是寮房、藏经楼及斋堂，整个寺宇布局严谨，参差有致。

寺内有明代5尊铜佛，32尊装金樟木佛像，数部《大藏经》。现在的明教寺，佛、法、僧三宝俱备。千年古刹，虽处闹市，却闹中取静。名寺与教弩台的史迹融合为一体，相得益彰。"教弩梵钟"为合肥市新十景之一。

【历史价值】

明教寺现辟为国家重点开放寺院，同时也是安徽省佛教协会所在地。

涌　泉　寺

【名僧诗话】

霁雨牵野情，孤舟遂兹赏。
积水连远空，落日垂万象。
岸回云独随，山转泉更响。
望望极寒源，犹言放轻桨。

——宋·行肇《泛若耶溪》

【地理位置】

涌泉寺地处福建省福州市的鼓山。

【寺庙历史】

涌泉寺始建于五代梁开平二年（公元908年），时称"国师馆"。宋时叫"涌泉禅院"，明永乐五年（1407年）改成寺。清康熙三十八年（1699年），康熙帝御书赐"涌泉寺"匾额，遂沿用至今。

【建筑风格】

现在的涌泉寺建筑，绝大部分属明、清两代以后重建和扩建，基本上保持了明嘉靖年间的建筑格局，以天王殿、大雄宝殿、法堂为主的中轴线，两侧辅以其他殿堂楼阁，累计大小殿堂25个，占地面积16650平方米，以气势宏伟著称于世。

两座"千佛陶塔"始建于宋元丰五年（1082年），位于寺前两侧，东边一座称之为"庄严劫千佛宝塔"，西边一座称之为"贤劫千佛宝塔"。双塔以陶土烧制，为八角九层，高约7米，底基是石砌平台，塔身细部仿木构楼阁形式，东塔有1092尊佛像，西塔有1122尊佛像。

八角塔檐另塑72尊佛像，悬挂陶制塔钟72个。塔座上塑莲瓣、舞狮图案，并刻有铭文记述双塔建造时间和造塔工匠姓名。用陶土烧制如此高大精美的寺塔，且保存至今，国内罕见。

天王殿为涌泉寺主体建筑中两座大殿之一，殿内左右塑有巨型天王像4尊，居中者为弥勒佛像。

过天王殿为大天井，中间横桥卧波，桥称石卷桥，两边铁杆入云，是船局所造。天井两旁的钟鼓楼分别置有巨钟大鼓，钟楼上的钟为清康熙三十五年（1696年）以金银铜锡合金铸成，重约2000千克，其上铸有金刚经全部，累计汉字6372个，撞钟僧每念“南无阿弥陀佛”108遍后，便敲钟一下。

大雄殿为涌泉寺的主体建筑，殿内正面雕塑了释迦牟尼三世佛巨像，左右两厢雕像巍然耸立，占大殿中间绝大部分，从莲座至头部高6.67米，几乎可达屋顶。

殿内保存着清康熙年间的西方三圣像，为铁铸，外表贴金，每尊重约1150千克。塑像前设一康熙五年（1666年）以铁丝木制的供桌。

大殿后一进为法堂，法堂还叫圆通宝殿，殿里供奉观世音廿四诸天像，里面保存明清两代经书近万册，较为突出的是明版锦装的几十部《大方广佛华严经》。此处还陈列着许多小型佛像、钟磬、陶瓷花瓶等珍贵物件。仰板上保存清光绪十三年（1887年）绘制的佛经以及佛教发展史方面的图画75幅。花岗石砌的神晏国师塔，位于法堂后面山上，形制古朴。

藏经殿正中有释迦舍利塔一座，佛舍利子供奉其中。塔前安放以缅甸白玉雕的释伽牟尼佛涅槃像一尊。两侧陈列着大橱，其中存有明版《南藏》、《北藏》、清版《龙藏》等，共20346册，还有用“贝多罗”树叶所制成的巴利文南传佛经七种及历代高僧大德血书的经书657册，足以称为镇寺之宝。

灵源洞位于寺东，此处怪石嶙峋，摩崖题刻密集，堪称碑林。其中以宋蔡襄、赵汝愚、张元干、朱熹等人的摩崖题刻最为著名。

涌泉寺与海外各地关系也非常密切。清光绪十七年（1891年），方丈妙莲和尚和本忠、善庆法师于马来西亚槟城创建极乐寺，以作为鼓山涌泉寺的廨院。台湾早期佛教中的月眉山系、观音山系、法云寺系，都传自鼓山涌泉寺。

【历史价值】

1983年，涌泉寺被国务院确定为汉族地区佛教全国重点寺院。

西 禅 寺

【名僧诗话】

从龙为雨复清闲，片段依依水石间。
惭问秋风欲吹散，不能留得覆青山。
——宋·雪窦重显《留暹首座》

【地理位置】

西禅寺地处福建省福州市西郊怡山永钦里，为一座古今名寺，在本地区以及海外，都有下属寺院。

【寺庙历史】

早在南朝梁时，此处便建有道观一座，隋代时观毁。

唐贞元十二年（公元 796 年）道观重建，定名为冲虚观。咸通八年（公元 867 年），名僧大安来此布道，改观为寺，称清禅寺。

五代吴越长兴四年（公元 933 年）改名长庆寺，俗称西禅寺。

宋、元、明、清时期寺院历经数次维修或扩建。1928 年再次重修。抗日战争时期的 1941 年，部分建筑被日本飞机炸毁，后修复。1956 年、1979 年两次重修。1986 年，又兴建报恩塔一座。现在，西禅寺规模如初。

【建筑风格】

西禅寺面积较大，殿堂、房舍数量也较多。位于中轴线上的有天王殿、大雄宝殿、法堂、藏经楼等建筑。钟楼、鼓楼、功德堂、伽蓝堂、念佛堂、玉佛楼、明远阁、如意楼、报恩塔、方丈室等位列中轴线两侧。除此之外，寺里还有放生池、放生园、寄园等园林式建筑。

【历史价值】

唐代名僧懒安禅师塔真身记石碑、慧棱禅师塔、七星井等，都位于西禅寺内，为唐代遗物。清康熙帝所书写的《药师经》，弥足珍贵。

从历史的角度看，福州地区的开化寺、护国寺、观音阁、万寿头陀寺等寺院，皆为西禅寺的下属寺院，并由西禅寺派任住持方丈。新加坡双林寺、马来西亚双庆寺、越南南普陀寺等，同样也是它的下属寺院，并由它派任住持。今天，国外的这些寺院仍然附属于它。例如，报恩塔就是由它们捐资，于 1986 年修建而成的。

开　元　寺

【名僧诗话】

胜游生末迹，杳自狎时群。
卷衲消寒木，扬帆寄断云。
曙瓶花外汲，午磬浪边闻。
别后石城月，依依远共分。
——宋·雪窦重显《送僧之金陵》

【地理位置】

地处福建泉州市鲤城区西街的开元寺，山门前一堵“紫云屏”把滚滚红尘隔绝在外，也缩短了尘世与佛门的距离。所以，开元寺尽管并无名山大川陪衬，却多了些许善男信女的亲近。

【寺庙历史】

开元寺始建于唐代垂拱二年（公元686年）。提起开元寺的始由尚有一段令人神往的故事：开元寺本是大财主黄守恭的桑树园。某日，黄守恭梦见一僧人向他募地建寺，他说等桑树开出白莲花后就献地结缘。不久，满园桑树果然遍开白莲花，黄守恭深感佛法无边，便捐出桑树园建寺。初名莲花寺，开寺始祖是匡护法师，后又改名“兴教寺”、“龙兴寺”。

唐开元二十六年（公元738年）唐玄宗下令全国各州建一座开元寺，寺院因此改称“开元寺”，一直沿用至今。

至明代时，开元寺的名僧住持有永觉和木庵两位法师。1655年，木庵法师东渡日本，是继隐元法师后成为日本黄檗宗第二代祖师。

现寺内仍然保存着木庵法师亲笔写刻的衣版楹联：“鹫岭三车，不离当人跬步；曹溪一指，好看孤塔云中。”1935年，弘一法师曾书写了宋代理学家朱熹给开元寺的题句：“此地古称佛国，满街都是圣人。”现为寺中所珍藏。

一应名刹，必出名僧。开元寺历代僧人，有的以佛学著作称胜，有的以诗词文章闻名，有的弘道扬名，有的入世献身。

江山代有高僧出，各领风骚数十年：唐代开山祖匡护大师，五代唯识大师，律宗释弘则，净土宗释楚勤，南禅释文展，桥成造化的释义波，禅宗第一住持释妙恩，温陵禅师释戒环，耦益大师释智旭，“为文似柳、为诗似陶”的释大圭，更有

"念佛不忘救国，救国不忘念佛"，集佛学、书法、金石、音乐、绘画、诗文于一身的律宗高僧弘一法师。

开元寺的得道高僧，也有很多出国弘法的。诸如清代顺治年间（1644 年—1661 年）的木庵禅师，东渡日本，成为黄檗宗的第代祖师；新中国成立后的转逢老和尚，其足迹遍及印度尼西亚、尼泊尔、缅甸、泰国、新加坡、马来西亚等国家；住持道元法师也曾被邀前往巴西弘法，禅风远播海外。

【建筑风格】

开元寺高僧辈出，名胜古迹也比比皆是。

开元寺的大雄宝殿更是精华荟萃。该殿始建于唐代垂拱二年（公元 686 年），据说建寺时有"紫云盖地"，故称"紫云大殿"。

大雄宝殿相继经历唐、南宋、元、明几次灾难与重建，现存建筑物为明代崇祯十年（1637 年）遗物。

大殿为重檐歇山制式，通高 20 米，面宽九间，进深六间，建筑面积达 1387. 75 平方米。大殿出拱深远，外观浑厚，保存唐朝规模巨制、巍峨壮观的建筑风格。

全殿本来计划设立 100 根柱子，后因需要放置佛像和腾出给信徒朝拜之处，遂加长了珩梁，减少了立柱，成为拥有 86 根柱子的"百柱殿"。

明代崇祯十年（1637 年）右参政、按察使曾樱和总兵郑芝龙在重修开元寺紫云大殿时，将其中木柱统一换成石柱。这些石柱和柱础，形式多变，有海棠式、龙柱式、方柱式与圆柱式，有的还雕刻着古印度和斯里兰卡所流传的神话故事，为中外文化相互交融、吸收的产物。石柱和铺间炉斗呈仰莲式，屋架上重梁叠栋，秀巧精致。

斗拱间附雕着 24 尊飞天乐伎，或手持乐器，或手捧文房四宝，轻歌曼舞于屋梁之间。与敦煌飞天形象有所差别的是，此处的飞天都长有翅膀，这些翅膀不仅为装饰品，同时也是拱顶的支撑点，建筑上的力学原理与艺术上的美学原理完美地融为一体。此类飞天雕刻为中国佛教寺庙所少有。

御赐佛像毗卢遮那佛又称（大日如来）供奉于大殿正中，是佛教密宗的教主。其两旁为五代王审邦修大殿时增塑的 4 尊大佛，按顺序是东方香积世界阿閦佛，南方欢喜世界宝生佛，西方极乐世界阿弥陀佛，北方不空成就佛，并称"五方佛"，还称"五智如来"。

这 5 尊大佛金光闪烁，衣纹清晰，神容慈祥，法相庄严，双手分别结说法、施与、接引、禅定等印，其制作工艺精巧，令人叹为观止。

五方佛的胁侍为文殊、普贤、阿难、迦叶以及观音、势至、关羽、韦驮、帝释、梵王等诸天菩萨、护法神将计10尊。在五方佛前石柱和珩梁接合的地方，有两排相向的24尊体态丰腴、纹饰华丽、色彩斑斓、双翼舒展的天女，梵文称“频伽”（妙音鸟）。

佛经上讲，此鸟发声微妙，仙音优雅，竟然连歌神紧那罗都赶不上她。她们原是佛的侍者，可那些能工巧匠们把她们的下半身嵌入柱榫里，翼胁之下爪足露在外边，上半身向前伸出，昂首挺胸，短衣半袒，双臂向前伸展，腕着钏镯，手里面捧文房四宝、瓜果点心、丝竹管弦，翩翩起舞宛如神仙一样。她们不仅给人以美的艺术享受，而且以天女塑像取代斗拱，依托粗大的珩梁，减少其过大的跨度，极为巧妙地将宗教、艺术与建筑有机地融合起来，令人拍案叫绝。

紫云大殿的后殿，即五方佛的背后，供奉着圣观音一尊。在此尊观音身后的焰光屏上左右有两块铭牌，上面写着“康熙辛卯春上元日楼云比丘正澄奉制”字样。康熙辛卯是康熙五十年（1711年），“楼云”应该为丛林山号，“正澄”是僧名。圣观音为密宗六观音之一，“六观音”依顺序为千年观音、圣观音、马头观音、十一面观音、准提观音、如意轮观音。

而圣观音在六观音中为很寻常观音菩萨，容易与众生接近往来。这尊观音形象造型典雅，面容慈祥，头戴宝佛冠，双目微闭。上身穿的是通肩天衣，项胸挂满璎珞珠宝，在胸腹处结一朵莲花，下身裙裳褶纹流畅，双手叠放脐下作法界定印，为一尊优美的佛教雕塑艺术。

开元寺历代住持皈宗有别，有法相宗、律宗、净土宗、密宗、禅宗等宗派，可大殿却能保持此类罕见的规制，这既值得夸耀，也是值得研究的。

地处大殿后面的“甘露戒坛”，建于中轴线的第二台阶上。

传说唐朝时候，此地常降甘露，一个叫行昭的和尚因此就在这里挖了一口甘露井。

北宋天禧三年（1019年）时于井上建坛，遂称之为“甘露戒坛”。

南宋建炎二年（1128年）敦熠和尚感到戒坛不符合规范，又按照《南山图经》改建为五级，其间高低宽窄都有极其严格的限制。

后经元、明屡次重修，现存建筑是清代康熙五年（1666年）八角攒尖式建筑结构。坛顶居中藻井采用如意斗拱，交叠上收，就像蜘蛛结网，也像回纹织锦，结构复杂而精巧。

坛之四周立柱斗拱与铺作间24尊“飞天乐伎”，身上系着五彩飘带，手里拿着琵琶、二弦、洞箫、响板，轻歌曼舞，翩翩若飞。它们与百柱殿的频伽一样，既是建筑艺术的瑰宝，同时也是研究南音与南戏非常宝贵的形象资料。

坛台做方形五级，体现五分法身（以戒、定、慧、解脱、解脱智五种功德法成佛身），总高 3.7 米，最高一级供奉着卢舍那佛，头上戴毗卢帽，身穿佛衣，外面罩披风，双手轻抬到胸前，跏趺在千叶莲花座上，每一叶莲花瓣之上皆刻有 1 尊 6 厘米大的小佛像，因此叫做千佛莲台，显示卢舍那佛有宏大愿力，能应化百亿释迦。在莲花台下的花岗岩须弥座上刻有赞偈铭文。

卢舍那佛，意译净满，和毗卢遮那佛系一佛二身，密宗以为，卢舍那佛就是毗卢遮那佛的报身。按照诸经之说，卢舍那是毗卢遮那佛的略名，毗卢遮那为法身佛，卢舍那是报身佛。

泉州开元寺紫云大殿之中供奉毗卢遮那佛，甘露戒坛供奉卢舍那佛，一为法身，一为报身，恰好相应相合。

北京万寿寺大延寿殿及五台山显通寺的无量殿都分别有一尊卢舍那佛，然而皆未形成密宗的组合。

除此之外，甘露戒坛围绕卢舍那佛的周围，依层级上下，分别供设四十二神将、胁侍菩萨、佛母、佛父、日光菩萨、月光菩萨，和释迦牟尼、阿弥陀佛、弥勒佛、寒山、拾得、千手观音以及 8 尊金刚力士。于坛台第二级的束腰之处，辟有 64 个神龛，供置密宗护三皈、护五戒与祛邪除恶、灭病消灾的 61 位神王牌位，其余 3 龛的为护三皈、五戒的题目总要。这 61 位神王和东晋帛尸梨密多罗所译《灌顶经》所列的神王一模一样，所以甘露戒坛更具备密宗曼荼罗的轨制。

而北京戒台寺为三级戒台，最上摆设 10 把交椅，为僧徒受戒时“三师七证”的座位，戒台周围束腰部位辟有 113 个神龛，供置的是神像而并非牌位，不具有曼荼罗的风格。

在百柱殿的后侧西边，为传说开过白莲花的千年老桑树，就是“桑莲古迹”。

在老桑树下，立有一块相当古老的石碑，以记载其事。在 1925 年的一次雷雨中，老桑树被雷电劈为三部分，其中一枝坠落于地，于是僧人们将其用一块花岗岩托起，并且镌一对联“此对生莲垂拱二年，支令勿坏以全其天”，老桑树真就奇迹般地活了下来，并生长得枝繁叶茂，青春焕发。

几年前，大风将树从托石上吹落于地，人们尚未来得及再次扶植，它已落地生根了。现在，“三树同根”的老桑树就像一朵盛开的花朵，向着北、东、南三个方向延伸开去。

矗立于拜庭东西两侧广场中、相距大约200米的八角五层楼阁式仿木结构石塔便为“紫云双塔”，是开元寺的另一组重要文物。

东塔也叫做“镇国塔”，是文物法师在唐咸通六年（公元865年）所造。始为木塔，后毁于火灾。宋宝庆三年（1227年）由守淳法师改建成砖塔，计七层。

宋嘉熙二年（1238年）到淳祐十年（1250年）开始重建，改为八角五层楼阁仿木结构的石塔，一直保存到今天。

塔高48.24米，塔基须弥座上刻有浮雕的释迦牟尼本生故事30余幅，塔身各门龛有浮雕的佛像，龛旁及门旁两壁雕有罗汉护法、中印僧人等佛教人物图案，共有80尊浮雕，神态不一，刻工细腻，是宋代雕塑艺术的佳品。塔心为巨大实心柱，周围有阶梯，可攀登塔顶。整个塔体有40根大石柱，40根大梁，120支大拱，80支小拱。塔顶以铜铸造的葫芦形塔刹，历时700多年仍光彩夺目。

西塔就是“仁寿塔”，始建于五代梁贞明二年（公元916年），原称无量寿塔，木塔，高七层，后为大火所毁。守淳法师于宋宝庆年间改建为砖塔。宋绍定元年（1228年）到嘉熙元年（1237年），寺僧自证法师将其改建为石塔。此塔外观与东塔一样，基座上雕刻有禽兽及花卉的图案。特别是第四层东北壁的一尊猴行者形象的浮雕引起国内外游人、学者的广泛关注和兴趣。此尊猴行者身穿直裰，头戴金箍，项悬数珠，腰挂葫芦以及一卷《孔雀王咒经》，手握鬼头刀，右肩背着1尊小佛像，和《西游记》中孙悟空形象差不多。由于西塔建造较《西游记》早300年，所以，中国一些学者及日本北海道大学教授中野美代子皆提出“孙悟空出生在福建”的观点。

【历史价值】

泉州开元寺石塔为我国古代石构建筑的瑰宝。从石塔的建筑规模、形制以及技艺等方面来看，堪称精妙绝伦。它不但在中国石塔中是佼佼者，在世界上也是独一无二的。它既是中世纪泉州海外交通鼎盛时期社会空前繁荣的体现，也是泉州历史文化名城标志性的建筑。

“佛国名传久，桑莲独擅声”，泉州开元寺悠久的历史、神奇的传说、独特的规制、精巧的建筑、珍贵的文物让人流连忘返！

南　山　寺

【名僧诗话】

抱拙少林已九年，赵州忽长庭前柏。
可怜无限守株人，寥寥坐对千峰色。

——宋·云峰文悦《颂古诗》

【地理位置】

南山寺位于福建省漳州市南郊的丹霞山麓，濒临九龙江。此寺为闽南名刹，宋代神像和元代大钟就保存在该寺内。

【寺庙历史】

始建于唐开元年间的南山寺，系太子太傅、忠顺王陈邕舍宅为寺而构建的，原称延福禅寺。后屡经毁建，明天启年间改称南山寺。寺中现存殿堂，是清光绪年间的遗迹。

【建筑风格】

山门、天王殿、大雄宝殿、藏经殿和陈太傅祠、石佛阁等为南山寺的主要建筑。

【历史价值】

释迦牟尼佛、阿弥陀佛和药师佛像，以及阿难、迦叶的塑像供奉在大雄宝殿，为宋代作品。殿左挂着1口大钟，高1.8米，重七百千克，为元延祐年间的遗物。

除此之外，在藏经殿内，还存有血书《华严经》、贝叶经和藏经，以及自缅甸运来的大理石佛像1尊。所有这些，皆为南山寺的珍贵历史文物。

南普陀寺

【名僧诗话】

春风吹断海山云，别夜寥寥绝四邻。
月在石桥更无月，不知谁是月边人？

——宋·雪窦重显《送宝月禅者之天台》

【地理位置】

南普陀寺位于福建省厦门市鹭岛五老峰南麓，这里依山面海，风景秀丽。唐会昌、大中年间该寺始建。

【寺庙历史】

宋初高僧文翠，断其臂以息心，参悟禅机，改称“无心岩”。明初，又改为“普照寺”。清康熙二十二年（1683 年），靖海侯施琅捐资修建寺院，并且增建大悲阁，用来供奉观世音菩萨。由于寺院地处浙江普陀山观音道场之南，故更名为“南普陀寺”。此后历经数百年沧桑巨变，经历代住持多次先后扩建，终成近代闽南最具规模的名刹。

南普陀寺最初是临济喝云派师徒世袭寺院。1924 年时，喝云派法裔住持转逢和尚把寺院辟为十方丛林道场。

【建筑风格】

南普陀寺依托五老峰，地处风景幽妙的地方，名寺与胜景交相辉映自然成趣。“五老凌霄”为厦门八大胜景之一。每当山雨初霁，峰顶云雾缥缈，登上五老峰之顶端，极目远眺，海空寥廓，浩渺无边；低首俯瞰，殿宇重重，宛如仙境。所以昔日有人赞道：“鹭岛名山藏古刹，梵宫胜景纳游人。”

以中轴线为主，南普陀寺建筑依次为天王殿、大雄宝殿、大悲殿、藏经阁，殿宇层层升高，鳞次栉比，特别美观。一应建筑，全部采用古代宫殿式的重檐飞脊式屋盖，都用琉璃瓦覆盖，使之协调统一。其建筑工艺精湛，结构完整，具有独特的闽南建筑风格。其中尤为独特的建筑是大悲殿，为斗拱结构的无梁殿，古时叫作蜘蛛结网。全寺周围有石墙环绕，似散珠承盘，进而形成群楼一体，美不胜收。

【历史价值】

此处的明代观音塑像及清乾隆御碑 8 块为南普陀寺镇寺之宝。寺外有许多摩崖石刻，其中大“佛”字非常醒目。现在的南普陀寺，不但为闽南佛教圣地，同时也是厦门著名旅游胜地。

广　化　寺

【名僧诗话】

形象由来不是真，都依心色起闲因。
可堪举世疑狂客，偏向枯桩境里寻。

——宋·雪窦重显《偏向枯桩》

【地理位置】

位于莆田市区西南郊2千米的凤凰山（又名南山）山麓的广化寺，是闽中著名古刹，也是福建佛教较大丛林之一，还是福建“十佳”风景区之一。

【寺庙历史】

广化寺始建于南朝陈永定二年（公元558年），初名“金仙院”，后来扩建成寺。唐景云二年（公元711年），唐睿宗赐名“灵岩寺”，由著名书法家柳公权书额。宋太平兴国元年（公元976年）时，宋太宗改名“广化寺”。宋代是广化寺最为旺盛的时期，当时曾经有10院，下辖120庵，僧众达1000多人，“檐楹相摩，轩宇层出”，门庭若市，香客如云。现建筑群为清光绪初年仿照旧貌重修的。近年来，在海外侨胞热心赞助下，广化寺又进行全面的整修及扩建。

广化寺开山祖师为金仙禅师。因此该寺始称“金仙院”。

志彦法师曾是金仙寺住持。唐景云二年（公元711年），志彦法师奉诏入宫，讲解《四分律》，唐睿宗赐号为聪明禅师。由于志彦禅师向唐睿宗奏报了无际法师于金仙寺持诵《法华经》时，有“感石上涌白泉”之异，唐睿宗赐寺名“灵岩寺”，并且命书法家柳公权书“灵岩寺”额悬挂于寺门之上。从此，灵岩寺驰名天下，被称之为闽东一大丛林。

【建筑风格】

广化寺总占地面积3.2万多平方米，建筑面积达1.6万余平方米。该寺中轴线以照壁、放生池、牌坊、山门、天王殿、大雄宝殿、法堂（上为藏经阁）、祖堂（上为卧佛阁）布局，坐北向南，全长385米，气势宏伟。

两侧翼构建有宽敞的百柱廊庑，把整个建筑群有机地连成一体。左厢按顺序排列为卧佛阁旁的功德堂、溪声阁、水云乡、尊客堂、伽蓝殿、五观堂（上为库房、后为香积厨）、钟楼；右厢则是卧佛阁旁的般若堂、看山楼、方丈室、烟霞窟、净行堂、祖师殿、学戒堂、鼓楼。

左上方的观首阁是新建的宏伟建筑，内供一身高达8米的观音像；右上方新建小南山地藏殿。观音阁与小南山相对耸立在寺后东西两角整个寺院最高的密林深处，漫步其间，全寺风光尽览无余，聆听溪声、泉声，眼前殿堂密布，身后竹林松柏，清净幽远，令人顿觉心旷神怡。

在放生池左右两侧，还重新构建了4座五百罗汉堂。全寺整体结构完整，布局匀称合理，体现出闽南古寺院建筑传统风格。

主殿大雄宝殿建于高2.7米的基台上，是抬梁式殿堂建筑结构。殿高达22米，面积达837平方米。天王殿前有北宋治平二年（1065年）所建的石经幢2座，高约3米，其中1座刻有《佛顶尊胜陀罗尼经咒》，此为研究梵文汉译和本地方言关系的极其珍贵的实物资料。

在寺前左侧普门庵前，尚存南宋乾道元年（1165年）所建成的仿木楼阁式释迦文佛塔，为五级八角形，高30米。塔室空心，内壁嵌有石级，以供登攀，能到达各层塔门外。外壁与各房间浮雕佛像、双头羽人、飞天乐伎和花卉鸟兽等图案，特别精致美观。塔檐仿砖瓦雕刻，大有凌风飘举之势，其建筑艺术，为八闽罕见。

【历史价值】

1983年，广化寺被国务院确定为汉族地区佛教全国重点寺院。

东 林 寺

【名僧诗话】

风吹一点云，散漫为春雨。
洒予松柏林，青葱枝可取。
持此岁寒操，手中空楚楚。
幽谷无人来，日暮意谁与？

——宋·契嵩《古意》

【地理位置】

坐落在江西省九江市庐山西麓的东林寺，北距九江市16千米，东距庐山牯岭50千米，由于所处位置在西林寺以东，故称东林寺。

【寺庙历史】

东林寺始建于东晋时期，是庐山上历史非常悠久的寺院之一，为佛教净土宗（丈称莲宗）的发源地。

东林寺背负香炉峰，旁依直流而下的瀑布，林木繁茂，烟云出没，溪流潺潺。难怪慧远在《庐山略记》中，对东林寺附近的自然环境，津津乐道："北负重阜，前带双流。所背之山，左有龙形而右截基焉。下有甘泉涌出，冷暖与寒暑相变，盈减经水旱丽不异，寻其源，出自龙首也。面对高岑，上有奇木，独绝于林表数十丈；其下似一层浮屠，白鸥之所翔，玄云之所入也。东南有香炉山，孤峰独秀起，游气笼其上，则氤氲若香烟，白云映其外，则炳然与众峰殊别。"

慧远（公元334年—公元416年）是东林寺的开山始祖。慧远俗姓贾，山西雁门楼烦（今山西宁武附近）人，他于东晋太元十五年（公元390年）在庐山东林寺建莲社（亦称白莲社），参与的僧人、居士多达123人。他们在阿弥陀佛像前，建斋立誓，独修念佛三昧，共期往生西方净土，并且请刘遗民著文勒石，以明所誓，成为佛门净土宗的奠基者。东林寺白莲，古时称“青莲华”。当年，慧远按照佛教经典所述净土莲池的形状，于东林寺前开凿东西二池，以种植白莲，借莲孕心，以莲结社，遂取名白莲社。

慧远从小聪慧异常，好学精进，既能熟读儒家典籍，更精通于老庄道家之学。21岁时出家，师从于释道安法师，跟随左右达25年之久。他潜心佛典之中，并追求熔铸儒释道为一体，极力主张“内外之道，可合而明”，还说“虽曰道殊，所归一也”，“苟会之有宗，则百家同致”。慧远在24岁时（公元358年）首次登坛讲《般若经》，佛理极其深奥，听众理解不透。于是他以老庄道家之学的名词、概念重新加以疏解，闻者释然。此种解释佛教经典的方法后来被称之为“格义”，并被广泛地应用于佛经的翻译和讲经论法的过程中，成为将佛教中国化的奠基石。慧远的师父释道安法师特别允许他可以读儒家经典以及老庄之书，并感叹道：“使道流东国者，其在远（慧远）乎！”

东林寺前有一自南向西回流的清澈小溪，称虎溪。虎溪桥以石拱桥的制式建于其上。据说慧远“送客不过虎溪桥”，如若过桥，后山上的神虎便会吼叫起来。某日，慧远与陶渊明以及陆修静谈儒论道，三人携手畅谈，乐而忘返，不料过了虎溪桥，山上神虎就吼叫不止，三人相视大笑。这个文坛佳话，称作“虎溪三笑”，一直流传至今。

据说慧远兴建神运宝殿时，缺少栋梁之材，心情郁闷。一天晚上，山神托梦告知慧远：“此处幽静，足以栖佛。”次日清晨，只见平地冒出一池，池中源源不断从泉眼中流出楠梓良材，慧远就凭借这些木材建造了神运宝殿。

【历史价值】

东林寺前有“聪明泉”。聪明泉初名“古龙泉”。据说慧远乍到庐山，准备择地建寺，然而不知何处为好。于是慧远在此以杖叩地，并说道：“若可居，当使朽壤抽泉。”说完后，清泉然后涌出。后遇大旱之年，慧远便于泉边诵念《法华经》，以祈甘霖降世，见神蛇腾泉而出，大雨就倾盆而至，这就是古龙泉泉名之由来。江州刺史殷仲堪来寺，和慧远谈论《易经》于泉旁。殷仲堪博学善辩，口若悬河，慧远特别钦佩他的口才，于是说：“君之辩如此泉涌”，从此古龙泉改称“聪明泉”。

现游人对聪明泉特感兴趣，每每投币许愿，使之成为一处人文景观。

净　居　寺

【名僧诗话】

子路当时问要津，滔滔天下丈夫人。
相逢相见若如此，更有春风春又春。
——宋·翠岩可真《子路问津》

【地理位置】

净居寺位于江西省吉安市，始建于唐神龙元年（公元 705 年），初名“安隐寺”，宋崇宁四年（1105 年）改为净居寺，一直沿用至今。

【寺庙历史】

净居寺由唐代的“安隐寺”发展而来，它在中国佛教史上占有极其重要的地位。开山祖师、唐代高僧、禅宗青原派系（曹洞、云门、法眼三宗）的鼻祖——行思禅师（谥号弘济）系吉安地区安福县人，自幼足具慧根，8 岁出家，敬奉六祖 25 载，于唐开元二年（公元 714 年）41 岁时回净居寺弘扬禅宗顿悟学说。

禅宗七祖行思是庐陵（今吉安）人，于韶州（今广东韶关）曹溪山南华寺得到六祖慧能真传，在唐神龙元年（公元 705 年）至青原山创建寺院，广聚僧徒，弘扬佛法，发展成为禅宗南宗的青原法系，是南宗两大法系之一；后来又发展成曹洞、云门、法眼三家，影响波及朝鲜、日本和东南亚各国。

在当时，此寺成了我国南方的一个极其重要的佛教道场。其中造其堂奥，传其心宗者，有衡山希迁石头禅师、药山伊禅师、天台韶国师、清凉秋禅师、永明寿禅师，他们各处发展的结果，终于形成了青原派系——曹洞、云门、法眼三宗。“一华开五叶，结果自然成”，“庐陵米贵贱，传与后人猜”已成千古佳话。

到了宋代，净居寺不如七祖在世时那么昌盛，但“地以名贤重”，它依然具有强烈的吸引力。南宋时期经传日本，南亚各国到青原礼谒者也纷至沓来。

现日本佛教界 80% 的佛教弟子都属于中国曹洞宗，他们皈依的祖师希迁石头禅师是行思禅师的高足。众僧们怀着对七祖的崇奉之心，先后多次来到净居寺礼拜七祖。其中日本驹泽大学、花园大学、京都大学的佛学家、教授椎名宏雄、柳田圣山、圆通幸温等都曾率领“日本禅宗史迹百旅”到此寻宗拜祖、顶礼膜拜。日本禅宗祥龙寺主持菅应峰、兴国寺主持良辩等曾多次带领日本僧侣为修复“唐七祖弘济禅师归真之塔”捐资献礼。

【建筑风格】

气势恢弘的净居寺，四周荫翳蔽日，环境清幽，寺门的“青原山”三字是文天祥亲书。中轴线上，依次为山门、大雄宝殿和毗卢阁。大雄宝殿两侧的墙上嵌的题诗石刻为宋代诗人黄庭坚的作品。殿内四大金刚、十八罗汉、观音、韦驮等姿态栩栩如生。宝殿四面为池，用拱桥相连；两边厢房为念佛座。寺内的木建筑物上雕龙画凤，飞禽走兽，都惟妙惟肖。

净居寺后青峦叠翠，古树参天，行思真身供埋的七祖塔就在净居寺后附近，唐开元二十九年（公元741年）敕建，额曰“唐七祖弘济禅师归真之塔”。

【历史价值】

据青原山志记载，唐代大书法家颜真卿、名相姜公辅、名臣段成式，宋代黄庭坚、向敏中、杨万里、周必大、李纲、文天祥，元代吴澄，明代李东阳、谌若水、王守仁、邹守益、解缙、方以智，清代施闰章、乾隆帝、翁方纲及民国人物刘峙、上官云湘、顾祝同等都曾先后游览过净居寺，有的还题诗、留字，以抒发其向往之情。唐代的大和尚鉴真、宋代的惟信禅师、明代的笑峰大师也都曾住锡青原。净居寺以其特殊的地位，在中国佛教史上曾发挥过重要作用。

1983年，净居寺被国务院列为全国142座重点寺庙之一。

佑民寺

【名僧诗话】

牛儿无处牧童闲，一片孤云碧嶂间。
拍手高歌明月下，归来犹有一重关。

——宋·普明禅师《独照第九》

【地理位置】

佑民寺地处南昌市民德路和苏圃路交会处，市内八一大道公园的北面，东湖的东岸，始建于南朝梁天监年间，本来是豫章王萧综之师葛鳟捐献的住宅。

【寺庙历史】

佑民寺初名上竺寺，又由于曾闹蛟患，后建一大佛镇之，所以太清初（公元

547 年）更名为大佛寺。寺后殿中有铜铸身高 5.33 米、重约 18000 千克吨的如来佛像。从前有民谣说：“南昌穷是穷，还有三万六千斤铜。”唐开元年间，改名开元寺。大历四年（公元 769 年），禅宗高僧马祖道一到此寺说法，四方信徒云集洪州（今南昌），入室弟子 139 人，使开元寺成为江南佛学的枢纽。

此后该寺时有毁修，相继易称为承天寺、能仁寺、永宁寺。据说明初朱元璋曾经微服访此寺，被寺僧再三询问姓名而急，动怒，在殿壁上题诗一首：“余尽江西数万兵，腰间宝剑摁留腥；野僧不识山河主，只管叨叨问姓名。”题毕遂掷笔而去，声称要对寺僧严加问罪。僧人甚惧，恰逢一云游僧宿此，就把原诗清掉，重题一首：“御笔题诗不敢留，留下惟恐鬼神愁；好将江水频频洗，犹有毫光射斗牛。”朱元璋正打算对寺僧兴师问罪，闻听壁上新诗，怒气顿消，不仅未再追究，反倒赞誉道“寺内大有人在”。清顺治年间，改称佑清寺。1929 年，易称“佑民寺”，一直沿用至今。

禅宗马祖道一禅师从南岳怀让处悟道以后，离开南岳到了福建建阳佛迹岭，开始聚徒开示禅法。不久道一将法堂迁往江西临川西里山，旋移南康龚公山。应地方官的殷情邀请，又将道场移到洪州开元寺。从此道一广聚徒众，随所化摄，高官显贵都来聆听道一说法，四方学者也云集到开元寺，互相考证，精研禅道。以洪州为中心的禅宗活动，蓬蓬勃勃地开展起来，史称洪州禅。洪州禅时为南方禅宗的一大系，其势力足以与神会的菏泽系抗衡。马祖道一“大师门下亲率弟子八十八人，出现于世及隐遁者莫知其数”，其中最为引人注目的是百丈怀海、西堂智藏、南泉普愿等人，怀海弟子为沩山灵佑、黄檗希运，其下再别传仰山慧寂、临济义玄，沩仰、临济二宗得以成立。洪州禅的法门宗旨可以归结为“平常心是道”。平常心是与日常生活相关联的“心”，真正地将平常生活的河沙妙德（千千万万的作用）体现出来，便就得到了“道”，也就见到了佛性，便可成佛，超脱自在。

“平常心就是道”的提出，对禅宗的发展意义深远。它将现实人心的一切活动看成是佛性的全体显现，将能动主体的所有物质的、意识的活动看成是如来藏的直接作用，从而将深奥玄妙的佛理研究探讨转化为现实的、修证的具体实践活动，结果导致慧能倡导的顿悟，转化为更现实、更具体的活动，而且引导学禅之人将禅与个人的日常生活、行为、意念和感情打成一片，使禅在自然的展开中充分表现活泼的生动形象，以及乐天质朴、幽默风趣的特点。

【建筑风格】

佑民寺殿堂雄伟，前殿有众多佛像和千佛缸，缸外装饰 90 余个佛像，神态各异，古朴端庄。在缸上装饰众多佛像，国内罕见。后殿有巨型铜佛像，佛像庄严肃穆，较为珍贵。

佑民寺右侧，一座四层角形的钟楼挺然护在寺旁。钟楼内悬有大铜钟一口，为公元 10 世纪南唐时所铸，重 5000 多千克，高 2.3 米，周长 4.07 米。钟楼为 1929 年用花岗石修筑的。

【历史价值】

新中国成立后，1953 年，佑民寺被列为江西省重点保护寺院。1956 年，南昌市佛教协会在这里成立。1957 年，佑民寺被列为第一批江西省级重点文物保护单位。1960 年，班禅大师来寺里敬献哈达，上香拜佛。

真 如 寺

【名僧诗话】

不动如如万事休，澄潭彻底未曾流。
个中正念常相续，月皎无心云雾收。

——唐·香严智闲《寂照》

【地理位置】

真如寺位于江西省永修县西北隅、距南昌市约 70 千米的云居山。

【寺庙历史】

唐宪宗元和初年（公元 806 年），高僧道容于云居山始建“云居禅院”，此为真如寺的前身。唐僖宗中和三年（公元 883 年），豫章南平钟王曾邀请曹洞宗祖师良价的弟子道膺禅师自庐陵转锡云居，此后寺名远播，威名大振。宋大中祥符元年（1008 年）时，宋真宗书赐“真如禅院”匾额。元明时，真如寺屡次兴废。明末遭兵燹。清代再次重修。清末民初，社会动荡，真如寺日益衰败。抗战时，寺遭日本侵略军焚劫，荡然无存。

1953 年近代高僧虚云长老卓锡云居山，化募物资重建真如寺。各地僧人闻虚长老卓锡云居，相继前往依止，不到一年时间，座下集百余人。于是虚云长老和诸位护法居士商议，一面召集僧众实行农禅生活，开荒种地，植树造林，另一面筹集资金，修复殿堂，以安僧众。所有僧众也分成修建与农垦二部，僧众护法都尽心竭力，积极从事。1954 年夏，新建一座法堂，楼上藏经，楼下安禅；新垦农田达 60

亩，嘉禾满垅，衲僧满堂，耕田博饭，宛如百丈家风。1959年虚云长老圆寂于云居山真如寺。山坡上有虚云长老舍利塔1座。

【建筑风格】

雄伟壮观的云居山，绿树成荫，沟壑纵横，环境清静幽雅，登上山顶，却别具洞天。这里群峰耸簇，中间为坦坦荡荡的小平原大坝子，遍布园林湖田，宛如一大城郭，又似一朵盛开的莲花，因此此地又为“莲花城”。

寺门外，梯田逐浪，山坡绿草如茵、灌木郁郁葱葱，沿坡上有溪水环流，水色清碧，终年不涸，称为“碧溪”。佛印桥飞架碧溪。溪畔有一晶莹而平整的巨石，石下流水潺潺，石旁古树浓阴，据说苏东坡与佛印和尚曾谈经论法于此，故称“谈心石”。

登上云居山顶端，一泓湖水，长平似镜，拱卫寺门，湖形似月，故名“明月湖”。每当旭日东升，金光荡漾，寺殿熠熠生辉；入夜皓月当空，满湖明月，映出莲城古寺影像，显得特别恬静！寺僧元凤曾经说：“澄湖高涌乱峰头，照澈晴空古镜湖；……天上云居真绝景，一泓收尽万山秋。”

【历史价值】

真如寺为中国佛教“三大样板丛林”之一，自唐至今有历史、文化内涵丰富的历代僧塔群近百座，广泛散布于山上山下，在江西乃至整个江南地区都属罕见，是云居山作为佛教名山最具历史价值的文化遗存。

灵若寺

【名僧诗话】

静听凉飔绕洞溪，渐看秋色入冲微。
渔人拨破湘江月，樵父踏开松子归。

——宋·云峰文悦《山居之一》

【地理位置】

坐落于济南市长清区灵岩山上的灵岩寺，是山东省最大的一处古代寺院，和浙江天台国清寺、南京栖霞寺、荆州玉泉寺一起并称为海内四大名刹。

【寺庙历史】

灵岩寺创建于前秦苻坚永兴年间，开山祖师是朗公和尚。根据《神僧传》记载："朗公和尚说法泰山北岩下，听者千人，石为之点头。众以告，公曰：此山灵也，为我解化。他时涅槃，当埋于此。"灵岩寺便取名于顽石点头之意。北魏孝明帝正光初年（公元520年），法定和尚再次重兴灵岩寺。

【建筑风格】

该寺地处泰山之北，依山势构筑，参差错落，依稀隐现于群山环抱之中，掩映在云霞烟树之间。尤其是该寺千佛殿中的宋塑罗汉像，因造型优美、生动传神而闻名天下。因此前人说"登泰山不至灵岩，不成游也"。今寺中有鲁班洞、功德顶、证盟殿、辟支塔、慧崇塔、千佛殿、御书阁、李北海撰书的《灵岩寺颂碑》、钟鼓楼、墓塔林等文物古迹。

灵岩寺的主体建筑为千佛殿，同时也是寺内保存最完好的规模较大的一座古建筑，由于殿内供养千佛而名。此殿初建于唐贞观年间，宋嘉祐和明嘉靖、万历年间进行重修。千佛殿建在高大的台基之上，面阔七间，进深四间，单檐庑殿顶制式，出檐深远。檐下设疏朗宏大的斗拱，错落有序美观大方；木棱彩绘华丽，檐角长伸高耸，大有跃跃欲试的雄姿。前檐8根石柱，柱础雕刻着龙、凤、花、叶、水波及莲瓣等纹样，雕工精美细腻，别具一格。

殿内正中塑有通体贴金的"三身佛"。居中者为"法身"，指佛先天具有的佛法体现于自身，称为毗卢遮那佛，由藤胎髹漆塑造，宋治平二年（1065年）自钱塘运到灵岩。东侧为"报身"，名卢舍那佛，是明成化十三年（1477年）以2500千克铜铸成。西为"应身"，称释迦牟尼佛，也为铜质，明嘉靖二十三年（1544年）铸造。佛头顶有螺形肉髻，体态雍容华贵，目光凝重。三尊佛像都结跏趺坐，仪容端正，衣纹流畅，具有相当的艺术感染力。

千佛殿内最为使人称道的是40尊彩色泥塑罗汉像。其中的32尊塑于宋治平三年（1066年），补塑于明万历年间的有8尊。这些塑像都坐于80厘米高的砖砌束腰座上。古代艺术家们在塑造这些罗汉形象时，一改传统的佛教造像模式，形象侧重于写实，以形写神，以神表情，以情现心，充分体现出每尊罗汉的个性和特点，使之真实、生动、从而更接近于生活。1912年梁启超至灵岩寺游览，对这些泥塑大加赞赏，题写了"海内第一名塑"赞辞，于是后人刻碑立于殿门外。

位于千佛殿西北角的辟之塔是灵岩寺的标志性建筑。该塔为一座密檐楼阁式砖塔，八角九层，始建于宋淳化五年（公元994年），落成于嘉祐二年（1057年），费时63年完工，其工程之浩大，结构之复杂，是可想而知的。塔高55.7米，塔基是石筑八角，上有浮雕，镌刻着古印度孔雀王朝阿育王皈依佛门等故事情节。塔身是青砖砌就，塔内一至四层置塔心，内辟券洞，砌有台阶，能拾级而上。自第五层以上砌为实体，登塔应沿塔壁外腰檐左转 90 度直角进入上层门洞。塔身上置铁质塔刹，由覆钵露盘、组轮、宝盖、圆光、仰月、宝珠 6 部分组成。从宝盖下垂 8 根铁链，由第九层塔檐角上的 8 尊铁质金刚连接，在塔内延续至地下，起避雷效果。辟支塔造型结构匀称，比例恰到好处，精细壮观，雄伟挺拔，宋代大文学家曾巩曾形象地描绘道："法定禅房临峭谷，辟支灵塔冠层峦。"

从辟支塔往西走不远，就是墓塔林，为灵岩寺历代高僧的墓地。塔林中有北魏、唐、宋、金、元、明遗物，规模能和嵩山少林寺的塔林一比上下。与少林寺有所差别的是灵岩寺塔林系石塔，石塔之多，在国内遥遥领先。每座塔大致都由塔座、塔身、塔刹组成，塔座呈方形、圆形、八角形，一般都刻有浮雕装饰。塔身多数较高大，上刻僧人法名年号。塔刹则有相轮、覆盆、仰月、宝珠等绘画造型。每座墓塔旁多有一通墓碑，记载着高僧的经历，为研究佛教史的非常珍贵实物资料。

【历史价值】

灵岩寺中泉水颇多，有甘露泉、卓锡泉、白鹤泉等。寺四围景色优美，著名景点有朗公石、御碑崖、明孔洞、一线天、对松桥、可公床、滴水崖、黄茅岗、十里松等，人文景观与自然景观有机地结合一起，成为人们旅游休闲的绝佳去处。

1961 年，灵岩寺被国务院公布为全国重点文物保护单位。

兴国禅寺

【名僧诗话】

拟心开口隔山河，寂默无言也被呵。
舒展无穷又无尽，卷来绝迹已成多。

——唐·香严智闲《本来照》

【地理位置】

兴国禅寺坐落于山东省济南市的千佛山上。千佛山古名"历山"，据说虞舜曾经躬耕于此，故有"舜耕山"之称。

【寺庙历史】

寺院始建于隋代开皇年间（公元 581—600 年），原称"千佛寺"。唐贞观年间（公元 627 年—649 年）进行重修，改称兴国禅寺，并沿用至今。

【建筑风格】

依山而建的兴国禅寺，计有5座殿堂，分两个院落，禅院幽深恬静，殿宇气势恢弘，殿堂分布参差有致。

从山下望去，整个寺院似嵌镶在山腰的一幅壁画，令人心旷神怡。

游人自千佛山西盘路拾级而上，经古木掩映中的唐槐亭、“齐烟九点”坊、“云径禅关”坊，迎面即为兴国禅寺山门。

门楼西向，上面雕刻着赵朴初居士题写的“兴国禅寺”4个金色大字。大门两侧为对联一副：“暮鼓晨钟，惊醒世间名利客；经声佛号，唤回苦海梦迷人。”

寺内最吸引人注目的是千佛崖。此处有9个石窟，是隋开皇年间所雕刻的佛教凿石造像，还有部分为唐贞观年间造像，现在还能看出全貌的有130余尊，此类造像镂刻精湛，栩栩如生，是研究隋唐石刻艺术的重要实物史料。

悬崖上有大佛洞3个。其中极乐洞中的佛像最为壮观精美。

极乐洞内有20余尊佛像，正面石壁上刻有西方三圣，居中的阿弥陀佛像高3米，跏趺而坐，两旁侍立观世音、大势至二位大士像，均高2.5米，三圣像态神端庄，雕工精细，线条优美，是隋代石刻精品。

因为千佛崖终年受不到阳光照射，崖壁非常阴湿，布满青苔藤萝。佛洞中有山水汩汩渗出，水滴犹如银珠落下，声有琴趣。水最多的是龙泉洞，该洞内有3米水深之泉，浮雕20余尊佛像。黔娄洞为春秋时齐国高士黔娄隐居之处，洞深数丈，高约2米，中镌黔娄坐像，洞内本有6尊佛像，现已残缺不全。

三洞之东有石坊耸立，称“洞天福地”坊。此坊创建于清乾隆五十七年(1792年)，青石雕砌而成，飞檐起脊，脊两侧饰以花纹，檐上雕有瓦垄，檐由四朵云头斗拱承托，拱下额坊存有二龙戏珠、狮子舞球等精美浮雕。

寺内藏经楼又称“对华亭”，由于向北面对华不注山而取名。该楼似悬挂在峭壁上一样，双檐起脊，给人们以动感，具有相当高的审美价值。今一楼为寺院客堂，二楼则收藏经书。

【历史价值】

1983年，兴国禅寺被国务院确定为汉族地区佛教全国重点寺院。

湛 山 寺

【名僧诗话】

空门寂寂汝思家，礼别云房下九华。
爱向竹栏骑竹马，懒于金地聚金沙。
添瓶涧底休捞月，烹茗瓯中罢弄花。
好去不须频下泪，老僧相伴有烟霞。

——唐·金乔觉《送童子下山》

【地理位置】

湛山寺位于青岛市湛山村后的半坡上，面海倚山，风光隽秀，素有“湛山清梵”之美誉。

【寺庙历史】

湛山寺筹建于1931年夏，南京国民政府交通部长叶恭绰（新中国成立后任全国政协委员）、中东铁路稽查局长陈飞青和佛学家周叔迦等倡议，得到当时的青岛市长胡若愚、沈鸿烈及胶济铁路委员长葛光庭、青岛市佛学会会长王湘汀的支持和赞助，委托时任哈尔滨极乐寺住持倓虚法师于1932年来青岛主持兴建的。第一期工程1934年4月开工，兴建了三圣殿、僧寮及围墙、放生池，同年9月落成，12月8日举行了开光仪式。1935年续建了讲经堂、方丈寮、执事寮、厨房、库房、茶房、浴室等。所需资金全部是募捐所得。第二期工程1937年动工，兴建了大雄宝殿和旧东院（后改为男居士念佛堂），1938年竣工。所需资金全部由王湘汀捐赠。第三期工程1937年动工，兴建了藏经楼及药师塔，1938年落成。资金由周志辅、周志俊（原青岛华新纱厂经理，新中国成立后曾任山东省人民代表大会常务委员会副主任）兄妹捐赠。第四期工程1941年动工，兴建了天王殿和新东院（后改为女居士念佛堂），1943年竣工。资金由张伯祥、崔岱东捐赠。第五期工程1944年动工，兴建了山门及台阶，1945年竣工，所需资金由林耕宇捐赠。

青岛解放后，湛山寺在青岛市人民政府的关怀下，进一步得到发展。

1984年起，青岛市人民政府先后拨款150万元，由青岛房屋修建公司承包，将被破坏的大雄宝殿、天王殿、三圣殿、藏经楼以及山门、石狮子、药师塔、方丈寮、僧寮、客房、讲经堂等进行了全面大修，同时还修建了厕所、道路，安装了输电线路，上、下水设备、电话总机等。由浙江天台县下炉、三合工艺厂用樟木雕刻

了释迦牟尼等佛像15尊；浙江宁波佛像艺术研究所泥塑了四大天王、十六尊者等佛像22尊；由苏州市民丰锅厂铸造了钟和宝鼎等法器。在修复湛山寺的过程中，得到上海龙华寺明、玉佛寺真禅两位大法师和苏州西园寺安上法师的鼎力协助和支持。1985年香港大光法师向青岛湛山寺赠送了佛舍利和虚舍利。

1986年12月30日湛山寺正式对外开放。1988年北京广济寺首座明哲法师应邀来湛山寺兼任方丈。同年6月6日湛山寺举行了隆重的佛像开光和方丈升座仪式，中国佛教协会会长赵朴初、山东省人民代表大会常务委员会副主任马绪涛、山东省人民政府秘书长宇培皋、山东省民族事务委员会主任金宝珍、副主任许焕新、中共青岛市委副书记刘镇、青岛市人民代表大会常务委员会副主任李延令、香港湛山寺以及全国各地各大寺庙的170位来宾前往祝贺。

1989年，日本华侨王淑兰、孙盛兰居士捐资在湛山寺放生池内修建了“兰亭”一处，“兰亭”二字系中国佛教协会会长赵朴初所题。同年香港郭兆明居士捐资在湛山寺内修建了钟楼和鼓楼。

【建筑风格】

湛山寺倚山而建，自山门至藏经楼计四进，皆仿明代宫殿建筑，明柱外露，为木石结构。

全寺占地133200多平方米。分中、西、东3个院落。天王殿、大雄宝殿、三圣殿、藏经楼等建筑为中院。寺西院有倓虚法师纪念堂、三学堂和斋堂等建筑。东院置安养院和素香斋，以供老僧颐养天年和宾客食宿。寺东南还有药师琉璃光如来宝塔，与寺争相辉映。

放生池为湛山寺前蓄山泉之水而成，池畔有兰亭，池中白玉观音菩萨亭肃立，山门前一对石狮，威立法门，石狮精雕细琢，系明代青州衡王府遗留的珍品。

山门横匾金字“湛山寺”，门旁两侧的“常住、三宝”，以及东西石墙“转大法轮”、“佛日增辉”都出自倓虚法师手迹，笔意古拙，超凡脱俗。

入山门就是天王殿，内供无冠弥勒菩萨，两边为四大天王，后则为“大雄宝殿”的护法韦驮菩萨。

大雄宝殿为寺院僧众早晚课诵及法会朝拜参修的殿堂。宝殿庭院宽敞，青松参天，石板铺路。大殿雄壮，内供奉着释迦牟尼佛、大智文殊菩萨、大行普贤菩萨，两旁是十六尊者塑像，殿后供海岛观音像。

西方三圣殿，殿前石庭平展舒缓，更加体现出广庭崇殿的庄严肃穆。殿内供奉阿弥陀佛，观世音菩萨、大势至菩萨，后则供地藏王菩萨，殿两旁为功德堂。殿前横匾是“海印遗风”。

明代高僧憨山大师德清公，曾经建海印寺于崂山那罗延窟之旁，后憨山被诬，罪谪广东韶州（今韶关），于是海印寺被毁，此后佛法绝迹。300年后，有居士捐资，倓虚弘法建湛山寺，诚者遂称倓虚为憨山再来，就在三圣殿前悬挂“海印遗风”金字匾额，用来表示因缘。

藏经楼处于三圣殿之后。藏经楼，古式阁楼上下层，坚固而防火，风格别具。藏经楼内藏《龙藏》、《续藏》、《大正藏》、《百纳藏》等佛经6000余卷，其中有宋代金银书《妙法莲华经》，非常珍贵。除此之外还收藏一部香港版《大藏续藏经》，精装151册，系影印本，正藏之续编。

倓虚法师（1874年—1963年），河北宁河县北塘庄人，本名王福庭。幼年随父业农商，34岁时在营口创设东济生药店。43岁出家为僧，法号倓虚，皈依谛闲大师门下。倓虚学成北归，不辱师命，于东北、华北、青岛相继建造寺院多处，并随时随地为大众讲经说法，还倡办僧校，经结后贤，人缘蔚起，于是天台一宗便盛弘于北方。

1949年倓虚驻锡香港荃湾精舍，创办华南佛学院，一度鼎盛。

倓虚于1963年6月22日于梵声中含笑而寂。倓虚法师一生著述20多种，有《心经义疏》、《金刚经讲义》、《楞严经讲义》、《影尘回忆录》等。

【历史价值】

1983年国务院确定湛山寺为汉族地区佛教全国重点寺院。

第四章 中南地区

白马寺

【名僧诗话】

雨过云凝晓半开，数峰如画碧崔嵬。
空生不解岩中坐，惹得天花动地来。
——宋·雪窦重显《雨过云凝》

【地理位置】

白马寺地处河南省洛阳市东 12 千米，始创于东汉永平十一年（公元 68 年），距今已有 1900 多年的历史，为我国最早的一座佛寺，被后人尊誉为中国佛教的“祖庭”和“释源”，有“中国第一古刹”之称。

【寺庙历史】

传说东汉永平七年（公元 64 年）元宵佳节这天夜里，汉明帝于南宫梦见一金人，身高六丈，顶现白光，飞绕殿庭。次日，他便询问群臣所梦为何人，于是大臣傅毅奏道：“西方有神，其名曰‘佛’，形如陛下所梦。”听到此话后汉明帝信以为真，就诏令大臣蔡情等 18 人，出使西域以拜求佛法。

汉使西行至大月氏国（今阿富汗一带），恰巧遇到印度高僧迦叶摩腾、竺法兰二人，并得到佛经和释迦牟尼佛像。

永平十年（公元 67 年），二高僧应邀与东汉使者一道，用白马驮着佛经、佛像同返国都洛阳。第二年，汉明帝敕令修造寺院。为纪念白马驮经之功，便专门命名为“白马寺”，并特意安排两位印度高僧长期禅居寺内，译经传教。此为“白马寺”的来历。此后，佛教才得以在中国广泛传播。

【建筑风格】

在白马寺山门内，大院东西两侧茂密的柏树丛中，分别有一座坟冢，这就是著名的“二僧墓”。

东边墓前石碑上刻有“汉启道圆通摩腾大师墓”，西边墓前石碑上刻有“汉开教总持竺法大师墓”。这两座墓冢的主人就是拜请来汉传经授法的高僧——迦叶摩腾和竺法兰。石碑上的封号为宋徽宗赵佶所追封的。在清凉台上还塑有二位高僧的塑像。它们寄托着中国佛门弟子对二位高僧的敬慕之情。

唐代时的白马寺规模恢弘，香火鼎盛。明嘉靖三十四年（1555 年）白马寺进行重修，基本上奠定今白马寺的规模和布局。白马寺现有面积约 4 万平方米，分布于南北中轴线上的主要建筑有天王殿、大佛殿、大雄殿、接引殿、清凉台和毗卢阁等。寺内珍贵的造像有大雄殿内所存之元代干漆造像三世佛、天将、十八罗汉。除此之外还有元、明、清各代的泥塑像，唐、宋、元、明各代的经幢碑刻和齐云塔、天竺高僧墓、焚经台等建筑古迹。

寺中的大佛殿内高高悬挂的一口大钟，洛阳八大景之一的“马寺钟声”即由此而来。传说每当月白风清，夜深人静之时，寺内僧人敲击这口大钟，钟声会响彻方圆十里，经久不绝。更有趣的是，由于音律相同，只要钟声此处一响，远在 12.5 千米之外的洛阳老城钟楼上的大钟也随声附和。每年元旦零时，人们都要在此处举行千年流传的撞钟迎新年活动。

齐云塔原来叫释迦舍利塔、金方塔、白马寺塔，地处洛阳白马寺山门外东南约 200 米处。根据白马寺现存碑刻及某些佛籍记载，东汉永平年间（公元 58 年—75 年），汉明帝敕建此佛塔，“岌若岳峙，号曰齐云”。现存之砖塔，实际上重建于金大定十五年（1175 年）。塔为四方形密檐制式，共十三层，通高约 25 米。第一层塔檐之下饰砌为仿木构式斗拱，顶覆宝瓶式塔刹，外轮廓稍呈抛物线形，玲珑挺拔，古雅隽秀。齐云塔是洛阳一带地面现存最早的古建筑，也为中原地区为数极少的金代建筑遗存之一。游人至此，迎塔击掌，回声就像蛙鸣，情趣盎然。

【历史价值】

洛阳白马寺是我国第一座寺院。

迦叶摩腾和竺法兰在白马寺译出的《四十二章经》是首部汉译佛典。与之同时译出的《佛本生》、《法海藏》、《佛本行》等经典已经遗失。东汉时绝大部分佛经都于洛阳翻译，白马寺为我国翻译佛经的最重要的译馆。《开元释教录》载三国魏时总计有译经沙门 4 人，除安法贤之外，昙柯迦罗、康僧铠、昙无谛 3 人皆译经于白马寺内。

少　林　寺

【名僧诗话】

相逢相问知来历，不拣亲疏便与茶。
翻忆憧憧往来者，忙忙谁辨满瓯花？
——宋·黄龙慧南《相逢相问知来历》

【地理位置】

坐落在登封县城西北 13 千米少室山北麓五乳峰下的少林寺，千古闻名。

【寺庙历史】

少林寺于北魏太和二十年（公元 496 年）始创，由于此寺建于少室山麓的丛林茂密之处，故称“少林”。

少林寺系我国佛教禅宗的发祥地，因此又称“少林禅寺”及“大少林”。北魏正光、孝昌年间（公元 520 年—527 年），另一印度僧人达摩至中国，于嵩山少林寺修禅。少林寺原有建筑较多，分布也较广。

【建筑风格】

山门系少林寺最前面的建筑，于清雍正十三年（1735 年）创修，额悬“少林寺”黑漆方匾，是清康熙帝御书。

入少林寺山门，为一条宽敞的慢斜坡形雨道，两旁有很多重要的历史碑刻，有武则天撰文的《大唐天后御制诗书碑》，还有日本僧人邵元撰写的息庵禅师道行之碑。寺内还有《唐秦王告少林寺主教碑》、《唐嵩岳少林寺碑》、《宋苏东坡观音赞》等碑刻。另外还有很多著名书法家如米芾、赵孟（公元兆页）、董其昌、蔡京等人书写的碑刻。这些碑刻不但为重要的史料，而且都有极高的书法价值。

碑林的尾端是“三大殿”，也就是天王殿、大雄宝殿和法堂（藏经阁），不幸的是 1928 年此 3 座重要建筑都毁于兵火之中。

1949 年后，天王殿、紧那罗殿、六祖堂、东西禅房以及僧院已重修复原。寺内的中心建筑——大雄宝殿，重建工程于 1986 年 6 月完成，1985 年 7 月寺内还重新修建了拳谱堂，堂内塑造有坐禅、念经、练功、小洪拳、大洪拳、六合拳、通臂拳、罗汉拳、朝阳拳等 204 身武僧像，形象栩栩如生。尤其是十三棍僧救唐王、明代小山和尚挂帅平倭寇等，英姿飒爽，使少林寺大放异彩。

穿过法堂为方丈室，其建筑面积约 250 多平方米。清乾隆帝于乾隆十五年

(1750 年）游祭中岳庙，途经少林寺，当晚就以方丈室为行宫。

方丈室后面为达摩亭，又称立雪亭，据说此处是禅宗二祖神光为求佛法，恭候达摩以致雪没双膝之所。

檐下有雕花柱，是一座小巧精美的单檐庑殿式建筑。此亭构建于明代，石柱上刻有题记。亭内神龛中供奉铜质达摩坐像。龛上悬挂着清乾隆帝所题“雪印心珠”四字匾。此亭今为寺僧做佛事的场所，其中有明万历十七年（1589 年）铸造的铜钟和其他鼓、钵等法器。

白衣殿坐落在千佛殿东，清代硬山建筑形式。因殿内绘有少林拳谱壁画，因此还称“拳谱殿”。殿内神龛中供奉的是白衣菩萨铜像。

南北山墙画有少林寺和尚演武的场面图案。北墙绘寺僧徒手搏斗图 16 组。这些画面非常生动地再现了古代少林拳的风姿。

位于千佛殿西侧的地藏殿，原为清式建筑，近年有过重修。神龛内塑有地藏菩萨和左右二侍者像。

如今的少林寺的范围包括常住院、塔林，寺西北阜地上的初祖庵，少溪河畔南岸的南园，钵盂峰下的二祖庵，寺东太室山麓的三祖庵，还有分散在寺周围的古塔、碑刻等建筑。

常住院是少林寺的主体建筑，地处少溪河北岸，院内今存有山门、客堂、达摩亭、白衣殿、千佛殿（毗卢阁）和地藏殿等建筑，常住院从山门到最后大殿南北长 300 余米，现有占地面积约 4 万平方米，分为前后 6 所院落。

【历史价值】

印度佛教传入中国并且发扬光大，形成中国化的佛学宗派——禅宗。少林寺以“禅宗祖庭”和独具特色的少林功夫在中国的众多寺院中有着不可取代的地位。少林寺涵载着极大的文化价值。少林的武术文化使得少林寺在世界范围内声名远扬。

少林功夫“禅武合一”的精神，对中华武术乃至佛教信仰都有非常深远的影响。少林功夫在追求技法精进的同时，同样重视心性的修炼，功夫只不过是一种修行的法门，少林寺僧人通过修习少林功夫找到了觉悟佛法的另一途径。少林寺僧人将这种般若性空精神贯彻到少林功夫演练过程中，使少林功夫获得一种中国武术其他流派难以企及的境界，从而形成少林功夫特有的有益于提升人类精神境界的宗教品质。少林功夫的这种宗教品质和文化功能，丰富了中国传统精神文化的内涵。

大相国寺

【名僧诗话】

学道犹如守禁城，昼防六贼夜惺惺。
将军主帅能行令，不用干戈定太平。
——宋·妙普性空《学道犹如守禁城》

【地理位置】

位于河南开封市的大相国寺，是我国著名佛教寺院之一。

【寺庙历史】

大相国寺据说是战国时魏公子信陵君故宅。在此创建寺院为北齐天宝六年（公元555年），初名“建国寺”，后来被毁。唐睿宗时，僧人慧云重建新寺，由于睿宗称帝前曾为相王，延和元年（公元712年）睿宗敕令改称为相国寺，并赐“大相国寺”匾，该寺名一直沿用至今。

北宋时相国寺是开封最大的佛寺，待遇颇丰，寺院住持由皇帝册封。当时的相国寺占地面积约363000平方米，殿阁庄严瑰丽，僧房鳞次栉比，花卉满院，被赞誉为“金碧辉映，云霞失容”。相国寺成为皇帝素常观赏、祈祷、寿庆以及进行外事活动的重要场所，有“皇家寺”之称。

【建筑风格】

相国寺的建筑布局为中轴对称式，寺内主要建筑有山门、天王殿、大雄宝殿、八角琉璃殿、藏经楼等，从南到北沿中轴线分布，大殿两旁东西阁楼与庑廊相对而立。

在相国寺门前有一古色古香的牌楼，极具民族特色。进山门迎面是天王殿，内有四大天王像和弥勒佛像，弥勒佛像两旁有一副对联：“慈颜常笑，笑世上可笑之人；大肚能容，容天下难容之事。”经过天王殿是大雄宝殿，殿宽七间，重檐复宇，斗拱飞翘，顶以黄绿琉璃瓦覆盖。

檐下“大雄宝殿”匾，为金色滚龙镶边，蓝底金字，字体工整雄浑有力。殿周围和月台边沿，围汉白玉石栏杆，每一立柱上镂刻有一小狮子，姿态不一。

殿前石阶上有螭龙盘绕，雕工特别精巧。阶下有一小花园，园中立有太湖石，据说是宋代艮丘遗物。

独具匠心的八角琉璃殿建筑，外面系环绕一周的八角殿，附檐周围是游廊，下安雕栏，屋顶覆黄绿琉璃瓦，挑角上都悬挂铃铎。

八角殿中间是一小院，院中耸立一亭，高约13.3米，亭顶有1.67米高的铜宝瓶一个，八角。亭中置木雕密宗四面千手千眼观世音巨像，高约7米，周身贴金，据说是一整株银杏树雕刻而成，工艺之精，令人叹为观止。八角琉璃殿北为藏经楼，其楼垂脊挑角处饰琉璃狮子，下安铃铎，四周出厦，有似游廊，门窗隔扇，都有雕饰，特别精美。钟楼内存清代巨钟一口，重达5000多千克，钟声洪亮。“相国霜钟”，是旧时开封八景（繁台春色、铁塔行云、金池夜雨、州桥明月、梁园雪霁、汴水秋声、隋堤烟柳、相国霜钟）之一。

【历史价值】

气宇非凡的大相国寺，是一座在中国佛教史上有着卓越地位和广泛影响的著名寺院，也是我国对外开放的旅游胜地。

风 穴 寺

【名僧诗话】

丫鬟女子画娥眉，鸾镜台前语似痴。
自说玉颜难比并，却来架上着罗衣。

——宋·五祖法演《颂马祖日面佛月面佛》

【地理位置】

风穴寺又名香积寺、千峰寺、白云寺，位于河南省汝州市东北山中，距城约10千米。寺内保存着唐代修建的塔、宋代铸造的钟和金、明时期的建筑古迹。寺周有和尚墓塔80多座，其数量之多仅次于登封少林寺、山东长清灵岩寺，位居全国第三。1988年，风穴寺被国务院列为全国重点文物保护单位。

【寺庙历史】

始建于北魏时期的风穴寺，原称香积寺。隋代重建，改称为千峰寺。唐开元年间（公元713—741年）再次重修，改名白云寺，俗称风穴寺。五代后唐长兴二年（公元913年）、后汉乾祐三年（公元950年）、明天顺、成化年间（1457年—1487年），都曾进行过整修。嘉靖三十一年（1552年）的地震、崇祯六年（1643年）的大火，使风穴寺损毁严重。清康熙五年（1666年）对其重修。后经先后维修，风穴寺的建筑才得以保存尚好。

【建筑风格】

风穴寺的主体建筑有山门、天王殿、前大殿、中佛殿、毗卢殿、观音阁以及钟楼等。其中，中佛殿重建于金代，尽管后来曾重修，可还是保持着金、元时期的风格；毗卢殿、钟楼为明代建筑。钟楼内悬挂的一口重达800千克的大铁钟，为宋宣和七年（1125年）所铸造。

七祖塔还叫七祖舍利塔。此为一座四角九层的密檐式砖塔。塔基方形，不大。塔身由此往上逐渐变大，到中部以后逐渐变小，状如梭形。此塔于唐开元二十六年（公元738年）落成，塔内供奉着风穴寺名僧贞禅师的舍利，为我国现存唐塔中的一件珍品，非常名贵。

在风穴寺四周，还有从1米到10余米高的形状不一的和尚墓塔80多座。这些塔有的为砖砌，有的为石砌，从元至清，各代均有，但以明、清两代的遗物居多。

在寺的东南山上，有大风穴洞一个。在寺东的山中，有小风穴洞一个。这两个山洞都深不可测。时而吼声阵阵，时而白云翻滚，时而大风骤起。其奥秘何在，一直是个谜。

【历史价值】

风穴寺珍藏名贵文物，而且景色优美，四季宜人，故名闻中外，被誉为中州大地上的一颗璀璨明珠，吸引了海内外诸多佛子游人。

归　元　寺

【名僧诗话】

须弥立太虚，日月辅而转。
群峰渐倚他，白云方改变。
少林风起丛，曹溪洞帘卷。
金凤宿龙巢，宸苔岂车碾。

——宋·投子义青《须弥立太虚》

【地理位置】

归元寺坐落在湖北省武汉市汉阳区翠微路西端。寺内有举国闻名的五百罗汉彩色泥塑像。

【寺庙历史】

归元寺始建于清顺治十五年（1658年），康熙（1662年—1722年）、道光

（1821 年—1850 年）年间相继续建，后毁于战乱。寺内现存殿堂，分别重建于同治三年（1864 年）、光绪二十一年（1895 年）和民国初年。1972 年归元寺进行全面维修。

【建筑风格】

归元寺总计占地面积 2 万多平方米，建筑面积达 1.4 万平方米。天王殿、韦驮殿、大雄宝殿、大士阁、藏经阁和罗汉堂等为归元寺主要建筑。除此之外，该寺内还有念佛堂、斋堂、客堂、地藏殿、钟楼、鼓楼等建筑，以及翠微古泉、翠微池等名胜古迹。

在归元寺内，大雄宝殿中有雕刻精美的柏木供桌，藏经阁内有全国罕见的南宋《碛砂藏》等珍贵文物。寺中最有名者应该是五百尊彩色泥塑罗汉像，整齐地排列于平面呈“田”字形的罗汉堂中。

在堂的中间，按顺序塑有弥勒佛、韦驮、阿弥陀佛、观音菩萨、释迦牟尼佛、文殊和普贤菩萨像。而五百罗汉塑像，则排列在堂的四周。这些罗汉像系湖北省黄陂的民间艺人，耗时 9 年塑造成的，十分精美。

【历史价值】

归元寺大雄宝殿的精美雕塑既是珍贵的佛教文物，同时也是我国古代杰出的雕塑艺术品。

玉 泉 寺

【名僧诗话】

闻道安禅处，深萝任隔溪。
清猿定中发，幽鸟座边栖。
云影朝晡别，山峰远近齐。
不知谁问法，雪夜立江西。

——宋·契嵩《寄月禅师》

【地理位置】

玉泉寺位于湖北省当阳县西的玉泉山东麓，距县城约 15 千米。寺内保存的隋代铁镬、宋代铁塔、元代铁钟和铁釜等文物，弥足珍贵。1982 年，玉泉寺被国务院列为全国重点文物保护单位。

【寺庙历史】

东汉建安年间（公元 196 年—220 年），普净和尚在此地结茅修行。后来，蜀汉皇帝刘备为感谢普净营救了二弟关羽，就为他建寺一座，定名为普净庵。南朝梁敬帝时对其重建，定名为覆船山寺。隋开皇年间（公元 581 年—600 年）重建，称玉泉寺。宋天禧年间（1017 年—1021 年）对其进行大修，易名景德禅寺。元、明、清时期，又相继维修，才使玉泉寺得以保存至今。

【建筑风格】

玉泉寺现存的山门、天王殿、大雄宝殿和毗卢殿为主要建筑。除此之外，寺内尚存藏经楼、般舟殿、东堂和西堂等建筑。

【历史价值】

玉泉寺内保存有非常丰富的珍贵文物：

重檐歇山顶制式、高 21 米的大雄宝殿，于南宋时始建。殿前有一只高 0.89 米、口径 1.97 米的铁镬。镬底，铸有扛镬的力士 5 位。镬腹，刻有一行文字“隋大业十一年岁次乙亥十月十八日当阳县治下李慧达建造镬一口用铁三千斤永充玉泉道场供养”。大业十一年，为公元 615 年。

玉泉寺铁塔，全称为棱金塔或如来舍利塔，矗立于寺东的土山上。此塔是八角十三层的楼阁式铁塔，高 17.9 米，重 5 万多千克，此为全国现存体量最大的古代铁塔。塔的每层各面都铸有佛像。二层上，还铸有塔铭、重量、铸造时间以及工匠姓名。在下层的八个角上，还各铸一尊扛塔力士像。力士肌肉饱满，强壮有力，造型逼真。塔刹稍向北斜。据铭文所记，此塔于北宋嘉祐六年（1061 年）铸造。至今此塔已有近千年的沧桑历史，足以称为稀世之宝。

另外，在大雄宝殿前，尚存元代铸造的铁钟、铁釜，明、清时期遗留下的铁鼎等历史文物。寺外，还有珍珠泉（跑马泉）等和蜀汉大将关羽有关的名胜古迹，历来为人们所重视。

五祖寺

【名僧诗话】

千峰顶上一间屋，老僧半间云半间。
昨夜云随风雨去，到头不似老僧闲。

——唐·志芝庵主《悟道偈》

【地理位置】

五祖寺位于湖北省黄梅县东 12 千米的东山。

【寺庙历史】

此寺由禅宗五祖大满禅师弘忍于唐咸亨三年（公元 672 年）创建，当时称东山寺，后世改称五祖寺，一直沿用至今。

弘忍为唐高僧，对禅宗发展贡献很大。他在东山寺授徒时，不用传统的《楞伽经》，则改用《金刚般若经》。此后，这种传习法成为禅宗授徒的定法。弘忍选拔接班人的方法也特别独特，曾令弟子们分别作一偈，用来分辨其悟性高低。当时高徒神秀作偈为："身是菩提树，心如明镜台。时时勤拂拭，勿使惹尘埃。"慧能亦作偈："菩提本无树，明镜亦非台。本来无一物，何处惹尘埃。"弘忍觉得慧能的悟性高，所作偈可见其本性，而神秀的悟性却略逊一筹，遂把慧能定为接班人。弘忍所倡导的这种禅风影响颇深，波及日本和东南亚各国，每年慕名而来五祖寺的参谒者至今不衰，且有日益增加之势。

【建筑风格】

五祖寺坐落的黄梅东山，山势宛如一只展翅欲飞的大凤凰，故又称凤凰山。其主峰白莲峰海拔 465.4 米，今存寺院处海拔约 400 米。

五祖寺整个寺庙建筑群依山势建于东山之北，自山麓至山顶白莲峰，以蜿蜒石路为中轴线平行布局，层次清楚，结构完整，形式不一，风貌古朴。东山五祖寺是中外闻名的佛教禅宗的圣地和游览胜地。

五祖寺建于东山中部，绿树翠竹遮掩着寺内的亭阁楼台展宇僧舍，各建筑物间彼此有重门相通，小路相连，为典型的廊院式布局，极富园林情趣，曲径通幽。山门内的中轴线上，按顺序有天王殿、大雄宝殿、麻城殿、真身殿等建筑。真身殿后系通天门，门外有石径可直抵东山主峰白莲峰。麻城殿两侧建有圣母殿、观音殿。

麻城殿就是毗卢殿，据说它原来是麻城善男信女出资出力修建的。古代交通不便，麻城又位于大别山区，但他们穿山越岭不畏艰辛，将当地生产的砖瓦，一块块、一片片地背到 200 多千米外的东山。此举感动了黄梅县人，就把此殿称为麻城殿，以作纪念。

真身殿是弘忍圆寂后停放其真身之所，故称真身殿。如今，真身早已不存，里面仅供有弘忍的塑像。真身殿为全寺的主体建筑，画栋雕梁，飞檐翘角，气势恢弘。善男信女至此，纷纷顶礼膜拜，以缅怀先贤。

【历史价值】

东山风景秀丽，古迹众多。此处的释迦多宝如来佛塔、讲经台和白莲池皆与弘忍有关，分别为他圆寂后的埋骨处、生前讲授佛法处和手植白莲处。这些古迹，闻名遐迩。

宝 通 寺

【名僧诗话】

北固楼前一笛风，断云飞出建康宫。
江南二月多芳草，春在蒙蒙细雨中。

——宋·仲殊《润州》

【地理位置】

宝通寺坐落在武汉市洪山南麓，为荆楚名刹。

【寺庙历史】

早在南朝刘宋时洪山就建有“东山寺”，唐贞观年间（公元 627 年—649 年），鄂国公尉迟敬德在这里扩建寺宇，监制铁佛，并把东山寺改称为“弥陀寺”。南宋端平年间（1234 年—1236 年），理宗赐寺名为“崇宁万寿禅寺”，到明成化二十一年（1485 年）更名为“宝通禅寺”，一直沿用至今。

【建筑风格】

风光无限，美不胜收的宝通寺，现有殿宇多为清同治四年至光绪五年（1865 年—1879 年）所建，其建筑皆依山而建，隐现于自然之中，层叠有致。

殿阁庄严古朴，气势巍然，蔚为大观。

进入山门，有放生池、钟鼓楼、圣僧桥、弥勒殿、普同塔院、东西花厅等建筑；登般若门到大雄宝殿，依次递进为客堂、禅堂、玉佛殿、藏经楼、方丈室、关房等古迹；东侧有般若楼、斋堂、香积寮；西侧则有伽蓝殿、客堂；西院中有宾客楼、僧寮等。

直登后山能看到万佛殿、法界宫、华严洞、洪山宝塔等。

寺中鼓楼内有一大鼓，据说为全国第二，法界宫（又称罗汉堂）建筑融中西风格为一体，石柱矗立，饰有浮雕、顶覆琉璃瓦。洪山宝塔是七层八角塔，高 45. 6 米，砖石结构，结构严谨，雄伟壮丽，为洪山风景区标志性建筑。

【历史价值】

文物古迹有宋代古钟、明代石狮、清代藏经等。整个寺院周围古木参天，修竹翠绿，空气清新，环境幽静，是武汉著名景观。

洪山因奇石著称，自古有“洪山之岭多奇石”之说，东岩、翠屏、狮子峰、仙人石、寿宇石等，有似圣境佛窟。山上尚存古岳飞松等名胜古迹。

宝通寺内名泉众多，有黄龙泉、白龙泉、乳泉等名泉。东有卓刀泉，此泉水冬暖夏凉，色呈淡碧，味美甘甜。泉旁建有关公庙，供奉关公塑像二尊，一为高 2.33 米的文像，神情怡然；一为武像，高 3.67 米，威风凛然，殿内有白地紫纹方石一块，细观可见茄、椒及猕猴等图案，栩栩如生，堪称奇石。

该寺西侧有道教圣地长春观，地处大东门外，坐北面南，禅寺道观，一线相接。由宝通寺向北眺望，磨山美景东湖秀色，一览无余，令人心旷神怡。

开 福 寺

【名僧诗话】

秋半西风急，当空月正圆。
萧萧木叶落，湛湛露珠悬。
嘹唳冲云雁，凄清抱树蝉。
头头浑漏泄，切忌觅幽玄。

——宋·佛果圆悟《秋半西风急》

【地理位置】

地处湖南省长沙市城北的开福寺，是当地著名的古刹。

【寺庙历史】

开福寺始创于五代前期，宋嘉祐年间（1056 年—1063 年）该寺大修。明代重建，明末毁于兵火。清顺治十七年（1660 年）重建。乾隆三十七年（1772 年）、嘉庆元年（1796 年）的两场大火，将寺内的部分建筑焚毁。光绪十二年（1886 年）建立的碧湖诗社遗址在西厢房处。此为当年当地文人学士会聚之所。1922 年寺院改建。

【建筑风格】

开福寺布局完整，庭院幽静。寺中的主要建筑山门、三圣殿、大雄宝殿和毗卢殿位于中轴线上。两侧有禅堂、法堂、斋堂、客堂和僧舍等古迹。

【历史价值】

开福寺现存建筑物面积为6300多平方米，占地面积约16000平方米。殿上佛殿共分三进，前为三圣殿，中为大雄宝殿，后为毗卢殿。东西厢房，东边有客堂、斋堂、摩尼所、方丈、藏经楼；西边有讲堂、禅堂、念佛堂。寺院是以明清宫殿式建筑为主体的建筑物，被列为湖南省级重点文物保护单位。

福 严 寺

【名僧诗话】

决志归乡去，乘船渡五湖。
举篙星月隐，停棹日轮孤。
解缆离邪岸，张帆出正途。
到来家荡尽，免作屋中愚。

——唐·元安《示法偈》

【地理位置】

福严寺坐落于湖南省衡山掷珠峰脚下。

【寺庙历史】

始建于南朝陈光大元年（公元567年）的福严寺，初名般若寺，也称般若岩，开山始祖是我国佛教天台宗三祖慧思法师。唐开元元年（公元713年），禅宗七祖怀让至此传播“顿悟”法门，从此该寺便有了“天下法院”的美誉。宋初更改为福严寺，沿用至今。后因年久失修，寺中殿堂多被毁坏。福严寺的今存建筑，是清同治九年（1870年）重修后的遗物。

【建筑风格】

福严寺的殿宇依山而建。中轴线的主要建筑有山门、过殿（知客厅）、岳神殿、大雄宝殿、藏经阁等。祖殿、方丈堂、法堂、云水堂、莲池堂、禅堂等，布局在两侧。除此之外，寺中还有慧思大师的墓塔三生塔。

【历史价值】

此寺在我国佛教发展史上占有重要地位。

岳神殿为佛教寺庙中的一处道教建筑，殿中供奉着南北朝时铸造的南岳神青铜像一尊。衡山原为一座道教名山。在福严寺中建道教殿宇，不仅让佛教入乡随俗，有了赖以生存的立足之地，与此同时也表现了佛教与道教的和谐统一。

拜经台地处福严寺之后，台上岩石刻有唐德宗时宰相李泌题写的“极高明”三字。寺东有虎跑泉井，井壁石上刻写的是慧思大师的生平事迹。山门横匾“天下法门”，对联“六朝古刹”、“七祖道场”，足以说明福严寺的历史地位和重要性。

祝　圣　寺

【名僧诗话】

懵懵懂懂无巴鼻，兀兀陶陶绝忌讳。
任信流光动地迁，不论冬夏唯瞌睡。

——宋・佛果圆悟《瞌睡诗》

【地理位置】

地处南岳大庙东南侧的祝圣寺，为南岳五大佛教丛林之一。

【寺庙历史】

唐代高僧承远（公元712年—802年）于此处始创佛教寺院，称弥陀台，他的著名弟子法照于大历（公元766年—779年）末年奉诏入长安皇宫教官人五会念佛（500人为一会），被唐代宗奉为国师，传教四海。法照极力向代宗称赞其师承远有异德，代宗南向而礼之，度不可征，乃名其居曰“般舟道场”，用尊其位。唐德宗贞元年间（公元785年—805年），诏赦“弥陀寺”。自此，由弥陀台、般舟道场到弥陀寺，该寺便成为名震朝野、声动公卿的天下名寺。

唐会昌五年（公元845年）武宗李炎不相信佛教，从道士赵归真为师，崇信道教。当时赵归真受宠，素常于武宗面前诋毁佛教，于是一时毁佛之事异常激烈，40466所佛寺被毁，并且勒令26万多僧尼还俗，世称之为会昌法难，还称为第三武之厄。弥陀寺在这一劫难中法网难逃。从唐代到明代数百年间，祝圣寺几经磨难。

清初，祝圣寺再经修葺、重建，成为一度鼎盛的大寺院。康熙四十四年（1705年），湖南巡抚赵申乔，表奏康熙帝南巡，便大兴土木，将此处改建成一座宏大而华丽的行宫，后来康熙帝南巡未能成行，行宫封闭近10年。到康熙五十一年（1713年），三月时逢康熙帝六旬大寿，诸省宪台，齐聚南岳建“万寿国醮”，于是湖广总督额伦特，湖南巡抚王之枢奏改行宫为祝圣寺，请颁《龙藏》，康熙帝颁赐

《龙藏》全部，计735函，1669部，7838卷。雍正五年（1727年），时任湖南巡抚的王国栋，再次将行宫改祝圣寺的情况向朝廷呈送了奏折。雍正帝胤禛作了“知道了”朱批，并且首肯“祝圣寺”名，祝圣寺名从此始至今。

【建筑风格】

祝圣寺的主体结构有前殿、正殿、藏经阁、方丈室、罗汉堂等，富丽堂皇，蔚为壮观。尤其是罗汉堂，左右墙上嵌有石刻的五百罗汉像。这些罗汉像系寺内一个名叫心月的和尚的雕刻作品。心月和尚擅长石刻，他从江苏常州天宁寺得到罗汉摹本，不断努力学习古人，体验现状，刻苦钻研，费时3年终于完成了五百罗汉的石刻。这些罗汉线条流畅，形象逼真，它们有的双膝盘坐，有的袒胸欲行，有的持禅杖，有的挥禅帚，有的目光前视，有的俯首沉思，有的卧有的立，有的哭有的笑，有的怒有的乐，众貌各奇，神采迥异，各相毕具，并无雷同，真是匠心独运、巧夺天工，堪称我国石刻艺术的珍品，历来为佛教和艺术界赏识。

【历史价值】

1983年，祝圣寺被国务院确定为汉族地区佛教全国重点寺院。

麓山寺

【名僧诗话】

尽日寻春不见春，芒鞋踏遍陇头云。

归来笑拈梅花嗅，春在枝头已十分。

——唐·无尽藏《嗅梅》

【地理位置】

麓山寺地处岳麓山的古树丛中，此处自然环境优美，人文景观众多，有“汉魏最初名胜，湖湘第一道场”美誉。

【寺庙历史】

麓山寺曾称鹿苑、慧光寺，为晋代法崇禅师始创。隋仁寿二年（公元602年）敕建舍利佛塔。唐开元十八年（公元730年），著名文学家、书法家李邕书写“麓山寺碑”，洋洋1400余言，历数山寺掌故。北宋开宝九年（公元976年），该寺原址改建成岳麓书院，这才在元祐年间（1086年—1093年）于今址重建麓山寺。明神宗万历年间（1573年—1619年）敕赐“万寿禅林”。现在人们只能看到大门、弥勒殿、大雄宝殿、五观堂、钟鼓楼、观音阁等建筑，是为清顺治五年（1648 年）重建之遗迹。

麓山寺开山始祖法崇以传《妙法莲花经》而著称于隋，著名的天台宗创始者智者大师开始出家长沙呆愿寺，后在麓山寺弘法，后人景仰遂建讲经堂；唐时摩诃衍禅师曾诠为麓山寺方丈，后将南宗禅法传入西藏，并在拉萨和印度高僧论战。

【建筑风格】

麓山寺大门为牌楼式建筑，正中之上镌“古麓山寺”4 字，门楼左右镌名楹“汉魏最初名胜，湖湘第一道场”。入大门后能够看到放生池，接着是第一进殿弥勒殿，佛台上供弥勒佛像。弥勒殿左有钟楼，右为鼓楼。二进殿是大雄宝殿，为正殿，殿内佛台供奉释迦牟尼佛佛像三身，庄重至极。大雄宝殿左侧系五观堂，用以寺内僧众就餐。观音阁在寺的后部，还称藏经阁，为清康熙三十九年（1706 年）复建，到现在已有 300 余年的历史。观音阁为三开大殿，供奉 3 尊观音菩萨。阁前有古松两株，其中之一树龄已达 1700 余年。阁前廊柱上镌一副对联，系唐代诗人杜甫所作，联曰“寺门高开洞庭野，殿脚插入赤沙湖”。而阁匾“观音阁”3 字则为唐代大书法家欧阳询所书。

【历史价值】

麓山寺的大部分殿堂于 1986 年得以重新修复，殿内佛像庄严慈祥，千手观音前每天都有很多信徒顶礼膜拜。所珍藏的佛经和古籍特别丰富，石刻的阎立本、吴道子、牧溪、仇英等作的观音宝像，贯休的十六应真，湘绣怀素草书《自叙帖》等都是旷世珍品。

南 台 寺

【名僧诗话】

落日寒蝉鸣，独归林下寺。
柴扉夜未掩，片月随行履。
惟闻犬吠声，又入青萝去。

——宋·守诠《题梵天寺》

【地理位置】

素有“天下法源”之称的南台寺坐落在衡山瑞应峰下。

【寺庙历史】

南台寺始建于梁天监年间（公元502年—519年），本来为海印和尚修行之所。在寺后左边的南山岩壁上，有一大石似台。据说当年海印和尚每每在此石上坐禅念经，故寺名称“南台”。如今台边“南台寺”3个径大两尺的大字尚清晰可见，左边有“梁天监年建”，右边有“沙门海印”两行直刻小字。

南台寺自创建后，曾经一度荒废，一直到宋代乾道元年（1165年）才得到重新修缮。明初寺院再次废圮。明弘治年间（1488年—1505年），元碍和尚重建。清初，寺院又遭废圮。有些僧徒乘机分移寺产，在山下岳庙旁各建小寺，自称南台嫡系正派。

清光绪年间衡阳人淡云和尚和他的徒弟们，见新老南台迭出真伪难辨，“争利于禅林，有辱佛门”，于是下决心重振南台正宗。光绪十六年（1890年），他来到了南台寺旧址，并且募捐18000多贯，光绪二十八年（1902年）破土动工，历时4年，到三十一年（1905年）建成该寺。寺宇规模宏大，规模超过历代。

光绪二十九年（1903年），日本曹洞宗法脉高僧梅晓和尚（六休上人），自报家门系石头和尚第四十二代法孙，专程至南台寺。此时南台寺的重建工程还在进行，梅晓看到屋基坚实、砖墙厚实，规模宏大，非常高兴。当时就向淡云和尚提出：寺宇落成，愿赠“藏经”一部，淡云和尚首肯。梅晓归国后4年（1907年）后，就率领日本佛徒数十人，亲自护经至南台寺，并举行了隆重的赠经仪式。此为当时一大盛事，成了中日友好往来源远流长的历史见证，至今日本佛教徒经常派出代表团来南台寺礼祖。

南台寺有一小径通南岳古镇。途经一个大石坡，石坡间有石磴数百级。石磴在岩石上，宛如天梯架于岩壁之上，故称天生磴。梯下悬崖峭壁，悬挂着铁链的石栏杆，山坡旁边有一石，名曰金牛石，据说上面印有金牛足迹。明正德十年（1515年）秋，夏良用于金牛壁刻上了一首诗云：“手招黄鹤来，脚踏金牛背。尘世无人知，白云久相待。”沿山坡下行2千米便可抵达黄庭观，从此走上坦道，就能够迤逦直达南岳古镇。现在南台寺已修葺一新。1981年泰国华侨黄彰任先生捐赠一尊铜佛，供在寺中殿堂上，为古刹添光增色。

南台寺中外闻名，海内域外的佛教徒对它特别崇拜。这不仅因为它是六朝时的古刹，历史悠久，尤为重要的是该寺院在唐末五代时就出现了一位著名高僧称石头希迁禅师，他是南宗两大系中的青原系的重量级人物。

唐玄宗天宝（公元742年—756年）初年，希迁至南岳衡山受戒并结庵于南台寺东大石上，时称“石头和尚”。和江西道一禅师驰名天下。据说他著有《参同契》、《草庵歌》，现在的日本曹洞宗的僧人还用作必修日课。唐贞元六年（公元790年）希迁圆寂，卒谥“无际大师”，塔称“无相”。其弟子有道司、憔俨等21人。他们宣传教义弘扬佛法，创立了曹洞宗、云门宗、法眼宗三派，其中曹洞宗最为昌盛，最终形成南宗禅，进而成为中国佛教史上规模最大、影响最深远的主流，法嗣遍布四海。南宋时，临济、曹洞二宗传至日本。日本佛教界曹洞宗始终视南台寺为祖庭，所以有“天下法院”之称。石头希迁圆寂后，肉身龛葬于南台寺下方，成为南岳仅存的一座唐代古墓。

【建筑风格】

南台寺有四部分。山门挂“古南台寺”匾额。正门前有“南台禅寺”门额。三进为佛殿，有塑像饰龛。四进为法堂、祖堂、云水堂。两厢各有斋堂、禅堂、客房等。寺中大小舍房100余间。

南台寺前面竹林中，新辟了游路。附近僧尼墓群、石塔、火化窑，仍完好无损。这里绿树成荫，花草茂盛。南岳山上有种对雪开花的“雪花”，在寺内可以看到。南台寺后的山峰上建了一座雄伟的金刚舍利塔，如遇雨后放晴，在衡阳或衡山火车站就可看到这座高耸入云的舍利塔。这座塔是八面九层，高58米，从1995年开始兴建，至1998年4月竣工，历时4年，共耗资450多万元，这些资金全部是居士和教徒捐赠。在晴空万里的夜里，带上望远镜，站在塔顶，衡阳、湘潭、株洲的夜景，尽收眼，令人心旷神怡。塔内藏有佛教的瑰宝“舍利子”，供游人欣赏。这座塔为南岳增加了一景，为南岳佛教史上增添了光辉一页，每日来这里参观的人不少，受到了广大游客的赞扬。

南台寺四周绿荫蔽日，古木森茂，寺前有一片落叶杉林，名叫水杉林。树高达20余米，直插云天，羽状针叶，树影婆娑。

【历史价值】

金刚舍利塔地处南台寺后侧的瑞应峰，海拔600余米，是我国江南构建规模最大的高山金刚舍利宝塔，塔内256级阶梯绕塔壁而上，被国家文物部门和中国佛协鉴定的两枚佛舍利就安奉在顶层。

南 岳 庙

【名僧诗话】

秋深天气爽，万象共沉沉。
月莹池塘静，风清松桧阴。
头头非外物，一一本来心。
直下便荐取，切莫更沉吟。
——宋·佛果圆悟《秋深天气爽》

【地理位置】

南岳庙坐落在湖南省衡阳市南岳区，俗称“南岳大庙”，为集民间祠庙、佛教寺院、道教官观三位一体的古代建筑群。是我国五岳庙中规模最大、布局最严谨的古建筑群。

【寺庙历史】

据《南岳志》记载，唐初始建司天霍王庙，开元十三年（公元725年）建南岳真君祠，宋大中祥符五年（1012年）建造后殿，后屡经重建与扩修，规模渐大。主体建筑正殿，亦称大殿，为清光绪八年（1882年）重建。

【建筑风格】

南岳庙与山东泰安岱庙、河南登封中岳庙并称于世，是五岳庙中规模最大、总体布局最完整的古建筑之一。大庙面临寿涧水（古为护龙池），背枕赤帝峰，累计占地面积96800平方米，建筑面积达25800平方米。中轴线主体建筑分为九进四重院落。两翼东有八观，西列八寺，形成佛、道共融合于大庙的格局。自前到后，依次为棂星门、奎星阁、正南门、御碑亭、嘉应门、御书楼、正殿、寝宫、北后门。层次清晰，疏密有致。四个院落，大小有别，院中古木参天，花草遍地，石径通连，为宫殿建筑与园林建筑有机结合的艺术群体。

南岳庙第一进大门称棂星门。此门建于宋仁宗天圣六年（1028年），1932年改建成四柱三楼制式花岗石牌坊。

坊颧左右镌有浮龙彩凤及传说典故。坊顶较为奇特，皆为石制，方中有圆，最上层倒置石印一块，为南岳圣帝玺的象征，寓意南岳庙至尊的地位。南端坊额上刻着“天下南岳”四个大字，笔势遒劲刚毅，是宋徽宗赵佶手书。

奎星阁台基上架构一座戏台，本为娱神而建。后台有梯能登三楼阁顶，阁内原有一尊右手执笔，左手捧斗，形态凛然的奎星塑像，寓意崇文。院落中为御碑亭，亭四周松、柏、丹桂、古樟、香楠，郁郁葱葱，使院落显得特别幽深。亭为八角重檐攒尖顶，红柱碧瓦，脊兽齐备，玲珑隽秀。亭内置清康熙帝所撰《重修南岳庙》御碑。亭周额枋上有篆书“寿”字200个，无一雷同，是南岳为“寿岳”的寓意。

圣帝殿系南岳庙正殿，殿周古木参天，特别是宋柏、明樟，映衬着金碧辉煌的殿宇，显得大殿分外气势恢弘。

殿高31.11米，建筑于一座高2米的花岗石台基上，前置月台、御道，以白色大理石护栏环绕。全殿由72根花岗石圆柱顶立其间，寓意南岳72峰之数。正门前两个大柱是整块花岗石凿制而成，柱高6米，直径1米，重达1.4万千克；余70根都由两截组成。

殿以黄色琉璃瓦盖顶，脊饰各种珍禽异兽，正中高耸一高4.55米、重约500千克的青铜葫芦，高耸入云，金光闪烁。两端各置一支长约1米的青铜剑，既起避雷针作用，又使整个正殿增添了庄严肃穆之感。殿内正中石雕须弥座神龛上饰有4条金龙、两只金凤图案。龙飞凤舞，栩栩如生。龛内供奉南岳圣帝硕大泥塑金身神像，像高6.3米，金身冠冕，神态威仪，光彩照人。

殿前两侧竖立金吾二将巨像，手执斧钺，相对峙立门首两侧。整个正殿堪称一座雕刻艺术殿堂。在正殿周围尚存康熙四十四年（1705年）所建造的护栏，计126根栏柱，柱头上端雕有麒麟、狮、象等，全部白色大理石栏板全有双面浮雕，这些浮雕刀法刚健、线条流畅、画面构图精巧。

殿后大门门框上还有花岗石雕刻的“五龙捧日”浮雕。龙腾祥云，争捧旭日，形态逼真。加之殿脊上、四檐翘角下的陶龙、泥龙、石板上雕龙及彩绘龙等等，所有这些都充分渲染了“八百蛟龙护南岳”的传说，突出了南岳的地域特色。

【历史价值】

南岳庙在建筑上显示出中国古代建筑师高超的艺术水准。

南岳庙现为湖南省重点文物保护单位。

2006年5月25日，南岳庙作为明、清时期古建筑，被国务院批准列入第六批全国重点文物保护单位名单。

光　孝　寺

【名僧诗话】

六祖当年不丈夫，倩人书壁自糊涂。

分明有偈言无物，却受他家一钵盂。

——宋·死心悟新《颂六祖公案》

【地理位置】

光孝寺坐落在广州市光孝路。寺内至今保存着唐代修建的禅宗六祖瘗发塔、大悲幢以及五代时期铸建的东、西铁塔，闻名中外。

【寺庙历史】

始建于三国时期的光孝寺，是东吴受贬骑都尉虞翻的后代舍宅为寺而建造的，原名制止寺。东晋时改称为王苑朝延寺。唐代称乾明法性寺。五代时又称乾亨寺。北宋更名为万寿禅寺。南宋初年改称报恩广孝寺。绍兴二年（1132 年）始称光孝寺，沿用至今。

【建筑风格】

历史上的光孝寺规模宏大，殿堂林立，僧徒众多，是岭南一大名刹。历经毁建，寺中今存主要建筑有山门、天王殿、大雄宝殿、六祖殿、睡佛楼、瘗发塔、大悲幢、东铁塔和西铁塔等。

【历史价值】

如今的大雄宝殿系光孝寺的主体建筑，为清顺治十一年（1654 年）重建。殿里有全国少见的梭形立柱。20 世纪 50 年代，人们还在三宝佛的肚内发现了唐、宋时期的木雕罗汉与信士像，为罕见文物。

瘗发塔又叫六祖塔，唐仪凤元年（公元 676 年）始建。那年，禅宗六祖慧能于光孝寺正式宣布他继承了五祖弘忍的衣钵，僧众们就把他的瘗发埋在地下，并建八角七层的砖塔一座。至今此塔尚存，高 7.8 米。塔身各面都雕佛龛、佛像。此为佛教信徒们崇敬的圣地。

用青石雕制的八角形大悲幢，高 2.19 米，于唐宝历二年（公元 826 年）制作。幢座四周刻满力士像。幢身八面，刻满了《大悲咒》。这是一件非常珍贵的历史文物。

东铁塔和西铁塔，同样是光孝寺中的宝贵文物。东铁塔 6.35 米高，方形，七层。塔身上铸有盘龙和千余尊佛像。佛像周身贴金。此塔于五代南汉大有七年（公元934年）铸造。西铁塔平面呈方形。原塔七层，由于房屋倒塌，砸坏了上面的四层，今天只剩下三层。塔身上铸满了佛像与宝莲花。此塔铸造于南汉大有四年（公元931年）。此为我国现存铸造时间最早的两座铁塔，弥足珍贵。

古时，光孝寺还是外国僧人来华传法，或经此前往内地的基地。印度僧人达摩，便是从此处到少林寺去的。这足以说明，光孝寺在中外文化交流和我国佛教的发展史上，都占有重要地位。

1961年，光孝寺被国务院列为全国重点文物保护单位。

六　榕　寺

【名僧诗话】

地炉无火一囊空，雪似杨花落岁穷。
乞得苎麻缝败衲，不知身在寂寥中。

——宋·重喜《地炉无火》

【地理位置】

六榕寺地处广州市六榕路，为广州著名古寺。

【寺庙历史】

该寺于南朝梁大同三年（公元537年）始建，原名“宝庄严寺”，南汉时改称“长寿寺”、“净慧禅寺”。北宋元符三年（1100年），大诗人苏轼来游，当看到寺中有古榕六株时，便挥笔题写了“六榕”二字。寺僧珍其墨宝，榜诸山门，所以民间俗称“六榕寺”。直至清光绪元年（1875年），该寺大修后才正式把净慧寺易名六榕寺。

【建筑风格】

六榕寺有山门、花塔、大雄宝殿、观音殿、六祖堂、藏经阁、补榕亭、祖师墓园等建筑。

六榕花塔是六榕寺最著名的建筑。花塔地处寺内大雄宝殿前，是一座平面八角砖木结构楼阁式塔，从表面看为九级，塔内连同暗层总计十七级，57.6米高。第一层直径12米并有副阶。所谓“副阶周匝”，为宋式建筑的术语，即环绕塔身首层附设回廊，使建筑物显得更加气势恢弘。塔内楼梯作穿塔壁绕平坐式，即登塔过程要反复穿行于塔心室及塔身外面的平坐走道，使登塔者充满扑朔迷离的神秘感。从建筑技术的角度分析，此类较为复杂的结构，使这座古塔远比众多同时期兴建的古塔牢固。

六榕花塔各外层皆置平座回廊，廊檐以碧绿色的琉璃瓦覆顶，檐端微翘，形似雄鹰展翅。在阳光照耀下，彩釉生辉，朱栏碧瓦，丹柱粉壁，整座佛塔就像九朵雕花叠成，灿烂鲜艳。花塔之名，一说即源于此。值得一提的是，花塔各层出檐居然外露伸出檐下，呈放射形，游客于塔下仰望，恍觉塔身光芒四射。此种结构非常独特。

游客登临六榕花塔顶层，能发现顶层塔心室中间有一根塔心柱。这根塔心柱自塔顶的塔刹一直延伸下来，高 9.14 米。其他的塔心柱，多用木柱，花塔的塔心柱，却为铜铸，柱身上遍布浮雕小佛像，共 1023 尊。塔刹的火焰宝珠、九霄宝盘、宝轮、双龙宝盘等，都凭铜柱支撑。

六榕寺内尚存清康熙二年（1663 年）铸的巨型铜佛像 3 尊，每尊高达 6 米，重 10000 千克。观音殿也铸有铜观音像，高 4 米，重 5000 千克。以上皆为价值很高的文物。

寺内有榕荫园，苍榕翠竹，郁郁葱葱。今寺虽处闹市，可一入寺中仍给人以清净之感。因为历代城市扩建，六榕寺面积已较先时大大缩小。

【历史价值】

六榕寺小巧玲珑，闹中取静，加之花塔光彩夺目，苏轼题字熠熠生辉，故此为游人向往的胜地。

南 华 寺

【名僧诗话】

花发鸡冠媚早秋，谁人能染紫丝头？
有时风动频相倚，似向阶前斗不休。

——宋·五祖法演《花发鸡冠》

【地理位置】

南华寺于南朝梁天监元年（公元 502 年）始建。据史料记载，是年印度高僧智乐三藏从广州北上，途经曹溪，“掬水饮之，香味异常”，“四顾群山，峰峦奇秀”，

"宛如西天宝林山地"，于是就建议于此建寺。天监三年（公元504年），寺庙建成，梁武帝为之赐名"宝林寺"。

【寺庙历史】

唐仪凤二年（公元677年），禅宗六祖慧能于曹溪住持讲法。当时，许多学僧慕名沓至，参礼六祖，随其参学修行。时间一长，曹溪原有的殿堂渐渐不支，于是六祖惠能便决定扩建寺院。某日，惠能亲自拜会当地富豪陈亚仙，他说："老僧想请施主布施我安放坐具一处，可以吗?"陈亚仙问道："大师的坐具有多大呢?"六祖便拿出坐禅时的蒲团给他看，陈亚仙暗想这小小的蒲团能需要多大的地方呢，他就说："大师既需要安放坐具的地方，在下答应你。"六祖略微一笑，将坐具一展，不料整个曹溪地界都被坐具罩住了，此时四大天王也现身曹溪四方坐镇。陈亚仙唏嘘不已，于是说道："大师法力无边，我甘愿以曹溪全境供养您，只求您把我家的祖坟留下。"曹溪道场从此蔚为大观。

南华寺相继更称"中兴寺"、"法泉寺"，一直到宋开宝元年（公元968年），宋太宗敕赐"南华禅寺"，寺名才沿袭至今。

慧能大师为中国佛教禅宗六祖，俗姓卢，范阳（公元今北京大兴）人。少时随父亲流放岭南新州（公元今广东新兴）。父亲死后，他又随母亲移居南海，生活贫困，度日维艰，以卖柴为生。24岁时，他靠人资助，北上参学。

唐龙朔元年（公元661年），慧能在湖北黄梅进见禅宗五祖弘忍。五祖知道慧能根性猛利，还担心其他的弟子嫉妒陷害他，便使他先随众做务，劈柴踏碓8个多月。

当时，年岁已大的五祖弘忍，准备传付衣钵，就让弟子作偈来给他看，用来检验弟子的修正境界，是否能够担当"续佛慧命，传佛心灯"的责任。慧能所作高出一等，弘忍颇为心许。

接着，弘忍大师暗示慧能在三更的时候至方丈室内，亲自为他传法。当夜，弘忍边以法流加持，边为悲能讲《金刚经》，讲到应无所住而生其心时，悲能于言下完全悟出本性，五祖因此把顿教衣钵传悲，然后让惠能马上南归。慧能南归广东后，于仪凤元年（公元676年）正月初八至广州法性寺。

据《瘗发塔记》载，当印宗法师在该寺讲《涅槃经》的时候，"时有风吹幡动，一僧曰：风动；一僧曰：幡动；慧能进曰：不是风动，不是幡动，仁者心动"。印宗听后大惊，知慧能境界不一般，就在正月十五日为他落发，二月初八受具足戒，所以有瘗发塔的遗迹。

慧能大师说法不离性体，用“无念为宗”，“无相为体”，“无住为本”。他所说的无念，真如自性起念，于念离念，法性通流不断，上和诸佛为伍，同归毗卢性海，下摄众生慧心念，常常加护不息。无相，就是可以破除识执，敛相归性，当体即空，看透世间各种事物所由来的真如本体。无住，也就是不去追求，真如自性随缘起用，既依靠“识大”作用而生世间诸相，又不被识大执著所把撑，随用随扫，不着一尘。慧能大师还用“一相三昧”与“一行三昧”行化渡世，随缘利益有情众生。禅宗自六祖而大兴，逐渐成为中国佛教的主要方面。

六祖真身为南华寺的镇寺之宝，佛教徒笃信六祖慧能是传说中的“肉身菩萨”。早在圆寂前一年，六祖便让他的门人到新州国恩寺建塔。之后六祖就跏趺而坐，减少饮食，使体内的营养和水分逐渐消耗掉，结果坐化圆寂。他的弟子方辩和尚便往他身上涂生漆，干了一层又涂一层，与此同时用铁条、纱布加固六祖的颈部，一直到躯体外形成一个 3 到 4 毫米厚的漆壳，只留一个小孔。接着由他的门人抬进两个对合密封的大缸之中的木座上，座下撒满生石灰及木炭，座上有排漏孔。不久，肉身上的水分一点点排尽，就成了六祖“真身”——全身舍利。

后来，门徒们针对师父真身该安放何处不断争论。国恩寺是他坐化之处，而南华寺却是他传法的祖庭，选择起来确实为难。最终弟子们焚香祷告，以香烟所指的方向作为六祖真身的归宿。结果，香烟指向曹溪南华寺方向。因此，六祖真身于南华寺落户。

我们现在所看到的南华寺，重修于民国二十三年（1934 年），由李汉魂资助，著名高僧虚云和尚主持，费时 10 年，建成殿堂房舍 243 楹，新塑圣像 690 尊，使南华寺成为广东省最大的佛教圣地。

【建筑风格】

如今整个寺院建筑面积 1.2 万平方米，殿宇建筑保留了中国古代建筑传统，呈中轴线两边对称布局。自正门进入，二进为曹溪门、放生池、宝林门、天王殿、大雄宝殿、藏经阁、灵照塔、六祖殿、方丈室。

在大雄宝殿里，有三尊贴金大佛高达 8.31 米，四壁罗汉彩塑多达五百余幅，都是艺术珍品。在六祖殿里，供奉着六祖慧能大师、憨山大师以及丹田祖师的整体舍利。左右两边墙壁，还重新镶嵌了 29 块石刻，上面按禅宗典籍的记述各自刻着南岳怀让、百丈怀海、沩山灵佑、仰山慧寂、临济义玄、云门文偃等继位慧能之后的贤僧画像。寺后右面有卓锡泉（俗称九龙泉）一眼，泉水终年流涌不绝，清澈冰凉。据说当年六祖慧能常在这里浣洗袈裟，后苏轼曾为之作《卓锡泉铭》。泉的前面有被称为“植物活化石”的水松九株，树高达40多米，据考证，此为全世界水松最高，树龄500岁还多。

【历史价值】

从古到今，由于慧能在中国佛教史和哲学思想史上的崇高地位，南华寺吸引着众多的善男信女及名人墨客。

宋代大文学家苏轼，在写给友人的一首诗中曾一往情深地表达了深挚的向往：“水香知是曹溪口，眼净同盾古佛衣。不向南华结香火，此身何处是真依？”南宋名臣文天祥，也写下了《望南华》如此感情真挚动人的诗篇：“北行近千里，迷复忘西东。行行至南华，匆匆如梦中。佛化知几尘，患乃与我同。有形终归灭，不灭惟真空。笑看曹溪水，门前坐松风。”近现代时，许多社会名流，也都纷纷慕名前来观光游览。

开元镇国寺

【名僧诗话】

曲渚回塘孰与期？杖藜终日自忘机。
隔林仿佛闻机杼，知有人家住翠微。

——宋·道潜《东园》

【地理位置】

开元镇国寺坐落在广东省潮州市。

【寺庙历史】

荔峰寺是开元镇国寺的前身。唐代开元二十六年（公元738年）诏建开元寺，元代改为“开元万寿禅寺”，明代名“开元镇国禅寺”，又称“镇国开元禅寺”，加额“万寿宫”，俗称开元寺，始终沿用至今。开元寺是粤东地区第一古刹，有“百万人家福地，三千世界丛林”之称。

【建筑风格】

开元镇国寺建筑布局大体可分为三部。以照壁、山门、天王殿、大雄宝殿、藏经楼、玉楼为中轴，东侧是客堂、地藏阁、斋堂、僧舍、不俗精舍、祖堂，西侧是方丈室、观音阁、慧业堂、僧舍、诸天阁，构成庞大的四合院式古建筑群。其主要殿阁都是木石材料，凭木榫紧密衔接，用龙头斗拱迭起支撑，层层向上散开，多者达十一层，承受殿顶的巨大压力。殿顶是四重檐，琉瓦彩甍丹墙，极其壮观。

据当代古建筑专家考证，日本著名的东大寺佛殿的宋代建筑模式，和今天的开元寺天王殿雷同。由此判断天王殿应该是宋代建筑。该殿研究价值极高，被誉为“古代建筑艺术明珠”。

天王殿、大雄宝殿前有石经幢4座，由石雕构件迭砌而成，系开元寺初创时所造，已有1200多年的历史，一座为八层，高5米，一座为二十五层，高7米。尽管现在石表严重剥蚀、图像斑驳，可是其明快、凝练的雕刻技巧还依稀可见。

大雄宝殿内有座造型典雅细腻的红铜香炉，据说是唐代来此参学的韩国僧人所赠送。殿内还悬挂着重1500千克、高1.7米，口沿105厘米的大铜钟一口，系宋政和四年（1114年）潮州金刚经社铸造供奉开元寺的。钟面平整光滑，工艺精良，无砂眼铸痕，数百年来终日撞击，至今还声音悠扬，完好如初。

文物室中陈列着元泰定二年（1325年）用陨石雕刻而成的大香炉，六层圆形，高1.4米，重475千克。底层用8个兽头作炉座，第二层呈八棱形，各自雕刻梅花鹿动物浮雕八幅；三层、五层分别雕覆莲瓣；第四层呈球形以金束腰，和三、五层上下巧妙衔接；第六层为炉体顶层，呈正圆形，口沿直径达0.84米。整座香炉设计奇妙，线条流畅，向有“天上的材料，人间的工艺”之誉。

大雄宝殿东侧斋堂前，悬挂着铸于元至正六年（1346年）的铜质大云板一块。上有铭文，工艺精湛，虽经600余年风雨侵蚀，还完好如初。

寺内尚存金漆木雕千佛塔一座，是潮州明代的木雕精品。塔高2米，呈六角形，七层，各层图案变化异常，金瓦翘檐，分别悬挂风铃，栏盾交错，各层圆拱门之内，全刻佛像，门前则分别雕十八罗汉、二十四诸天神像，塔顶竖五层小塔。整座千佛塔，结构烦琐，精雕细琢，文物价值极高，系古代广东境内四座千佛塔之一。

在藏经楼中，珍藏着一部清乾隆年间（1736年—1795年）的《龙藏》，计7240卷，分别装在724函中。

寺中还有一部智诚法师血书《大方广佛华严经》，80多万字，字字端楷，特别工整。寺内还镶嵌着众多宫府文告以及历代开元寺重修碑记石刻。

【历史价值】

2001年，开元镇国寺被国务院公布为全国重点文物保护单位。

云 门 寺

【名僧诗话】

晓来风静烟波定，徐来短艇资闲兴。

满目秋江澄似镜，明月迥，更添两岸芦花映。

——宋·投子义青《渔父歌》

【地理位置】

坐落在广东省乳源县城北的云门寺，离韶关市区 50 千米。

【寺庙历史】

云门寺始建于五代后唐同光元年（公元 923 年）。清末，云门寺已近荒芜。1943 年冬，主持南华禅寺重修工作刚刚竣工后的著名高僧虚云和尚，又来到云门寺主持了寺院的重建工作，耗时 9 年，建成殿堂 180 楹，新塑圣像 80 余尊，再振云门宗风。1983 年，云门寺及南华禅寺一起被定为全国重点寺院。1984 年，在政府的支持下，又一次对云门寺进行了规模较大的重建工作。

【建筑风格】

云门寺重建后占地面积 1.2 万平方米，建筑面积 7000 余米，门、厅、殿、堂、舍等别具一格。

【历史价值】

在大雄宝殿释迦牟尼像前面，有小型的汉白玉佛像两尊，一立一卧，系缅甸佛教徒于 1987 年赠送，以纯正的缅甸汉白玉雕刻而成，通体细滑，看上去具有强烈的质感，就像真人肌肤一样，为云门寺珍宝。殿内三面壁上是以陶瓷烧成的大型彩瓷佛画，长 24 米、高 4 米，为我国当前佛寺中唯一的巨型彩色陶瓷壁画。壁画形象地刻画十八罗汉、二十四诸天王 42 个人物，画面下层系十八罗汉，上层系二十四诸天王。

别 传 寺

【名僧诗话】

多谢尊前窈窕娘，好将幽梦恼襄王。

禅心已作粘泥絮，不逐春风上下狂。

——宋·道潜《子瞻令官伎娉娉乞诗席中口占》

【地理位置】

别传寺坐落在广东韶关的丹霞山上。

【寺庙历史】

别传寺于清康熙元年（1662 年）始建。其开山祖师为澹归禅师，取灵山会上世尊拈花迦叶微笑之典故，称“别传禅寺”。“别传”指的是迦叶尊者所领会的心法乃是“教外别传”，并非处于文字之中，只能是佛与佛口传心印。之后盛请番禺海云寺天然禅师上山传法，短时间内就崛起于禅宗业林，百年后曾和曹溪南华禅寺以及乳源云门寺相对峙，在粤北地区非常著名。

清乾隆年间（1736 年—1795 年），别传寺因故中落。一直到民国三十三年（1944 年），在时任广东省长李汉魂的协助下赞华和尚对该寺稍作修复。1976 年宗教政策恢复，本焕老和尚以 70 岁的高龄开始在海内外同参道友及护法檀越帮助下，终于在这佛门圣地重新建起今天的别传寺。数十年来，该寺弘扬佛法，四众来朝，现在为使丹霞山的人文景观与自然景观有机结合起来，当地政府对别传寺的发展也给予鼎力相助。

【建筑风格】

目前的别传寺红墙碧瓦，斗拱飞檐，古朴而庄严。全寺背靠悬崖，面对云海、姐妹峰、童子拜观音、茶壶峰、朝天龙，诸峰时隐时现，令人有飘飘欲仙之感。寺院附近有水清如镜的“玉池倒影”，两树相连为一体的“鸳鸯树”，青葱悦目的“龙盘翠竹”，花香迷人的“双池碧荷”，还有观摩台、天然岩洞等名胜，确是一处人间仙境。

【历史价值】

高僧涌现，禅文并举，和海云寺遥相呼应，诗唱偈和，“不立文字，教外别传”，体现出“目空今古道风孤，世出世间扶正气”的诠释，别传寺挟势如风云，禅风远播，鼎盛时住僧千众之多。

南　山　寺

【名僧诗话】

轩卓谁肯到？泉石自相锐。
暮雨雕残寺，秋凰恨望人。
庭新一片菓，衣故十年塵。
赖有瑶华赠，清吟愈病身。

——五代·怀楚《谢友人见访留诗》

【地理位置】

南山寺地处广西壮族自治区贵县南山公园内狮山山麓。此寺将寺、山、洞巧妙结合为一体，历史悠久，源远流长。寺内还有宋代大铁钟一口，极其珍贵。

【寺庙历史】

南山寺于宋端拱二年（公元989年）始创。景祐二年（1035年），宋仁宗亲题“景祐禅寺”匾，遂称景祐寺。元代，文宗为其亲题“南山寺”匾，从此改称南山寺。寺内建筑经多次修葺，至今保存完好。

【建筑风格】

依山而建的南山寺，主要建筑有山门、金刚殿、景楼等。大石洞变成了它的殿堂。

在金刚殿后，有一处高约八九丈，宽十余丈的大石洞，能容纳1000多僧众。此为南山寺僧诵经聚会之所。洞里有石佛像、石菩萨像以及十八罗汉像。其中有弥勒佛像一尊，高达2.7米。此洞久已变成南山寺的一座重要殿堂。洞中千奇百怪的钟乳石，一直引人注目。

【历史价值】

在南山寺内有大铁钟一口，高2米，人称飞来钟，于宋天圣三年（1025年）铸造。除此之外，寺内还有宋、元、明、清的石碑，为珍贵的历史资料。

洗石庵

【名僧诗话】

一拳拳倒黄鹤楼，一踢踢翻鹦鹉洲。

有意气时添意气，不风流处也风流。

——宋·白云首端《一拳拳倒黄鹤楼》

【地理位置】

洗石庵地处广西壮族自治区桂平县西山境内。

【寺庙历史】

洗石庵于清顺治三年（1646年）创建，康熙三十八年（1699年）竣工。属临济宗道场。庵名“洗石”，是取西山石多且奇，只有通过瀑、雨、露、月、烟、潭经常洗刷，才能玲珑剔透，返璞归真之意。洗石庵为现在广西保存最为完整华美的寺庙之一。

【建筑风格】

洗石庵建筑面积较小，占地面积仅1021平方米，有庵门、经堂、佛堂三进殿堂，层次分明，小巧多姿。建筑别具风格，屋顶、屋脊、殿内柱身、梁枋、顶棚、门窗花格等皆精美异常，极富南方韵味。

“天竺俯江流到眼晴岚归爽气，云山经雨洗奇石点头也思灵。”这是洗石庵山门石柱上所刻写的一副对联，基本上道出了此庵的基本环境以及由来。洗石庵经堂是三开间的楼房，屋顶为硬山重檐，金黄色琉璃瓦覆盖，楼下供佛像，上为方丈室。楼两旁为半青阁、妙虚楼，精巧奇特。经堂后有一小天井，在3米高的挡土墙正中塑着云龙一团，龙身金鳞金光闪烁，龙口有清冽泉水喷出，名为龙潭。佛堂为一层三开间大殿，宽11.6米，进深11米，高9米，外檐柱为整条石柱，里面是红漆木柱，下呈宝瓶形石柱础。硬山屋面，面覆金黄琉璃瓦，肃穆壮观。

洗石庵四周风景宜人，古松巨榕，蔽日参天，泉水淙淙，瀑布如练。附近名胜很多，诸如庵前有唐代建的李公祠，庵后有清代建的龙华寺及李宗仁建的“飞阁”，还有乳泉、吏隐洞等。

【历史价值】

洗石庵种茶历史悠久，有“西山茶，乳泉水”之称。该庵昌慧法师系经验丰富的种茶、制茶能手，生产加工茶叶自有绝技。1986年，洗石庵生产的绿茶在全国茶叶评比会上被评为全国一级名茶，且连年远销日本。

1983年，洗石庵被国务院确定为汉族地区佛教全国重点单位。

龙 华 寺

【名僧诗话】

为爱寻光纸上钻，不能透处几多难。
忽然撞着来时路，始觉从前被眼瞒。

——宋·白云首端《蝇子透窗偈》

【地理位置】

龙华寺，坐落于广西壮族自治区桂平市西山半山腰处。原称“龙华古寺”，由于该寺位于洗石庵上，俗称“上寺”。

【寺庙历史】

龙华寺于唐末宋初始建。

清康熙时，石峰韬和尚与普明和尚相继驻锡龙华，开山扩建，使之初具规模。两和尚同是曹洞余脉，自此龙华首开曹洞宗风。乾隆二十四年（1759 年），由知府胡南藩捐资，住持简堂和尚带领僧众重修。咸丰乙卯年（1855 年）毁于贼寇之手，癸酉年（1873 年）再次复修。

1921 年 10 月，孙中山先生游览西山，并且捐赠兴庙资费。名僧巨赞大师于 1942 年任龙华寺住持，觉光法师任该寺监院。巨赞为改革僧制，推进佛教现代化建设进程，提出了诸佛弟子必须“走学术化、生产化道路”的口号，主张提高僧众知识水平，博学慎思，洞悉人世间一切学问，恢复僧众在学术界的地位，并倡导“一日不作，一日不食”的原则，生活上自给自足，根除过去僧人化缘求乞的陋习。

新中国成立后，自治区政府拨款数十万元对龙华寺进行规模较大的重修。大雄宝殿较原殿扩大，在两侧增建偏殿、钟鼓楼；此外还集资重塑四大天王金身。已成为香港佛教界领袖的觉光法师听到古刹重光，特地赠送释迦佛像一尊，佛身是脱纱工艺，尺寸制作比例严格，配以精致的莲台、背光，造像工艺水平极高。佛像现供奉在大雄宝殿，中国佛教协会前会长赵朴初居士亲题“大雄宝殿”匾额，并且赠一联云：“勤学五明，弘范三界；庄严国土，利乐有情。”中国佛教协会副会长茗山法师同时也赠一联相勉：“兜率宫中常说法，龙华三会愿相逢。”经不断努力，龙华寺在社会广泛关注以及大力支持下，终于佛光重辉，以崭新的原貌展现在人们面前。

【建筑风格】

龙华寺依山而建，坐西朝东。寺院四周古木参天，郁郁葱葱，空气新鲜，风景特别优美。红墙黄瓦的建筑物镶嵌于苍松翠柏之间，更使龙华寺别具一格。

古寺背靠姚翁岩飞阁，左旁灵溪，右临乳泉，下至碧云天。寺内塑四大金刚、十八罗汉，主殿为释迦牟尼佛祖像。“大雄宝殿”殿额为原国家佛教协会会长赵朴初所题，殿联为释觉光法师墨宝。殿前为钟鼓楼。后为千手观音殿，“木鸟树音，咸宣佛法僧宝；灵霞山色，尽显毗卢遮那”，这是释觉光法师给龙华寺的赠联。古寺重光，晨钟暮鼓，佛法弘扬。

【历史价值】

龙华寺几经重修后，1990 年重新开光。殿阁雄伟巍峨，香火甚盛，香客进香，参禅礼拜，佛殿生辉。龙华寺现为广西佛教协会驻地。

南　山　寺

【名僧诗话】

谁能一日三梳头？撮得髻根牢便休。

大抵是他肌骨好，不搽红粉也风流。

——宋·法云秀《不搽红粉》

【地理位置】

南山寺坐落在海南省三亚市以西，距市区 40 千米的南山南麓。南山海拔高 500 多米，山上终年云雾缭绕。南山寺的地理位置十分优越，左右环抱山丘，面向万顷碧波的南海。

【寺庙历史】

唐时，鉴真大师率领日本留学僧荣睿、普照以及徒弟等 15 人第五次东渡日本，因遭遇台风便从宁远河口登岸，并在崖城驻留一年多的时间，在此期间修建佛殿，讲经渡人。此后鉴真大师第六次东渡日本成功，大加赞扬南山是吉祥之地。南山寺择此佳址而建，名山、名寺、名僧辉映，自然景观与人文景观融合，使此处成为海南的第一大福地。

【建筑风格】

占地约 27 万平方米的南山寺，按照唐代的建筑风格，建有天王殿、大雄宝殿、东西配殿、钟鼓楼、转轮藏、法堂、观音院、悲田院等，依山势而建，参差有致，庄严肃穆，清净幽雅。

南山寺整个建筑气势磅礴，为我国新建最大的道场，也是南方地区规模最大的寺庙。园内景致与雕塑配比适度，建筑与绿化融合成一体，显得庄严肃穆，淡雅清新。

天王殿当中供奉天冠弥勒和两个侍者，两侧立护法神四大天王。天王殿两侧各为钟楼和转轮藏。从天王殿穿过游廊，可入大雄宝殿，殿内供奉主尊为释迦牟尼佛、阿弥陀佛及药师佛，还有文殊、普贤、迦叶、阿难、帝释、梵天，两边供养菩萨和罗汉塑像十六尊。

“不二法门”为一由建筑、群像雕塑、经幢、石刻、浮雕、园林组成的景点，具有唐代建筑风格。此处的每个物品与建筑完全体现出佛家思想精髓即“不二”理念。被高大的木棉树和鲜红的木棉花簇拥着的不二法门广场，里面建须弥山，须弥山多住护法天神。绕过须弥山，便进入“圆通经幢”，其四周系“天龙八部”雕塑群像。自经幢前行，可见“天女散花”石刻，石刻后面为一尊高大的“达摩面壁”浮雕。达摩法师于嵩山少林面壁9年，为西天禅宗第28祖、中国禅宗初祖。

从“不二法门”广场下至曲桥，是面积为2200平方米的“八宝莲池”，里面分别有珊瑚石、海藻、水下灯具及琉璃制品，也有不同形态的热带海洋观赏鱼穿梭其间，在灯光照射下，让人似乎置身于神奇的海底世界。沿曲桥前行，有巨大的“耳根圆通”石刻一尊，“耳根圆通”是观音菩萨修炼法门的象征，“闻声救苦”，遍及十方。“耳根圆通”旁，是观音阁，阁上安放金碧辉煌的金玉观音一尊，高3.8米。从“吉祥如意”石刻拾级而上，系古色古香的吉祥钟亭，里面有一座高1.8米、重800千克的铸铜大钟，每遇重大节庆日，此处便有隆重的撞钟仪式，祈福消灾。由吉祥钟亭再往前行，穿过茂林修竹，就能看到仿古竹简巨幅石刻，上刻《吉祥经》，四周布满名家书法石刻作品。

【历史价值】

据史志所载，三亚南山即观音菩萨长居之“补怛洛迦”，有“大光明山”之称，入其境若入观音菩萨说法之道场。三亚南山寺是一座融佛教文化、建筑园林、观光休憩于一体的现代佛教新兴寺院。1993年，海南省政府特邀国内佛教界知名长老、南京栖霞寺住持圆湛法师来南山选址建寺，并正式聘请圆湛大师担任南山寺首任住持。

仁 心 寺

【名僧诗话】

一树春风有两般，南枝向暖北枝寒。
现前一段西来意，一片西飞一片东。

——宋·佛印了元《一树春风》

【地理位置】

地处海口市境内的仁心寺，是海南省规模最大的寺院之一，从宋嘉熙年间（1237年—1240年）由慈公上人始建迄今为止已有700多年历史。

【寺庙历史】

唐贞观十二年（公元638年），冯盎在莲花宝地观音寺西侧建起了海南第一座冼夫人庙。唐大中三年（公元849年），一位少林寺高僧随同被贬为崖州司户的当朝宰相李德裕来琼，船未靠岸便一眼看中了莲花宝地，立志留下来扩建寺庙。唐大中五年（公元851年），新扩建的观音寺建成开光。此前，莲花宝地旁还建有一座鲁班庙，其规模较小。

宋徽宗宣和四年（1122年），皇帝第一次为福建莆田的首座妈祖庙赐名“顺济庙”，这期间，海南第一座妈祖庙就建在观音寺旁。

元末，海甸莲花宝地来了一位云游到此的老和尚，住在被毁的观音寺残存的两间破房里。老和尚年逾古稀，须发皆白，但面色红润，慈善安详。他每天都访贫问苦，为老百姓看病送药。在海甸，被他治好的病人和救济过的穷人数不胜数，老和尚的传闻也不胫而走，成为远近闻名、街谈巷议的话题。尤其在贫苦大众中，这位不知名姓的长老，成为一位传奇式的人物。据说，长老给人治病，来者不用开口，他就能把疾病的来龙去脉说得一清二楚，他用药也很简单，一般只用他自己采制的草药，药到病除，妙手回春，立竿见影，救人无数。广大老百姓都把他当作观音菩萨派她身边的善财童子下凡来救苦救难，因此大家都尊称他为仁心长老。仁心长老在为众生做好事的同时，也不忘劝人敬佛。然而，要敬佛就得有寺庙，于是，海甸当地的人在长老领导下，开始为建寺募捐，日积月累，不到半年便攒够了建寺的费用，于是请来了一班能工巧匠，选定吉日良辰，在原观音寺旧址上破土动工。正当工程进入高潮，又值大明取代元朝的动乱之秋，工程停顿。于明初洪武二年（1369年）在明太祖的关照下，选派巧匠加紧修建，仁心寺终于告竣。为了表达对明太祖的高功大德的敬意，经民众公议认为观音大士救苦救难的慈悲心就是仁心，又是仁心长老带头募捐建寺，便一致同意将寺院命名为仁心寺。后人并将明太祖圣像供奉于仁心寺中。至此，仁心寺成为海南社会发展、经济繁荣的象征，海口市也迅速发展为一个港口型商业城市。据明万历《琼州府志》卷三记录，海港“帆樯之众，森如立竹”。

明代，海南进入稳定发展时期，仁心寺成为海南的佛教圣地和地方繁荣的标志。明万历三十三年五月二十八亥时（据《琼州府志》），即公元1605年7月13日深夜11时左右，琼北发生7.5级大地震，震中在琼山。这是中国历史上唯一导致大面积陆沉的地震，琼山与文昌交界沿海地面陆沉面积达100平方千米。琼北一带天崩地陷，山摇海啸，树倒房塌，人畜死伤。这时奇迹出现了。莲花宝地在大风海浪中依旧安然无恙，仁心寺在风雨飘摇中昂然屹立，众多百姓群集莲花宝地避难，更为神奇的是，仁心寺的古井井水依然清甜如故，且取之不尽、饮之提神，在救灾中起了巨大的作用。这一次考验，使仁心寺的名望传遍海南，远播东南亚，仁心寺进入香火鼎盛时期，一直延续到明末，长达两百多年。直到明末农民起义推翻明王朝，加之沿海倭贼的劫掠，在动乱中仁心寺受到战乱的破坏，暂时失去昔日的光辉。清朝一统后仁心寺再现生机。

在明末农民起义的混战中夺取了中国政权的清朝，励精图治，革故鼎新。经过康、乾盛世，中国再度出现了江山一统、兴旺发达的太平盛世局面，全国各地寺庙如雨后春笋般建设起来，仁心寺也迎来了再度辉煌的时期。据史料记载：清雍正五年（1727 年）和嘉庆十八年（1813 年），海口被定为广东省四大船舶修造中心之一。当时海甸河北岸船坞鳞次栉比，一片兴旺。正是在这个背景下，仁心寺的重建又逢最佳历史机遇。

清嘉庆元年（1796 年），安徽九华山有位叫慈公上人的法师云游天下，在佛祖诞辰前来到海南。他的渡船从海定到达海口，就在仁心寺对岸（现长堤路海关附近）登陆。他上岸后四顾形势，见海甸河对岸林木葱郁、鸟语花香，远远看去，宛然一朵漂浮在海上的青莲花。他对随他同来的小和尚说，这是我有生以来见到过最好的风水宝地之一。于是，二人过江到达仁心寺的所在地，但见林木参天中一座残破的小庙七零八落，不免叹息一番。向周围居民打听，人们争向慈公上人诉说心中夙愿，盼望有高僧大德来主持重建工作。一致请求他留下来领导当地老百姓来完成这一千秋万代的功德。慈公上人欣然应允，便和小和尚留下来进行筹备工作。据说，慈公上人继承了仁心长老遗风，一心为民间疾苦奔波。他不仅得到普通老百姓的拥护支持，也得到官方和富户的协同和帮助，还有海外华人的捐献。不到一个月，募化的款额已足够建一座大庙之用。施主中有一位姓陈的财主，祖籍福建厦门，来海南经商已三代，是有名的富豪。他独自出钱买下大片土地供仁心寺建设之用，立志要建一座海南一流的大寺，以了却他敬佛弘法之心愿。

据传，陈财主虽富甲海口，却美中不足，未得一子以传宗接代，只好抱养一个男孩，指望他今后继承陈家的家业，为陈家传宗接代。奇怪的是这个男孩长到 12 岁，还一直不吃荤，只吃素。更为奇异的是，这小孩平常只爱去寺庙看僧众诵经，听后即牢记不忘，出口成诵。他还爱模仿做法事、参禅等活动，并自称出家人，口中不离阿弥陀佛。过了 12 岁后，这个男孩自己在陈家的院子里搭起了一个小茅棚，与养父母分居，一个人在里面念经，后来一个人跑到仁心寺找慈公法师，要求出家。法师看到这个男孩仪表不凡，心知他是观音菩萨派下来弘扬佛法救苦救难的，但由于陈家抱养他长大，他尚未完成为陈家传宗接代的任务，便要他回家去，10 年后再出家。这个男孩回到家里后，讨了老婆，生了 4 个男孩，24 岁这一年便离开了妻儿，正式出家到仁心寺。

嘉庆三年（1798 年）佛诞大庆之时，重建的仁心寺落成开光与佛诞节同时举行，慈公上人作为方丈主持了隆重的仪式。地方官员、名门望族和民众无不欢欣鼓舞，同庆这件海口佛教大事。从此，海南佛教史也翻开了新的篇章。

慈公上人在仁心寺广收弟子，为海南佛教播下了种子。他的弟子不仅有本地人，还有慕名前来的内地人和海外华人，远及东南亚各国。据说，当时仁心寺僧徒多达千人，为海南之冠，寺院藏经之多，也甲于琼岛。在慈公上人主持下，仁心寺生机勃勃，欣欣向荣，名传海外，直达朝廷。传说嘉庆帝有位皇妹，从小沉默寡言，不爱富贵荣华，满怀慈悲之心，爱读佛经。她 16 岁时已出落得花容月貌，但内心却冷若冰霜，只求早做世外人。一天，她去参拜观音后，当晚梦见观音显圣，对她言道："欲皈佛门，永依仁心。"她当即向嘉庆帝请求到仁心寺出家，嘉庆帝劝阻不了，只好依允，悄然让她南下，从此在仁心寺剃度落发为尼，群众传说她是观音菩萨派她的龙女下凡来重振仁心寺声誉。嘉庆帝为褒奖慈公上人弘扬佛法之德，也为了皇妹之故，给仁心寺御笔亲书题写了寺名与大雄宝殿名，并赐圣旨嘉奖。至今这份圣旨还保留着作为镇寺之宝，这也是海南佛教史上的一个破天荒的纪录。

在慈公上人众多弟子中，陈财主的养子是天资灵敏、悟性透彻的高徒。他 24 岁正式出家，不出半年，就把寺里的佛经背得滚瓜烂熟，且心领神会，出类拔萃，众弟子难及其万分之一，成为慈公上人的当然接班人。为此，慈公上人为他取了法号炼真，鼓励他修炼真谛，身体力行。炼真和尚不负上人苦心，深得众僧与当地群众好评。陈财主全家也福星高照，人财两旺。

嘉庆十一年（1806 年），慈公上人年满 108 岁。是年，他自觉菩萨召唤，到了他传衣钵的时候。一日，他打坐中仿佛见观音显现，金身灿烂，脸含微笑。慈公知时辰已到，召集全寺僧众，将衣钵传给炼真。炼真跪拜受传，当了仁心寺方丈。是晚，慈公上人圆寂，当地群众见祥云聚集于仁心寺上空，上人端坐其中。不久，祥云冉冉向东北飘去，慈公上人往九华山飘然逸去。从此，仁心寺在炼真法师主持下，香火鼎盛，名声大振。自炼真法师后，历经 10 代传人，仁心寺都由本地出生的高僧大德主持。清末民初，军阀混战时期，大雄宝殿、药师殿等主要大型建筑先后遭破坏。抗日战争中，又进一步凋落，寺庙气象一落再落，仁心寺又一度陷入困境。然而仁心寺莲花宝地的风水，仍然保持其本来品质，不因沧海桑田而有所变化。

1949 年 9 月，海口又发生了特大洪水，洪水淹到了二层楼高，唯独仁心寺内安然无恙，海口的百姓都跑到仁心寺避难。1996 年海口刮起特大台风，涨大水，海甸岛四处是水，据说唯独仁心寺所在地没有涨水，难怪一百多年前，法国人也看中了这块地的风水，在距仁心寺不到 200 米的地方建起了法国领事馆。

历史巨变，沧海桑田，仁心寺千百年的历史，深深地印着时代的烙印。以前，海南岛孤悬海外，与内地远隔，唯独仁心寺信徒遍布海内外，现在分布在东南亚一带有 4000 多海南华侨，都是仁心寺的信徒。到了 20 世纪 30 年代，日本侵占海南岛，到处烧杀抢劫，仁心寺也不能幸免。为了保护仁心寺，寺内的僧人和当地百姓奋力抵抗，仁心寺保住了，但仁心寺的主持法师却被杀害了。

1994 年 9 月 8 日，海南省民宗委（现民宗厅）发文同意恢复开放仁心寺。该寺与三亚南山寺、定安普济寺、万宁广善庵、陵水三昧寺、屯昌福庆寺、西仁寺等 6 所寺庙一起，成为海南首批开放的寺庙。仁心寺恢复开放之后，新塑了释迦牟尼坐像和千手观音、文殊、普贤菩萨像，设有经书法物流通柜台。

【建筑风格】

寺庙外观建筑风格以传统汉式仿古为主要建筑样式，采用长方形平面布局，对称分布，以衬托庄严肃穆的气氛，符合传统中式美学审美需求。纵向轴线南北朝向，依次为寺庙主殿，左右布置各次要建筑。整体构成长方形庭院，三重四合院，主要建筑物之间用回廊连接。寺庙分宗教区与生活区，宗教区集中在主轴线上的主殿周围。建筑群坐北朝南，由南自北依次分布山门殿、天王殿、大雄宝殿、法堂及藏经阁。左右分别是罗汉堂、观音殿、钟楼、鼓楼、经堂、方丈楼、僧房、斋堂、云水堂、茶堂。

庭院绿化为吸引内地游客，在考虑宗教活动场所庄严的同时，满足旅游、观光的需要，以海南热带植物为主，体现海岛风情，突出椰岛特征。

【历史价值】

仁心寺是佛教经海上丝绸之路传入中国的第一站，具有悠久的历史文化内涵。

第五章　西南地区

罗汉寺

【名僧诗话】

披毛戴角世间来，优钵罗花火里开。
烦恼海中为雨露，无明山上作云雷。

——宋·同安常察《披毛戴角世间来》

【地理位置】

罗汉寺地处重庆市罗汉街口。寺中现存宋代摩崖石刻五百罗汉、清代浮雕五百罗汉以及新中国成立后所创作的五百罗汉泥塑像，都为全国少有的珍贵文物。

【寺庙历史】

始建于宋代的重庆罗汉寺，现存寺内殿堂大部分是明、清遗物。

【建筑风格】

山门、济公殿、罗汉堂、大雄宝殿、藏经楼以及明碑亭等为此寺主要建筑。

【历史价值】

宋代摩崖石刻的罗汉像，现有 400 多尊，排列于从山门至罗汉堂之间甬道两侧的岩石上。此处称罗汉洞。其中还有 7 尊佛像，所以也被叫做古佛崖。这些摩崖石刻像雕凿技法精湛，其风格和著名的大足石刻特别相似，是弥足珍贵的宋代艺术作品。

清代创作的五百罗汉浮雕像，皆为金色，排列于大雄宝殿的两侧墙壁前。大雄宝殿分别为上下两层，大雄宝殿为下层，比丘坛为上层。在大雄宝殿中，有一尊释迦牟尼佛像，两尊缅甸赠送的玉石佛像，以及释迦牟尼说法的木刻图案等历史文物。制作于嘉庆年间（1796—1820 年）的五百罗汉浮雕像，是常州天童寺五百罗汉浮雕的仿制品，制作精美，几可以假乱真。

由四川美术学院师生于 20 世纪 80 年代共同创作的五百罗汉塑像，排列于罗汉堂内。在此处，有药师佛、弥勒佛、孔雀明王佛和四面观音菩萨、地藏王菩萨像，以及罗汉像518尊。佛像、菩萨像端坐在莲台上，罗汉像倚靠在栏杆旁。罗汉或立或坐，或喜或悲，或胖或瘦，形态逼真，栩栩如生，表情丰富，令人叹为观止。

在济公殿内，有一尊满脸堆笑的济公和尚塑像。像前的一副对联写道“嬉笑佯狂消除人间烦恼，拖衣摇扇不减佛性慈悲”，表露出创作者的良苦用心，引人遐想。

温 泉 寺

【名僧诗话】

盲聋瘖哑是仙陀，满眼时人不奈何。
只向目前须体妙，身心万象与森罗。

——宋·重机明真《盲聋瘖哑是仙陀》

【地理位置】

地处重庆市北温泉公园内的温泉寺，背负缙云山，面对嘉陵江。北温泉历史久远，风景优美，唐进士司空图、北宋宰相丁渭、理学家周敦颐、南宋状元冯时行、还有现代名流黄炎培、林森、冯玉祥、老舍、田汉、夏衍等都曾在这里留下千古名作，是重庆有名的风景名胜区。温泉公园由著名爱国实业家卢作孚等人在1927年所创建，当年5月1日正式开放。抗战时，一批文化名人诸如陶行知、邹韬奋、邵力子等于此处活动，使公园成为科学文化活动的重要场地。1982年国务院把北温泉列入缙云山国家风景名胜区之列。温泉寺有峡江，后立峭壁，松林茂密，温泉宜人，是嘉陵江畔的一颗璀璨明珠。

【寺庙历史】

温泉寺创建于南朝宋景平元年（公元423年）。北宋景德四年（1007年）被宋真宗敕命为“崇胜禅院”。旧殿早毁，今存寺宇为明、清重建。

【建筑风格】

山门为二层楼阁式建筑，门前一对石狮峙立，非常威严。从下至上有关圣、接引、大佛、观音四大殿。诸殿依山而建，依次渐升，飞檐斗拱，富丽堂皇。大佛殿高15米，长20米，巍然屹立。观音殿也叫“铁瓦殿”，全用铁瓦、石柱建成，辉煌宏伟。寺内还有古香园、石刻园、观鱼池、荷花池等景区。

【历史价值】

寺内宝塔以整块石料雕凿而成，塔体五层，分别刻有莲花、佛像、狮子等图案，塔顶盘龙大有欲飞之势，造型逼真，雕刻精美。寺内树木郁郁葱葱，有花圃、枯园、水池等。殿北是著名的溶洞乳花洞。洞深70多米，洞内钟乳悬垂，泉流潺涓，每当皓月当空，便银光闪烁，景色宜人。寺旁有500多年的银杏树和罗汉松等，绿树红墙，交相辉映，气象凛然。寺左石刻园还有宋朝摩崖石刻罗汉像残骸、明朝碑刻以及盘龙塔等，都是珍贵历史文物。

双 桂 堂

【名僧诗话】

自乐平生道，烟萝石洞间。
野情多放旷，长伴白云闲。
有路不通世，无心孰可攀。
石床孤夜坐，圆月上寒山。

——唐·寒山《自乐平生道》

【地理位置】

双桂堂，还称万竹山福国寺，坐落在重庆市梁平县城西南方的金带桂村，离梁平县城13千米，是云、贵、川、渝各个佛教大寺庙的祖庭，也是一座闻名中外的佛教禅宗寺庙。

双桂堂占地7公顷，石木结构建筑。整个寺庙由大山门、弥勒殿、大雄宝殿、戒堂、破山大悲殿、藏经楼组成，布局巍然宏大。庙内有328间厢房，长廊连绵，大小佛像100多尊。雄伟高大的建筑群中，有很多彩绘、泥塑、砖雕、石刻、木刻。精雕细琢的高雅隽秀之中，蕴藏着矫健、朴素的民间艺术风格。寺内桂花溢香，白鹤成群，景致迷人。

【寺庙历史】

双桂堂始建于清顺治十年（1653年），到现在已有300余年历史，由曹溪南派禅宗第35代法嗣破山海明创建，其影响波及东南亚各国，就连美国华盛顿也建有破山庙。1980年5月中央落实宗教政策，寺庙归还和尚，后又拨款重新修复，进行了扩建。赵朴初居士亲笔题字的“双桂堂”匾额悬于大山门上。

明末清初，有位受法于浙江宁波府天童寺的川籍弟子即将归去。点拨他的密云大师掘了两棵桂树让他背上，并且明示说：“一路晓行夜宿，桂树在哪里落根，那里便是你的安身地，归天处。”据说后来这位弟子就选中了梁平县金带乡的这方圣土，创建了双桂堂。这位弟子是破山大师。

双桂堂开山始祖破山，法号海明，系明末清初的著名高僧，俗称“小释迦”。他曾游历两湖江浙一带，相继辟建法幢 15 处，剃度弟子数百人以及嗣法弟子 87 人，分布在云贵川鄂等地的一些著名寺庙，并且相继担任那些寺庙的长老。破山大师著诗 1300 多首，书法清新遒劲，久享文坛盛誉，《破山语录》更是远播海内外，为研究我国佛学以及当时人民生活的重要史料。

竹禅是双桂寺第十代方丈，清末著名画僧，毕生嗜好书画，尤其功于金石，因此人们在他墓前提联评价道：携大笔一枝，纵横天下；与破山齐名，脍炙人间。方炳南是竹禅的绘画弟子，擅长花鸟、蔬果，并且著有种菊轩《画谱》，木刻精印，流传很广。他曾主持省、县“劝工局”，始创竹帘画，使梁平工艺美术品驰名省内外，进而成为清末全国著名的民间画师。

【历史价值】

双桂堂内文物珍藏丰富，有清雍正帝御赐的打击乐器天聋、地哑、铜锣、铜鼓 4 种以及《藏经》一部，一块圣旨石刻，一部印度 11 世纪梵文手写《贝叶经》，其他佛经 7000 多册，破山《语录》12 卷和行书字。有出自缅甸的汉白玉佛、朝鲜宝光和尚的口笔书法及很多近代名人字画。

双桂堂宗教活动频繁。每年举行 4 次佛祖的庙会和 3 次观音的庙会，尤以每年观音成道日（农历六月十九日）的庙会最为盛大，到此烧香拜佛、顶礼膜拜者有数万人之多。此日寺内红烛高照，钟鼓声声，香烟缭绕，人群涌动，信徒僧侣来往不绝，烧香拜佛者纷至沓来。

圣寿寺

【名僧诗话】

一踏踏翻四大海，一掴掴倒须弥山。

撒手到家人不识，鹊噪鸦鸣柏树间。

——宋·黄龙慧南《一踏踏翻四大海》

【地理位置】

地处重庆市大足县内宝顶山大佛湾右后侧的圣寿寺，以“佛国圣境”而中外闻名，是中国西南驰名的佛教文化圣地。

【建筑风格】

圣寿寺今有古建筑由山门、天王、帝释、大雄、三世佛、观音、维摩7殿和两廊寮房等组成。这些建筑依山而建布局合理，飞檐翘角，气势恢弘，殿宇有千幅镂雕彩绘，姿态万千，栩栩如生，典雅清丽，殿内圣像端庄肃穆，令来者心清气静，崇敬之情油然而生。寺内园林曲径通幽，古木参天，奇花异草触目遍地，四时不衰。

【寺庙历史】

该寺于南宋时的1178年始建，开山始祖为高僧赵智凤，寺中建筑规模浩大，声振朝野，历时800多年，数度兴废，名僧辈出，香火鼎盛于明、清时代，天王殿、玉皇殿、大雄宝殿、经殿、燃灯殿、维摩殿等为主要殿堂。明永乐年间，在该寺南侧构建20多米高、八角四重檐的“万岁楼”。1504年，僧录完公奉诏把明孝宗帝手画水莲观音像送五台、普陀、宝顶供侍，时三山齐名海内。寺院本名五佛崖，扩建后称圣寿寺，一直沿用至今。原寺已废，现存寺院是明、清建筑。寺内刻有大佛湾造像雏形，应该为大佛湾造像蓝本。

圣寿寺门前有一放生池，原称圣迹池，据说池内有释迦印现足迹一双，长4尺5寸，相传“大足”之名由此而来。

慈　云　寺

【名僧诗话】

拨草占风辨正邪，先须拈却眼中沙。

举头若味天皇饼，虚心难吃赵州茶。

——宋·黄龙慧南《拨草占风辨正邪》

【地理位置】

坐落在重庆市南岸区狮子山上的慈云寺，是南山风景区著名景点。

【寺庙历史】

该寺始创于唐代，系重庆名刹，国务院确定的汉族地区佛教全国重点寺院，原称“观音庙”。1927年，慈云法师对其进行重修，扩建为“海禅寺院”，成为全国佛教寺院中独有的僧、尼共参的“十方丛林”。该寺传承法系为临济宗。清乾隆年（1736年—1795年）间的云岩法师是著名祖师和兴寺成就大功德者。

【建筑风格】

寺院建筑依山势布局，和周围的园林、山色交相辉映，使寺院环境秀美宜人，成为重庆的旅游胜地。寺院现存佛教建筑为十八亭楼、大殿、普贤殿、文殊殿、观音殿、韦驮殿、千手观音殿、古佛洞等，多是唐朝所建，民国十五年该寺进行最后一次整修。

进寺门沿石阶而上有雄伟的大雄宝殿，富丽堂皇，其他的还有望江亭和楼亭殿阁等。沿幽静的小苑攀山而上，山顶系一大花园，藏经楼建在此处，园内还有八功德水池等。特别是十八亭楼，其建筑风格是欧洲近代建筑艺术与中国古代建筑艺术融合的结晶，匠心独运。

【历史价值】

慈云寺内佛像精雕细琢美不胜收，佛教文物经典极其丰富。寺内现有玉佛 3 尊，高 1. 87 米，重 1500 公斤的释迦牟尼像位列其中，属我国较大的玉佛之一。寺内还珍藏很多金绣佛挂像、千佛衣、金刚幢与古代指画、指字及日本早年出版的全套佛像影画等，弥足珍贵。寺内珍藏 130 部佛经，尤以宋代《碛砂藏》和近代《频伽藏》最为珍贵，被视为镇寺之宝。

昭　觉　寺

【名僧诗话】

高吟大笑意猖狂，潘阆骑驴出故乡。
惊起暮天沙上雁，海门斜去两三行。

——宋·湛堂文准《高吟大笑》

【地理位置】

昭觉寺坐落在成都市二环路外动物园背后青龙场。

【寺庙历史】

昭觉寺在汉代是眉州司马董常的故宅，宅号“建元”。唐贞观年间（公元 627 年—649 年），改建为佛刹，名建元寺。唐僖宗乾符四年（公元 877 年），唐代高僧、禅宗曹洞宗传人休梦禅师任建元寺住持，他兴工构殿，扩建寺庙，并奉旨改寺名为“昭觉”。休梦禅师在昭觉寺住持 23 年，他言峻机悟，启人思维，曾应召为僖宗说法，僖宗赐他紫磨纳衣三事，龙凤毯一件，宝器盛辟支佛牙一函。

五代十国时，战乱迭起，昭觉寺仅存“房舍五间，田土三百廛”。后殿堂衰颓，寺庙荒芜。北宋真宗大中祥符元年（1008 年），休梦法师五世法嗣延美禅师住持昭觉寺，用了 30 多年的时间进行全面修复，殿堂房舍增至 300 余间，建有大雄宝殿、唱梵堂、罗汉堂、六祖堂、翊善堂、列宿堂、大悲堂、轮藏阁等主体建筑，塑像、画像、碑记、寺额等恢复旧貌。寺内经济实力雄厚。《重修昭觉寺记》中载道：“供食之丰洁，法席之华焕，时一大会，朝饭千众，累茵敷座，未有一物，爰假外求。”神宗元丰（1078—1085 年）末年，禅宗临宗禅师纯白任昭觉寺住持，开堂说法，从者甚多，被称为“西川第一丛林”。宋徽宗崇宁年间（1102 年—1106 年）及南宋高宗绍兴初年，圆悟克勤（原号佛果克勤）两度住持昭觉寺，绍兴五年（1135 年）在昭觉寺圆寂。至今寺内尚存圆悟禅师墓。圆悟克勤所著《圆悟心要》、《茶禅一味》传入日本和东南亚各国，日本人至今把《茶禅一味》尊为茶道至宝。

明洪武二十年（1387 年），朱元璋命蜀献王迎接智润禅师任昭觉寺住持，并扩建寺庙。据《重修昭觉寺记》记载：“明蜀献王又拓之，周围墙垣缭绕七百余丈，绀殿绮云，金身撑汉，以致藏阁僧廊，诸天佛祖，莫不宏丽俱备。”崇祯十七年（1644 年）毁于兵火。

清康熙二年（1663 年），丈雪法师在此结茅禅居，筹款重建，先后修建了大雄宝殿、圆觉殿、天王殿、金刚殿、说法堂、藏经楼、八角亭等殿宇，重塑佛像，迎请佛经，恢复丛林大观。康熙十二年（1673 年），佛冤法师任昭觉寺住持，又继建先觉堂、御后楼、五观堂，客堂、钟鼓楼及寮房 300 余间。佛冤还受清朝政府派遣，深入阿坝、松潘等藏族地区近 6 年之久，受到藏族群众的尊敬。回川时，藏胞送他乳诲（椰飘）一支、念珠一串。回昭觉寺后他佛冤把它们悬挂在大雄宝殿上，以示友好。康熙四十一年（1702 年），佛冤年迈时，派弟子去松潘迎请藏族格西竹峰入主昭觉，成为修复后的第三任方丈。竹峰在寺内设密坛，供蒙藏喇嘛僧人修持密法。直至今日，藏僧来成都大都住在寺内。康熙四十二年（1703 年），康熙皇帝赐昭觉寺“法界精严”匾额，并题五言律诗一道赞之：“入门不见寺，十里听松风。香气飘金界，清阴带碧空。霜皮僧腊老，天籁梵音通。咫尺蓬莱树，春光共郁葱。”

1919 年，朱德曾在昭觉寺避难，与当时方丈了尘法师相交甚深，他住在现寺内的八仙堂。离寺后他曾赠“应世人间”匾额给昭觉寺，新中国成立后还多次赠兰花等物予寺。

近代画家张大千先生曾在昭觉寺住了 4 年，潜心研究绘画艺术，也给寺内留下了不少珍贵手迹。

新中国成立后，明末清初，有位受法于浙江宁波府天童寺的川籍弟子即将归去。点拔他的密云大师掘了两棵桂树让他背上，并且明示说“一路晓行夜宿，桂树在哪里落根，那里便是你的安身地，归天处。”据说后来这位弟子就选中了梁平县金带乡的这方圣土，创建了双桂堂。这位弟子是破山大师。

受到党和政府的关怀和重视，方丈慈青任四川省、成都市佛教协会会长，并当选为人大代表。

【建筑风格】

1984 年后，昭觉寺在各级政府的支持及大力帮助下，相继维修了大山门、八角亭、天王殿、地藏殿、观音阁、御书楼、韦驮殿、藏经楼、五观堂、石佛殿、普同塔、先觉堂等殿堂楼亭建筑。天王殿内，重新塑了弥勒佛、四大天王像、木雕接引佛像。三大士、四祖师及壁塑十八罗汉漂海像塑于观音阁中。韦驮殿中，供奉着地藏、韦驮和十二圆觉像。本寺开山祖师破山、圆悟、丈雪法师塑像供奉在先觉堂中。藏经楼，则供奉玉佛像、珍藏经典、文物。

【历史价值】

1983 年，昭觉寺被国务院确定为汉族地区佛教全国重点寺院，是四川重点佛教寺院，也是我国重点的佛教活动场所，素有川西“第一禅林”之称。

文　殊　院

【名僧诗话】

水出昆仑山起云，钓人樵父昧来因。
只知洪浪岩峦阔，不肯抛却弃斧声。

——宋·投子义青《颂道山答僧问》

【地理位置】

文殊院地处四川省成都市城北的文殊院街。此寺内珍藏着唐代玄奘法师的顶骨、宋代铁铸护法神像及绣像《金刚经》，闻名遐迩。

【寺庙历史】

文殊院创建于公元五六世纪的南北朝时期。唐、宋时期，称信相寺。明代时此寺毁于兵火。清康熙三十年（1691 年）重建。由于该寺住持慈笃海月特别有道行，人们把他称作文殊菩萨的化身，便将寺院改名为文殊院。嘉庆十九年（1814 年）、同治六年（1867 年）该寺扩建，此为我们现在看到的文殊院。

【建筑风格】

文殊院中的建筑都是木石结构。花窗为镂空雕刻，图案优美，做工细腻。殿堂之间用石板道相通，刮风不扬土，下雨没有泥，一派一尘不染的佛国净地。

文殊院今存主要建筑为天王殿、三大士殿、大雄宝殿、说法堂和藏经楼。左右两侧建筑有钟楼、鼓楼、斋堂和回廊够籙等。

【历史价值】

文殊院文物非常丰富。全寺收藏共有收藏木雕、石雕、泥塑、铜铸、铁铸和脱沙漆塑佛像 400 余尊。其中，说法堂内的 10 尊铁铸护法神像，是宋代遗物。

藏经楼中的唐代玄奘法师的顶骨和宋代的绣像《金刚经》是最为珍贵的文物。除此之外，明代的《南藏》，崇祯帝田妃亲手绣制的千佛袈裟，清代的《北藏》，川陕总督杨遇春的女儿用发丝绣制的水月观音等，都是弥足珍贵的历史文物。

宝　光　寺

【名僧诗话】

兴亡虚去又虚来，为渠国士绝纤埃。
须弥顶上无根草，不受春风花自开。

——宋 · 投子义青《颂药山问高沙弥》

【地理位置】

坐落在四川省成都市新都县的宝光寺，是成都三大伽蓝之一，又被称为“四川佛教丛林之冠”。

【寺庙历史】

宝光寺于东汉时期始建，隋时称“大石寺”，唐时始称宝光寺，沿用至今。唐广明元年（公元 880 年），黄巢农民起义军将长安攻破，唐僖宗李儇逃到四川新都，于大石寺驻跸，寺中有木塔“福感塔”，李儇在晚间往往看见福感塔下有特殊亮光，便向方丈悟达禅师询问始由。悟达回答说是塔下的舍利子在发光。于是李儇便命人发掘，挖出一石匣，其中藏 13 颗舍利子。李儇于是命悟达重修殿宇，遂改寺名称“宝光寺”，并把福感塔改建为十三层砖塔，将舍利子还置于塔下，改名“舍利宝塔”。

【建筑风格】

宝光寺为五重殿宇，从山门殿向里走，依次为天王殿、七佛殿、大雄宝殿和藏经楼，渐次高大宽敞，两侧石柱廊房排列对称，巍然肃穆，极具我国古代宫殿式建筑的艺术风格。

耸立于宝光寺中轴线上的舍利宝塔，是一座风格典雅、工艺小巧玲珑的密檐式四方形砖质佛塔。塔高 30 米，十三层，每层每面全嵌有泥金佛像 3 尊，四角挂着“朱雀衔铃”，塔端屹立着鎏金宝顶，底层龛内，塑有释迦牟尼佛布教宣法的贴金坐像。塔基为“须弥座”，塔外砌八角形的砖石栏杆，洁白似玉的塔身矗立于上，显得端庄稳健。舍利宝塔别开生面之处在于从第六层起，塔身并非渐细而是渐大，人在塔下仰望此塔，不由产生一种塔身压顶欲倒的感觉。此为造塔者为令人对佛产生敬畏之心而巧妙设计的。舍利宝塔的方形构造也足以称为一绝。隋代前，我国的佛塔以方形木塔为主，华夏寺祖白马寺塔即为方形。可从唐代起，塔基本上为六角形、八角形、圆形等。现在我国方塔罕见，因此舍利宝塔更显弥足珍贵。

宝光寺的罗汉堂也誉满禅林，足以称为一座泥塑艺术宝殿。它于清咸丰元年（公元 1851 年）始建，其中塑罗汉像 500 尊，佛、菩萨、祖师像 77 尊。中堂再塑一尊高约 6 米，有 28 个头、56 只手、160 只眼睛的观音像。罗汉像高约 2 米，各自并排对坐在呈“田”字形的回廊里。罗汉像生活气息浓厚，呈现众生相。此组罗汉系我国民间塑造艺术南北两种流派相结合的产物，系四川省现在保存最为完整的一处群塑，为不可多得的艺术珍品。

宝光寺收藏的文物非常丰富，这里有南朝梁武帝雕刻的“千佛碑”，唐僖宗行宫中有幸存留下来的“石础”，明代的“尊胜幢”，清代泰国国王所赠的贝叶经《妙法莲华经》，从锡兰（今斯里兰卡）求回的舍利子 4 粒。还有元代赵子昂画的群马，明代唐伯虎画的《红树青山归晚樵》，清代竹禅和尚所绘制的巨幅单条《捧沙献佛图》，以及张大千、徐悲鸿等名家的字画，从以上这些文物看，可以说宝光寺是个小型的艺术博物馆。

【历史价值】

2001 年，宝光寺被国务院公布为全国重点文物保护单位。

报 国 寺

【名僧诗话】

貌古形疏倚杖藜，分明画出须菩提。

解空不许离声色，似听孤猿月下啼。

——宋·惟正《自题像》

【地理位置】

报国寺坐落在四川省峨眉山。峨眉山为中国四大佛教名山之一，而报国寺则是峨眉山八大寺院之一，是峨眉山脚下的第一大寺。

【寺庙历史】

报国寺初名“会宗堂”（一名“问宗堂”），始建于明万历四十二年（1614年），佛教始祖释迦牟尼的大弟子普贤、道教创始人的化身广成子、春秋名士陆通等佛门祖师及贤达供奉于寺内，将寺名定为“会宗堂”是取释、道、儒三教会宗合祀之意。清康熙四十二年（1703年），清圣祖玄烨将寺名改称“报国寺”，现悬横匾，即为康熙帝的御笔。如今该寺纯为佛寺，原供道教始祖像和儒教代表人物像都已不存。

【建筑风格】

该寺四重院落、殿宇宏伟壮观、布局典雅，占地约40000平方米，建筑面积10000多平方米。该寺的山门、弥勒殿、大雄宝殿、藏经楼、七佛殿等为中轴线上的主要建筑。殿堂周围有七香轩、花影亭、凝翠楼、待月山房等建筑。寺内，到处都是山茶、杜鹃、腊梅、丹桂等花卉，四季飘香；寺外，林木葱茏，山花烂漫，一片鸟语花香，景色宜人。

【历史价值】

大雄宝殿内，释迦牟尼像供奉于中间，两侧排列十八罗汉像。在大雄宝殿保存着赵孟𫖯、徐悲鸿、齐白石、张大千等著名书画家的字画，这些作品存放在文物陈列室中。七佛殿内，供奉着7尊高大的佛像，中间是释迦牟尼佛，两侧各排列着6尊佛像。殿内两壁存有四幅《七佛偈》木刻条屏，为宋代著名文学家、书法家黄庭坚亲笔书写的作品。

明代大瓷佛、华严铜塔和大钟是报国寺中弥足珍贵的文物。

大瓷佛位于七佛殿后，高2.4米，为明代永乐十三年（1415年）江西景德镇烧制而成。佛像底座是千叶莲花，佛身披着千佛莲衣，寓意“一花一世界，千叶千如来”的佛教经义。此尊瓷佛体量高大、比例匀称，线条非常优美，光彩照人。

华严铜塔还称“紫铜华严塔”，地处大雄宝殿后的平台上，为我国今存铜塔中的珍品。该塔于明代铸造，高 7 米。塔身分为上、下两部分，每部分各铸楼阁七层，全塔共分十四级。塔上铸有异常精美的小佛像 4700 尊以及《华严经》全文，铸工细腻，令人叹为观止。

大钟悬挂在报国寺对面小山上的圣积晚钟亭内，称“莲花铜钟”，于明嘉靖四十三年（1564 年）铸造。钟高 2.8 米，钟唇直径 2.4 米，重达 12.5 万千克，被称作“天府钟王”。钟体铸有晋、唐以后历代帝王和佛教高僧的名讳，钟上又铸有《阿含经》经文。

报国寺山门外的“天下名山”牌坊为郭沫若书写，爱国将领冯玉祥在 1941 年题写的“名山入口”四个大字也在其中。寺内无梁砖殿尽管体量较小，但极有特色，三开间，门窗发券，屋顶有小塔数座。

现在的报国寺，香火鼎盛，是佛教信徒的心仪之地，令人心驰神往。

伏虎寺

【名僧诗话】

书出语多虚，虚中带有无。
却向书前会，放却意中珠。

——唐·香严智闲《三句后意》

【地理位置】

位于四川省峨眉山麓的伏虎寺，是一座著名古刹。寺中的紫铜古塔、稀有植物桫椤树、稀有蝴蝶枯叶蝶，盛名远播。

【寺庙历史】

伏虎寺于唐代始建。宋时称神龙堂。明末寺毁。清顺治八年（1651 年）重建，改称虎溪精舍，又称伏虎寺。后经相继维修，殿堂保存完好。

【建筑风格】

伏虎寺今存重要建筑有山门、中殿、正殿和御书楼。除此之外，还有禅堂、僧房等建筑。

【历史价值】

正殿左侧的华严宝塔亭内，有高5.8米的紫铜古塔一座，塔分十四层。塔上铸有佛像4700多尊、《华严经》195048字，刻工精雕细琢，极其细腻。

在华严宝塔亭下的虎泉边上，有桫椤树，此为濒危物种。现在，此种植物所存较少，1982年已被我国列为重点保护的珍稀植物名录中。

春夏时节，大量的稀有蝴蝶枯叶蝶，飞到伏虎寺内外，使古寺更加绚丽多姿。

在伏虎寺内，另有一种叫人称奇的自然现象，即地处密林的殿堂屋面上没有一片枯叶，连清康熙帝都认为奇怪，将其称为“离垢园”。古人认为此为神力所为。而实际上，伏虎寺地处山谷中，回旋风四时不断。屋面上没有枯叶，是风卷败叶的结果。可以说，这也是伏虎寺的一“奇”观。

万　年　寺

【名僧诗话】

牵驴饮江水，鼻吹波浪起。
岸上蹄踏蹄，水中嘴对嘴。

——宋·佛性法泰《牵驴饮江水》

【地理位置】

坐落在峨眉山骆驼岭下的万年寺，海拔1020米，为峨眉山最大的寺院。

【寺庙历史】

该寺于东晋隆安年间（公元397年—401年）始建，原名“普贤寺”。唐乾符三年（公元876年）改称“白水寺”。北宋时曾经屡次修葺，宋太宗时铸普贤铜像供奉寺中，并把寺名改为“白水普贤寺”。至明代，万历帝朱翊钧为纪念其母古稀大寿，赐金修建了无梁砖殿，并题“圣寿万年寺”五字横匾。此后，寺名就易称“万年寺”，一直沿用至今。

【建筑风格】

万年寺历史上共有殿宇十三重，气势恢弘，巍峨壮观，香火鼎盛。1946年遭遇火灾，除无梁砖殿外，万年寺内的全部木结构殿堂都荡然无存。现在的弥勒殿、般若殿、毗卢殿、大雄宝殿以及僧房、寮舍，皆是后来重建。

尽管万年寺的多处建筑为当代所建，但寺内文物极具价值。其中以宋代铸造的普贤菩萨铜像、明代修建的无梁砖殿及古象牙化石最为著名。

普贤铜像铸于宋太平兴国五年（公元 980 年）。传说，当时的四川地方官员屡次表奏皇帝，说普贤于峨眉山显圣。笃信佛教的宋太宗，就诏令工部官员至成都，督造普贤菩萨骑六牙白象的铜像。铜像分段铸好后，运抵峨眉山，然后铆接而成，于白水普贤寺内供奉起来。

普贤头戴花冠，胸戴璎珞，身披袈裟，端庄肃穆地坐在象背莲座之上。可见白象卷鼻舒尾，脚踏莲花，有如远行之状。全像总高 7.35 米，重 62 吨。花冠、佛身、莲座均鎏金，为紫铜铸造。早在 1000 年前，我国就铸造出体量如此高大、造型如此优美、比例如此匀称、形态如此逼真的铜像，令人叹为观止，称赞不已。

无梁殿于明代万历二十七年（1599 年）创建，高 17.12 米，面阔 15.79 米，进深 16.06 米。殿底部呈方形，上端呈半圆形穹隆顶，形如蒙古包，是天圆地方的象征。殿墙、殿顶，甚至门楣额枋、斗拱、花窗，皆为砖筑，足以称为名副其实的砖殿。

殿内四壁佛龛比比皆是，内供各式佛像。穹隆顶部，为飞天仙女 4 人彩绘，各自抱握琵琶、箜篌、芦笙、笛子，形态逼真。殿顶正中及四角，分立着白塔 5 座，中间的一座较大，四角的 4 座则较小。如果把无梁殿视为一个硕大的塔座，那么，无梁殿的整体造型就是一个巨大的金刚宝座式塔。除此之外，殿顶四隅还饰有狮、象、鹿等祥瑞之兽。

万年寺内珍藏的一枚象牙化石，重达 6.5 千克，为剑齿象的牙化石，迄今至少也有 20 万年。这枚牙化石系明代嘉靖年间（1522 年—1566 年），由斯里兰卡僧人所赠。当时有人曾认为是释迦牟尼佛牙。

万年寺山门左侧有一小池，称“明月池”。池水冬夏不断，澄碧清澈。池中生有一种蛙，鸣声似琴，所以称其为“弹琴蛙”。

据说唐代大诗人李白访峨眉山时，与万年寺僧人广浚于池边吟诗弹琴。每逢此时，便有多青蛙变成绿衣姑娘会聚池边，聆听琴声。时间长了，这些青蛙受到感染，鸣声也抑扬顿挫有如弹琴般清脆悦耳了，因此，人们将其称为“弹琴蛙”。

山门之右，立有一块写有“第一山”字样的石碑，此为宋代大书法家米芾的笔迹，笔力苍劲，行云流水，为万年寺增辉不少。此外，该寺中还供有 3000 铁佛、12 金人，是弥足珍贵的文物。

【历史价值】

1961 年，万年寺铜铁佛像被国务院确定为全国重点文物保护单位。

华 藏 寺

【名僧诗话】

绝顶云居北斗齐，出群消息要人提。

其中未善宗乘者，奇特商量满眼泥。

——宋·真净克文《绝顶云居》

【地理位置】

华藏寺坐落于峨眉山的顶峰，海拔3077米。

【寺庙历史】

华藏寺为明代万历年间妙峰禅师始创。万历二十九年（1601年）妙峰禅师奉敕送大藏经去云南鸡足山，事后，至峨眉山礼普贤菩萨，发愿铸大士鎏金像，用铜殿供之。返京复命后，妙峰杖锡进见潞安沈王，募得数千金。万历三十年（公元1602年）春开工建殿，第二年秋竣工。

【建筑风格】

华藏寺铜殿高达8.33米，宽4.8米，深4.3米。上面是重檐雕栋，环以绣棂琐窗。宝顶用真金掺杂其中，光彩照人，辉煌夺目。金顶原是华藏寺的一个殿堂，可现在金顶之名已成了峨眉山顶峰的代名词，以区别于附近的千佛顶、万佛顶。俗称上了金顶，即到了峨眉山主峰顶。

金顶华藏寺由弥勒殿、大雄宝殿、普贤殿、祖堂、法堂、方丈室、厢房及回廊楼梯组成主体建筑。殿堂同在一条中轴线上，连成一体，建筑面积1695平方米，庄严肃穆，气势恢弘。

弥勒殿为第一殿，殿前有月台，列有大石狮。殿门横匾“华藏寺”三字，为赵朴初居士所书。殿内供弥勒铜质佛像，端坐于汉白玉台上，佛像连须弥台座高2.9米。背面供韦驮铜像一龛，连台高2.6米。弥勒殿内有宽0.85米、通高2.28米、厚0.2米明时铜牌。一碑集王羲之字，一碑集褚遂良字。两碑是明代万历年间遗物，尽管几经劫难，但字迹还清晰可读。上面记述了妙峰禅师募建铜殿的全部过程，是难得的珍贵文物。

第二殿是大雄宝殿。殿前有一对新铸铜狮子，高1.6米。

殿内供奉着新铸铜质金身释迦牟尼“三身佛”像。此处还有铜铸普贤骑象佛像。

第三殿为普贤殿就，是金顶，巍然耸立在摄身岩边，金碧辉煌。二重檐下有集唐代大书法家柳公权字“金顶”横匾。殿额系阿沛阿旺晋美手书藏文匾，系峨眉山全山独有的藏文匾额。殿内供奉普贤菩萨莲座铜像。

金顶华藏寺东看云海，西眺雪山，朝望日出，夜睹“佛灯”。寺后绝岩称“睹光台”，晴好天气能够看到“佛光”。“金顶祥光”被列入峨眉十景，远近闻名。金顶是佛教徒朝拜峨眉山的最终目的地。

【历史价值】

1983 年，国务院确定华藏寺为汉族地区佛教全国重点寺院。

洪 椿 寺

【名僧诗话】

冰雪佳人貌最奇，常将玉笛向人吹。
曲中无限花心动，独许东君第一枝。

——宋 · 龙鸣贤《冰雪佳人》

【地理位置】

洪椿寺位于峨眉山天池峰下的洪椿坪。

【寺庙历史】

洪椿寺最初由宋代僧人楚山性一禅师所建，原名千佛禅院，也称千佛庵。远在公元 3 世纪时，就有印度僧人宝掌和尚在此处结茅修行。明代建寺，始称千佛禅寺，也叫千佛庵。清乾隆四十三年（1778 年），该寺毁于大火。五十五年（1790 年）峨云禅师重建。后经维修，保存到现在。由于寺旁有古椿树，所以改称洪椿寺。

【建筑风格】

洪椿寺建筑面积 5000 余平方米，主要建筑有观音殿、千佛楼以及林森小院和禅堂、僧舍等。大雄宝殿中供普贤像，左右为十八罗汉像，雕塑俱佳。

洪椿寺的布局是正面中路为山门，山门内左右分别为钟楼、鼓楼，正面是天王殿，殿内有四大金刚塑像，后面依次为大雄宝殿和藏经楼，僧房、斋堂则分列正中路左右两侧。大雄宝殿是佛寺中最重要、最庞大的建筑，“大雄”即为佛祖释迦牟尼。隋唐以前的佛寺，一般在寺前或宅院中心造塔，隋唐以后，佛殿普遍代替了佛塔，寺庙内大都另辟塔院。中国佛寺不论规模地点，其建筑布局是有一定规律的：平面方形，以山门殿、天王殿、大雄宝殿、本寺主供菩萨殿、法堂、藏经楼这条中轴线来组织空间，对称稳重且整饬严谨。沿着这条中轴线，前后建筑起承转合，宛若一篇前呼后应、气韵生动的乐章。中国寺庙的建筑之美就响应在群山、松柏、流水、殿落与亭廊的相互呼应之间，含蓄温蕴，展示出组合变幻所赋予的和谐、宁静及韵味。中国古人在建筑格局上有很深的阴阳宇宙观和崇尚对称、秩序、稳定的审美心理。因此中国佛寺融合了中国特有的祭祀祖宗、天地的功能，仍然是平面方形、中轴线布局、对称稳重且整饬严谨的建筑群体。此外，园林式建筑格局的佛寺在中国也较普遍。这两种艺术格局使中国寺院既有典雅庄重的庙堂气氛，又极富自然情趣，且意境深远。

藏经楼内中存有一件宝物，那就是悬挂于楼内的一盏七方千佛莲灯，檀木雕琢，精工彩饰。它高近 2 米，直径 1 米，七方翘角，上下刻有几百尊佛像。七方角柱上有九龙盘柱，上面还刻有云龙怪兽以及神话故事图案，八面玲珑，数百尊生动活泼的人物形象，组成一幅幅神话故事图景，是世间罕有的艺术珍宝。灯上造像佛教、道教和平共处，亦不多见。七方千佛莲灯设计巧妙、工艺精湛，令人称颂，是寺内珍藏的艺术珍品之一。据说此灯是法能和尚在清代末年所制。洪椿坪上，观音殿的右前方有一泓清泉，人称“锡杖泉”。相传，明代时的香火旺盛，僧众云集，寺僧人数多时高达千人以上。但寺庙里缺水，寺院住持德心禅师持杖祈祷，用锡杖凿岩引水，感动了天池仙女，就给这里送来了一股清泉。时至今日，锡杖泉依旧四季不枯，甘甜清冽。

洪椿坪因有洪椿古树得名。此树高 28 米，胸径 3.2 米，树冠东西延伸 30 多米，是中国特有的高龄树种，又名白椿，叶呈羽状，盛夏季节一树粉绿，耐冬寒，抗污染，所以能致高龄。早在公元前 300 多年的战国时代，道学家庄周先生早将它喻为神树，作为大寿的象征。这一株，据专家鉴定足有 1200 多年的树龄，至今长势仍很健旺。这里的古树很多，尚有千年的罗汉松，800 多年的公孙树和桢楠树，600 多年的香杉古柏和黄心夜合等。古木成林，参天蔽日，阳光挤进林丛的天然疏隙，照射到铺满苍苔的山道上。

洪椿坪深藏在层层峰峦的怀抱之中，后边是高高的天池峰、天柱峰，前边是云雾缭绕的白云峡，右边是大坪岭，左边是宝掌峰，气候泽润，常常是雾蒙蒙。清晨时晨曦抚照在林丛之上，雾化为露，瀼瀼泠泠，如粒粒晶莹的珍珠，积满了草丛和林梢，只听见密密的林丛中沙沙作响，似觉细雨沛然。顷刻间，浓雾弥漫，只闻人语，不见人影，咫尺竟成了天涯。晨雾带着山野里特有的清香迎面而来，格外清爽可人。这里的气候较为稳定，冬无严寒，夏无酷暑，有着四季常春之感。深谷里常常传来阵阵林涛，碧空中隐隐回旋着声声鸟语，确是个休闲颐养的好地方。连清代的康熙帝也赞不绝口，特意题赠“忘尘虑”三字，刻石留存寺中，至今犹见。此地上行仙峰寺 15 千米，有磴道 7000 多级；下行清音阁 6 千米，有噔道 3000 多级。如果说鉴胜峨眉是一篇完美的诗章，这里自然是承转的段落。要欣赏这“晓雨”之妙，以夜宿寺中为宜。从夕阳西斜到黎明拂晓，还有许多景色可观。这里有许多银杏古树，一至清秋，扇叶金黄，与满山红叶相互掩映，色彩绚丽柔美，故诗人在诗中吟道“不尽霜枫万里黄”。

【历史价值】

洪椿寺千佛楼内的木刻千佛莲花灯，工艺精细，是洪椿坪中的一件珍贵历史文物。

在寺内，还有锡杖泉等名胜古迹。寺外青山环绕，四季葱翠，雨雾迷蒙。“洪椿晓雨”，从来都是峨眉山的一处胜景。

清 音 阁

【名僧诗话】

二八佳人刺绣迟，紫荆花下啭黄鹂。
可怜无限伤春意，尽在停针不语时。

——宋・中仁《二八佳人》

【地理位置】

清音阁地处峨眉山牛心岭下黑白二水交汇处，海拔为 710 米，又称卧云寺，距报国寺 3 千米。

【寺庙历史】

唐僖宗时慧通禅师始建此寺，供有释迦牟尼、文殊、普贤等像，以晋人左思诗句“何必丝与竹，山水有清音”的诗意而取名“清音阁”。

【建筑风格】

在清音阁可看到山光水色，闻到花草芬芳，听到流泉清音，触摸到亭台碑石。

它集中了视觉美、听觉美、嗅觉美，使游者获得峨眉风光总体的审美感受。古今游人多称誉为“峨眉山第一风景”。

清音阁下有双飞亭，左右分别有桥，似鸟翼飞凌，故称“双飞桥”。亭下黑、白二水汇流处有一巨石，高丈许，状如牛心，故称“牛心石”。水穿桥而出，撞击牛心石后，浪花飞溅，宛如飞花碎玉，水声似雷。亭下还有碑，乃明人所题“万古清音”四字。“双飞亭”柱悬清末“戊戌六君子”之一的刘光第撰书的楹联“双飞两虹影，万古一牛心”。

【历史价值】

清音阁一年四季无论昼夜，都回荡着水声，这水声单一而清晰，加上两桥，故而誉为“双桥清音”，是峨眉十景之一。

凌　云　寺

【名僧诗话】

金鸭香销锦绣帏，笙歌丛里醉扶归。
少年一段同流事，只许佳人独自知。
——宋·佛果圆悟《金鸭香销锦绣帏》

【地理位置】

凌云寺本名报恩寺，又称大佛寺，坐落在四川省乐山市东的凌云山上。寺内有一尊全球最大的石雕佛像。

【寺庙历史】

始建于唐武德年间（公元618年—626年）的凌云寺，宋末毁于兵火。元至正年间（1341年—1368年），千峰和尚至此传宗布法，该寺复兴。明洪武八年（1375年）、成化年间（1465年—1487年）先后扩建。明末，再为兵火所毁。清康熙六年（1667年）重建。此后屡经维修，使寺院保存完好至今。

【建筑风格】

凌云寺的今存主体建筑有天王殿、大雄殿和藏经楼。除此之外，寺内还有禅堂和僧舍等建筑。寺内的凌云大佛最为著名。

凌云大佛还称乐山大佛或嘉州大佛，地处凌云山栖鸾峰的临江石壁上。此为一尊硕大的弥勒佛石雕像，总高达71米，头宽10米，高14.7米，耳长7米，鼻长

5.6 米，眼长 3.3 米，嘴长 3.3 米，颈长 3 米，手中指长 8.3 米，肩宽 2.4 米，脚背长 11 米，宽 9 米。头上有发髻 1020 个。在头顶之上，能够平放一张圆桌。在耳朵眼内，能站立两人。在脚背之上，能够围坐百余人。此尊佛像头与山齐，脚踏大江。有人说，山是一尊佛，佛是一座山，此话不谬。

据记载，凌云大佛由海通和尚在唐开元元年（公元 713 年）开始动工雕造，后经西川节度使章仇、韦皋捐奉继雕、督雕，于贞元十九年（公元 803 年）竣工，耗时 90 多年。其工程之浩大，是可想而知的。

尽管此尊弥勒佛像非常高大，但仪表端庄，各部比例匀称协调。衣纹和身体各部的线条不仅流畅，而且还形成了一个完整而科学的排水系统。佛像雕成之际，曾建七层楼阁一座，用来保护大佛免遭日晒雨淋之苦。明末，楼阁毁于大火，佛像处于露天之中。数百年来，佛像承受着风霜雨雪的侵袭，但原貌依旧，应该说科学的排水系统立了大功。

在大佛像的两侧，尚有高达 10 米的武士石雕像，也是我国石雕艺术中的上上之作。

【历史价值】

1982 年，凌云寺被国务院列为全国重点文物保护单位。

乌 尤 寺

【名僧诗话】

百万雄兵出，将军猎渭城。
不闲弓矢力，斜汉月初生。

——宋·翠岩可真《百万雄兵出》

【地理位置】

乌尤寺地处四川省乐山市城东的乌尤山上，离市区 3 千米。该寺修建于古代水利工程离堆之上，风景秀丽，古今闻名。

乌尤山坐落在岷江和青衣江、沫水（大渡河）的交汇处，水流湍急，屡有沉船事故发生。为减缓水势，方便行船，秦朝蜀郡太守李冰便在此处修建都江堰，将乌尤山和凌云山分离。所以，乌尤山也称为离堆山，乌尤寺就建在山上。

【寺庙历史】

始建于唐代的乌尤寺，原名正觉寺。北宋时改为乌尤寺。宋末，寺毁于兵火。明景泰（1450年—1456年）、成化年间（1465年—1487年）重修。明末，再次被兵火烧毁。清康熙三十八年（1699年）对该寺重建。咸丰年间（1851年—1861年），此寺再度被兵火所毁。同治、光绪年间（1862年—1908年）和民国七年（1918年），相继重建和扩建。1978年对该寺进行全面维修，此为现在的乌尤寺。

【建筑风格】

乌尤寺的主要建筑有天王殿、弥陀殿、弥勒殿、韦驮殿、大雄殿、如来殿、观音殿等。除此之外，寺内的建筑还有钟楼、鼓楼、方丈室和罗汉堂等。

【历史价值】

乌尤寺中保存的文物特别丰富。在大雄宝殿中，有释迦牟尼佛像和文殊、普贤菩萨像，为樟木雕刻而成。佛龛背后，有西方三圣像，居中者为释迦牟尼像，系宋代的铁铸佛像，在西南地区很罕见。所有这些神像皆为贴金彩绘，绚丽多姿，光彩照人。在罗汉堂中，还有1985年重塑的彩色罗汉像500尊。从中可见，乌尤寺称得上是一座古今雕塑艺术殿堂，极富观赏和研究的价值。

皇 泽 寺

【名僧诗话】

桶底脱时大地阔，命根断处碧潭清。
好像一点红炉雪，散作人间照夜灯。

——宋·大慧宗杲《赠别》

【地理位置】

皇泽寺地处四川省广元市西嘉陵江西岸的乌龙山东麓。此寺由于女皇武则天而得名，并且以摩崖石刻而闻名。

【寺庙历史】

据说，很早以前，此处就有一座寺庙，称乌奴寺。为纪念营建都江堰而功勋卓著的秦代著名水利专家、蜀郡太守李冰及其儿子李二郎，人们将寺庙改称为川主庙。公元690年，此地出生的武则天当上了皇帝，因此，人们又将它更名为皇泽寺。现在皇泽寺中的殿堂建筑，全部为清代重修后的遗物。

【建筑风格】

皇泽寺背靠悬崖，面临大江，殿堂高低错落。今存主要殿堂有则天殿、五佛亭、大佛楼、小南海、望江亭以及中心柱窟、罗汉洞等石龛石窟。

皇泽寺的主体建筑为则天殿。石壁上全刻佛像。居中的武则天像，面容丰满，项戴瓔珞，上身裸露，系一尊比丘尼的形象。在此处，还有一座五代后蜀广政二年（公元939年）所刻立的石碑《大蜀利州都督府皇泽寺唐则天皇后武氏新庙记》。碑文记述了武则天出生于广元，并于此地度过了青少年时期的过程。

皇泽寺最高建筑为大佛楼。其后龛中有全寺最大的石佛像一尊，高达6米。五佛亭，由于有5座石佛龛而得名。龛中雕有佛像、菩萨像等。罗汉洞中，尚存唐代著名书法家颜真卿的墨迹。

地处则天殿上的中心柱窟，还称支提式窟，为皇泽寺中石刻像最为集中之处。窟中有高达五级的方形石柱一根。龛壁上雕有千尊佛像。这些佛像具有明显的南北朝时期的风格。

在皇泽寺的摩崖石刻中，大小窟龛共34座，大小神像1000多尊。此处的石刻造像，从南北朝起，隋、唐、宋朝等各代都有。此为我国古代石刻艺术的宝库。这些造像除神像外，在石壁上尚存牧牛图。五佛亭中还有清代留下的《蚕桑十二事图》，生动地表现了人们植桑、养蚕、缫丝的全过程。这些石刻艺术品生活气息浓厚，体现了当时农村经济的发展情况，特别珍贵。

【历史价值】

1961年，国务院把皇泽寺列为全国重点文物保护单位。

大　佛　寺

【名僧诗话】

万丈洪崖倚碧空，人间有路行不通。
奈何一点云无碍，舒卷纵横疾似风。

——宋·兜率从悦《万丈洪崖》

【地理位置】

荣县大佛寺位于四川省自贡市荣县城区大佛街，距自贡34千米，以其隽美而享誉神州，素有“乐山大佛雄，荣县大佛美”之民间赞誉。

【寺庙历史】

此寺唐代称开化寺，清代以后称大佛禅寺。

历史上此寺庙宇规模特别大，不幸毁于明末兵火，清嘉庆年间（1796 年—1820 年）重建，历经近 200 年的扩建维修，寺庙已具一定规模，其布局错落有致，巍然而立，尤为壮观。

大佛依山崖凿制而成，通高 36.67 米，为一尊如来佛像，同时也是四川第二大佛，有中国第二、世界第三大佛之称。

大佛气势恢弘，造型美观，衣纹线条流畅，神韵飘逸潇洒，不愧是古代艺术家们的鬼斧神工之作。其头部长 8.76 米，肩宽 12.67 米，脚宽 3.5 米。

大佛的头顶上方有石条卷拱护罩一道，上刻“大开觉路”四字；崖顶上还有一座砖阁，遥望如戴在大佛头顶上的宝冠。

大佛前面有阁楼遮盖，以使佛身免遭风雨侵蚀之苦，阁楼也是大佛寺的主体建筑，把大佛自肩部以下遮得严严实实。因此，尽管需入寺内仰望才能一睹大佛全貌，给瞻仰者带来诸多不便，可却保护了大佛佛体不受外来的破坏，直到现在依然保存完好。大佛开凿于 1085 年，竣工于 1092 年，费时 8 年始成。

【建筑风格】

大佛寺内主要建筑有方丈室，禅房，藏经楼、洞天、达摩殿、法门及茶室等，建筑面积达 1800 多平方米。山上山下绿树郁郁葱葱，悠久的人文景观与美丽的自然风光有机地融为一体，形成川南地区极富吸引力的风景名胜古迹之所在。

寺庙的山门在山麓西北，门前一对威武雄壮的石狮。进山门，第一殿是重檐歇山式殿宇。殿内塑有大肚弥勒，正称布袋和尚，俗称大肚罗汉、笑罗汉。荣县的笑罗汉全川著名，由于塑得眉弯嘴翘，非常可笑，来看的人纷纷发笑，笑声通过罗汉的口腔产生共鸣，人们也似乎听到罗汉发生“咯咯咯”的笑声。

啸台崖壁还有唐宋摩崖造像，西方极乐世界，十八罗汉。其中“罗汉群龛”引人注目，龛高 3.4 米，宽 4.6 米，深 0.46 米，内刻 6 尊罗汉，其中 3 尊头部已毁。6 尊罗汉中间浮雕一株桃树，枝上悬一仙桃。靠仙桃的罗汉，一尊双手交叉放在胸前，悠闲自在，另一尊面朝仙桃，似无动于衷。造像表现了他们超脱凡尘，不为利禄所动的神态。这种布局的雕刻全国罕见，有一定研究价值，已为《中国美术全集四川石窟雕塑》收集。“啸台总一郡之胜”。唐宋时在此建有栋宇轩槛，北宋建“一胜亭”，供人凭临怀古。若登台极目，东可望巍巍大佛，西可俯幽深龙洞。唐宋以来，这里就是人们乐于游览之地。历史上的楼台亭阁，栋宇轩槛早毁。1982 年，人们根据古籍记载，揣摩宋代“一胜亭”旧址，在啸台一侧重建“一胜亭”，供人歇足眺望，凭吊古人。

【历史价值】

荣县大佛建于唐代，气势雄伟、衣纹流畅、慈眉善目、神韵飘然，是古代艺术家和劳动人民匠心独运的上乘之作，是中国石刻遗存之艺术瑰宝。1956 年大佛寺被四川省人民政府批准为省级文物保护单位。

卧 佛 院

【名僧诗话】

云门耸剔白云低，水急游鱼不敢栖。
入户已知来见解，何劳更举轹中泥！
——唐·云门文偃《答僧问偈》

【地理位置】

安岳卧佛院地处四川省安岳县城北面 25 千米的八庙乡，由于卧佛院所属巨大卧佛而得名。此卧佛系全国现存盛唐时期最完美的摩崖造像，也是全国最大的左侧全身卧佛。它较大足宝顶卧佛镌刻的时间提前 400 余年。卧佛院内 40 余万字的石刻经文，为玄奘传下来的全国最早的译经版本，堪称国宝。

【建筑风格】

卧佛院摩崖造像坐落在八庙乡卧佛沟。造像分布在呈“几”字形沟内的南北两岩崖壁，在长达500 米的范围内凿有 139 个大小不同的龛窟，累计造像1593 尊。这些作品刀法明快，简洁洗练。其中，特别是北岩第 4 窟的“释迦牟尼涅槃图”最为雄伟壮观，俗称“卧佛”。卧佛镌刻在离地面 5 米的崖壁之上，全长 23 米，头长 3 米，肩宽 3.1 米。卧佛背北面南，头东足西，左侧而卧，两手齐腿，自然平放，面部饱满，神态安详，双目微闭，似睡非睡。卧佛形体修长，身穿袈裟，袒胸露肌，头蓄螺髻，耳戴圆形绽花环，头枕扁形荷叶枕，生动形象地展现出释迦牟尼涅槃时那超脱尘世的意境。

卧佛头顶后边，立一半身守护力士，高 1.9 米，上身赤裸，左手握拳，环眼而视，洞察周围。卧佛的足踝处挺立 3 米高的护法力士，右手攥拳，左手五指大张，怒目横睁，威严无比。卧佛上方刻有释迦牟尼说法图及“天龙八部”等图案，图中菩萨、弟子、鬼王、力士造像20多尊，神态迥异，形象逼真，既烘托出他们恭听佛法、护卫佛法的肃穆场面，又把释迦牟尼最终解说涅槃经时，诸弟子八部众悲泣、号哭、愁楚、凝重的神情表现得一清二楚。

【历史价值】

卧佛院最具规模和价值的，首推南北岩壁上开凿的55个藏经洞内的大量石刻佛经。经文刊刻在洞窟的正面及两侧，总面积多达150多平方米，有40万字。此外还有《佛说报父母恩重经》等20余部经文，其中《檀三藏经》为今存佛经中的绝版。

1998年，安岳卧佛院被国务院确定为全国重点文物保护单位。

八　邦　寺

【名僧诗话】

常居物外度清时，牛上横将竹笛吹。
一曲自幽山自绿，此情不与白云知。
——宋·兜率从悦《常居物外》

【地理位置】

八邦寺全称为八邦圣教法轮寺，坐落于四川德格县麦宿区八邦乡以西1千米处，八邦乡政府北300米处的山冈上，海拔3800米。

【寺庙历史】

八邦寺是藏传佛教噶举派在康区的主寺，和西藏楚布寺一同并称为噶举派两大圣地。八邦寺意思是“吉祥寺”。据史料记载，八邦寺于南宋高宗时期始创，至今已有800余年的历史。

【建筑风格】

此寺融入格鲁派寺院、噶举派寺院的建筑风格，进而形成既有格鲁派寺院宏伟壮丽，又有噶举派细腻神秘的建筑格式。主殿“卓拉空”建在山冈之脊上，是一四合院式的三层建筑，正殿高24米，8根粗逾合抱的大柱，皆为千年巨树整树造成，愈增大殿的恢弘气势。二楼为活佛住处，雕梁画栋，金碧溢彩。殿内四壁绘满极其珍贵的壁画，其中内容包括佛本生故事及六道轮回等，形象逼真，色彩多姿，是著名的藏画“噶日”画派的杰作。八邦寺辖寺极多，自称为108座，还称大寺3院，小寺5院，讲堂35处，禅堂25处，分处印度、不丹、尼泊尔等国，以及西藏、云南、青海等省区与康区等地。

八邦寺历代活佛学识高深，虔心修道，著书立说，各种论著，无不涉猎，建树颇深，许多著作及绘画，到今天还被视为珍宝。第八世司徒活佛却吉迥乃博学广闻，聪慧超群，阅历丰富，学识渊博，著述极多，尤以藏文文法、藏医药、藏画等方面造诣精深，足以称为一代宗师。他创造了驰名的噶玛——八邦画派。该派在传统的藏族绘画技巧中，灵活地融入汉地画法技巧，成功地发展了藏画“噶日”画派。在他的影响下，八邦寺画师历代迭出，其壁画和唐卡画成为康区藏画的标志，闻名中外。

第六世噶举丹增即巴伽活佛为德格岔岔寺及格萨尔纪念堂的主要领导者。

诞生于1952年的巴伽活佛，诞生之日尽管时逢寒冬腊月，然而却鲜花怒放，瑞香奇异。刚满2岁时，他便被第十六世大宝法王指定为第六世岔岔活佛转世灵童。3岁至岔岔寺坐床，并从师于朗日大师学书识字，接着拜终身静修的次白大师及珠甘、格查尼玛嘉洛、噶玛扎西、措如次郎等大师闻思显密经典，勤修佛门要领。

1984年活佛进行了岔岔寺和禅印寺的重建及其恢复工作，相继修建了那若六法与尼古六法等3处闭关中心，还修建了岔岔五明佛学院和岔岔寺讲经堂等众多寺院建筑及宗教设施。传统的法会活动得到了恢复，培养了大批的僧侣，赢得了社会广泛称赞。从1995年至1998年期间，他在格萨尔王的故乡重新创建了格萨尔纪念堂，受到了有关部门的联合嘉奖并为其颁发了荣誉证书。活佛还铸造了一尊十几米高的格萨尔王铜像，矗立在格萨尔纪念堂前面的广场上。

【历史价值】

八邦寺规模宏大，环境幽静，其建筑参差错落，依山而建，取势灵活。经幡招展，金顶富丽堂皇，十里可见，蔚为壮观。殿堂装饰雍容富丽，泥塑和壁画刀笔细腻，姿态万千，形象逼真，栩栩如生，被称为康区寺庙建筑之最佳者，有“小布达拉宫”之赞誉。

塔 公 寺

【名僧诗话】

柳岸春波夕照中，淡烟芳草绿茸茸。
饥餐渴饮随时过，石上山童睡正浓。

——宋·普明禅师《任运第七》

【地理位置】

塔公寺位于四川省康定县境内，距康定县城 110 千米。“塔公”藏语意思为“菩萨喜欢的地方”。

【寺庙历史】

塔公寺全称一见如意解脱寺，为藏传佛教萨迦派知名寺庙之一，于今已有 1000 余年的历史，是康巴地区藏民朝拜的圣地之一。

【历史价值】

寺内保存有一尊与拉萨大昭寺一样的释迦牟尼像，据说为文成公主入藏途经此地，仿照带往拉萨的释迦牟尼像造一尊留供寺中。因二者之间具有极其特殊的因缘，所以有“凡愿到西藏拉萨朝圣而未能如愿者，朝拜康藏塔公寺释迦牟尼像亦具有同等效果和功德”，进而塔公寺又称“小大昭寺”。寺内还珍藏着元朝帝师八思巴法王在石头上留下的足迹。印度大成就者建造的成就佛塔，千手千眼观音像，全具有千年以上历史，寺中另有很多珍贵的佛教文物。

寺庙周围佛塔林立，构成了一幅绝妙的塔林图画。

塔公寺佛事活动频繁，每年定期举行的法会有：

农历正月初一至十五，祈愿大法会，祈祷新的一年里世界和平，佛法昌盛，一切违缘消除，风调雨顺，如意吉祥。

农历四月初一至初十，大日如来法会，修持大日如来法，举行火供，并超度世上一切亡灵。

农历四月十一至十五，受持八关斋戒，修持观音法门。

农历六月初一至十四，护法大法会，供养护法，跳金刚舞，祈请保佑。

农历六月十五至七月三十，结厦安居，诵经修法。

农历十二月二十四至二十九，护法大法会，跳金刚舞。

甘　孜　寺

【名僧诗话】

古人得后便休休，茅屋青灯百不求。
遮眼漫将黄卷展，不风流处却风流。

——宋·慈受怀深《示襄禅者》

【地理位置】

甘孜寺坐落于四川省甘孜县城边一座人字形山坡之上，是甘孜最大的寺庙。寺庙全名甘孜扎西罗布楞寺，藏语意思是洁白美丽吉祥珍珠洲，简称甘孜寺，是洁白美丽寺的意思。

【寺庙历史】

甘孜寺是格鲁派寺庙，已经有 300 多年历史。1981 年开始修复寺庙建筑，历时 10 年竣工。寺内僧众逾 400 人。大殿共分四层：大经堂为一层，护法神殿为二层，强巴佛殿为三层，四层供奉着自印度请来的觉卧仁波切。

【建筑风格】

此寺背北面南。大殿一底四楼，四角飞檐，上盖琉璃瓦、铜宝瓶、铜如意等。大殿四周分布着很多的僧舍，寺院依山而建，根据地势层层上升，下层的屋顶便为上层的平台，远远望去，气势巍峨。建筑风格为藏、汉结合制式。

【历史价值】

在寺内护法神殿内有很多藏刀以及旧式火枪，据说为当地藏族供奉给寺庙用来表示不再杀生的决心。昌都的强巴林护法神殿也是这样。甘孜寺寺主是香根活佛。香根世系始于 1846 年，传承到现在为第三世。第一世系十一世达赖喇嘛的三位候选灵童之一，后十一世达赖喇嘛经金瓶掣签认定，其中一位落选的灵童就是香根一世，名叫洛绒粗臣，法名罗桑克珠。香根活佛世系和甘孜孔萨土司家族关系特别密切。这种关系对于彼此巩固教权和政权都产生了极其重大的作用。

灵　雀　寺

【名僧诗话】

香残火冷漏将沉，孤坐寥寥对碧岑。
万井共当门有月，几人同在道无心。
风传乔木时时雨，泉泻幽岩夜夜琴。
为报参玄诸子道，西来消息好追寻。

——宋·真净克文《香残火冷》

【地理位置】

灵雀寺位于四川省道孚县。

【寺庙历史】

全称“灵雀兴盛寺”的灵雀寺，至今已有300多年的历史。据说古时候，县城所在有一大湖，称为尼措，为鱼海之意。灵雀是尼措的藏语音译。

【建筑风格】

寺庙倚山临水，呈梯形布局。灵雀寺的大殿后堂为21根11米高大柱子所构成的“便孔”，正中塑有10米高的吉子便巴大佛，两侧则塑有阿底峡、宗喀巴三师徒，接连便孔为大殿的中堂，都用藏毯铺设，可容2000个喇嘛诵经。堂内的大神龛雕刻精美，经架正中塑有2米高的宗喀巴佛像，左右塑有12尊其他佛像。经架上藏有《甘珠尔》、《丹珠尔》等大藏经百余部。堂内皆为藏式风格彩绘及雕刻，有吉祥八宝、圣僧图、各种唐卡，殿内金碧辉煌，佛像珠光闪烁，金、银、青铜各种佛器达千余件。大小酥油神灯终年不灭。

【历史价值】

灵雀寺的酥油彩塑和酥油花极负盛名，不但有以释迦牟尼一生的佛教故事和宗喀巴等祖师的事迹为题材的内容，而且穿插有“唐僧取经”的佛教故事，并以独树一帜的造型与精湛的雕塑技艺誉满康区，有“康区一绝”之名。

该寺的宗教活动很多。每年的正月十五这天，灵雀寺广场上搭起高大的彩棚，棚内摆上大型的酥油群塑。寺庙的广场挤满了来自各地的藏民，兴高采烈地观赏这些秀色可餐的酥油花，并虔诚地参加隆重的佛事活动。午夜来临，千万盏酥油灯齐燃，照亮了四周的酥油彩塑，酥油花会进入高潮。

除此之外，江刻大法会以及安却大法会，各于每年9月22日和10月21日举行，分别历时数天，也十分隆重。

惠　远　寺

【名僧诗话】

圣朝天子坐明堂，四海生灵尽安枕。
风流年少倒金樽，满院桃花红似锦。
——宋·佛鉴慧勤《圣朝天子坐明堂》

【地理位置】

惠远寺位于四川省甘孜藏族自治州道孚县（原乾宁县）协德乡境内，藏名为“嘎达向巴林”，海拔3550米，距县城110千米，距八美石林13千米，距康定塔公43千米，距垭拉自然风景区17千米。

【寺庙历史】

惠远寺始建于清雍正七年（1728年）。那时，蒙古准噶尔部进犯西藏，藏区秩序非常混乱。为有效地保障七世达赖的安全，清政府特选定乾宁修建寺庙。此地距拉萨较近，社会秩序相对安定，且气候与七世达赖居住地相同。清政府拨出库银14万两，发动了大量工匠及民工，仿照西藏佛寺的形式，营造了这座规模宏伟、建筑风格独特、寺宇金碧辉煌的寺庙。惠远寺建成后，雍正帝钦定寺名，并且亲书匾额，又派专人迎请七世达赖到此处居住。雍正十二年（1734年），准噶尔部向清廷请和，藏区威胁解除，七世达赖这才返回西藏。

道光十八年（1838年），十一世达赖克珠嘉措诞生在惠远寺附近的下村，并且自惠远寺起程，专人护送去拉萨，惠远寺的声誉进一步提高，体现出它在康藏地区的特殊地位。惠远寺系格鲁派霍尔十三寺之一，它在鼎盛时期，由于享有“九龙”（代表清朝中央政府）、“九狮”（代表西藏政教合一的地方政府）的崇高尊号而闻名藏区乃至国内外。

【建筑风格】

惠远寺占地约33万平方米，地势平坦，寺门正中雍正帝钦赐“惠远寺”巨大镏金匾额高高挂起，寺庙后山环绕草坪，寺前系广阔的草坪与田地，小河蜿蜒流过，对面青山翠绿，郁郁苍苍，风景优美，为佛家圣地。寺庙历经数年修建扩增，规模极大，殿堂巍峨堂皇，宝鼎熠熠生辉。宫殿式的四层楼房，内藏大小不同的镀金佛像132尊，高的达5米以上，个个玲珑剔透，栩栩如生。殿顶镀的鎏金白银，在阳光映射下，光彩照人。殿中有雍正九年（1731年）《御制惠远寺》蒙、汉文石刻各1座，《果亲王诗碑》1座，《果亲王谕惠远寺碑记》1座，同治四年（1865年）四川候补道史致康《泰宁惠远寺碑记》1座等，错落排列，记述了该寺的修建史实。寺庙建有山门两进，僧房400多间，筑内外围墙3层。

1982年，惠远寺开放，并相继拨款23万余元，对惠远寺进行了全面维修。新建庙宇为宫殿式金瓦顶楼，以金幢宝瓶相配，法轮异兽，彩绘历代帝王及其战将、各种唐卡画、活佛神像在檐檩之上；浮雕九龙九狮门枋，梁柱结构适当，铺陈富丽；庭院宽敞，布局完整；楼堂庭廊，结构适当。殿宇建筑豪华，具地方特色，为康巴建筑艺术精品。并购《甘珠尔》和《丹珠尔》分别一套，如今寺庙共藏各类经典200余卷，还收藏有多件各种贵重文物。

【历史价值】

惠远寺中共有5块石刻古碑，雕刻工整，是十分珍贵的文物，承载着悠久的历史与文化价值。

色 须 寺

【名僧诗话】

十年庐岳僧，一旦出岩层。
旧龙临江别，孤舟带鹤登。
水流随岸曲，帆势任风腾。
去住本无着，禅家绝爱憎。

——宋·黄龙慧南《退院别庐山》

【地理位置】

色须寺，地处四川省石渠县县城约10千米处的瓦土乡。

【寺庙历史】

闻名遐迩的雪域名刹色须寺，创建于清乾隆二十五年（1760年），距今已有240多年的历史，是甘孜州最大的寺庙群，是石渠最大的藏传佛教格鲁派（黄教）寺院。石渠是一个宗教氛围很浓的地方，尤其是牧区藏民信教程度更深。全县有黄教、白教、红教、萨花寺庙共46座，其中又以色须寺规模最大，最为知名。色须寺里供有藏区第二大铜塑镀金强巴佛，而且是康巴地区唯一有资格授予“格西”（相当于佛学博士）学位的格鲁派寺庙。“色须”意即戴黄帽子的部落后裔，据说石渠这个名称也是由此读音演变而来。

【建筑风格】

色须寺为甘孜州最大的寺庙群之一，由 100 余座寺庙组成。该寺珍藏的佛像、佛经数以万计，其中弥勒佛雕像被称为藏区第二大佛，还有两层楼高的铜制镀金舍利塔，古印度名寺佛杖等极其珍贵。

色须寺“极乐世界经堂”中建有“极乐世界坛城”，经堂中供奉的以阿弥陀佛像为主体的群佛像 1151 尊，其中最大的 3 尊是西方三圣，高 3 米，铜质镀金像由一居士出资塑造。其余的大、中、小型佛像也已由四众弟子量力出资塑造。修建经堂、坛城、佛像，为使前来修行的众弟子身临其境地观想、修习、了悟，以至最后得到阿弥陀佛的接引，能证入到极乐世界中得以最终解脱——解脱生死，突破轮回。

宗喀巴的牙舍利塔是色须寺的镇寺之宝。据说宗喀巴的牙齿现存 3 颗，色须寺所保存的为其中最大的一颗。而远在康藏地区的色须寺之所以有此殊荣，是由于它的第一位法台是宗喀巴大师的善首大弟子。

色须寺每年举办辩经大会，喇嘛们从藏区各地的黄教寺庙赶来参加辩经，场景特别宏大。佛学高深的老喇嘛端坐于前排经床上，负责裁判。赤巴图布丹确吉坚赞活佛从 1983 年始任色须寺第三十七任法台。

【历史价值】

色须寺设显密宗两大学院，下辖 5 个康林（分院），15 个真札（班），习经制度良好，曾两次受到班禅大师等高僧以及僧界名流的高度赞扬。

理　塘　寺

【名僧诗话】

方春不觉来朱夏，秋色禅明翠影斜。
夜来风急柴扉破，满地霜铺落叶花。

——宋 · 投子义青《忘惶》

【地理位置】

理塘寺又称长青春科尔寺，位于四川甘孜藏族自治州理塘县。

【寺庙历史】

理塘寺系三世达赖索南嘉措在1580年开光始建，占地面积900多平方米，是康区第一大格鲁派（黄教）寺庙。理塘寺宏伟的建筑与厚重的文化底蕴为康区首屈一指，被看作“上有拉萨三大寺，下有安多塔尔寺，中有理塘长青春科尔寺”，足见该寺久已声名显赫。

【建筑风格】

寺院依山而建，高低错落，层次清楚。主体宫殿佛舍位于寺院最高处，拾级而上，给人以步步登天，极目云外，绝尘归神之感。

【历史价值】

佛舍内自门到内壁，自主柱到横梁，都绘有别具一格的壁画，每幅画都表现一个严谨的佛教传说。这些壁画线条琐碎，变化多端，人物形象各有千秋，栩栩如生，寓意深长。在大殿内的禅房，设有一、二世香根灵塔，塔高3米上下，用紫铜镀金，塔身錾有各式花纹图案，镶嵌有祖母绿、金刚石、珊瑚、玛瑙、珍珠、松耳石、琥珀、翡翠等奇珍异宝，制作工艺精湛，匠心独运。

理塘寺以雍容华丽的建筑，色彩纷呈的法器，千姿百态的佛像，精美绝伦的雕塑以及浩瀚的藏书文献等，成为当今藏族宗教、文化、艺术的一座殿堂。

理塘寺内珍藏有各种类别的释迦牟尼金铜像、佛教经典、三世达赖用过的马鞍、明清时期的壁画等珍贵历史文物。

寺宇每年定期举行各种大法会，有风格独具的跳神、辩经、转山、展大佛及酥油花会等。

昌　都　寺

【名僧诗话】

只是旧时行履处，等闲举着便淆讹。
夜来一阵狂风起，吹落桃花知几多。

——宋·慈受怀深《吹落桃花》

【地理位置】

地处四川省金川县撒瓦脚乡阿拉学村的昌都寺，由绰斯甲土司的亲兄弟郎松拉丈旦贝嘉木参创建于公元3世纪。

【寺庙历史】

早年，寺庙始建在当地一小海子边的山坡上，以建址的地理位置取名为“海边寺”（藏语“昌都寺”）。后来经过不到10个世纪的发展，该寺的规模和影响日益扩大，已完全能够满足信徒的基本生活所需以及信仰要求，就像传说中的如意宝贝一般，在弘法上顺其自然。于是，罗旦宁波大师按照郎松南卡旺丹的意思，在原“海边”二字后加上了“宝贝”一词，使寺名合称“海边宝贝寺”，藏语称“昌都罗尔布寺”，简称“昌都寺”。因为历代土司和郎松都信奉苯教，对其极力扶持，因此苯教成为这一地区占统治地位的教派，并以昌都寺为众庙之首及核心。每年的祈愿大法会，各寺院都要派员参加，僧人多达上千人，规模庞大，特别隆重。昌都寺后来毁坏严重。

据史料记载和民间传说，昌都寺的苯教在木赤达莫宗（地名）木氏家族高僧系列中的孪生郎松拉丈第三十六代与绰斯甲顶头喇嘛三尊在世时，雍中苯教的九次第乘和四门五库及大小五明学就已盛行，教义教规也非常健全，持戒沙弥、比丘和通晓密咒的贤德、获无上圆胜的高僧及行老不断涌动，大小五座殿堂内供奉有泥塑千尊苯教始祖辛饶之像与铜塑至尊、静猛金刚和珠光宝气装饰的喇嘛灵塔等。特别是那座称为“通珠钦波”的印经房，在全土司辖地闻名遐迩，是当时此地区唯一能承担印刷的机构，拥有各种佛像和神灵护法的印版及整套苯教大藏经《甘珠尔》的印版数万块，充分表现了昌都寺当时传经弘法的规模和作用。

【建筑风格】

昌都寺大雄宝殿矗立云天，金碧辉煌，转经长廊宛如蟠龙静卧。殿堂内雕梁画栋，彩绘比比皆是，佛祖辛饶、昔拉麦桑以及大师昔拉嘉木参三尊慈眉善目位居宝座，金银和珍珠玛瑙镶嵌的喇嘛灵塔玲珑剔透，诸类经典著作排列整齐，灯火通明香烟缭绕，香客接踵而至，已成为金川县撒瓦脚乡的一道亮丽的人文景观。

该寺处于海拔2000多米高的半山区，气候温暖，重峦叠嶂，每当春天来临，万山翠绿，流水潺潺，湖光山色交相辉映，历来就是宗教人士静修的好去处。

【历史价值】

昌都寺影响较大，年代久远，是仅次于皇庙金川广法寺的又一座古老的藏教寺院。

昌都寺一年有四次大的佛事活动。它们分别为农历一月初五，赛唐卡（良美大师之晒佛节）；四月十三至十五，讲经灌顶大法会；六月初，念“哑巴经”；十二月十五，金刚大法会，跳神舞。

弘 福 寺

【名僧诗话】

静林溪路远，萧帝有遗踪。
水击罗浮磬，山鸣于阗钟。
灯传三世火，树老万株松。
无复烟霞色，空闻昔卧龙。

——唐·灵一《静林精舍》

【地理位置】

弘福寺地处贵阳市黔灵山。

【寺庙历史】

弘福寺的创建者为赤松和尚。赤松，俗姓韩，法名道领，号赤松，曾居浙江，后迁移到长沙，再后来随父定居贵阳。赤松少习儒，20 岁出家，遍参高僧，悟性很高；35 岁在贵阳白云寺闭门修学，3 年后出关便驰名省城，僧俗共仰。1672 年，赤松登上大罗顶（今黔灵山），看到万峰环绕，中结平原，可作供佛道场，遂立志在此建寺，耗时 32 年最终建成梵刹。

【建筑风格】

现该寺有大雄宝殿、观音殿、玉佛殿、弥勒殿等古迹可供瞻礼，并有石狮、石幢、铜宝鼎、铁鼎、钟鼓、幢幡宝盖、金字匾联等文物，设有法物流通处、素香斋、茶室。近年修复历任方丈灵骨塔 10 多座，重新修建贵州首座法华经塔、开山祖师纪念塔、九龙浴佛石壁、钟鼓楼、天王殿、藏经楼、地藏殿、禅堂、斋堂、僧寮、尊客寮、方丈苑、碑廊等建筑。寺内文物还包括贴金佛像 27 尊，缅甸玉佛 10 多尊，《乾隆大藏经》、《中华大藏经》、《房山石经》各 1 部。

登上弘福寺之盘山古道“九曲径”（全径 383 级），途中有“古佛洞”、“洗钵池”、“灵官亭”等古迹，有“多行好事广积阴功”、“虎”、“黔南第一山”、“正法眼藏”等摩崖石刻。

法华经塔巍然屹立在前山门外右前方，塔七级六面，高 15 米，奉藏《妙法莲华经》，塔上刻 36 佛以及佛经摘录，塔后有《建塔因缘功德碑》。面对大门系九龙浴佛石壁，传说释迦牟尼佛诞生时，九龙吐水为之沐浴。大山门上有赵朴初所题写的“弘福寺”、“南无阿弥陀佛”，董必武题写的“黔南第一山”。入门两侧有钟鼓楼，其铜钟重 1500 千克，于明成化五年（1469 年）铸建。首重殿是天王殿，供奉弥勒佛和护法四大天王，殿的南侧有《地藏经》碑刻，殿外侧两壁有巨幅绘画；二重殿是观音殿，奉三十二臂观世音。第三重殿为大雄宝殿，其中供奉着释迦牟尼、阿难、迦叶、文殊、普贤及十八罗汉，全贴真金，墙上有佛陀画传。

玉佛殿释迦牟尼玉佛是缅甸宏慧法师从仰光请回。坐像高 1.5 米，宽 1.2 米，重达 900 千克，玉质优良，面貌慈祥庄严。殿中还有 10 尊弥勒、观音等玉雕。“放生池”旁有“曲尺亭”与长廊，亭前有樱花，春来繁花似锦。“双桂楼”前桂花绿荫如盖，入秋桂香四溢。塔林位于寺后的毗卢峰下，为弘福寺历代祖师及僧人、居士安放灵骨的地方。

【历史价值】

1983 年，弘福寺被国务院确定为汉族地区佛教全国重点寺院。

镇　国　寺

【名僧诗话】

砂里无油事可哀，翠岩嚼饭喂婴孩。
他时好恶知端的，始觉从前满面灰。

——宋·翠岩守芝《砂里无油事可哀》

【地理位置】

镇国寺位于贵州省江口县境内的梵净山上。梵净山卓立于贵州东北，为武陵山脉主峰，海拔 2570 米，面积 576 平方千米。是我国重点自然保护区之一，也是世界著名的原生生态圈，在科研方面有重要价值。

【寺庙历史】

梵净山地域开阔，山顶在明代就已形成寺院群落，以新老金顶之间为主。明代时建有一洞、二寺、四殿（九皇洞、承恩寺、镇国寺、通明殿、观音殿、释迦殿、弥勒殿）。由于山顶风蚀严重，寺宇都以石块砌成，屋面全用铁瓦盖之。

镇国寺始建于明代，清道光十年（1830 年）和同治九年（1870 年）分别重建，1949 年后倒塌。1992 年以来，梵净山佛教得到各级政府的重视，部分古寺得到了恢复。镇国寺在贵阳弘福寺的大力支持下，获得赞助 10 余万元，现已初具规模。

【建筑风格】

寺院整个遗址除正殿、偏殿、僧寮、厨房遗址依稀可辨外仅存四周残墙，建筑面积 1100 平方米，1992 年恢复梵净山佛教后，进行了逐年修建，现仅存僧人朝山信众食宿客房，供佛殿堂大雄宝殿正在修建之中。殿内供有释迦佛和西域请来的玉观音两座佛像，前来朝拜的人们络绎不绝。

【历史价值】

梵净山，林海茫茫，山花处处，佛光云海，气象万千，旖旎风光，雄奇壮丽，是旅游观光的胜地。而镇国寺身处其中，重建工作也在紧锣密鼓地进行，相信在不久的将来，这里一定成为游览和感受佛教的好场所。

护 国 寺

【名僧诗话】

无德住西河，心闲野兴多。
太虚宽世界，海岳蹙江波。
独坐思知己，声钟聚毳和。
欲言言不尽，拍手笑呵呵。

——宋 · 汾阳善昭《拟寒山诗之二》

【地理位置】

护国寺坐落在距六盘水市盘县 17 千米的水塘镇的丹霞山上。

【寺庙历史】

清乾隆四十六年（1781 年）常怡大和尚在此初开戒坛；光绪三十年（1904 年）光一大和尚继之开坛传戒，弘扬佛法；光绪三十二年（1906 年）圣融大和尚在京得光绪帝御赐全部藏经、袈裟、玉印、金钵。光绪帝还御封“黔之盘州丹霞山为西南护国丛林”，由此得名“护国寺”。光绪年间果倧、常向曾兼任贵阳黔灵山寺、昆明筇竹寺、宜良法明寺的方丈，可谓盛极一时。民国二十九年（1940 年），修园大和尚于丹霞开坛传戒，同时还举行了49天的水陆大斋，以超度前方抗日阵亡将士。此次佛事，有虚云、印光等13个省7个市的65位大德高僧参加，为丹霞山有佛寺以来最盛大的佛事活动。1949年后有众多在护国寺出家的僧人任全国各寺的住持、方丈。其中著名者为洗尘法师，他出于丹霞山，后为缅华佛教会创办人，又到美国纽约创建纽约妙觉寺，现为该寺住持。时人称誉护国寺有“高僧辈出”之说。1958年丹霞林区遭到乱砍监伐。1964年，护国寺不慎失火，殿宇被毁。虽然庙宇无存，但是，当地信众及四方游客上山敬香礼佛依然如故。1981年，当闻法师卓锡于丹霞山，与弟子演慧共同出资重建殿堂。在十分艰难的条件下，建成瓦屋3间，供奉佛像，依靠香客游人的捐助勉强度日。1983年，常闻师徒调往水星寺，丹霞山又陷入无人管理的状态，房舍悉皆毁坏。1985年4月，县政协委员董均荣居士在县政协六届二次会议期间，提交了《修复丹霞山名胜古迹，发展县旅游事业》的议案，倡议修复丹霞山护国寺，得到政府的重视，予以批准重建，并于1986年中秋节正式奠基。

经过几年的建设，护国寺现有山门、弥勒殿、大雄宝殿、玉佛殿、千手观音殿、斋堂、观音堂等建筑。中国佛教协会会长赵朴初先生亲笔题写了“丹霞山”、“护国寺”及“大雄宝殿”等匾额。现寺内还有进一步建设丹霞山的计划。

【建筑风格】

护国寺中除珍藏有光绪皇帝御赐之物外，还有赵以炯、翁同龢等人的题匾、楹联、书画等。纽约妙觉寺住持洗尘法师捐助寺内计有玉佛、贴金弥勒佛、地藏菩萨、千手观音及法器等多种。另藏历次传戒所用的黄铜“金刚光明宝戒宏范印”及具有千年历史的《贝叶经》、《贵州省盘县丹霞山莲花峰千佛戒同戒录》等。

隆普大师为丹霞山第十二代法嗣，圆寂后全寺僧众为其立墓塔一座，高五层，塔前有《隆普生平事略碑》。墓塔座下为灵柩停放处，以五面料石起供，修成地下密室。柩前置大锅一口，盛香油150余千克，油内置灯芯，加油燃灯后即行封闭，名为“长明灯”。此灯须年年添油。

民国十五六年（1926年—1927年），了凡和尚在中殿水池上修建观日楼，高五层，上悬“南天胜景”匾额。现在筹资予以重建，仍名“观音楼”，登楼可观日出日落的壮丽景色。

梓木洞位于丹霞山脚，洞长400多米，钟乳琳琅，怪石嵯峨。现已在洞口修建了石阶，引进照明线路，正进一步扩建中。

【历史价值】

护国寺玉佛殿中供奉着坐式玉佛一尊，卧式玉佛一尊，素有“玉佛林”之称。这些玉佛都来自于国内和缅甸以及美国佛教界的赠送，神态安详，面貌庄严肃穆，是佛雕中的精品。

圆 通 寺

【名僧诗话】

行不等闲行，谁知去住情？
一餐犹未饱，万户勿聊生。
非道应难伏，空拳莫与争。
龙吟云起处，闲啸两三声。

——宋·保福清豁《颂大章庵主》

【地理位置】

圆通寺坐落在昆明市螺峰山麓，系昆明城内最大的一座佛寺。

【寺庙历史】

圆通寺始建于唐南诏蒙氏时期，原称“补陀罗寺”。到元延祐七年（1320 年），改名圆通寺，一直沿用至今。元代的圆通寺景色幽奇，殿宇巍然屹立，楼阁壮观宏伟，水榭曲径蜿蜒，风格独特。经明清两代相继修葺，终成现在规模。

【建筑风格】

耸立于圆通寺山门内的“圆通胜境”坊，建造于清康熙七年（1668 年）。从此处稍往前行就可到达前厅，厅堂宽广，厅内如今供奉一尊释迦牟尼说法像，高 2 米，纯铜铸成。穿过前厅回廊，可见一方水池。池中间建有清康熙年间的（1662 年—1722 年）八角亭，四周有石廊环护，南北有石桥相连，琉璃飞檐，雕艺精深。亭中供奉千手观音。亭北有桥可通大雄宝殿。大雄宝殿是一座重檐歇山式宫殿，琉璃宝顶，斗拱飞檐，殿内雕梁画栋，朱漆镂金，富丽堂皇。大殿正中的两根圆柱，高达 15 米，有青赤二龙盘绕，制作技艺非常精巧，是明代艺术珍品。

殿中有元代塑造的三身佛，居中者为释迦牟尼佛，右边是清静法身毗卢遮那佛，左边是圆满报身卢舍那佛。大殿内左右两壁塑 12 圆觉像和护法诸天，此外还有罗汉、供养人及修行者等。大殿前方有一只铜香炉，是明代铸造的文物，左右有石砌花坛，栏柱石上雕有180个小狮子，姿态万千，雕工细腻。国内外游客到此瞻仰，皆叹为观止。

从大殿侧后沿石磴上行，是1985年新建的铜佛殿，特为迎请和供奉泰国赠送的铜制释迦牟尼佛像所建。铜佛殿为砖石结构，融合了中国和泰国、印度的建筑风格，三位一体，为叠檐交错的尖顶式建筑，门及立柱完全采用印度式风格，铜殿角檐下挂满铜制风铃，微风过处，铃声清脆，不绝于耳。“铜佛殿”三字为赵朴初所书。铜殿内供着3.3米多高的释迦牟尼铜身坐像，体形清癯，体现了释迦苦修成佛的艰难。坐像两旁有4幅彩图，叙述了释迦修炼成佛到圆寂的全过程。

大殿后右侧，峭壁峥嵘，原名盘坤岩。岩间有穿石弯路，名采芝径，能够径直登上圆通山，石壁上有古人摩崖刻石题咏，以及摩崖大“寿”字等，大石崖下有幽合、潮音二洞，洞中奇石错落，深杳莫测。圆通山山顶建有接引殿，为明代遗迹。

【历史价值】

1983年，圆通寺被国务院确定为汉族地区佛教全国重点寺院。

筇 竹 寺

【名僧诗话】

万事无如退步休，本来无证亦无修。
明窗高挂菩提月，净莲深栽浊世中。

——宋·慈受怀深《万事无如退步休》

【地理位置】

筇竹寺坐落在昆明市玉案山。

【寺庙历史】

寺院始建于元代。有关筇竹寺名称的来历，还有一段历史传奇。据该寺的《重修玉案山筇竹禅寺记》碑记载：宋代大理国时，鄯阐侯高光、高智兄弟至西山（今玉案山）狩猎，发现有只犀牛奔入山中，随即引出一群梵僧。兄弟俩跑到跟前，僧人却茫然不见，仅看到他们的筇竹杖插在地上，不管如何用力就是拔不起来。次日，高氏兄弟又去观看，只见那些筇竹仗却已长出了枝叶。兄弟俩唏嘘不已很是惊奇，认为是神仙显灵，于是便在此建寺，名为筇竹寺。

释洪镜为筇竹寺的开山祖师，他俗姓李，祖籍鄯阐（今昆明），23岁时出家，从师于大理国师杨子云，1254 年到中原学习禅宗教义，时年 25 岁。1279 年他回归云南，在滇池地区采用少数民族方言讲解大乘经典，从此筇竹寺就成为云南省第一座佛教禅宗道场。

【建筑风格】

筇竹寺的主要建筑由天王殿、大雄宝殿、华严阁及两厢两庑组成，布局基本和一般寺院相同。

该寺最富有特色的为五百罗汉泥塑，是全国同类泥塑中的佼佼者，有东方雕塑艺术的明珠之赞誉。

这些泥塑都排列于大殿两壁、天台莱阁、梵音阁，分为上中下三层，上下两层大部分是坐像，中间一层则多为立像，排列讲究中心对称，如左为降龙，右为伏虎，左为腾云，右为驾雾，等等。所塑人物人体结构合理，肌肉骨骼、服饰衣纹都接近于实人实物，形象逼真，呼之欲出。雕塑家在设计组雕时，大胆地尝试圆圈形和集体行进的队列组合，这些罗汉宛如相邀到某座名山赴会，各尽其能，腾云驾雾，骑豹踏鳌，往前赶去，恰似行云流水，动感十足。整个罗汉堂既有单个的雕塑，又有组雕，多种形式交替使用，在统一中求变化，达到了姿态万千而又完美无缺的有机结合。塑像上的很多颜料，是雕塑家们用矿物自制而成，色泽经久不变。衣饰的贴金，以纯金打造，片薄纹美，熨帖自如，到现在还闪闪发光，足见工艺水平的精湛。

天王殿居中塑弥勒佛像，背面为韦驮菩萨，两侧是四大天王。大雄宝殿内有元代所塑的三世佛，正中为释迦牟尼佛，左为药师佛，右为阿弥陀佛。殿内两壁有 68 尊罗汉塑像，后檐下塑关羽像，左为关平，右为周仓。千手千眼观音坐像位于梵音阁中。

华严阁后的板栗园中，建有此寺开山祖师洪镜的舍利塔，底座为四方形，顶部为圆形。旁边还立有洪镜弟子玄坚的墓塔。寺后有海会塔、梦佛大和尚灵塔、尘空大和尚灵塔、传临济正宗三十三世半生和尚灵塔以及传临济正宗十五世性兴和尚灵塔。离筇竹寺西北方 500 米左右，有清道光十年（1830 年）立的禅宗曹洞正宗第三十九世真公和尚墓塔。除此之外，在玉案山山腰及其沟壑谷地还有很多历代住持僧的墓塔。

【历史价值】

2001 年，筇竹寺被国务院公布为全国重点文物保护单位。

曹　溪　寺

【名僧诗话】

骊龙海卧瑞云高，四望归宗万派朝。
木人来问西宫事，回惠东园一颗桃。
——宋·投子义青《颂道吾密密处》

【地理位置】

地处云南省昆明市安宁县西北半山腰中的曹溪寺，距县城7千米。寺内有明代修建的大殿及其大殿所产生的“天涵宝月”奇观，还有云南大理国所遗留的观音、文殊、普贤菩萨木雕像，驰名古今。

【寺庙历史】

曹溪寺于大理国时期（公元938年—1254年）始建。当时，禅宗六祖慧能的弟子们，发现安宁西北一带的自然环境，与慧能主持的广东韶关宝林寺（南华寺）颇似。于是，他们就于此处建寺一座，而且用宝林寺前的一条小河曹溪作为寺庙的名称。后来，曹溪寺屡次被毁。明嘉靖三十一年（1552年）、清康熙三十年（1691年）、光绪七年（1881年），先后三次重建。如今，曹溪寺内的建筑除大殿为明代遗物外，余者殿堂均是清代重修的。

【建筑风格】

依山而建，坐西朝东的曹溪寺，以山门、弥勒殿、大殿和后殿为主体建筑。除此之外，寺内还有钟楼、鼓楼、禅堂、客房等建筑。

重建于明代的曹溪寺大殿为重檐歇山式建筑。在大殿的上下檐之间，有一内圆外方的洞口。在一定的时候，当月上东山之际，月光就能自洞口射到殿内阿弥陀佛的脸上。随着月光下移，一直可以照到佛像的肚脐。这就是所谓的“月光照佛佛印月”的景观。传说，能看到此种奇观的时间是农历每月的十五日，即佛经上所说的阿弥陀佛日。此种景观是建筑师们巧妙设计的结果。

【历史价值】

在大殿之内，还有一尊高达3米的阿弥陀佛像，高达2米的观音和大势至菩萨像各一尊。此为云南省如今最大的夹伫脱沙干漆像。在其背后，有观音、文殊和普贤菩萨的木雕像。为大理国时期的文物，全国罕见。此外，寺内还有元代种植的梅花和昙花等古代著名树种及花卉；明代崇祯帝题写的“松风水月”碑以及著名进士杨升庵撰写的《重修曹溪寺记》碑等古代石碑数十座也都分存于此寺内。寺外，林木和鲜花漫山遍野，珍珠泉、金蟾泉等名胜，格外引人注目。

曼阁佛寺

【名僧诗话】

隔阔多年未是疏，结交岂在频相见。
从教山下路崎岖，万里蟾光都一片。

——宋·五祖法演《寄旧知》

【地理位置】

曼阁佛寺坐落在云南省西双版纳景洪澜沧江东岸曼阁寨。此处居住的傣族同胞信仰上座部佛教，只要有村寨之处就必有佛寺建筑。曼阁佛寺因其历史久远、建筑风格独特以及中心佛寺的地位，在西双版纳地区影响极大。

【寺庙历史】

大约建于傣历 960 年（公元 1598 年）的曼阁佛寺，到今天已有 1000 多年的历史。

【建筑风格】

佛寺背西面东（据说这是释迦牟尼成佛时面向东方的缘故），由大殿、经堂、僧舍、鼓房、走廊及门亭等部分构成，周围以短墙环护，形成一座东西向长方形寺院，建筑总面积为 1307 平方米。掩映在高大的酸角树下的曼阁佛寺，与葱郁的菩提树互相映衬。在阳光照射下，寺顶的饰物宛如耀眼的珍珠金光闪闪。进入佛寺内，首先看到的是门亭及其两侧高大苍翠的油棕树，穿过走廊就可直抵佛殿，此为佛寺的主体建筑。佛殿的建筑面积为 110 平方米，为重檐三坡面建筑。殿内有刷着红漆、雕刻花纹的红香椿圆木柱 16 根，屋顶坡度较大，并微作曲面。平行列柱外侧直接置于围墙的上面，在放置梁架和斗拱之处各自填放一个石柱础和伏象结构，使之起到承上启下、采光充足的作用。殿面上层由三段相叠而成，中间最高，向两侧递减。整个梁架斗拱一律斗木相接，互相制约，彼此衔接，不用一钉一铆就可构成坚固的屋架结构。圆木柱上饰有细腻优美的雀替和挂落，天花板上的图案隽秀异常，具有浓厚的傣家韵味和极高的艺术价值。

镀金释迦牟尼像供于佛殿中堂的西侧。佛像前设供桌，桌上供有各种大小佛像及动物塑像，分为立式、坐式两种。这些佛像绝大部分作火焰发髻，眉清目秀，体形瘦削。佛像前面的两侧挂着姿态万千的长幡，上面绘着五光十色的花纹，缀满闪闪发光的金纸、银箔，每一条长幡都非常精美。大殿的南侧有一砖筑的高约半米专供和尚念经时用的座位，它宛如一朵盛开的莲花，莲花上为一亭台楼阁，精美绝伦。在上座的右边，置一经书台，它由 7 头象支撑起一个小亭，特为听经之众奉献蜡条、供品所用。这 7 头象精雕细刻，造型独特，表示崇高无比。佛殿四周的墙壁上的经画色彩斑斓、精工细绘，其内容为释迦牟尼十世成佛的故事。绘画线条流畅、粗犷，极具傣家壁画风格。

佛寺南侧为戒堂，是中心佛寺的标志，建筑风格与大殿一样，戒堂外栽有菩提树 10 余棵，整个戒堂为树荫所围。

大殿屋顶正脊的正中放一造型精致的铜塔，铜塔左右分别置有高低递减含苞待放的莲花，两端还各饰一朵较大的莲苞，下垂一悬鱼。其他部分的瓦饰是呈火焰状的“咪挡”，檐边的瓦饰为卷叶状的“咪来”，此装饰表示天界周围飘浮着云彩。背脊的首部、中部和尾部饰有形象逼真的龙、凤、孔雀等造型隽秀的鸱吻。

【历史价值】

风景如画的西双版纳，是我国西南地区举世闻名的旅游胜地，曼阁佛寺作为该地区颇具价值的佛寺，以其独特的建筑风格引人注目。它已不只是一处宗教活动场所，也是闻名遐迩的人文景观。

大金塔寺

【名僧诗话】

孤舟夜静泛波澜，两岸芦花对月圆。
金鳞自入深潭去，空使渔翁执钓竿。

——宋 · 浮山法远《孤舟夜静泛波澜》

【地理位置】

大金塔寺坐落在云南省德宏傣族景颇族自治州瑞丽城东的遮勒寨中。此为我国南传佛教小乘教的一座主要寺院。全寺建筑以塔为中心，寺四周的佛殿等，都是下部凌空的干栏式（也称吊脚楼式）建筑。是我国南传佛教寺庙建筑的典型代表之一。

【寺庙历史】

此寺历史绵长。公元14世纪时此寺进行扩建。清代后期，又对大金塔进行重修。经相继维修，现存佛殿等仍然保存完好。

【建筑风格】

大金塔寺修建于山坡的一块台地上。寺的中心，为一组由17座塔构成的塔群。中间的一座塔高约17米。其余的16塔，分层布列在四周。塔群下，有座高达1米的圆形台基。总体布局，状似春笋，故还称笋塔。

除塔群外，有佛殿、僧房、竹楼和竹房等建筑。这些建筑，下部空敞，上部或供佛或住人，为典型的傣族干栏式建筑。

【历史价值】

大金塔寺的佛寺建筑是与傣族民居建筑吊脚楼相结合的产物，在其他地区少见。

菩提寺

【名僧诗话】

一念周沙界，日用万般通。
湛然常寂灭，常展自家风。

——宋·龙册晓荣《一念周沙界》

【地理位置】

菩提寺傣语称奘相，为宝石寺之意，地处云南省德宏傣族景颇族自治州的芒市镇。

【寺庙历史】

清初菩提寺始建，后来曾几经兵燹破坏，又被修复。1942年，日军飞机轰炸芒市，该寺遭到严重破坏，使得名树（即菩提树）被毁。1950年当地信众在舞狮朝贺时，不幸失火，寺院化为灰烬。1953年当地信众集资开始重建，中国佛教协会从北京送来一尊高大的赤脚佛像。1956年州政府拨专款装修寺院，从千里迢迢的北京迎来了“佛牙”，盛况空前的“佛牙摆”，震动中外。1978年寺院再度迎得新生。修复后的菩提寺，殿堂宽敞明亮，雕梁画栋，巨型佛像熠熠生辉。飞檐翘角上悬挂的铁铃在微风吹拂下，发出轻柔悦耳的叮当声。冬日时节，晨雾笼罩佛寺，寺内飘出缕缕青烟，远远望去，古刹时隐时现，如梦如幻。

【建筑风格】

菩提寺屡经重建，但寺庙建筑还保持着原来的面貌。菩提寺的平面呈长方形。前面的广场为庭院式构造。广场两侧，有一对亭塔。广场与大殿之间，有 3 间廊厦。廊厦正中突起，是歇山式屋顶；两端略低，是庑殿式屋顶。在廊厦前月台的台阶左右，有象鼻、鹿角、牛蹄和怪兽等装饰物。廊厦后的大殿中间，供奉着头戴金冠、身穿金服的白色释迦牟尼佛像。周围遍布陶器、花朵及金属供器。殿中悬挂着花灯和幡帐。其构建形式为典型的小乘教佛殿布局。

大殿前的广场，是僧众们礼佛前后的集散场所。殿前的廊厦，为僧众们提供了良好的休息和避雨、遮阳的地方。这种安排，全是为了满足在云南酷热多雨的自然环境中，僧众们从事宗教活动的需要。

【历史价值】

菩提寺为我国南传佛教小乘教的一座著名佛寺。

祝　圣　寺

【名僧诗话】

风萧萧兮木叶飞，鸿雁不来音信稀。
还乡一曲无人吹，令余拍手空迟疑。

——宋·晦堂祖心《风萧萧兮木叶飞》

【地理位置】

祝圣寺坐落在云南省大理白族自治州鸡足山上。鸡足山系滇西名山，它以耸入云端的天柱峰为中枢，前列三峰，后拖一岭，由于状似鸡足而得名。在方圆 100 余千米的连绵大山中，还分为文笔、象鼻、满月等 40 余座小山，有 13 峰如天柱、凤头等，14 座石壁如罗汉壁、舍身崖等，有 45 个崖窟如传经洞等，有溪泉 100 余处如乌龙潭、洗心涧、玉龙瀑等，遍山奇花异草，老藤古树，危崖嵌寺，群峰似屏。清陆翼《鸡足山志序》称：“鸡足山奇秀天下，与峨眉、九华、天台、雁荡为伯仲。”

【寺庙历史】

风景秀丽的鸡足山，是滇西的佛教圣地。据佛典载，释迦牟尼“十大弟子”之一的迦叶，手拿金缕僧衣，遁鸡足山等待慈佛下生，后于华首门入定。

山上的佛教建筑，始于唐，袭于宋元，兴于明清。明代地理学家徐霞客，曾经两上鸡足山，首次足足住了一个月，终日出游，尚未游完全山；第二次住了近4个月，在此撰写了《鸡足山志》。

徐霞客之友南京迎福寺高僧静闻，曾刺血而写《法华经》，愿供鸡足山；后来和徐霞客一起来到鸡足山，途中于汀江遇盗落水，仍擎经于顶。静闻至南宁崇善寺病危，求葬鸡足。徐霞客负骨与经，艰难跋涉250余千米，历经千辛万苦把静闻葬于鸡足山悉檀寺旁边。

【建筑风格】

自鸡足山东麓入山，至“灵山一会”坊，即入山门户。过坊缘溪前行，过“九品石”，越“石梁桥”，经“大士阁”，能够看到山谷丛林中飞瀑涌泻，响声似雷，非常壮观。从“大士阁”后的林荫小道向西北穿行，就能抵达祝圣寺。

建于鸡足山腹地的祝圣寺，占地面积13350平方米，坐北向南，依山势而建。周围绿树红墙，交相映衬。进“祝圣禅寺”大门，巍然的照壁屹立右侧，照壁上绘有《鸡足山全景图》。

天王殿中，有赵朴初手迹“祝圣寺”三个大字。

殿后有一庭院，左右雄峙钟楼、鼓楼，中间是大雄宝殿。此殿为重檐歇山式宫殿构造，飞檐斗拱，门窗造型优美，雕凿细腻。檐口高悬赵朴初题“大雄宝殿”、孙中山题“饮光俨然”、梁启超题“灵岳重辉”鎏金金匾3块。殿前置一铜铸大鼎，香烟缭绕。

殿堂上释迦牟尼像趺坐莲座，迦叶、阿难侍立两侧。座前各供一尊立式、卧式汉白玉佛像；座背塑观音像和南海普陀胜境。殿内周围是彩色五百罗汉像，姿态各异，栩栩如生。

殿后为藏经楼与藏珍楼。藏经楼里红漆木橱，加黄铜大锁，其中藏有各种钦赐或者化来的珍贵佛教经典。藏经楼后侧有藏珍楼，砖墙铁窗，严实牢固。内藏光绪帝赐予虚云的銮舆、华盖法器、玉龙杯、九龙袈裟等珍贵文物，其中玉观音卧像，长约0.5米，右手支头，双脚略屈，躯体中部覆盖着绒巾，秀美安详。藏珍楼下为雨花台，是讲经说法的地方。雨花台下两廊嵌各种石碑。

寺院东西两厢有祖师殿、药王殿、大士殿、伽蓝殿，还有禅堂、斋堂、客堂、云水堂以及方丈室、僧舍等；内外庭院有长廊、曲径、洞门、花圃、茶座及台楼阁。整座寺院，结构完整，布局严谨，规模宏大，环境清幽，民族特色和宗教色彩浓厚。

祝圣寺西北，沿山路过迦叶羊（36个羊形石）、可恶溪、接引桥，抵达华首门。华首门为一片石壁，高约百米，宽约十五六米，在平整的崖壁上，内凿似门状，从上到下，有一裂缝，将“门”分为两扇。“门”的中缝上，悬着上下距离基本相同的石疙瘩，人们称其为“锁”。石门两侧苔藓小草满布。门顶有“檐”飞突2米余，顶上长满万缕瑶藤，碧丝倒悬，颇似门帘。据说此处是释迦牟尼十大弟子之一迦叶入定的地方。迦叶在佛祖徒弟中以“头陀行第一”著称于世，佛寺中大都将其雕塑成年高德重的消瘦老者形象，和阿难各立于释迦牟尼佛的左右。

华首门左有眼药泉，传说，迦叶入定华首门时，徒弟紧追不及，在此痛哭，以致聚泪成泉。民间传说泉水能治眼病。华首门前的西边，有“朝山石”，此为数万个小石垒成的石堆，或方或圆，或白或黑，不一而足，它们是部分朝山者从数百里或千里外带来投置于此处的，这些足以证明来此朝山者之众。

【历史价值】

1983年，祝圣寺被国务院确定为汉族地区佛教全国重点寺院。

玉峰寺

【名僧诗话】

家在闽山东复东，其中岁岁有花红。
而今再到花红处，花在旧时红处红。

——唐·怀浚《家在闽山》

【地理位置】

坐落在云南省丽江纳西族自治县的玉龙雪山南麓的玉峰寺，为藏传佛教寺院，系古代滇西北地区的13大喇嘛寺之一。

【寺庙历史】

玉峰寺建于清康熙三十九年（1700年），历史上规模最大时有9个院落，现存大殿及上下两院。寺周松柏茂密，泉水潺潺，汇集成潭，风光秀丽，是丽江旅游，特别是春天丽江旅游必去的一个景点。玉峰寺与福国寺、普济寺、文峰寺、指云寺并列为丽江城郊五大喇嘛寺。

【建筑风格】

玉峰寺位于玉龙雪山的一片茂密的树林丛中，背倚雪岭，面朝平川，景色宜人。一股清澈的泉水绕寺流淌，终年不断。寺后有“姐妹湖”等景点。今存大殿及上下两个院落。大殿以四合院布局，由门楼、大殿及两庑组成。大殿坐西向东，重檐歇山，面阔五间，正脊饰以宝顶，两端饰兽吻，中央3间内部分为二层，前绕回廊，内塑佛像，饰有大藻井。上檐斗拱承托，下檐出檐作弧形轩棚装饰，具有非常明显的明清建筑风格。室内金柱4根作垒金盘龙浮雕。顶部八角形藻井绘密宗佛祖坐宫图，画面线条明朗，颇具藏族“唐卡”韵味。

寺内植山茶、玉兰、银杏、云南含笑等古树名木，其中以方丈院内的“万朵山茶树”最为驰名，此树被誉为“世界山茶之王”、“环球第一树”。

这棵山茶树栽于1757年，到现在已有200余年，仍枝繁叶茂，生机盎然。仅3米的茶树，冠幅却达56平方米，基本上遮盖了整个院落。栽花人独具匠心，精心设计造型，整棵树被编为一个大花房：前面是一堵高4米的花墙，两侧的花墙分别长3米，中间是一顶面积40余平方米的花盖。这棵树是由两棵品种各异的山茶树并栽的“合欢树”，随着时间的流逝两树便合成一体，却看不出两树的痕迹，只有开花时节才能从花朵上分辨清楚。其中一种叫“狮子头”，花硕大，有9丛蕊、18个花瓣，色如玫瑰，并蒂而开，似孪生姐妹。另一种称“红花油茶”，单朵开放，颜色深红。这棵树每年小暑始结花苞，第二年立春时开始开花，至立夏时花才开完，花期历时100余日，连续开放20多批，每批千余朵，每年开花2万余朵，所以称之为“万朵山茶”。花开时节，满寺火红，生机无限。

寺内两棵云南含笑花树也非常引人注目。它们同山茶树一样植于清代，至今已有200多年树龄。树高6米，冠幅12平方米，为“二龙戏珠”式样的花牌坊。

【历史价值】

玉峰寺在民族关系、民族文化及宗教史上占有重要地位。从建筑角度看，玉峰寺表现出纳西族的民居建筑及汉族、白族建筑的特点，与此同时又吸收了东巴教和汉传佛教、道教以及藏传佛教的特色。道观、佛寺和喇嘛寺相互毗邻，和尚、喇嘛、道士各自念的经文有别，但却生活在一起，和睦相处，谋求共同发展。多种宗教并存、互容和共同发展，促进了纳西族与藏、白、汉等民族之间的经济和文化交流，进而增进了各民族的团结和友谊，同时也极大地丰富了纳西族民族文化的内涵。

华 亭 寺

【名僧诗话】

散尽浮云落尽花，到头明月是生涯。

天垂六幕千山外，何处清风不旧家？

——宋·云峰文悦《寄道友》

【地理位置】

地处昆明西山之腹的华亭寺，是云南省规模较大的佛寺之一，到现在已有900余年的历史，是游览西山的门户。

【寺庙历史】

华亭这个名称，最早可以追溯到大理国时代。相传鄯阐侯高智升曾于1063年在这里修建别墅，到了他的后人高贤时，便将这座山命名为华亭，从此这里一直是高氏家族游宴的地方。

元延祐七年（1320年），高僧玄峰在此结茅庵修行。至治三年（1323年）募化修建大光明殿，供毗卢遮那佛及十二圆觉菩萨。其后几年间，玄峰苦心经营，又募建大山门及两廊两庑，规模逐渐增大，《启建华亭山大圆觉禅寺碑》说：到1334年，“其方丈、浴塘、香庖、座廪、圆[illegible]、磬函，靡不完备，彩饰丹垩，栏楯台榭，苑辟垣墉，悉皆缜密”。此时寺庙称圆觉寺。后来玄峰和尚亲往江南，请回《大藏经》一部，计有1465函，在圆觉寺建多宝殿收藏。玄峰苦心经营20余年，将圆觉寺建成一所初具规模的禅宗寺院。

圆觉寺曾几度荒芜，又几度重修。明景泰四年（1453年），朝廷派驻云南的太监黎义曾修圆觉寺，陈宜《敕赐华亭寺碑记》载：“拓其址而弘其规则。”经过重修，“中为大光明五光佛殿，后为佛华宝阁，殿之左右为清隐殿、僧堂、齐堂、方丈、僧寮，设像崇严，彩绘鲜丽”。至“天顺间，钦赐名曰华亭寺”。

明末，华亭寺毁于兵燹。清康熙二十六年（1687年），云南巡抚王继文重修。咸丰七年（1857年），云南回民起义，华亭寺部分建筑又毁于战火。光绪九年（1883年）再次重修，但规模不大。

民国年间的华亭寺已是一片荒凉，庭院野草丛生，野兽出没其间。1920年，唐继尧延请虚云和尚来华亭寺主持法会，超荐护国、靖国诸役陈亡将士。法会结束时，唐继尧请虚云和尚主持华亭寺的重建工程。虚云在唐氏支持下，大兴土木，将华亭寺彻底翻修，建藏经楼，修大悲阁，在大殿两侧增塑五百罗汉；将寺前诗岩楼等人的墓塔移至大山门左侧围墙下，寺前建放生池，寺后建海会塔；在山门旁建钟楼一座，高三层，门窗镂空雕花，楼上悬挂幽钟一口，晨昏撞动，响彻山谷。整个华亭寺的翻修工程十分浩大，持续了五六年之久。唐继尧题寺额为“靖国云栖禅寺”。

此后，经过佛像开光，开七传戒，云楼寺盛况空前，成为云南省最大的一座禅宗十方丛林，常住僧50人以上。人们仍然习惯于叫它“华亭寺”。

【建筑风格】

华亭寺曾几经毁建，现存建筑是1923年由虚云和尚重修，还称“云栖禅寺”。山门是一座宏伟壮观的三层中式殿阁，飞檐翘角，和苍劲的古树比肩。大门两侧悬有一副对联，“绕寺千章，松苍竹翠；出门一笔，海阔天空”，既生动恰当地描绘了此处的清幽景致，又深刻凝练地道出了很多游客的豪情逸兴。寺内的主要建筑有大雄宝殿、天王殿、观音楼、撞钟楼、雨花台、放生池等。

山门前有宽大的莲花池，由于每年端午节时于此处举行“放生”活动，还称“放生池”。

大雄宝殿有3尊高约5.3米的金佛像，塑工精细，仪态和善。另有五百罗汉，形象逼真。天王殿两侧塑有四大天王和金身弥勒佛像，栩栩如生。

【历史价值】

华亭寺几经修葺，扩建了旅游服务区，设有餐厅、小卖部、茶室、住宿部等，游人不绝，热闹非凡。农历三月初三赶歌会，人山人海；清明节香火更旺。

华亭寺以其独特魅力受到古今名人的青睐和称颂。在天王殿门悬有一副楹联：“一水抱城西，烟霭有无，拄杖僧归苍茫外；群峰朝阁下，雨晴浓淡，倚栏人在画图中。”这是明代文学家杨慎（杨升庵）所题。在天王殿弥勒佛神龛处，悬有清代杰出书画家钱沣所撰的楹联：“青山之高，绿水之长，岂必佛方开口笑；徐行不困，稳地不跌，无妨人自纵心游。”陈毅元帅在其《昆明游西山》中写道：“昆明城，三月三，数万人，游西山，华亭怪，太华寒，龙门险，滇池宽……”一个“怪”字高度凝练地点出了华亭寺独具的风韵。

大觉禅寺

【名僧诗话】

世人休说路行难，鸟道羊肠咫尺间。
珍重苎溪溪畔水，汝归沧海我归山。

——宋·保福清豁《遗世偈》

【地理位置】

地处云南省陆良县坝子中央的大觉寺，全称“大觉禅寺”。由于建于古代鲁昌城以北，因此又称“北禅寺”。

【寺庙历史】

该寺建于元代至元（1264 年—1294 年）初年，为南宋太监所创。寺内东厢齐堂供有太监像，鹤发童颜，年迈无须，僧徒为铭其功绩，朝夕焚香拜叩。建寺后，明万历年间（1573 年—1620 年）重修过一次，以后又有修葺。民国初年，寺僧如客倡导进行整修。1985 年，由省、县人民政府拨专款重修山门及大雄宝殿，保存了这一极有价值的古建筑群。

【建筑风格】

该寺建筑规模宏大，殿宇高耸，院落深沉，共有五层。

山门和山门院为第一层。山门是三坊牌楼式，重顶，开有三门，富丽堂皇。

进山门是山门院，内置一月牙形养生池，池上架青石小拱桥，池周和桥上装有石质护栏，栏杆柱雕有各种走兽，天真烂漫。

山门殿为第二层。殿檐高悬“大觉禅寺”匾额。护法神哼哈二将供于其中。

天王殿为第三层，有天王院以及气冲霄汉的千佛塔建筑。

第四层为寺庙的中心，包括大雄宝殿、禅院、钟鼓楼、东西回廊，禅房和天王殿连成一体，构成一个特别宽敞的大型佛院。院内古柏参天，荫翳蔽日。

大雄宝殿背后是花园和藏经楼，为第五层。园内有假山、桂花树，每逢花开之际，芬芳四溢。

整个寺院所有建筑顺着一条由北而南的中轴线排开，布局完整，庄重有序。每当庙会，鼓乐声声，香烟缭绕。人们称颂为“佛殿穹隆，长廊漫回”，“佛塔高耸，一尘不染”。

【历史价值】

大觉禅寺因其建筑规模宏大，设计技巧独特，雕塑艺术别具一格而驰名天下。全寺的精华所在是大雄宝殿和钟楼和鼓楼。其设计之奇巧，是元时建筑的代表，很多中外建筑师都来此考察过。据说大觉晓钟其音清脆悠扬，绵绵可传 30 多里，被排列在陆良昔日“三山四水八大景”之一。据该县县志记载内的千佛塔，原名金鸡塔，于元代始建，历代都曾修葺。塔身砖砌，呈六角形，计七层，高达 18 米。塔基以上塔身逐层递减，并密布 1691 个窗格样的佛龛，每个龛内供奉一尊陶制佛像，所以还称千佛塔。塔顶覆一口铜锅，塔尖置一具石雕葫芦，而且立有铁铸金鸡两只。

千佛塔的建造，寄托着古代人民的良好愿望。昔日，此县因为有南盘江贯穿全境，每逢多雨季节，便波涛汹涌，江水肆虐，破圩决堤，泛滥成灾。当时，人们觉得此灾难是桀骜不驯的鳌鱼兴风作浪。所以，建此塔以镇鳌鱼，还于塔尖置金鸡两只用来监视。

噶丹松赞林寺

【名僧诗话】

丈夫咄哉！久被尘埋。
我因今日，得入山来。
扬眉示我，因兹眼开。
老僧手风，书处龙钟。
语下有意，的出樊笼。

——唐·香严智闲《与临濡县行者》

【地理位置】

噶丹松赞林寺，坐落在中甸县的佛屏山下，距县城 5 千米，汉语名称是归化寺。

【寺庙历史】

此寺于 1679 年始建，1681 年竣工，五世达赖赐名“噶丹松赞林”。此寺仿西藏拉萨布达拉宫格局建造，气势恢弘，建筑雄伟，城垣厚固，是云南最大的藏传佛教寺庙群落，也是川滇一带的黄教中心，有“小布达拉宫”之称，依山势层叠而上，气派超脱。

【建筑风格】

全寺占地面积 33 万平方米，筑有坚固、厚实的城垣以及 5 道城门。大寺为 5 层藏式雕楼建筑，大殿能够容纳 1600 人趺坐念经。

扎仓与吉康两大主寺建于最高点，地处全寺中央，数百间僧舍、活佛净室于四周拱位，特别宏伟。

两寺并称为 1679 年五世达赖和清康熙帝所敕建的著名康区“十三林”中的二座。噶丹松赞林寺内等级制度森严，尊卑地位分明，等分活佛、格西、格严、班卓。设喀姆、老僧、英则、第巴、格干等数十种职位。现寺内共有僧侣 700 多人。

【历史价值】

寺中珍贵文物众多，诸如殿内供奉着五世及七世达赖的铜像，有包金释迦佛像 8 尊及贝叶经、五彩金汁精绘唐卡、黄金灯、传世法器等历代珍贵文物。松赞林寺是滇川藏边地区的一大寺观，在迪庆地区 24 个喇嘛寺院首屈一指。有“集藏族造型艺术之大成”的“藏族艺术博物馆”的盛誉。

此寺规模较大的宗教活动有藏历正月十五的迎佛会以及冬月二十九的跳神会，场面宏大，气氛神秘而浓烈，每次参观者有万余人之多。

卧 佛 寺

【名僧诗话】

刀刀林鸟啼，披衣终夜坐。
拨火悟平生，穷神归破堕。
事皎人自迷，曲淡谁能和。
念之永不忘，门开少人过。

——宋·龙门清远《刀刀林鸟啼》

【地理位置】

地处保山城北 15 千米处的卧佛寺，寺中有座云岩山，高 700 多米，呈月轮形。由于寺中有一大卧佛，寺庙因而得名。

【寺庙历史】

作为“释迦弥陀在永昌（保山）之圣迹”的卧佛寺，为云南最早的佛教寺庙之一，于唐开元四年（公元 716 年）始建，到现在为止已有近 1300 年的历史。

【建筑风格】

卧佛寺依山傍岩，洞口靠悬崖竖石柱，架石梁，垒石墙，搭石椽，而且巧用自然延伸的岩石雕凿成斗拱式，上绘彩色图案，鲜艳无比，超凡脱俗，洞殿相接处，藤萝遮掩，遥望此寺，与山石俨然一体。徐霞客到此游历考察后，对殿宇建筑结构，给予特别高的评价："洞与巩连为一宫，巩高而洞低，巩不掩洞，则此中之奇也。"大殿之中，有释迦牟尼、大势至、观世音三圣塑像，其左塑有文殊骑青狮，右塑有普贤骑白象，殿之两侧塑有十八罗汉，有的骑龟、有的伏虎、有的踏龙，姿态万千，竞相争辉。殿内悬崖上的钟乳石尚存依石而塑的五百罗汉，布局参差有致，色彩炫然耀目，形象惟妙惟肖，非常逼真。

【历史价值】

正殿的洞中石佛最为引人驻足，为天然巨石凿成，横卧岩下。佛身长 10 米，通体饰金，金碧辉煌，侧身睡于一个高约 1.3 米的平台上，面东背西，头南足北，一手微曲托头，一手则平伸放在腿上，两足自膝下隐入暗洞之中。佛像端庄而安详，两眼微闭，其造型之精，佛体之大，都居云南之首。

据说，此卧佛是纪念一傣族货郎，他常来此地卖货。洞底有一条暗河，洞中流有一股清泉，供人饮用。某日，货郎卖货途经此地，突见河水从洞中喷涌而出，货郎眼看山下万顷良田将被淹没，心急如焚，他急中生智，毅然决然地横躺于洞口，挡住河水，从而保证了这一地区的群众免遭水患。人们为了感谢他的壮举，故修此"云岩卧佛"。每年春节前后，中、缅、泰的傣族群众相携来此供奉朝佛，本地居民将正月初八定为庙会。

总 佛 寺

【名僧诗话】

白云相送出山来，满眼红尘拨不开。

莫谓城中无好事，一尘一刹一楼台。

——宋・五祖法演《白云相送》

【地理位置】

总佛寺位于云南省西双版纳自治州州府所在地景洪镇的曼听公园附近。

【寺庙历史】

总佛寺年代久远，为从前西双版纳的最高统治者——召片领（直译为土地之主或土地之王）以及土司头人的拜佛之所。

【建筑风格】

总佛寺的主要建筑为“雄罕”，即佛寺大殿。大殿占地面积为90平方米，殿基约高1米，紫红颜色，殿墙则为乳白色。殿宇高约7米，砖木结构。重檐式的殿宇的宇脊呈四级台阶形状，宇脊正中有小塔3座，形成殿宇的制高点。佛寺大殿门前为红色木柱支撑的精巧宇厦，殿门上方悬有赵朴初题写的“西双版纳总佛寺”匾额。大殿的红色木柱高5米，14根，直径约40厘米，各立大殿厅室两侧。殿厅南面的两台基座是供奉佛像的地方。台基座的正中，供高2.5米的释迦牟尼佛金像一尊。金像左右及前面，还供奉着14尊高小于1米的各种佛像。基座下台，又供着9尊大小佛像。

大殿的左后方是“波苏”，平面结构呈十字架形，不过横盖的屋宇略长，竖盖的屋宇略短，形状宛如房屋架成的十字。大殿东北侧，是佛学院教学楼。

总佛寺高僧辈出，高僧松领阿戛牟尼就是一位我国南传佛教近现代人物中的一位爱国爱教的大长老。

【历史价值】

总佛寺是西双版纳佛教信徒拜佛的中心，也是我国著名的热带游览胜地 。

迁糯佛寺

【名僧诗话】

禅家能自静，住处是深山。
门外事虽扰，座中人亦闲。
渔歌闻别浦，雁阵下前湾。
即此非他物，何妨洪府间？

——宋·真净克文《大宁山堂》

【地理位置】

迁糯佛寺坐落在景谷永平乡大寨村，离景谷县城73千米。

【寺庙历史】

于清乾隆四十三年（1778年）创建的迁糯佛寺，是云南最大的傣族小乘佛教寺院之一。寺由山门、大殿、戒堂（布苏）、僧房、伙房组成，占地面积约1300平方米。山门仿照内地汉传佛教的形式而建。

【建筑风格】

大殿高约25米，长22.5米，面宽五间，进深五间，为三重檐围栏式建筑，整座厅堂主要凭借几对平行大柱作支撑，青灰瓦覆顶，羽角上翘，檐下有斗拱，内栏阁窗高1米，椽子较短，屋檐坡面平缓，与西双版纳一带的寺檐坡度差别很大，而与滇西保山、永平、下关等地的重檐式民间楼房特别相似。释迦牟尼塑像两旁为两位弟子像，供于大殿西端。

【历史价值】

大殿释迦佛的右后方还有弥勒佛像一尊，这些皆为西双版纳、德宏、孟连等地尚未发现的。尤以大殿正门外竖立的两棵对称雕龙檐柱最具特色，两条巨龙穿过柱心，头部自柱顶伸出，相向而视。

官 缅 寺

【名僧诗话】

翁头酒熟人皆醉，林上烟浓花正红。
夜半无灯香合静，秋千垂在月明中。

——宋·佛鉴慧勤《翁头酒熟》

【地理位置】

官缅寺坐落在景谷县城外约1千米处的大寨乡原土司衙门右侧的小山丘上。

【寺庙历史】

据《威远厅志》记载："官缅寺在威城北门外，寺内有缅僧百余人，皆剃，用黄布裹呑，名缅和尚。寺中有塔二座，各高三丈余，昔土官刀汉臣（肖初为景谷土司）所建。"

1966年前，大殿已经崩塌，仅留下殿前二塔及一布书亭。1983年，大殿修复竣工，基本上保持原来样式和规模，但原来的矮土墙已改成矮砖墙，壁上并装置玻璃，原大殿正面有山门一道，门前立石狮一对，现已将山门改在大殿左侧，石狮不存。

【建筑风格】

官缅寺大殿建筑为三重檐歇山式屋顶结构，规模宏大，连同走廊在内，宽15

米，长 20 米。三重檐的坡面约呈现 30 度，比西双版纳一带的大殿上层檐面坡度平缓。殿左右两侧的走廊上各竖 7 根红色的大型木柱，前后走廊也各竖 4 根大柱。殿基高出庭院地面 1 米，可沿数级石阶登入殿门。石阶两旁有石狮一对。从大殿的外形观察，与内地汉传佛教的正殿相仿而不同于西双版纳类型的南传佛殿。但殿内陈设、殿外的布书亭和佛塔形式，却又与西双版纳、孟连等地基本相同。

大殿正门东向。殿西端中部台上供一尊大型释迦牟尼佛坐像。佛座左前侧设僧侣念经拜佛的长方形平台，高出殿面 0.3 米，上摆放圆坐垫若干个。殿堂右侧及中部为信众听经拜佛地方，厅内悬挂很多长幡，有的幡上绘唐僧取经的故事，显然是受内地汉传佛教传奇故事的影响。大殿内没有设立汉传佛教的诸佛、菩萨塑像，只有释迦佛像两侧跪着两个弟子塑像，体形稍小，削发合掌，形态温恭。这与内地佛殿及西双版纳一带佛殿的塑像布局都不同。大殿周围石基的外侧有许多浮雕，为各种花草、开屏的孔雀、头上长角的麒麟等形象。

寺内还有两座远近闻名的佛塔，一座叫树包塔，一座叫塔包树。道光《威远厅志》卷八“杂记”载：“寺中有塔二座，高三丈余，昔土官刀汉臣所建，左塔中生缅树，其枝从石缝内周围伸出，枝叶甚茂，塔石不崩。至晚，丛鸟聚集，欢鸣于上，缅僧皆奇焉，名曰塔树，至今犹然。”刀汉臣是明末清初人，这佛寺、佛塔亦当建于他任土知州的时期，而道光十八年（1838 年）修《威远厅志》时，已蔚为奇观，树龄距今已在 300 年以上了。

树包塔在寺东侧，这是一座下方上圆葫芦形砂石浮雕塔，塔座每方长 4 米余，塔高 10 余米，上有砂石浮雕多层，浮雕之上还有用砖石围筑的葫芦形塔顶。一株两围多粗的大榕树，生长在塔顶中央，树冠散开，像一把擎天巨伞插在塔中，塔外又有无数枝粗壮的树根把石塔紧紧地搂在怀中。树和塔如融一体，美妙和谐。佛塔上雕刻着美丽的莲花座，座下四方角上，各雕有一个大力士，奋力扛住莲座。莲座四周，刻有各种飞禽走兽、傣族仪仗、装饰花纹。最有趣的是还刻有唐僧取经故事，孙悟空在前探路，唐僧骑马在中间，沙僧、猪八戒紧紧跟在后面，人物、服饰都很逼真。

塔包树在寺西侧，树包塔的对面，也是下方上圆葫芦形砂石浮雕塔。一棵一围多粗的长青榕树从塔中心长出来。由于树龄不大，树荫遮盖仅方圆 10 多米。雄伟壮实的白塔从四方把大榕树紧紧地包裹在怀里。塔包树景色格外优美，在各层浮雕上刻有飞龙、飞马、孔雀、马鹿、白鹭、花、葫芦、蕉叶、甜竹等动植物和生活用具，还刻有不少佛经故事。

【历史价值】

全国最著名的傣族文物“树包塔、塔包树”，是当地最高级别的小乘佛教寺院——官缅寺门前的建筑，这一建筑形式是人力和自然巧妙结合的精品。

文峰寺

【名僧诗话】

龟毛拈得笑哈哈，一击万重关锁开。
庆快平生在今日，孰云千里赚吾来。

——宋·大慧宗杲《示弥光禅人》

【地理位置】

地处云南省丽江坝子西南端文笔峰下的文峰寺，是丽江五大喇嘛寺中规模最大的寺院。此寺在印度、尼泊尔、缅甸等国佛教界也影响颇深。

【寺庙历史】

清雍正十一年（1733年），番僧葛立布结茅于此。乾隆四年（1739年），西藏大宝法王至丽江，求知府管学宣倡捐修葺，历时5年方成。道光八年（1828）重修大殿，后改名文峰寺至今。

文峰寺全盛时期曾有5大院，24小院，僧众多至数百人。后来仅存护法堂、配殿及大殿，1986年修葺一新。大殿正中雷公柱绘八卦阴阳图，四围12板花板绘佛教八宝，金刚亥母，内外檐斗拱繁复交叠。

文峰寺是滇西北噶举派喇嘛教的最高学府。寺南山中有一灵洞，传西藏大宝法王曾三渡金沙江，寻遍滇西各地，终于在丽江找到这一神奇美丽的地方，称为佛教传说中的南赡部州二十四灵洞之首，即为“南赡第一灵洞”。其侧还有一大黑石，传说迦叶尊者曾在此讲经弘法，去鸡足山之前，把华首门钥匙留于此石内，因此凡是到鸡足山去朝佛的青海、西藏、四川、云南香客都要到这里“借钥匙”，回归时照样放回这里。

灵洞建有灵文阁（静坐堂），为滇西北噶举派十三大寺取得“格隆”学位的喇嘛静坐修行处所，佛教称为“坐禅”。1956年8月释迦牟尼的舍利佛牙从缅甸接回我国，寺内举行过盛况空前的迎佛牙宗教活动。1986年10月19日，全国人大副委员长班禅视察了文峰寺，并题写了藏文寺名。

【建筑风格】

文峰寺是三重檐阁式建筑，主体由门楼、大院、正殿组成，面阔 22 米，进深 20 米，屋顶为四角攒尖顶，形如四方亭阁，位于大殿最高层。一、二层檐下均施异形斗拱。殿内空间宽敞，高达 4 米，6 棵方形金柱雕有莲瓣及各种花卉图案，承托着雕卷云纹样的大雀替。雀替全身通体施贴金箔，给人以雍容华贵之感。覆斗式藻井绘有喇嘛教八宝和金刚座图。大殿下层，靠墙三面塑满佛像，中间摆一红铜香炉，两边整齐地铺着红色小圆地毯，是众僧诵经之地。二楼是藏经楼，上万卷经书藏于香樟箱内，由高僧保管。加上下边香火不断，无虫蛀霉变。

文峰寺背后是禅房群体，30 个院落，错落有致地散在主体建筑背后半圆形的山坡上。主体建筑高大雄伟，金碧辉煌，庄严富丽四周院落小巧别致，典雅质朴。

“安乐吉祥林”位于寺南坡高约 0.5 千米处，是著名的喇嘛教最高学府静坐坛。走进门有两院落，前院是食堂等杂间，后院是静坐禅房，南边靠山是讲经坛，佛像林立令人肃然起敬。

寺中有一年代久远的铜鼓，现珍藏于县博物馆。还有一卷法堂画，长约 13.3 米，宽约 3.3 米，是内地名师整整画了 3 年才完成的，这幅画只有重要的节日或迎送高僧活佛时才点燃香火，鼓乐齐鸣，拿出展示。大殿北边廊柱间，垂挂一口清初铸造的青铜钟，重达 200 余千克。

【历史价值】

1982 年，文峰寺被公布为丽江县第一批重点文物保护单位。

崇　圣　寺

【名僧诗话】

山前一片闲田地，叉手叮咛问祖翁。
几度卖来还自买，为怜松竹引春风。

——宋·五祖法演《山前一片闲天地》

【地理位置】

坐落在大理古城西北 1 千米处的苍山中和峰下的崇圣寺三塔，是大理历史的标志，也是佛教盛行大理的佐证。

【寺庙历史】

崇圣寺，也就是金庸武侠小说《天龙八部》中所说的“天龙寺”，原址在三塔之西，是南诏国第十代王劝丰时所建。南诏国崇尚佛教，当时佛寺甚多，遍布云南境内，其中以大理崇圣寺三塔最为著名。

三塔由一大塔和二小塔组成。三塔鼎立，气势恢弘，为大理胜景之一。大理国素称“佛国”、“妙香国”。崇圣寺建成后就成为南诏国、大理国时期佛教活动的中心。观音是崇圣寺所崇之“圣”。当时，大理国的观音崇拜最为盛行，崇圣寺是云南地区佛教活动的中心。

【建筑风格】

昔日的崇圣寺十分繁荣，寺内有钟楼、佛殿、古碑、小院落；寺外有参天古树，遍地鲜花，是一个景色宜人的游览圣地。可惜清同治十一年（公元 1872 年），崇圣寺毁于兵乱，只有三塔保存良好。

崇圣寺三塔由一大二小组成。大塔还称“千寻塔”，高 69.12 米，系方形密檐式砖塔，计十六级。塔身为环筑厚壁式结构，内壁垂直，上下贯通，其中设有木楼板和楼梯，它与西安小雁塔差不多，是典型的唐代建筑风格。塔前照壁上镶有大理石刻碑的“永镇山川”四字，每字直径达 1.7 米，为明黔国公沐英裔孙沐世阶所书，字体遒劲有力。

有关千寻塔的修建年代，史书说法各异，以建于公元 824 年至公元 859 年的看法居多。根据新近出版的《大理白族史探索》所载，该塔于唐文宗大和八年（公元 834 年）始修，唐宣宗大中二年（公元 848 年）落成，历时 14 年。当时修塔施工时，每修建好一级，就用土掩埋一级，而且使之堆砌成一个斜坡形的土台子，用来运送建筑材料。到宝塔封顶时，土台的斜坡已延伸到特别远的地方。南北小塔都是十级，高 42.19 米，是一对八角形密檐式砖塔。从表面看，千寻塔外轮廓线表现出优美的圆形曲线，每级四面有拱形龛，相对两龛内供佛像，另两龛作窗洞。南北两座小塔却与锥形相似，每级的八方是姿态有别的塔形龛。八角形塔在唐代还没有出现，而五代及宋代则比较多。所以根据有关史料推断，南北小塔是大理国（公元 937 年—1253 年）前期所创。

元人郭松年于 1284 年至大理，所著的《大理行记》说道：“此邦之人，西法天竺为近，其俗多善浮屠法，家无贫富，皆有佛堂……沿山寺庙极多，不可殚纪。”时间到了明清以后，大理再次出现了防水患、镇邪妖的风水塔，可是这些风水塔和早期的佛塔关系已大相径庭。更为突出的是，南诏国与大理国也采纳了“以儒治国，以佛治心”的治国安邦之道。足以看出，大理一带的白族先民是如何地善于吸收外来文化，从而增长自己的民族智慧。

塔在建筑结构上的抗震能力较强，1000 多年来，历经 30 多次地震。有记载说，明代正德乙亥年（1515 年）五月六日，千寻塔“折裂如破竹”，10 天后又自动弥合，与原来一样。大理于 1915 年地震时，“城郭人庐尽圮，中塔折裂如破竹，旬日复合，宛然无恙”。1925 年大理再次发生强烈地震，城内房屋倒塌严重仅存百分之一，可三塔依然故我，只不过震落了大塔塔顶上的宝刹而已。

【历史价值】

崇圣寺以寺中三塔闻名于世，又称“大理三塔”，是中国著名的佛塔之一，1961 年被列为国家重点文物保护单位。

布达拉宫

【名僧诗话】

澹然尘虑绝，禅外苦风骚。
性觉眠云僻，名因背俗高。
水烟蒸纸帐，寒发涩铜刀。
几宿秋江寺，闲吟听夜涛。

——宋·智圆《赠闻聪师》

【地理位置】

建于西藏拉萨西北红山上的布达拉宫，是著名的宫堡式建筑群，也是藏族古建筑艺术的精华所在。

【寺庙历史】

布达拉宫于公元 7 世纪始建，是藏王松赞干布为远嫁西藏的唐文成公主而建的宫殿群。

【建筑风格】

布达拉宫位于海拔 3700 多米的红山上，共有房屋 999 间。宫堡依山而建，占地 41 万平方米，建筑面积 13 万平方米，宫体主楼 13 层，高 115 米，都是石木结构，宫顶以镏金铜瓦覆盖，金碧辉煌、气势宏伟，是藏族古建筑艺术的精华，被誉为高原圣殿。

吐蕃王朝灭亡后，古老的宫堡也大部分为战火所毁，直至公元 17 世纪，五世达赖的噶丹颇章政权建立并被清朝政府正式封为西藏地方政教首领后，才于 1645

年着手重建布达拉宫。以后历代达赖还先后进行扩建，才使布达拉宫成就了如今的规模。布达拉宫是历世达赖喇嘛的冬宫，也是原来西藏地方统治者政教合一的统治中枢，从五世达赖喇嘛起，重大的宗教、政治仪式完全在此举行，同时布达拉宫又是供奉历世达赖喇嘛灵塔之处。

布达拉宫给人的感觉是：宫宇叠砌，迂回曲折，宫与山体有机融合。从外观上看布达拉宫，自山脚向上，直至山顶共计 13 层。整体建筑主要由东部的白宫（达赖喇嘛居住的部分）、中部的红宫（佛殿及历代达赖喇嘛灵塔殿）及其西部白色的僧房（为达赖喇嘛服务的亲信喇嘛居住）三部分组成。在红宫前还有一片白色的墙面称晒佛台，此为每当佛教节庆之日，用以悬挂大幅佛像之地。宫殿的设计墙基宽而结实，墙基下面有四通八达的地道及通风口。宫内有柱、斗拱、雀替、梁、椽木等，构成撑架。铺地和盖屋顶所用的材料是称为“阿尔嘎”的硬土，各大厅和寝室的顶部皆为天窗，有利于采光和调节空气。宫内的柱梁上有多种雕刻，墙壁上的彩色壁画面积有 2500 余平方米。

现在人们看布达拉宫，不论是从它的建筑方式，还是从宫殿本身所蕴藏的文化内涵，都能感受到它的特殊性。它好像总能让到过此处的人留有深刻的印象。清一色花岗石的墙身，木制屋顶及窗檐的外挑起翘设计，统一的铜瓦鎏金装饰，和那些由经幢、宝瓶、摩羯鱼、金翅鸟做脊饰的点缀……此种完美的配合使整座宫殿显得金碧辉煌。大殿内的壁画也可以说是布达拉宫内的一道亮丽的风景线，在这巨型绘画艺术长廊中，既记载有西藏佛教的发展历史，又有五世达赖生平，还有文成公主进藏历史过程，以及西藏古代建筑形象及其大量佛像，可以说是为一部珍贵的历史画卷。

布达拉宫的中心建筑为红宫，是由八座达赖喇嘛灵塔殿及各类佛堂组成。五世达赖喇嘛涅槃 8 年后，为纪念五世达赖喇嘛，以及安放他的灵塔，由当时执政的最高官员桑杰嘉措于公元 1690 年主持修建红宫，竣工于 1694 年，它是一座集宫殿、佛堂和灵塔殿三位于一体的多层建筑群。红宫地处布达拉宫的中心，东倚白宫，西邻僧舍，加上许多个灵塔的金顶与吐蕃王朝建筑遗存的法王禅定洞和圣者殿，它们有机地结合在一起，使整座布达拉宫体现出雄伟、庄严而又气象万千的气概。

五世达赖的灵塔为宫中最早最大的灵塔，于 1690 年始建，1693 年竣工，高 14.85 米，由塔座、塔瓶和塔顶三部分组成，灵塔内葬有五世达赖的肉身。灵塔共耗纯金 3724 千克用于包裹，所镶多种珍贵的钻石、红绿宝石、珍珠、翠玉、玛瑙等珍宝共 1.5 万多颗。殿内有雄壮的方形木柱，上以大斗和双层十字斗拱承托，堂内悬挂着丝绸的华盖、幢幡，地面铺满华贵的毛织毯。金灯、金水碗、明清瓷器、各式法器等器皿供奉于塔前。

十三世达赖灵塔和灵塔殿于1934年至1936年创建，是宫内建筑最晚而价值最高的一座灵塔。塔高14米，根据《十三世达赖灵塔移交清册》记载，塔身使用纯金118870两，灵塔上镶嵌着很多的钻石、珍珠、松耳石、珊瑚、玛瑙等稀世珍宝。殿内的壁画绘有十三世达赖喇嘛终生的主要活动，其中包括他1908年来京朝见慈禧太后和光绪帝的画面，放在显要位置。

西大殿系五世达赖灵塔殿的享堂，它是红宫内所有宫殿中最大的。殿内除乾隆帝御赐“涌莲初地”匾额外，尚存一对康熙帝所赐大型锦绣幔帐，为布达拉宫内的稀世珍品。据说康熙帝为织造这对幔帐，曾专门建造了工场，并耗工1年时间才将其织成。

灵塔殿的屋顶都用鎏金铜瓦覆盖，叫金顶。金顶是汉藏建筑艺术的结合，四角鳌突，兽吻飞檐，风铃悬空，独具匠心。屋脊以镀金神鸟和塔式宝瓶装饰，一排排晃亮的经幢在蓝天映衬下金光闪烁，经幢是以清朝皇帝所赐的黄金所建造的。

【历史价值】

布达拉宫堪称西藏佛教艺术的宝库，此处保存着藏传佛教的各式佛塔以及各种质地的佛像。除达赖灵塔外，尚存释迦牟尼舍利塔、迦叶佛舍利塔和叠连塔、吉祥多门塔、北方佛塔、尊胜佛塔、菩提塔、神变塔、离合塔及涅槃塔等；佛像有释迦牟尼旃檀像，为隋唐时期所雕刻，各种金、银制作的佛、菩萨、上师、本尊、度母、祖师和护法神等造像，皆为弥足珍贵的历史文物。达布拉宫还珍藏着许多稀世之宝，仅世间不多见的贝叶经，此处就珍藏了300余函。这里还完整地保存着明清以来中央政府对西藏地方的各种封敕，例如1653年清顺治帝册封五世达赖的金印、金册。除此之外，布达拉宫的唐卡（锦缎佛画）与殿内幢幡、吊顶、座面等，很多是以清代皇宫所赐锦绣制成的。从此可以看出，布达拉宫还称得上一座古代丝绸博物馆。

布达拉宫的布局，除红山上的建筑群外，还有前面的南广场和北广场、龙王潭，进而构成了一个宏大的整体环境。布达拉宫在17世纪的修建及其以后的扩建中，由西藏地区的优秀画师创作了数以万计的题材广泛、内容颇丰的精美壁画，既有表现历史人物、历史故事题材的，也有表现宗教神话、佛经传奇的，还有表现建筑、民俗、体育、娱乐等生活为内容的。布达拉宫中大小殿堂、门厅、走道、回廊等处也绘有壁画，技法精湛，色泽鲜艳，都是藏族绘画艺术不可多得的珍品。此外，木构件上色彩对比强烈的装饰图案，同样为布达拉宫建筑艺术的重要组成部分。布达拉宫收藏近万幅明清以来的卷轴画及大批石雕、木雕、泥塑等艺术品，还有藏毯、经幡、卡垫、华盖、陶瓷、幔帐、玉器、金银器物等大量藏族传统工艺品，还有大批经书及其他重要历史文献资料。它们不仅具有高度的艺术价值，而且反映了1000多年来藏汉民族友好往来、文化交流的沧桑历史。

大 昭 寺

【名僧诗话】

楚王城畔水东流，树倒藤枯笑不休。
好是自从投子去，更无人解道油油。

——宋·真净克文《楚王城畔》

【地理位置】

地处拉萨旧城的中心，今新市区的东南部的大昭寺，背东面西。大昭寺在藏语中称“觉康”或“祖拉康”，意思是供奉佛祖释迦牟尼的殿堂。“觉”为释迦牟尼像特有的尊称，“康”就是殿堂舍宇。

【寺庙历史】

大昭寺于唐高宗永徽四年（公元653年）始建，系吐蕃松赞干布迎娶唐文成公主及尼泊尔尺尊公主之后的建筑，到现在已有1300余年的历史。大昭寺原称“惹刹”。据说该寺是在填平卧塘湖后建的。在填湖的过程中，曾经以白山羊运土。为了使后人记住羊群运土的丰功伟绩，在寺门口的木栅栏塑有白羊两只，而且称该寺为“惹刹”（意为“山羊驮土”）。唐金城公主嫁到吐蕃后，把文成公主带至吐蕃的释迦牟尼12岁的等身像迎来大昭寺供奉，于是称该寺为“觉康”。

【建筑风格】

大昭寺占地面积约16700平方米，累计建有20个殿堂，总建筑面积约为25100平方米。大昭寺高四层，用金黄色的琉璃瓦覆顶。在第四层的平台上有4个对称的金顶，驻足眺望，非常醒目。寺门上方装饰着两对富丽堂皇捧着法轮的“神羊”。寺内正殿有20根大木柱，柱斗拱架浮雕精湛细腻。主楼二、三层檐下有108个木雕伏兽及狮身人面雕塑。四周走廊与殿堂四壁满布壁画，绘有长达千余米的历史人物和神话故事。底层大殿里有多幅巨型壁画，其中有文成公主千里跋涉，嫁到吐蕃；有唐玄奘师徒四人历经磨难，西天取经奏凯而归；还有释迦牟尼从降生、创教到涅槃的整个过程等。所有壁画，色彩鲜艳，栩栩如生。两侧配殿供奉着松赞干布和文成公主以及尺尊公主等人的塑像。

据史料载，文成公主曾从长安招来很多木工、画匠修建大昭寺。现在该寺的墙壁上仍然绘有当年各民族工匠在沼泽地上排水填石、架木垒墙的劳动场面。从主殿看，梁架斗拱全为汉族古典建筑造型，柱头、檐部的装饰受到印度及尼泊尔文化的影响。所以人们称大昭寺的建筑以藏式为主，集汉族、尼泊尔和印度的某些建筑风格和特色为一体，是多民族文化艺术相融合的精品。

【历史价值】

大昭寺保存珍贵文物很多，有300余尊佛像、2600多平方米的壁画还有大量的典籍档案、匾额、碑刻、唐卡、供器、乐器等，特别是文成公主带到西藏的释迦牟尼像尤为珍贵。

值得注意的是，唐穆宗及赤松德赞为巩固藏汉民族的团结和友谊，于拉萨东郊会盟，公元823年于大昭寺前立《唐蕃会盟碑》，或称《甥舅盟碑》。

在《唐蕃会盟碑》的两侧种植著名的“唐柳”，据说为文成公主亲手所栽，故称“公主柳”。该寺正门北面的石碑上，还有清朝皇帝的圣旨等重要的碑刻。乾隆五十九年（1794年）所立的劝人恤出痘碑，坐落在《唐蕃会盟碑》和“公主柳”之间，以藏、汉文并刻，不幸的是今已难以辨认。

除此之外，该寺的三层楼南面的经堂里还陈列着云南土司木增所献的朱印本《大藏经》，累计108函，每本都以绸缎包裹，每两本置于一个木匣内，弥足珍贵。

1961年，大昭寺被国务院公布为全国重点文物保护单位。

哲蚌寺

【名僧诗话】

男儿丈夫志，开凿自家田。
莫逐云门语，休依临济禅。
人人元具足，法法本周圆。
但作主中主，门门日月天。

——宋·真净克文《寄荆南高司户》

【地理位置】

坐落在拉萨西郊根培乌孜山南麓的哲蚌寺，由藏传佛教格鲁派创始人宗喀巴大师的高徒绛央却杰扎西贝丹于明永乐十四年（1416 年）修建，和色拉寺、甘丹寺一起并称拉萨著名的三大寺，同时也是我国格鲁派著名的六大寺院之一。

【寺庙历史】

绛央却杰扎西贝丹（意为“妙音法尊”）生于山南桑耶地方的一个豪富家庭，幼年于泽当出家，后从宗喀巴师徒受比丘戒。1416 年，扎西贝丹创建哲蚌寺，因为他得到了当地官员和富商的鼎力支持与赞助，所以哲蚌寺发展迅速，至 1417 年时僧众就多达 2000 余人。17 世纪中叶，五世达赖执政期间，在研究黄教寺庙常住喇嘛人数的时候，哲蚌寺定为 7700 人。可实际上西藏解放前夕，哲蚌寺住僧已达 1 万余人，成为西藏地区规模最大、僧人最多的寺院。

【建筑风格】

建筑面积约 20 多万平方米的哲蚌寺，巧妙利用坡度很大的地形逐层兴建起来，因此从远处眺望，群楼层叠，参差错落，富丽堂皇，就像一座宏伟隽秀的山城。

哲蚌寺主体建筑由措钦大殿、甘丹颇章和四大扎仓等部分组成。这几部分又有其各自附属的康村、僧舍等，进而形成结构严谨的建筑群体。每个建筑之中大致可分为三个地平层次，即院落、经堂和佛殿，形成由大门到佛殿依次升高的布局，体现了佛殿的尊贵地位，同时也符合建筑与自然的和谐美。在大殿和经堂的外部还采用金顶、相轮、宝幢、八宝等进行装饰，增加了佛教庄重肃穆的气氛，同时也烘托得建筑更加雍容华贵。

措钦大殿地处哲蚌寺的中心，占地面积约 4500 平方米，殿前有一个 2000 平方米的石铺广场。经堂所供文殊菩萨和大白伞盖像居中，佛像高大精美。

大殿后部为堆松拉康，为“三世佛殿”之意。佛殿三进三间，高达两层楼。三世佛分别与其随身二弟子形成一组。正中是释迦佛和二弟子，佛龛为镀金铜塔 3 座；过去佛和未来佛分立左右两侧，佛龛都是 3 座银色佛塔。佛殿两侧有高大的八大弟子塑像。堆松拉康左侧是弥旺拉康，其中以一尊高大的 12 岁强巴佛像最为著名，塑像身在下层，头部达于二楼。堆松拉康的右前侧系伦奔拉康，拉康内前边两座不大的白塔为伦布佛塔，后部排列着 3 座银塔，中间是三世达赖灵塔，高 6.16 米，北侧为高达 5.57 米的四世达赖灵塔。

大殿二楼又置甘珠尔拉康。甘珠尔拉康所藏《甘珠尔》及《丹珠尔》等经论极多。大殿西北角有一小殿，称“强巴通真拉康”，内供强巴通真铜像。相传是强巴佛8岁时的形象。塑像精美慈祥，稚气十足，是哲蚌寺非常著名的铜制佛像之一。强巴佛前供一个法螺，据说是宗喀巴大师授命扎西丹贝建寺时馈赠给他的法物。

大殿四楼是释迦佛殿，内供银塔13座，佛堂顶部建有一金顶，呈歇山建筑形式，金顶下有彩绘斗拱，为典型的汉式建筑。

扎仓是藏传佛教各教派寺院的主要组成部分，又称“经学院”。哲蚌寺开始有7个扎仓，后来合并成今天的罗赛林、古玛、德阳和阿巴四大扎仓。其中前3个为显宗扎仓，后者则为密宗扎仓。

哲蚌寺最大的扎仓是罗赛林扎仓，建筑面积1100平方米，能够容纳5000名僧人一起诵经。后殿主要供奉强巴佛。古玛扎仓仅次于罗赛林扎仓，经堂面积约1000平方米。德阳扎仓面积约500平方米。阿巴扎仓系哲蚌寺的密宗学院，面积约480平方米，经堂周围绘有密宗题材的很多壁画。殿中供奉的“结吉”，就是九头三十四臂的胜魔怖畏金刚像，是格鲁派密宗三大本尊之一，是文殊菩萨的化身，据说为宗喀巴大师亲手塑建。

位于该寺西南部前方的甘丹颇章，是一相对独立的建筑单元，周围高墙耸立，房屋顶部装饰雍容富贵，颇具中世纪古城堡的建筑风格。

【历史价值】

1982年，哲蚌寺被国务院公布为全国重点文物保护单位。

色　拉　寺

【名僧诗话】

堂堂意气走雷霆，凛凛威风掬霜雪。
将军令下斩荆蛮，神剑一挥千里血。

——宋·佛鉴慧勤《堂堂意气》

【地理位置】

色拉寺坐落在拉萨色拉乌孜山南麓，全称“色拉大乘洲”，简称“色拉寺”，兴建于明永乐十七年（1419年），与甘丹寺、哲蚌寺一起并称为拉萨三大寺。

【寺庙历史】

藏传佛教格鲁派创始人宗喀巴的八大弟子之一降钦曲结释迦益喜是色拉寺的创

建者。明永乐七年（1409 年），明成祖派钦差四人入藏迎请宗喀巴大师赴京传法。宗喀巴想到格鲁派正值初创期，作为教主自己不便离开，因此委派释迦益喜作为他的代表前往南京。1414 年，明成祖封他为“西天佛子大国师”，而且赐玉印，多年后返藏。依宗喀巴之命，释迦益喜以自内地带回的资材，于拉萨北郊兴建了色拉寺。

所谓的“色拉”，有两种解释：一说为雹子，据说建寺时曾降冰雹；一说为野生蔷薇花生长之处。后一说较为普遍。释迦益喜在建成色拉寺后，还代表格鲁派赴京朝觐，1434 年，明宣宗又封他为“大慈法王”。释迦益喜两次至内地传播格鲁派，都受到明朝皇帝的封赠。他毕生对沟通藏、汉、蒙等民族的关系起了推动作用，于 1435 年圆寂。

【建筑风格】

措钦大殿和三大扎仓、32 个康村组成了色拉寺的主要建筑。措钦大殿地处该寺东部，兴建于康熙四十八年（1709 年），面积 1092 平方米，可容纳 5500 名僧众聚会诵经。四层殿堂，大殿以供强巴佛（未来佛）和释迦益喜塑像为主，各柱和殿堂饰有幛、幡、宝盖等珍贵装饰。措钦大殿内的罗汉堂供奉着明朝皇帝赐给释迦益喜的檀香木十八罗汉像，文殊殿之中收藏有明永乐八年（1410 年）印制的 108 函大藏经，观世音殿内收藏有金汁缮本《甘珠尔》和《丹珠尔》经。殿堂墙壁上绘有释迦益喜两次至内地朝觐、受封和从事宗教活动的壁画，记载了西藏地方与中央王朝的从属关系以及各民族团结互助的史实。

为麦扎仓、吉扎仓、阿巴扎仓为三大仓。麦扎仓地处该寺西南部，也就是早期的色拉寺，后遭雷击所毁，1761 年重建，建筑面积 900 平方米，为四层楼房，底层大经堂设 57 根大木柱，居中供奉释迦牟尼佛像，另有 5 个佛殿，朱康殿供三世佛，贡康殿供护法神，宗喀巴殿供格鲁派祖师，乃丹殿供十六罗汉，托巴殿供供观世音菩萨。建于 1435 年的吉扎仓，殿堂共五层，底层大经堂由大木柱 80 根组成，面积 980 平方米，热振活佛及甘丹亦巴等的灵塔 11 座居中，另有 7 个佛殿。经堂西侧的普巴殿中供有据传是自印度飞来的金刚杵一枚，长约 0. 67 米，能够降魔，为该寺特殊的“神物”。阿巴扎仓建于 1559 年，为寺僧习修密宗之所，供有释迦益喜像和格鲁派的密宗三本尊即集密金刚、圣乐金刚和大威德金刚。

相传，色拉乌孜山腰有宗喀巴和贾曹杰、克珠杰两弟子的 3 座修行洞。宗喀巴于洞中修行，面积约 6 平方米，两弟子侍列左右。后两弟子为了报师恩，把宗喀巴的修行洞进行维修扩建使之成为修行殿，称“色拉孜惹坠”，意为“色拉山修行院”。色拉寺东北山腰上尚存一座“曲顶岗惹坠”，15 世纪初，宗喀巴在此修行并且校注了诸多佛经，编著了很多著作。这两座建筑同样为色拉寺的重要组成部分。

【历史价值】

1982 年，色拉寺被国务院公布为全国重点文物保护单位。

扎什伦布寺

【名僧诗话】

玄沙游径别，时人切须知。
三冬阳气盛，六月降霜时。
有语非关舌，无言切要辞。
会我最后句，出世少人知。

——唐 · 玄沙师备《会我最后句》

【地理位置】

扎什伦布寺坐落在日喀则城西的尼玛山南侧。

【寺庙历史】

扎什伦布寺原称“岗坚典培”，意为“雪域兴佛”。建成后的寺庙，改称为“扎什伦布白吉德钦曲唐结勒南巴杰瓦林”，意思是“吉祥宏固资丰福聚殊胜诸方州”，简称“扎什伦布寺”，是“吉祥须弥”之意。

该寺为西藏佛教格鲁派在后藏地区的最大寺院，同时也是全国著名的六大黄教寺院之一。全寺占地面积 15 万平方米，有周长达 3000 多米的墙垣环绕。主建筑群由佛殿、经堂、祀殿等组成，耸楼叠阁，朱壁金顶；其前方的僧舍，大部分是二层或三层的平顶楼房，状如藏式民居。寺内建筑参差有序，布局严整，有大小金顶 14 座，扎仓 4 个，灵塔殿、大小经堂等 56 座。

尽管扎什伦布寺为历代班禅大师的卓锡地，然而它的创建者却是一世达赖喇嘛根敦珠巴，于明正统十二年（1447 年）始建。根敦珠巴系后藏萨迦人，青年时期曾赴前藏学经，并从师于格鲁派祖师宗喀巴，成为其著名弟子之一。他学成后，重归后藏收徒布道，传布格鲁派教义，是把黄教传到后藏的第一人。

1446 年，为纪念去世的经师希饶僧格，根敦珠巴聘请西藏、尼泊尔工匠在日喀则精心制造了 5 米高的释迦牟尼镀金铜像一尊。为安放此像，根敦珠巴在帕竹政权的资助下，始建扎什伦布寺。

日喀则的一位贵族将尼玛山南麓的一片沼泽地和山坡地献出，作为寺址。寺院于公元1447年藏历9月正式动工修建，一年后，首座佛殿释迦牟尼殿落成。接着又以它为中心兴建了供僧人修习、诵经的措钦大殿及供寺主起居的拉章宫，还建有一般的僧舍。

公元1459年，初具规模的扎寺，已拥有5座大小佛堂，供奉佛像12尊，僧侣几达200人。寺建成后，根敦珠巴首任法台。他在任期间，寺院的修建工程始终未停，至他圆寂时，又相继修建了密宗佛殿、大经院、展佛台，大小佛殿增加到7座，供奉佛像多达53尊，布于殿堂和讲经场四壁的彩绘、石刻佛像约有2000尊。在寺内还建立了铁桑林、夏尔孜和吉康三大扎仓（僧院），住寺僧侣达1600多人，他们来自后藏、阿里的广大地区，还有尼泊尔、克什米尔地区。至此，扎什伦布寺成为格鲁派在后藏的中心道场。

根敦珠巴圆寂后的100多年间，扎什伦布寺原状基本没变，只在措钦大殿顶部增建了供奉根敦珠巴灵塔的祀殿南塔拉康，还有供有吉祥天母及十六罗汉塑像的佛殿。

四世班禅大师罗桑·确吉坚赞于1601年受扎什伦布寺之邀，成为第十六任法台。从此，扎什伦布寺成为历代班禅额尔德尼的卓锡地。入主寺院后，四世班禅一面重整寺风，一面到各地讲经说法，募集资金，用来扩建寺院。在他主寺60年间，对原有殿堂进行了重修和扩建，还重建大小殿堂10多座。他还亲自从拉萨等地募集铜铁和金箔，修建了金瓦殿两座。他于公元1607年，创建了专修密宗的阿巴扎仓，在寺内建立起严谨的由显到密的学经系统。因为四世班禅的苦心经营，他在世时，寺中僧侣达5000多人，有房室3000多间，属寺51处，属寺僧侣4000多人，拥有庄屯和牧区部落10余处，成为格鲁派在后藏最大的寺院，与拉萨三大寺有着同等的地位。自四世班禅始，历代班禅成为扎什伦布寺法定的法台，他们在任期间，都对寺院进行过修葺和扩建。印经院、时轮扎仓、甲纳拉康（亦称汉佛堂）、未来佛殿、伏魔大佛塔和佛殿、经堂、僧舍多座就是建于这一时期的主要建筑及机构。

【建筑风格】

自寺院的大门直走，左转上行就可抵达强巴佛殿，藏语是“强巴康”，它是整个寺院最令人关注的一个大殿。建于1461年的强巴佛殿，高30米，各置五层殿堂。整个大殿内是空的，以供奉1914年九世班禅确吉尼玛组织铸造的鎏金青铜强巴佛像。像高 22. 4 米，一只中指就长达 1 米，肩宽 11. 5 米，莲座高 3. 8 米，总高 26. 2 米。这尊坐像共用黄金 279 千克、铜 11. 5 万千克、珍珠 300 多粒和琥珀、珊瑚、松耳石等多种珍贵宝石 1400 余颗，仅大佛像的眉间就镶嵌特大钻石 1 颗、蚕头大的钻石 30 颗、珍珠与其他宝石 60 余颗。整个佛像集中了 900 个工匠费时 9 年才完成。大强巴佛造型逼真，制造工艺精湛，充分体现了藏族人民的高超技艺。

一世达赖根敦珠巴的尸骨和历代班禅灵塔藏于灵塔殿之中。其中以四世班禅灵塔最为豪华。它始建于 1662 年，历时 4 年零 130 天完成。灵塔高 11 米，嵌以金银、珠宝，共用黄金 2700 多两，银 3. 3 万两，铜约 40 吨，绸缎 3000 余米。除此之外，还用了珊瑚、珍珠、玛瑙、松耳石等 7000 余颗。

四世班禅活了 90 多岁，对寺院贡献颇大。寺院始建于一世达赖，当时大经堂规模非常小，仅为一层，僧人也只有 100 多人。四世班禅时，大经堂扩建至三层，并修筑了其他经堂。此为寺院最大的一次扩建。僧徒们为了纪念他，专门为他建了一座巨大的灵塔。

十世班禅祀殿灵塔地处寺院左侧，落成于 1993 年，是中国藏传佛教的著名领袖、第十世班禅大师的祀殿。十世班禅的塑像立在灵塔前，灵塔顶部绘曼陀罗的图案，墙上绘真金佛像。灵塔嵌有各种宝石。塔上有一颗硕大的钻石是班禅大师生前所收藏的。相传 1989 年班禅大师在离开日喀则很长时间之后回归扎什伦布寺，发现此处有 3 栋主要的建筑，只有中间空了一块地方，就说可惜。不料一语成谶，几天之后班禅大师由于日理万机而圆寂，后来他的灵塔就修在了此处。灵塔称“释颂南捷”，寓有“三世（天上、地上、地下）尊胜”之意。祀殿占地面积 1933 平方米，主殿高 35. 25 米，殿内富丽堂皇。

【历史价值】

扎什伦布寺是西藏日喀则地区最大的寺庙，为四世之后历代班禅驻锡之地，可与达赖的布达拉宫相媲美。它与拉萨的“三大寺”甘丹寺、色拉寺、哲蚌寺合称藏传佛教格鲁派的“四大寺”。四大寺以及青海的塔尔寺和甘肃的拉卜楞寺并列为格鲁派的“六大寺”。扎什伦布寺是全国著名的六大黄教寺院之一，现为全国重点文物保护单位之一。

萨 迦 寺

【名僧诗话】

莺逢春暖歌声歇，人遇时平笑脸开。

几片落花随水去，一声长笛出云来。

——宋·佛鉴慧勤《莺逢春暖》

【地理位置】

坐落于日喀则西南奔波山下的萨迦寺，仲曲河流经其间，分成南北两寺，是藏传佛教萨迦派的主寺。

【寺庙历史】

吐蕃王朝时期赞普墀松德赞的大臣昆拔窝伽三子昆龙王（昆禄旺布松）为该寺始祖，是西藏最早出家的“七觉士”之一。昆禄旺布松之子昆宝王（昆贡觉加布），继承了师尊卓弥释迦智的衣钵和别派教法，建立了萨迦教派。宋神宗熙宁六年（1075 年）昆贡觉加布 40 岁时建萨迦北寺，又叫“白宫”或“古绒寺”。由于该地土质呈灰白色，因此称“萨迦”，意为“灰白土”。寺院在建筑形式上，采取了城镇和寺院相结合的方法，即外形为城堡，中心为佛殿的设计方式。当时有悉托拉章、古荣木、乌则、仁钦刚拉章、屯曲拉章等主要宫殿，由此形成了宫殿式建筑群。

该寺第四代法王萨班贡噶坚赞执政于 13 世纪，当时成吉思汗之孙阔端召萨班到凉州商谈西藏归顺元朝事宜。萨班按阔端的旨意，偕侄八思巴与恰那兄弟同往。会晤后，他就写信劝谕西藏各教派首领归附元朝。1265 年八思巴由大都返回萨迦，开始筹建西藏地方政权，并于北寺办公。

八思巴归附忽必烈后，曾多次把皇室贵族等赐给他的财物运回萨迦，用来扩建北寺。元世祖至元六年（1269 年），八思巴从萨迦启程去元大都，途经吉热寺时，大加称赞该寺殿堂庄严。送行的萨迦本钦释迦桑布，不言而通，返萨迦后按照八思巴的旨意立即征派民工，仿吉热寺之规制新建萨迦南寺。南寺为城堡式建筑，方形，总面积达 14760 平方米，一律用灰土筑成。墙高而厚，东西长约 166 米，南北宽 100 米。墙上有马面 40 个，四角置碉堡，四面有门楼，围墙以人工河环绕。墙上涂有红、白、黑三色，是文殊、观世音和金刚手的象征。萨迦派俗称“花教”就来源于此。

【建筑风格】

南寺的主体建筑是拉康钦姆（大殿），高 11 米多，占地面积 5500 平方米，有 40 根大圆柱，气势恢弘。殿内各尊鎏金铜铸佛像及各种浮雕造型隽秀。殿中主要供奉 3 尊佛像与一个白色法螺。大堂正中的“柞木林那夏”大佛，专为纪念萨班贡噶坚赞而铸，其中藏有八思巴的舍利子。左面的一尊系为缅怀八思巴法王而建造的。南面的一尊为纪念本钦释迦桑布而铸造的。白色法螺是萨迦寺最为珍贵的一件稀世珍宝，相传是世尊释迦牟尼曾用过的法器，当初由天竺国王将法螺赠送给中国汉代的皇帝，到元世祖忽必烈时又把此法螺赠给八思巴。

银塔殿位于大殿堂左侧，其中 10 位法王的银制灵塔供奉于此。大殿墙上绘有表现当年建寺经过的壁画。殿后是藏经库，其中藏有万余部经典，系八思巴时期荟萃卫、藏、康等地区的书法家以金、银、朱砂及墨汁精工写成的珍品。此外还有一“方经”（又称“甲龙马”或称《布德迦龙》经书），长 1.34 米，宽 1.09 米，厚 67 厘米，据说此经书由八思巴主持完成，整本经书是用金粉汁写成的。雕龙刻凤的木板封面厚度竟达 41 厘米，翻阅时需四个喇嘛抬着。萨迦寺共藏佛经 4 万多卷，内有非常珍贵且保存完好的贝叶经 20 卷。由于该寺珍藏大量经书及典籍，因此有“第二敦煌”之称，是藏学研究的宝库。

大殿右侧，有一只高 0.5 米的玉钟和一长方形玉板，被称作寺内两宝。玉钟用来罩佛前的长明灯，玉板上刻有汉文诗，落款是“醒石”。周围存有历代王朝赏赐的法器以及元代皇帝赐给的法衣、盔甲、靴等历史文物。主殿楼上东墙绘有萨迦派历代祖师和高僧图像及一些佛教典故，西墙有 600 多年前的坛城壁画和 60 余幅喜金刚（欢喜佛）画，是古代西藏的艺术珍品。

【历史价值】

萨迦南寺的兴建对萨迦派的发展具有极其重要的历史意义，在政治上也体现出此派在元代的权威地位。该寺的建成是西藏统一于祖国后，在经济、文化方面取得了长足的进步的标志。

1961 年，萨迦寺被国务院公布为全国重点文物保护单位。

桑耶寺

【名僧诗话】

若是金毛那守窟，奋迅东西警群物。
有时踞地吼一声，突然惊起辽天鹘。
所食不食雕之残，戏来还是弄活物。
翻嗟疥狗一何痴，到处荒园咬枯骨。
——宋·真净克文《寄浮山岩中涣达二上人》

【地理位置】

地处西藏山南扎囊县雅鲁藏布江北岸桑耶乡的桑耶寺，是藏族历史上首座寺院。寺全称为“扎玛桑耶敏久伦吉珠白祖拉康”，又称桑伊寺、桑鸢寺、三样寺、三阳寺。

【寺庙历史】

有史料记载，1200余年前，吐蕃第五代赞普赤松德赞及印度佛学家寂护、白玛迥奈等人仿照印度古庙奥达那达布日寺的建筑制式，集汉、藏、印度的风格，兴建西藏首座集佛、法、僧为一体的桑耶寺，费时12年，落成于公元767年。该寺建成后，赤松德赞派人至印度迎请12位高僧来藏，帮助寂护开始试度西藏贵族青年出家。相说当有7人剃度，藏史称“七试人”或“七觉士”。

【建筑风格】

该寺建筑群庞大，占地面积约86000平方米，总体布局是按照佛教教义的宇宙说须弥山而设计的。位于寺院正中的乌孜大殿，分为上中下三层，寓意欲界、色界、无色界；三楼是著名的有梁无柱殿，楼顶房中间的三重檐攒尖顶，是须弥山主峰的标志。乌孜大殿建筑面积约6000平方米，坐西朝东。大殿底层分前后两部分，经堂居前，佛堂居后。经堂面阔七间，进深四间，两侧分别有塑像7尊，其中有松赞干布、赤松德赞、寂护、宗喀巴等人的塑像。经堂内悬挂大小幡幢。佛殿以供释迦牟尼像为主，像高3.9米，肩宽1.8米。在释迦牟尼像的四面，分别塑有菩萨像5尊和护法神像一尊。菩萨像高4.2米，全部站立。

乌孜大殿的四方各建一殿，寓意四大部洲。各殿附近还各有两座小殿，是八小洲的象征。主殿左右两侧各建小殿两座，寓意日月二轮。主殿四周又建白、红、蓝、黑四塔。白塔表示声闻乘的十六尊者；红塔表示独觉乘的阿罗汉；蓝塔象征佛祖大转法轮；黑塔象征吉祥天女入世，护持佛法。在塔四周还架金刚杵，形成 108 座小塔。这些建筑的形式和密宗“坛城”（曼陀罗）差不多，在其周围还构建一椭圆形高约 5 米的围墙，是铁围山的象征，即所谓宇宙的边沿。围墙四周分别设一大门，大门向东。

象征四大部洲的四个大殿各为江白林、阿雅巴律林、强巴林、桑结林。江白林就是文殊殿，地处乌孜大殿正东，主供妙音菩萨，壁画多为文殊菩萨像。阿雅巴律林地处乌孜大殿南部，有释迦佛、十一面观音菩萨像。强巴林地处乌孜大殿西面，壁画有强巴佛、十六罗汉、莲花生、赤松德赞、桑耶寺建筑布局图等。桑结林地处乌孜大殿正北，墙壁绘有四大天王像。

【历史价值】

桑耶寺的文物非常丰富，例如乌孜大殿东门外南侧墙边就有一柱形石碑，据说是赤松德赞所立，碑文记载了王室支持佛教以及颁布的法律，世称“兴佛盟誓碑”。此外在大殿正门的门楣上，悬挂着清朝皇帝所题“格鲁伽蓝”的汉文匾额。匾前门廊的额枋上，挂有一只大铜钟，为唐代遗物，钟上刻有古藏文。此钟系赤松德赞第三位王妃为弘扬佛法，专请内地汉僧大宝在西藏监造的首只铜钟。大殿第二道门上挂有清代汉文木匾，上题“大千普佑”四字，四周框着金龙，内部是蓝底金色。

西藏和平解放后，国家非常重视桑耶寺古建筑及寺内文物的保护工作，曾拨专款进行修缮。自 1981 年始，国家又拨出巨款对该寺作了大规模修缮，使该寺恢复如初。

桑耶寺于 1996 年被国务院公布为全国重点文物保护单位。

昌　珠　寺

【名僧诗话】

两岸芦花一叶舟，凉风深夜月如钩。
丝纶千尺慵抛放，归到家山即便休。

——宋・龙门清远《归到家山》

【地理位置】

昌珠寺地处西藏乃东县雅砻河东岸，藏语意思是“鹞龙寺”（“昌”即“鹰”或“鹞”，“珠”为“龙”）。

【寺庙历史】

寺庙初建于松赞干布时代。寺内悬有铜钟一口，钟上铭文称，其施主为赤松德赞第三位王妃，是汉人比丘仁钦监造的。明代帕竹政权时期，大司徒强曲坚赞对此寺进行了大规模扩建。而后四世班禅及七世达赖均加以修缮。

【建筑风格】

乃定学殿和措钦大殿为昌珠寺的主要建筑。乃定学殿据说是该寺最悠久的殿堂，底层供奉松赞干布像，二层供奉莲花生等像。措钦大殿系寺院的主体建筑，由殿前廊院、大殿及回廊三部分建筑组成。大殿底层平面呈凸字形，建筑内部中间地带有天井，呈半开敞明堂形式，东西长达45米，南北宽29米，总面积达1300平方米。主要佛殿建筑在东侧，共3间。西、南、北三面的墙特别宽，凿壁建造佛堂，酷似洞窟。殿内共有噶丹拉康、措钦拉康、通曲拉康等12个佛堂。其中措钦拉康是正殿，进深各三间，三世佛为主像，其两侧主供十大铜铸菩萨立像，造型栩栩如生。大殿二层楼的朱巴拉康，为达赖行宫。

【历史价值】

珍珠唐卡是昌珠寺的镇寺之宝，长2米，宽1.2米，耗用珍珠26两、珊瑚1997粒，黄金15.5克，红宝石2颗，钻石1颗，蓝宝石1颗，紫鸦乌宝石0.55两，松耳石0.9两。唐卡上的观音像用红、黄两色的小珍珠29927颗镶嵌而成。据说，这幅唐卡是帕竹时期，由乃东王后赞助制作的观世音菩萨憩息图，现在到今还完好地供于寺内二层佛殿之中。

昌珠寺大门刷有绿、黑、白等几种颜色，四框还有祥云、鲜花、飞鸟、花瓣。

在大殿外围，建有回廊一圈，回廊的南、西、北三面皆绘有名人壁画，除佛教故事外，又有五世达赖、田始汙、桑杰嘉措等像。围着寺庙的柳林，传说是文成公主亲手所植。

昌珠寺于1961年被国务院公布为全国重点文物保护单位。

甘 丹 寺

【名僧诗话】

世俗尘劳今已彻，如净琉璃含宝月。
死生倏忽便到来，幻化身心若春雪。
唯有道人明月心，日用廓然长皎洁。
炼磨不易到如今，宝月身心莫教别。

——宋·真净克文《寄塘浦张道人》

【地理位置】

甘丹寺地处拉萨东达孜县汪固尔山上，是藏传佛教格鲁派祖寺，其全名为“甘丹朗杰林”，藏语意为“具喜寺”或“极乐寺”。

【寺庙历史】

甘丹寺于1409年由宗喀巴始建。寺建成后，宗喀巴师徒便于此讲经传法，创立格鲁派，遂成为格鲁派第一座名寺。现在该寺为国内外闻名的格鲁派六大寺之一。

【建筑风格】

甘丹寺寺院巍峨重叠，气势磅礴，宛如山城，主要建筑有措钦大殿、阳八键经院、赤妥康以及厦孜、绛孜扎仓以及康村、米村等。全寺最大的建筑为措钦大殿，建于1409年，1720年加盖金顶。殿分三层，第一层为门厅、佛堂、佛殿，面积约2000平方米。经堂居中，建有108根大柱，可供3000多人诵经。有佛殿三个，主要供奉弥勒佛像与宗喀巴像。

大殿之西是阳八键经院，于1416年建成，1610年四世班禅将其加盖金顶。经院内有护法神殿，其内供奉着大威德怖畏金刚泥塑像。经院的上层建有司东康，就是宗喀巴的灵塔祀殿，竣工于1421年。灵塔中原保存着宗喀巴遗体，用白银建造，塔身镶满各种珍宝；后又为塔身包了层纯金，故称金塔。

赤妥康为宗喀巴的寝宫，他一生都在此生活，最终也圆寂于此。此殿于1409年建成。殿内主供文殊菩萨和其修习密宗时的伴侣明妃尊胜佛母、大白伞盖佛母等，均是鎏金铜佛，并设有修习密宗的本尊坛城、密集金刚坛城、大乐金刚坛城、大威德金刚坛城以及金刚手坛城。寝宫内并陈列有宗喀巴大师用过的经书典籍、法衣、印章等。殿堂内还建有一个坐台，它的墙背面绘有释迦牟尼像，为明代早期作品。其门窗等雕刻也为明代内地日常生活的图案。

甘丹寺有两大扎仓，即厦孜扎仓和绛孜扎仓，建在汪固尔山的西梁。厦孜扎仓坐南朝北，底层面积为1126平方米；绛孜扎仓坐西朝东，底层面积为1263.6平方米。两座扎仓的经堂都很宽敞，可满足大型佛事活动需要。

【历史价值】

无论在宗教、政治方面，还是在建筑艺术方面，甘丹寺在西藏都具有很重要的地位，它是宗喀巴大师在宗教改革的基础上创建的。1987年十世班禅大师把原藏在此寺的国家特级文物、纯金汁书写的整套《甘珠尔》经以及十六尊者锦缎、唐卡佛像等，自北京迎请回该寺保管，作为镇寺之宝，赢得了社会各界人士及僧侣的热烈欢迎。

甘丹寺于1961年被国务院公布为全国重点文物保护单位。

夏　鲁　寺

【名僧诗话】

句义纵横那畔彰，五千余卷总含藏。
如何不觅根头意？空看枝边木叶黄。

——宋·龙门清远《示看经僧》

【地理位置】

位于日喀则市东南约20千米的夏鲁寺，地处加措区夏鲁乡，海拔4000米。在环绕寺庙的村庄入口附近，十余棵枝干异常粗壮、形态怪诞的柳树向游人提醒这是一块历史悠久、饱经沧桑的土地。夏鲁，藏语意思是“新生嫩叶”。

【寺庙历史】

始建于宋代的夏鲁寺，由喇嘛吉尊西绕琼乃创建后，其便在此传播佛经，从此寺庙的香火则开始兴旺起来。此寺在布顿仁钦珠大喇嘛的主持下于1333年进行宏大的重建与扩建。有大批由内地来的汉族工匠参加了这一工程，所以整个建筑为藏式殿堂、汉式殿顶，这使夏鲁寺明显地与其他喇嘛寺建筑不同。

【建筑风格】

寺内主体建筑为夏鲁拉康和卡瓦、康清、热巴、安宗4个经院。拉康内供有木制及泥塑佛像，底层为藏式内院大经堂，二层为4座汉式殿堂，分别建有前殿、正殿和左右配殿，均为重檐歇山绿色琉璃顶。夏鲁寺为现在西藏唯一的一座保留了元代汉族风格的汉藏建筑结构的寺庙，它的明显特征就在于绿色琉璃瓦覆盖的汉式结构屋顶。此种元代风格的建筑在目前中国其他地区也是罕见的。

【历史价值】

夏鲁寺内陈列着丰富精美的壁画、石板雕刻画以及八思巴的文告等文献多件。

夏鲁寺的壁画分为三大类，其中包括佛经故事、坛城图、尊像图。画中的人物、服饰以及日常生活用品大部分近似内地风格。大殿二层的左右配殿是坛城殿，墙壁绘有各种坛城图，是西藏早期画派的风格。前殿中央为慈尊佛，四围是十六罗汉图，回廊中绘有七政、八吉祥图等壁画，充分体现了元代绘画的艺术风格。

绘制于建寺初期的壁画，如今存于主殿的回廊两壁，内容多半为佛像和佛经故事，采取分格形式，每个大方格子内绘有不同的场面，大方格下方的长方格内是用古藏文写的图画内容。

浅雕石板画的画面也相当精彩，内容绘有佛像、飞天等。在各个殿堂的主供佛像周围，往往可以发现一些被信徒们奉献的纸币所覆盖的极精致的小菩萨、活佛、法师等塑像，尽管没法了解它们的年代与作者，可是其表现出的魅力令人流连忘返。

收藏在夏鲁寺的各类文物共 1739 件，其中供奉于五大殿的佛像 127 尊，佛塔 17 座，经书页板 16 个，饶板 105 件，瓷器 34 件，金刚杵 14 件，此寺仓库内藏有佛塔 39 座，佛像 223 尊，单幅唐卡 44 幅，多幅成套唐卡 457 幅，跳神服饰 213 件，柱面 4 件及天花布 11 件，以上文物都保存完好，具有极高的收藏和欣赏价值。

夏鲁寺有四宝。一宝为由小木板镶嵌而成的拼经板，大小约二尺见方，共计 108 块。来此朝佛的人皆以能得到一张拼经板的拓片而感到自豪。

二宝是“圣水坛”。大殿内的一个铜坛，坛内盛有圣水，平日用红布封口并帖有封条，每 12 年开封换水一次，开坛后，坛里的净水不增不减，还是满满一坛。因此坛里的水也就被称为“圣水”，倘若能得此一杯圣水，便可洗净 108 种污垢。

三宝是“石头脸盆”，大殿门口放的一块盆状巨石，相传曾是建寺喇嘛的面沐盆，又相传这盆在雨天接满雨水后，雨水落得再满也不会溢出，而且经常不干。

四宝是“天生六字真言石”，一块刻有“唵嘛呢叭咪吽”六字真言和四个玲珑小塔的石板，相传是在建寺破土时发现的，所以成了本寺的根基。

此四宝是夏鲁寺的镇寺之宝，世代相传至今。

布顿仁钦朱是有名的藏传佛教学者、夏鲁派创始人，也叫布敦宝成。元代人译作“卜思端”。他原属绰浦学派，曾研究过噶举、噶当、萨迦等派教法，佛学知识渊博，写了许多佛学和历史的著作，其德格版全集共26函，200多种。他对西藏所传重要显密经论注释极多，并第一次编订了藏文大藏经《丹珠尔》部目录。《善逝教法史》亦是其所著，此书颇具历史价值，是研究藏传佛教发展史的名著。14世纪中，他受夏鲁地方封建势力阶氏家族邀请，赴夏鲁寺主持寺务，寺院得以重新扩建，门徒众多，从此名声大振。元朝末年，元顺帝曾请他进京诵经说法，未能成行。他圆寂后，夏鲁寺开始有了转世系统，学说为其转世后辈及弟子所继承。

白 居 寺

【名僧诗话】

禾山普化忽癫狂，打鼓摇铃戏一场。
劫火洞然宜煮茗，岚风大作好乘凉。
四蛇同箧看他弄，二鼠侵藤不自量。
沧海月明何处去，广寒金殿白银床。

——宋·中际可遵《禾山普化忽癫狂》

【地理位置】

白居寺的藏文全称为“吉祥轮上乐金刚鲁希巴坛城仪轨大乐香水海寺”，简称“班廓德庆”，就是吉祥轮大乐寺。但是，多数人不用它的简称，又不用它的全称，却称它“班廓曲策”，即吉祥轮寺。

白居寺地处西藏自治区江孜城西，为一座藏传佛教多教派汇于一处的寺庙。寺内佛塔建筑别具一格，尚存有明代留下的十六罗汉泥塑像，有荟萃了我国艺术史上江孜派精华的雕塑和绘画，古今闻名。1996年，国务院将它列为全国重点文物保护单位。

【寺庙历史】

白居寺始建于明代初期，就是公元14世纪末15世纪初，为当时江孜地方势力首领饶丹贡嘎帕所创建。1414年，又经贡嘎帕的孙子曲吉饶登贡桑帕和一世达赖喇嘛共同扩建。其后又经不断修缮，白居寺才得以保存至今。

【建筑风格】

白居寺三面被山环抱，四周建有围墙，墙上有垛口和敌楼，远看宛如城堡。

白居寺内，建有古巴、洛布干、西乃、拉刚等17座扎仓。这么多的扎仓建筑，分别属于藏传佛教的萨迦派、噶丹派和格鲁派。这种多教派集于一身的寺庙，在西藏乃至全国都是罕见的。

白居寺建有佛殿5座，即马林、荣康、甘登、巴久、凯居。而措钦大殿，又是此寺的主体建筑。

措钦大殿坐北朝南，平面为十字形，高三层。底层有佛堂、经堂、正殿、东净土殿以及西净土殿等，殿中分别供奉有强巴佛、三世佛、卢舍那佛及千手千眼十一面观音像。二层建有拉基大殿、朗斋夏殿、登觉殿等，为寺僧集会的场所。明代留下的16尊罗汉泥塑像，就陈列于此处。三层有夏耶拉康等。墙上绘有55个大小各异的坛城。

白阔曲登塔，也叫白居塔，于1414年修建。塔内的塑像和壁画中的神像，竟达10万余尊，故此叫它十万佛塔。塔中有佛龛、佛殿77间，因此又有“塔中寺”的美誉。塔高40米，占地面积为2200平方米。塔身由塔座、塔瓶和塔顶三部分组成。塔座分四层，四面有20角，稍有收分。塔瓶直径20米，其内设置有佛殿4间。塔内还绘有壁画，塔外装饰精美。

【历史价值】

白居寺的各座佛堂、佛殿之内，佛像和壁画应有尽有。这里的雕塑和壁画，是总结了尼泊尔、印度、克什米尔以及我国汉族、藏族的技法而创作出来的，荟萃了我国艺术史上著名派别江孜派的精品。故此，白居寺是我国现存的独具匠心的一座艺术宝库，赢得了专家、学者和广大游人的厚爱。

小 昭 寺

【名僧诗话】

枯木岩前夜放华，铁牛依旧卧烟沙。
侬家鞭影重拈出，一念回心便到家。

——宋·上封祖秀《枯木岩前夜放华》

【地理位置】

小昭寺为藏传佛教寺院，地处大昭寺北面约500米处，是西藏自治区重点文物保护单位，拉萨名胜之一，通常和大昭寺连称“拉萨二昭”而闻名天下。此寺原为格鲁派密宗经学院之一，举堆扎仓的所在地。

【寺庙历史】

小昭寺于唐代开始创建，与大昭寺一起建成，7 世纪中叶由文成公主督导藏汉工匠建造，系深受藏族人民敬仰的一座古寺。始建时仿汉唐格式，崇楼峻阁，富丽堂皇，特别精美壮观，后经屡次火焚与修复。

寺庙全称是“甲达热木齐祖拉康”，意为“汉虎神变寺”，小昭寺为汉语称谓。小昭寺的小，是与大昭寺相比较对应而言的；昭，是藏语“觉卧”的音译，意思是佛。该寺建筑坐西朝东，建筑物朝向东方，传说是文成公主思念大唐的原因。

【建筑风格】

庭院、神殿、门楼、释迦牟尼像、屋面金顶以及内外转经回廊组成了该寺的建筑，总占地面积约 4000 平方米。如今尚有大殿占地 2100 余平方米，高三层。第三层设有金殿一座，翘角飞檐，极为壮观。

在小昭寺内，著名的拉萨上密院就设在里面，这是格鲁派研读佛经颇有成绩的喇嘛进一步深造、修习密乘的场所，上密院堪布兼职小昭寺主持。如今仅有底层神殿是早期的建筑，内有 10 根柱子依稀可见吐蕃遗风，上面镂刻着莲花，还雕有花草、卷云和珠宝、六字真言等。三层楼上原来为达赖喇嘛下榻之处。小昭寺的金顶也是汉地的歇山式样，以斗拱支撑，整座建筑风格为汉藏合璧模式。

【历史价值】

小昭寺内供奉有赤尊公主从尼泊尔带到西藏的释迦牟尼 8 岁时等身镀金像，又叫不动金刚像，另有墨珠尔济、弥勒佛等佛像，为西藏非常珍贵的历史文物。寺内装饰优美精制，壁画、彩绘和金银饰物甚多。壁画绝大部分是佛像和人物传记、历史故事及民俗等内容，绚丽多姿，体态动人。

楚 布 寺

【名僧诗话】

春有百花秋有月，夏有凉风冬有雪。
若无闲事挂心头，便是人间好时节。

——宋·黄龙慧开《春花秋月》

【地理位置】

楚布寺是藏传佛教噶玛噶举派在西藏的主寺，海拔 4300 米，离拉萨西郊 70 千米，是黑帽系历代噶玛巴活佛驻锡的地方。噶玛噶举是藏传佛教噶举派四大支系之一，所以此处亦为噶举派最具代表性的寺庙。

【寺庙历史】

楚布寺是由噶玛噶举派高僧塔布拉杰的学生杜松钦巴在1189年创建的。噶玛噶举派开山到现在已有800余年的历史，今已传到第十七世噶玛巴活佛。此教派首创了活佛转世制度，进而开创了藏传佛教领袖传承神秘主义的先河。

【建筑风格】

楚布寺规模庞大的建筑群以大殿为中心布局，总计包括经堂、佛堂、护法殿、佛学院、密宗修习院、活佛私邸及僧舍等遗迹，另外还有正在修复建设中的较具规模的讲经台等建筑。

【历史价值】

楚布寺拥有大批珍稀文物。

江浦寺建寺碑：今处楚布寺大殿内，约2.5米高，约0.5米宽，上刻古藏文，该碑对探讨吐蕃时期政治、经济、宗教等有着重要的史料价值。

空住佛：此佛是楚布寺镇寺之宝，为第八世噶玛巴为纪念其上师而塑造的银像。相传银像塑成之后居然自动悬浮空中达7天之久，故有“空住佛”之说。

楚布拉千：“拉千”就是大佛之意，约6米高，据说为二世噶玛巴所铸。

除此之外，玛恰噶拉石刻塑像、米拉日巴曾用过的钵、都松钦巴的僧帽等都是楚布寺特别珍贵的文物。

楚布寺宗教活动也较活跃，在每年冬春两季要都举行神舞大会，此为寺庙主要的宗教活动，为楚布山沟的盛大节日。

楚布寺的冬、夏跳神节是西藏非常有名的宗教仪式，用来纪念藏传佛教8世纪的主要弘法人物莲花生大师。藏历四月十日，据说是莲花生从印度来藏弘法的日子。每年的萨噶达瓦（藏语指“氐宿月”，即藏历四月），楚布寺都要举行盛大的表演活动，以吸引远来的藏民及其游客。

热 振 寺

【名僧诗话】

几年鏖战历沙场，汗马功高孰可量？

四海狼烟今已熄，踏花归去马蹄香。

——宋·浙翁如琰《踏花归去》

【地理位置】

热振寺地处距拉萨北面240千米的林周县唐果乡境内。寺址坐落于山腰，古柏郁郁葱葱，群鸟展翅低鸣，周围泉水淙淙，为佛教徒理想的修行之所。

据说，从前这里是一座寸草不生的秃山，后来藏王松赞干布到此处巡视，把洗发的水洒在山坡上，并祈祷祝福，因此长出了2万5千棵翠绿的柏树。“热振”系“根除一切烦恼，持续到超脱轮回三界为止”的意思。阿底峡大师在聂当涅槃后，他的首席弟子仲敦巴按照大师的临终遗言，在拉萨河上游景致优美的地方盖了一座热振寺，自此此处成了藏传佛教噶当派的祖庭。该寺庙主神强白多吉，是阿底峡大师的遗物，同时也是他的本尊佛。护法神称青嘎拉白毡神，是一尊形体修美白色神祇。

【寺庙历史】

该寺由阿底峡弟子、噶当派缔造者仲敦巴于北宋嘉祐元年（1056年）创建，为噶当派的首座寺院。15世纪初叶，寺院改宗格鲁派，为色拉寺结巴扎仓。

【建筑风格】

措钦大殿、热振拉让等为该寺主体建筑。此寺还有阿底峡大师的银铸灵塔。清乾隆年间（1736年—1795年），七世达赖的经师阿旺曲登任寺堪布，就是热振一系始祖。二世洛桑盖敦巴被封为“诺门军”。三世阿旺益西粗赤坚赞曾两次担任摄政。五世热振呼图克图丹绛巴益西丹巴坚赞于十三世达赖逝世后，任摄政及十四世达赖丹增嘉措的经师。

如今寺院已毁，仅存遗址，附近古柏遍野，溪水潺潺，有盘山小道与山下曲径相通。热振寺为藏传佛教特别有名的古刹，也是风景秀丽清幽的游览胜地。

【历史价值】

仲敦巴甲哇迥乃是藏传佛教噶当派缔造者，西藏堆垅（今堆龙德庆县）人。他出身名门，幼年从师学习藏文，后去康区从师于名僧赛尊，还向一印度人学习梵文。阿底峡到达阿里古格后，他即决心迎请阿底峡到前藏传教。从此，他始终师事阿底峡，然而毕生未出家。阿底峡圆寂后，他在聂当（今西藏曲水县境内）领导悼念阿底峡的活动，并于聂当建立俗称卓玛拉康的神殿。1056年年初他被达木（今当雄县）地方人士邀请，在热振（今林周县境内）建热振寺，是噶当派的首座寺院。他最为著名的弟子有博多哇、京俄哇、普穷哇，并由博多哇及京俄哇各传出噶当派的教典、教授二支派。

每年藏历四月十五日，寺庙都要举行苦尤曲巴（布谷鸟供佛）法会。

另外还有“帕邦当廓节”。在热振寺的西侧有一个被僧俗尊为“圣道”的“帕邦当”，非常有名。“帕邦”是巨大的石头的意思，“当”意为草坪或坝子。热振寺里供奉的主尊佛系“降白多吉”（密集金刚）。据藏族民间传说，每逢藏历羊年七月十五日，因为密集空行母荼吉尼、卡珠玛、桑瓦益西等十万天女下凡，在此设坛集会超度众生。因此，在历史上形成了这个传统的节日。

雍布拉康

【名僧诗话】

桂轮孤朗碧天宽，帘卷清风入座寒。

底事明明人不荐，又随化影上栏杆。

——宋·大川普济《进月轩》

【地理位置】

雍布拉康坐落在西藏自治区山南乃东县东南约 5 千米处称为扎西次日的小山上，藏语的意思是“母子宫”。整个建筑形似碉堡，高耸于山顶，十分显眼。

此处有西藏的第一位赞普、第一座宫殿、第一个村庄、第一本佛经。除此之外，西藏的第一座佛殿昌珠寺、第一座“佛法僧”集中的桑耶寺、第一个创演藏戏的村庄扎西曲德吉等都位于泽当及其附近之地。

【寺庙历史】

据说该寺于公元前 2 世纪兴建，系西藏历史上第一座宫殿，后来成为藏传佛教寺庙。相传，文成公主入藏后，夏天住这里，冬天迁昌珠寺。

原来的雍布拉康只是一座面积较小的宫殿，后由五世达赖喇嘛扩建，才日益成为一座佛教寺庙。如今除部分僧房外，还有一间历世达赖喇嘛来此礼拜时居住的卧室。

有关该寺初创还有一段神话传奇。据说，第一代赞普即聂墀赞萝乃天神之子。某日他从天梯上下降至赞塘平原时，被当地 12 名正在放牧的苯教徒发现，于是就推举他为王并为其修建了雍布拉康。

雍布拉康藏文写法较多，对其文义的解释也五花八门，较流行的有“母子神殿”及“母鹿腿上的宫堡”两种。前者把藏文“雍布”释为“母子”，后者则释为“母鹿”，由于扎西次日的山势状如母鹿而得名；“拉康”是神殿之意。

【建筑风格】

雍布拉康建筑规模较小，分前后两部分，坐东面西，高耸于山头。南面山坡平缓，自山下蜿蜒而上，宫前有石阶数十级。宫堡前部建筑结构是一幢三进三层形式。进门为3间门厅，第二进是佛堂，第三进大殿中，有三世佛、聂墀赞普、拉妥妥日年赞、松赞干布、墀松德赞、墀祖德赞等历代赞普塑像和文成公主、尺尊公主、吞米桑布扎和噶尔东赞的塑像供奉其中。二层前部是过厅，后部后壁佛龛中有弥勒、文殊、莲花生、宗喀巴等大小铜佛像供奉在内。这些铜佛像显然为佛教兴盛后的晚期作品，并不是吐蕃时期文物。三层前部为平台，后部为廊院，游廊和碉堡主体相通。碉堡巍然屹立，气势恢弘。室内保存的是拉妥妥日年赞时“自天而降”的《诸佛菩萨名称经》等重要文物。此宫为碉堡楼式高层建筑，规模不大，耸峙山头，视野开阔，雅隆河谷风景一览无余，为西藏胜景之一。

【历史价值】

寺内的珍贵文物是“自天而降”的《诸佛菩萨名称经》。据说公元5世纪，藏王拉妥妥日年赞时期，一本佛经从天而降，恰好跌在雍布拉康宫顶，当时无人能够看懂。有圣人预言，到了公元8世纪就有人可以解读此书。因此这本佛经被完好地保留在雍布拉康。

布久喇嘛林寺

【名僧诗话】

草深烟景重，林茂夕阳微。

不雨花犹落，无风絮自飞。

——宋·守璋《晚春》

【地理位置】

布久喇嘛林寺，系西藏林芝地区最大最重要的藏传佛教场所，坐落在尼洋河下游左岸的三级阶地上，三面环山，直面尼洋河口三角洲，为红教寺院。寺院周围环境清幽，绿荫蔽日，寺院外清溪不绝。置身此间，既能观赏漫山林海，又能远眺波光潋滟的尼洋河三角洲。

【建筑风格】

整座寺庙属土木结构，雕梁画栋，富丽堂皇，融合藏汉民族不同建筑艺术底蕴。整个寺院形状内呈正四角，底层屋檐设计有二十角，第二至第三层屋檐为八角。佛殿高 20 多米，内径 10 余米，上覆金顶，呈塔形，四面墙体分别涂成白蓝红绿四种颜色。

【历史价值】

布久喇嘛林寺有非常出名的莲花生大师践石遗迹，寺内精美的壁画也足称藏东一绝。

强巴林寺

【名僧诗话】

万法归一，生也犹如著衫。
一归何处，死也还同脱裤。
生死脱著不相干，一道神光常独露。
咦！疾焰过风发大机，尘尘刹没回互。

——宋·天童如净《一上座下火》

【地理位置】

强巴林寺位于昌都镇内的昂曲和杂曲两水交汇处，巍峨地依附在横断山脉之下，耸立在古冰河切割而成的红壤层上。

【寺庙历史】

强马林寺与中原王朝的关系历来极为密切。从清朝康熙帝开始，该寺主要活佛受历代皇帝的册封。寺内至今保存有康熙五十八年（1719 年）五月颁发给帕巴拉活佛的铜印。乾隆五十六年（1791 年），乾隆帝为昌都寺书赠“祝厘寺”的匾额。强巴林寺有五大活佛世系，僧人最多时达 5000 余人，并辖周围小寺 70 座。该寺主要建筑保存完好，经堂内塑有数以百计的各类佛像和高僧塑像，上千平方米的壁画以及众多的唐卡画，可以说是汇集了昌都能工巧匠的聪明才智，代表了昌都一带最高艺术水平。

传说格鲁派宗师宗喀巴 16 岁时由青海到拉萨学经途中，路过这两水交汇的秀美之地时预言这里将是弘扬佛法之地。后在 1444 年由宗喀巴的弟子西饶桑布历时 8 年建成建成此寺。建寺时西饶桑布在一千户家讲经化缘，该千户就将自己家的草场奉献了出来做建寺之址。据说现在寺庙五大扎仓之一的桑堆扎仓的位置，就是当年千户搭牦牛帐篷的地方。

寺内主佛为强巴（大慈）佛，故该寺起名为强巴林寺。该寺在昌都地区佛教格鲁教派寺院里算是最大的。它下分5个扎仓：林堆、林麦、奴林、库秋、夹惹卡巴。格鲁教派的祥雄曲旺扎巴、楚顿朗卡白、年堆冲孜瓦吉冲贡嘎扎西、三世达赖索朗加措等著名的高僧主持过该寺、强巴林寺传承十三世堪布，后由帕巴拉三世通娃顿丹起世代传承主持该寺，到那时，该寺在康区已有130个分寺，多集中于昌都、察雅、八宿、硕板多、桑昂曲及波密地区。

【建筑风格】

强巴林寺建筑宏伟，殿塔林立，寺内主要有9座建筑，即强巴殿、强巴林拉章、强唐佛殿、强巴林塔、强巴林扎仓、不丹商店、尼泊尔商店、展佛台、宗丹寺。

强巴殿是强巴林寺的主殿，位于建筑群的中心，外墙墙壁四周刻有成组的八宝图案。

强巴林拉章位于主殿的南边，属贡德林管理，此拉章有三层，一层和二层是强巴林活佛、堪布的住所，三层是小佛殿，佛殿四周的墙壁上都绘有壁画。

强唐佛殿位于强巴殿的东面，坐北朝南。此佛殿原有二层楼，殿内设有12根圆柱，佛殿内的柱础是莲瓣纹圆柱础，柱头上原有雕刻绘画的装饰图案。

强巴林扎仓分布在强巴殿的周围，利用山脉的自然走势而建。建筑周围的墙壁用八宝图案作点缀，为16根圆柱的大经堂。

丹尼商店（不丹、尼泊尔商店）位于强巴殿前面，分东西两侧排列。尼泊尔商店建在东边，不丹商店建在西边，两门相对，商品种类都比较齐全。不丹、尼泊尔商店各有8间房，占地总面积为360平方米。

展佛台位于强巴林塔的东南26米处，修建于吞米伦珠扎西时期。展佛台用大石块砌成，平面呈长方形，台高18米，长16米，宽7.5米，墙厚1.5米。

宗丹寺位于强巴殿东面约200米处的山坡上，是萨迦派修建的。宗丹寺由门廊、经堂、佛殿三部分组成。

强巴林塔位于强巴殿西南，周围有方形石围墙，石墙残高3米，厚1米，占地面积约3100平方米，在围墙四角各建有一座小方塔。强巴林塔高十三层，由吞米伦珠扎西的弟弟班钦强林索朗朗杰和洛钦索朗嘉措修建。强巴林塔采用石块、石板砌成，外表涂抹一层泥皮，并刷有白灰。

【历史价值】

寺庙内主要的建筑都保存完好，佛像、壁画和唐卡精美绝伦。最值得一看的是寺庙的神舞，在每年的酥油花节期间（时间在藏历年左右，即公历新年后一个月左右）表演，主要由动作大气、场面宏大、舞蹈者都戴着狰狞逼真面具表演的“古庆”神舞和服饰华丽舞姿古朴的钺舞组成。这是在高原享有盛名的一种神舞。

藏历元月十五日是酥油花灯节，藏语称“觉阿却巴”。这是为了庆祝释迦牟尼和其他教派辩论获胜而举行的盛大庆典活动。白天人们环绕强巴林寺转经，手摇转经筒，口念六字真言；晚上则于寺庙所属各扎仓经堂旁搭起花架，设置以彩色酥油捏成的各种神仙、昌都寺庙五大活佛的造像、花木、鸟兽等造像，并且点燃成千上万的酥油灯进行祝福。

藏历二月十五日是强巴林寺独有的恭迎强巴佛的大型活动。此活动是释迦牟尼涅槃，为迎接强巴佛化度众生时代的早日到来而举行的。介时该寺将强巴佛抬出，众僧口念超度经，绕强巴林寺转一周。

托　林　寺

【名僧诗话】

最爱南崖竹，萧萧遍法堂。
因风调绿影，乘月度空香。
叶指溪云乱，梢凌石壁长。
夜深魂梦里，秋雨到绳床。

——宋·法杲《咏竹》

【地理位置】

托林寺为藏传佛教寺院，坐落在札达县象泉河旁边。托林寺的范围很大，包括托林寺及托林寺遗址两部分，托林寺还可以分为托林寺中心和外围两部分。

【寺庙历史】

该寺由古格王扎西衮之子益西沃在公元996年仿照桑耶寺而建。落成后，该寺成为古格王国最重要的宗教活动场所，同时也揭开了藏传佛教后期的帷幕。经过大译师仁青桑布、大师阿底峡等高僧的相继传教活动，尤其是著名的1076年“火龙年大法会”的举行，托林寺成为西藏西部佛寺中最为著名的一座。

托林寺名中的托林，意思是飞翔空中永不坠落。据说，建寺选址时，第一代古格王的长子益希沃用檀香木佛杖任意一扔，佛杖落在今天的地址，于是即在此建寺，称之为“托林寺”。据有关专家考证，托林寺是桑耶寺的仿照物。桑耶寺系模仿印度欧丹补黎大寺而建。有记载道，“欧丹寺是能飞的意思，是仿照优婆塞上升天宫后，亲眼所见须弥山、四大洲的形状而建的”。故此托林寺又译飞翔寺，根源就在于此。

【建筑风格】

萨迦殿曾经是托林寺的标志，也是藏传佛教的自豪之所在。殿堂平面呈“亚”字形，事实上就是一座大型的坛城；中心大殿是须弥山的象征，四周小殿各代表四大部洲；四角耸立四佛塔，是护法四天王的代表。整个殿堂规模宏大，建筑面积约2600 平方米，大致保持了西藏吐蕃时期佛教建筑的基本特征。

【历史价值】

红殿称杜康大殿，是僧众集会的地方，其四面墙上绘满壁画，风格与古格都城遗址差不多，其中有很多佛传故事，如佛诞生、白象人胎、观宫女睡相生厌、八王分舍利等。红殿门廊东西两侧有十六金刚舞女绘画，颜色淡雅，线条流畅，尤其让人喜爱。壁画中益希沃、仁青桑布等像还清晰可见。据说，当年益希沃将托林寺建好后交仁青桑布管理。仁青桑布是著名高僧，绘画方面也造诣颇深，托林寺内许多壁画完全以仁青桑布的底稿为蓝本完成。

第六章 西北地区

大慈恩寺

【名僧诗话】

不着划时全体露，拟承当处转乖张。

更言万法归何处，门掩湖山春昼长。

——宋·浙翁如琰《一庵》

【地理位置】

大慈恩寺位于西安市城南和平门外约4千米的晋昌坊。此处南望南山，北对大明宫含元殿，东南和烟水明媚的曲江相望，西南与景色旖旎的各园毗邻。

【寺庙历史】

大慈恩寺始建于隋代，初名“无漏寺”，唐太宗贞观二十二年（公元648年），太子李治（后来的唐高宗）为追念其母文德皇后将寺庙改建并命名为“大慈恩寺”。

唐贞观十年（公元636年）六月己卯，太宗文德皇后崩，十一月庚寅葬于昭陵。贞观二十二年，太子李治在春宫，以其母文德皇后早弃万方，一心“思报昊天，追崇福业”，于是于六月庚辰，使中大夫守右庶子高季辅宣令说：“寡人不造，咎谴所钟。年在未识，慈颜弃背。终身之忧，贯心滋甚。风树之切，刻骨冥深。每以龙忌在辰，岁时兴感。空怀陟屺之望，益疚寒泉之心。既而笙歌遂远，瞻奉无隶。徒思昊天之报，罔寄乌鸟之情。窃以觉道洪慈，实资冥福。冀申孺慕，是用皈依。宜令所司，于京城内旧废寺，妙选一所，奉为文德圣皇后，即营僧寺。寺成之日，当别度僧。仍令挟带林泉，务尽形胜，仰规忉利之果，副此罔极之怀。”根据此令，有司于是仔细普查京城各处形胜，并最后决定在宫城南晋昌里面对曲江池的“净觉故伽蓝”旧址营建新寺。

寺址既定，工役随兴。经过一番“瞻星揆地”的测量定位工作，最后制订了“像天阙，仿给园（祇树给孤独园之略）”的建造方案。整个工程，“穷班李巧艺，尽衡霍良木"，"文石、梓桂、橡樟、并桐充其材，珠玉、丹青、赭垩、金翠备其饰"。按照设计，寺院建成之后将是"重楼复殿，云阁洞房"，总共有10余院1897间，"床褥器物，备皆盈满"。至当年十月戊申，太子李治又下令说：大慈恩寺工程"渐向毕功，轮奂将成"，但僧徒尚缺，奉太宗皇帝敕旨，度僧300人，别请50名大德"同奉神居，降临行道"；同时正式赐新寺寺名为"大慈恩寺"，并增建"翻经院"。很快，翻经院宣告落成，"虹梁藻井，丹青云气，琼础铜沓，金环华铺，并加殊丽"。随后，太子李治复令玄奘法师自弘福寺移就大慈恩寺翻经院继续从事佛典翻译，充上座，纲维寺任。

唐高宗时的大慈恩寺非常著名，吴道子、尹琳、阎立本、王维等名人作品装点殿堂，充分体现出当时的文化特色。

【建筑风格】

大慈恩寺建筑规模宏大，占据晋昌坊半坊之地，面积近27万平方米，有10多个院落，各式房舍1897间，是当时唐长安城最宏伟壮丽的皇家寺院。寺院建成后有300多僧人主持宗教活动，礼请西行求法归来的玄奘法师任大慈恩寺首任住持。玄奘法师在此翻译佛经、弘法育人11年，和弟子窥基创立了佛教的一大宗派法相唯识宗。使大慈恩寺成为唯识宗（又称"法相宗"）祖庭。现在的大慈恩寺是明代成化二年（1466年）起在原寺院西塔院基础上陆续修建而成的，占地约5万平方米，寺院山门内，有钟、鼓楼对峙，中轴线上的主体建筑依次是大雄宝殿、法堂、大雁塔、玄奘三藏院。寺内藏经阁藏经众多，浮雕壁画叹为观止。

寺内大雁塔系唐永徽三年（公元652年）由玄奘法师为供养从印度请回的经像、舍利，奏请高宗允许而修建。现塔高64.5米，共七层，塔底呈方锥形，底层每边长25米，塔内装有楼梯，供游人登临，可俯视西安全貌，令人心旷神怡。塔上有精美的线刻佛像，有著名的《大唐三藏圣教序》、《大唐三藏圣教序记》碑，有中国名塔照片展览、佛舍利子、佛脚石刻、唐僧取经足迹石刻等。现在大雁塔经过修复，古塔雄伟，寺殿香火缭绕，庭院鲜花争艳，是一处吸引国内外游人的游览胜地。

钟、鼓楼是寺院的号令之所在，俗有"晨钟暮鼓"之说。东侧钟楼内悬吊明代铁钟一口，嘉靖二十七年（1548年）十月铸造，重15000千克，高3米多。

在大雁塔北面的玄奘三藏院，殿上供奉有玄奘法师的顶骨舍利和铜质坐像，殿内壁面布满玄奘法师生平事迹巨幅壁画，为铜刻、木雕和石雕。位于大遍觉堂左面的是光明堂，右面的是般若堂。堂内存放着佛教典籍，四周墙面用紫铜雕成佛教故事——唐玄奘求法图。这幅巨幅铜雕壁画是铜雕艺术家朱炳仁精雕而成，共36幅，108平方米，是世界上最大的铜雕壁画。玄奘三藏院是当前规模最大的玄奘纪念馆，供游人瞻仰参观。联合国教科文组织来此参观，誉玄奘三藏院为当代敦煌。

新建的占地约1.3万平方米的以玄奘为主题的大雁塔南广场位于大慈恩寺门前，广场中央台座上，坐落着一尊高大的唐僧取经铜像，花坛锦簇，华灯成行，马路宽阔，设施齐备。

舍利乃佛祖或得道高僧道行甚高的体现，是其戒、定、慧三者转化的结晶。佛祖或高僧在圆寂后火化时所生成的晶莹坚硬的颗粒称为舍利子。佛祖火化后尚存的原身体某部位灵骨，诸如佛牙舍利、顶骨舍利、佛指舍利等甚为珍贵，往往带有圣洁和神秘色彩。

大雁塔与佛舍利可谓密切相关。唐高宗永徽三年（公元652年），玄奘法师为存放当初从西域所取经像舍利而建造此塔。玄奘法师究竟从西域带回多少舍利？《法师传》中记载仅说是150枚肉舍利和一函骨舍利，具体数量未能说。而在同书描写修塔一节时，说明“层层中心皆有舍利，或一千、二千，凡一万余粒”。后经武则天长安年间（公元701年—704年）从新改建时，将塔中原有舍利如何处置，就未有翔实的史料记载。

关于“雁塔”的名称来源有很多说法，其中最为普遍的是，由于此塔仿印度经塔建造，最下一层呈雁形，故此称之为“雁塔”，为区别后来的“小雁塔”，所以称之为“大雁塔”。在玄奘自编的《大唐西域记》中叙述了这样一个佛教故事：

在古印度摩揭陀国有一座王舍城，城外帝释山上有一寺院，寺院和尚崇尚小乘教，因此开“三净”之食，即以未杀、未见、未闻之肉类食物为“三净”之食，每日进一餐，过午不得食，始终这样。某日，中午将过，午饭尚无着落，众僧饥饿难忍，甚为报怨。这时，有一比丘忽见空中群雁飞过，随口戏言道：今天众僧无饭可吃，如果菩萨有灵，应知我们的困难呀。话音刚落，只见头雁退飞，投身自殪在比丘面前。众僧大为震惊，既愧疚又特别伤感，都说此为菩萨设法随机诱导我们，我们应该按照菩萨的旨意，信奉大乘教才对，对大雁的明示。要铭刻在心，要使菩萨厚德标榜千古。于是在寺院前埋雁建塔，从此把菩萨称为“雁王”，此塔称为“雁塔”。

玄奘在印度王舍城时，曾经专程参礼了这座有名的雁塔，归国后把这个故事向门徒宣讲。为弘扬大乘佛教，慈恩寺内建的塔被尊称为雁塔。因为大雁塔建成后影响极大，所以后建的荐福寺塔也随之称为“雁塔”，为与大雁塔区别开来，遂把荐福寺称为“小雁塔”。

大雁塔在唐代就盛名远播。唐代考取进士的文人非但要到曲江泛舟，杏园宴饮，还一定到大雁塔题名留念，“雁塔题名”被看做一生中最荣耀的事。唐代诗人白居易 27 岁中进士，正是春风得意，雁塔题名时就曾留有“雁塔题名在城南，二十人中最少年”的诗句。此习俗到明清之际还被人效仿。历代文人墨客登塔述怀，赋诗咏志，留下诸多脍炙人口的传世佳作。

大雁塔已经成为西安的代表性建筑。沿塔内楼梯盘旋而上最高层，更是目穷千里，心旷神怡。唐诗人岑参写道：“塔势如涌出，孤高耸天宫。登临出世界，蹬道盘虚空。突兀压神州，峥嵘如鬼工。四角碍白日，七层摩苍穹。下窥指高鸟，俯听闻惊风……”世间的奇丽，常常在高处得以观之，及登浮屠，寓目天地，置身幽静的环境，能够达到物我两忘的境界。

【历史价值】

大慈恩寺，是中国佛教法相唯识宗的祖庭，法相唯识宗也因此得名慈恩宗，迄今已历 1350 余年。大慈恩寺是唐长安城内最著名、最宏丽的佛寺，它是唐代皇室敕令修建的。唐三藏——玄奘，曾在这里主持寺务，领管佛经译场，创立佛教宗派。寺内的大雁塔又是他亲自督造的。所以大慈恩寺在中国佛教史上具有十分突出的地位，一直受到国内外的重视。

荐福寺

【名僧诗话】

古木阴中系短篷，杖藜扶我过桥东。

沾衣欲湿杏花雨，吹面不寒杨柳风。

——宋·志南和尚《古木阴中系短篷》

【地理位置】

荐福寺坐落在陕西省西安市南门外友谊西路。

【寺庙历史】

始建于唐文明元年（公元 684 年）的荐福寺，是为唐高宗李治献福而建的，故称献福寺。天授元年（公元 690 年）改称为荐福寺。那时，寺内殿堂宏大，香火鼎盛。唐末战乱，荐福寺的香火一度衰落。宋、元、明、清时，寺内建筑几经维修，香火仍然旺盛。辛亥革命后，关中地区战乱四起，荐福寺先后两次沦为战场，殿宇毁坏严重。1949 年后，殿堂已得修复，花木再现新姿，山门、大雄宝殿、藏经楼、白衣阁、小雁塔等重新耸立。

建于唐景龙年间（公元 707 年—710 年）的小雁塔，本是十五级密檐式砖塔。由于塔是仿慈恩寺大雁塔而建的，并且体量稍小，虽本名为荐福寺塔，然而人们却把它称为小雁塔。明成化二十三年（1487 年）关中发生地震，小雁塔从顶至基裂缝一尺多。嘉靖三十四年（1555 年），关中再次地震时，小雁塔塔顶二层倒掉。自那时直到现在，小雁塔便成了十三层。新中国成立后，小雁塔进行了维修，裂缝已得加固。

【建筑风格】

小雁塔正式称谓应为“荐福寺佛塔”，属于保护比较好的著名唐代佛塔，是唐代城长安保留至今的两处重要建筑之一。小雁塔塔形秀丽，被认为是唐代精美的佛教建筑艺术遗产。

小雁塔始建于公元 707 年，是一座典型的密檐式砖塔。小雁塔与位于西安南郊大慈恩寺内的大雁塔是唐代长安城保留至今的两处标志性建筑。小雁塔与大雁塔相距 3 千米，因规模小于大雁塔，故称小雁塔。小雁塔规模虽不及大雁塔宏大，但环境清幽，风景优美，“雁塔晨钟”是清代“关中八景”（华岳仙掌、骊山晚照、雁塔晨钟、曲江流饮、草堂烟雾、灞柳风雪、咸阳古渡、太白积雪）之一。现今小雁塔是西安市著名古迹，现位于西安博物院内。

玲珑秀丽的小雁塔与雄伟庄严的大雁塔风格迥异。这座密檐式砖塔略呈梭形，建造时共十五级，现存十三级。塔的底层最高，以上逐层递减，整体轮廓呈自然圆和的卷刹曲线。每层皆有叠涩出檐，檐下砌有两层菱角牙子，形成重檐密阁、飒爽秀丽的美感效果。底层南北各有券门，上部各层南北有券窗。门框上布满精美的唐代线刻，尤其门楣上的天人供养图像，艺术价值很高。塔底层以上各层南北两面正中均开有半圆形拱券门洞。小雁塔内设有木梯，可登临塔顶。塔底层北券门外紧靠塔体的砖砌门楼，系清代后期所增建。塔基座南侧有清代石门坊，南额刻有“万汇沾恩”，北额刻有“不二法门”。塔底层南门入口的石质弓形门上，刻有阴文蔓草花纹和天人供养的图像，与大雁塔的门楣相同。但因年久及保护不善，已残缺不全，模糊不清。

原来在小雁塔底层环绕塔身有砖木结构的大檐棚，被称为“缠腰”。在金、元交战的年代“缠腰”毁没。

【历史价值】

荐福寺内今天仍存有金明昌三年（1192 年）铸造的铁钟一口及宋代碑刻，都非常珍贵。寺内屹立的小雁塔，1961 年被国务院列为全国重点文物保护单位。

大兴善寺

【名僧诗话】

月白风清凉夜何，静中思动意差讹。
云山巢顶芦穿膝，铁杵成针石上磨。
——宋·瞎堂慧远《月白风清》

【地理位置】

大兴善寺地处西安市南郊。

【寺庙历史】

大兴善寺原名“尊善寺”，始建于晋代，隋文帝开皇二年（公元 582 年）对其扩建，改称“大兴善寺”。印度僧人曾住寺内译经。唐玄宗开元年间（公元 713 年—741 年），有“开元三大士”之称的印度僧人善元畏、金刚智、不空到此寺传授密法，使之成为当时长安翻译佛经的三大设场之一。

大兴善寺亦为密宗祖庭。狮子国高僧不空于唐开元八年（公元 720 年）到中国，在大兴善寺主持译经事业，大量翻译、传播密典，宣传密教，从而创立了中国佛教密宗，被尊称密宗开祖。不空和尚曾经于印度广求密宗经典，集各家之所长，他在大兴善寺主持译务时，翻译佛经 500 多部，还曾为大唐皇帝举行灌顶仪式。他又在京师地区广集各寺院的梵文佛经，妥善收藏与研究，对佛学经典的整理研究和弘法作出了很大贡献。唐代宗时不空被诏命为开府仪同三司、肃国公，称三代国师，圆寂后谥号“大辩证广智不空三藏和尚”，并且赐钱万贯，于寺内建不空舍利塔。“不空和尚碑”如今仍保存在碑林中。当时日僧空海来唐求法，从师于不空弟子惠果，学成归国后，于日本东大寺创立了日本佛教的密宗，并创造了日本文字，法号弘法大师。这一宗派到现在仍然鼎盛。因此，大兴善寺也被视做日本佛教密宗的祖庭。

【建筑风格】

大兴善寺现存建筑都是明代遗迹。进山门，东西两侧有钟楼和鼓楼。天王殿内，居中者为弥勒佛，为宋代木刻，左右站立着四大天王。门内前有金刚殿，后为大殿，大殿之中供释迦牟尼佛像，两侧有十八罗汉。末端是千手千眼观音殿。观音殿两侧则有五楹配殿。寺的后院是法堂，上挂清光绪帝亲笔所书的“觉悟众生”匾额。寺院现在还保留着唐代转轮藏经殿遗址，高出地平面 1 米，稍呈方形。大兴善寺既是一座具有久远历史的佛家寺院，同时也是一处旅游观光胜地。在繁华而嘈杂的古都西安，大兴善寺古柏参天，遮天蔽日，给人以幽雅与肃穆之感。

【历史价值】

大兴善寺是一座具有中外影响的古刹，是陕西省重点文物保护单位，1983 年被国务院列为全国重点开放寺院之一。

兴　教　寺

【名僧诗话】

过去事已过去了，未来不必预思量。
只今只道即今句，梅子熟时栀子香。

——元 · 石屋清珙《山居诗之一》

【地理位置】

兴教寺坐落在西安市长安县樊川的少陵原畔，此处风景秀丽，环境宜人。

【寺庙历史】

兴教寺是举世闻名的佛教寺院，该寺之所以备受中外关注，是因为这里是唐代高僧玄奘法师和弟子窥基、圆测安葬的地方。寺中的建筑以玄奘法师及两大弟子灵塔最为著名。

【建筑风格】

23 米高的玄奘灵塔，巍然屹立于西院苍松翠竹之中。玄奘系唐代法相唯识宗创始人，佛经翻译家。唐高宗麟德元年（公元 664 年），玄奘死于宜君县玉华宫，葬在白鹿原。总章二年（公元 669 年），唐高宗诏令把玄奘遗骨迁葬少陵原畔今址，并建五层砖塔藏之，接着建寺。因唐中宗曾谥玄奘“大遍觉”，所以玄奘灵塔还叫“大遍觉塔”。该塔是我国现存最古老的仿木结构楼阁式砖塔。塔身完全以青砖砌成，呈四角锥体，共五级，平面是正方形，底层边长各 5 米。塔面为仿木结构，用砖砌作扁柱、栏额及斗拱，都分作三间。塔檐叠涩砌出，檐下都饰以两层菱角牙子。二层以上塔心实砌，不可登临。塔底层南面有拱形券洞，龛内为玄奘泥塑像。

塔底层北面壁上镶嵌唐文宗开成四年（公元 839 年）刻《唐三藏大遍觉法师塔铭》，刘珂撰文，僧建初书写。整个塔造型既简洁明快，又庄重稳固，该塔不但由于埋葬高僧玄奘驰名，也因其在建筑形式上为早期砖仿木构楼阁式塔标志性建筑，在我国建筑史上占有重要一席。

玄奘灵塔左右为玄奘弟子窥基和圆测灵塔。两塔都高约 7 米，三层四面，各有“基师塔”及“测师塔”匾额。窥基塔建于唐高宗永淳元年（公元 682 年）。窥基本姓尉迟，字洪道，系唐开国大将军尉迟敬德之侄，17 岁从师于玄奘出家。他睿智博学，深受玄奘器重，与神日方、嘉尚、普光号称“奘门四哲”。玄奘圆寂后，他专事著述，阐述唯识宗精义，时人称为“百部疏主”。圆测系唐代新罗（今朝鲜）僧人。他从小出家，15 岁到中国学法于玄奘，通晓梵语、藏语等 6 种语言，帮助玄奘译经，因此成为奘门高足之一。圆测去世后，原葬于河南龙门香山寺，后弟子迁葬在陕西终南山丰德寺东岭。宋政和五年（公元 1115 年）又迁葬于兴教寺玄奘灵塔侧。玄奘灵塔前峙立双塔，宛如两位弟子一直侍立在师父面前一样，成为佛教界一段佳话。人们常把玄奘灵塔和窥基塔、圆测灵塔并称兴教寺三塔。

【历史价值】

兴教寺中存有很多珍贵文物。法堂内供一尊元代所铸千佛绕毗卢铜佛像，高 2 米，重 1350 多千克。又供有明代铜铸阿弥陀佛像，西侧铜铸观音像为唐代文物，东侧有明代木雕地藏菩萨像。堂壁上挂着十八罗汉拓版像，两侧墙壁上嵌《金刚经》石碑，字迹遒劲，为书法艺术珍品。东院藏经楼上有明清刻印的佛经及近代影印经典达万卷之多，还珍藏着梵文、巴利文贝叶贴等文物。西院有一座慈恩殿构思精巧，殿内有玄奘和弟子窥基、圆测石刻像碑各一座。玄奘石刻像高约 1 米，身着短褐，足蹬布屐，手拿雨伞，背着满装经书的背箧，背箧上挂一盏明灯，形象地再现了玄奘法师不畏险阻、风雨兼程地在西行取经途中跋涉的感人场面。

兴教寺也为促进我国同亚洲各国的友好关系发挥了良好的纽带作用。1953 年，周恩来总理曾经陪同印度总理尼赫鲁至兴教寺瞻仰玄奘灵塔。1954 年至 1956 年，缅甸总理吴努、尼泊尔文化部长乾达也相继到寺瞻仰玄奘灵塔。1961 年，兴教寺塔被国务院公布为全国重点文物保护单位。1983 年，兴教寺被国务院确定为汉族地区佛教全国重点寺院。

香 积 寺

【名僧诗话】

流水下山非有意，片云归洞本无心。

人生若得如云水，铁树开花遍界春。

——宋·此庵守静《流水下山》

【地理位置】

地处陕西省长安县境内的香积寺，距省会西安 17 千米。寺内有我国佛教净土宗实际创始者善导大师的墓塔，驰名中外。

【寺庙历史】

香积寺于唐神龙二年（公元 706 年）创建，后毁于战火。北宋重修，并曾于太平兴国三年（公元 978 年）改称为开和寺。没过多久，又恢复了香积寺的原名。虽历代均有维修或扩建，然而到 1949 年时，此寺仅余两座唐塔、清代修建的大殿 3 间及数量极少的僧房。1979 年进行大修，重新修建了大雄宝殿等重要建筑，香积寺才初具规模。

【建筑风格】

善导大师塔是一座唐塔，为专家所公认。塔本是十三层的方形砖塔，因为顶部毁坏了二层，现存十一层，高 33 米。塔的四周，有半裸的浮雕像 12 尊。一层南门的门楣上，尚存清代乾隆年间（1736 年—1795 年）所刻写的“涅槃盛事”四个大字。塔东尚存一座唐代的砖砌小塔，为善导弟子的墓塔。

【历史价值】

善导大师曾经到过山西交城玄中寺，向道绰法师学习净土宗。回到长安后善导大师不但讲经传法，还撰写了《往生礼赞》等著名的净土宗佛学著作。善导大师提倡较为简单的修行方式：只要一心专念阿弥陀佛，就能往生西方极乐世界。因此，净土宗得以迅速传播。公元 8 世纪时，净土宗随日本来华求法僧传入该国，并创立日本净土真宗。因此，我国及日本僧人，尊善导为净土宗实际创始者。日本僧人把交城玄中寺与长安香积寺，尊为净土宗的祖庭。

草 堂 寺

【名僧诗话】

通身是口挂虚空，不管东西南北风。

一等与渠谈般若，滴丁东了滴丁东。

——宋·天童如净《风铃》

【地理位置】

坐落在陕西省户县圭峰山北麓的草堂寺，距西安约50千米。

【寺庙历史】

该寺大约于东晋末年始建，距今已有1500余年，是中国佛教史上著名的译经大师鸠摩罗什驻锡之地，也是历史上首座规模巨大的国立佛经译场。此处东临沣水，南对终南山圭峰、观音、紫阁、大顶诸峰，景色优美。草堂寺内松柏郁郁，翠竹轻棉，亭阁玲珑，意境幽深。

鸠摩罗什系龟兹（今新疆库车、雅沙二县境）人，其父亲是印度人，母亲则为龟兹人。他7岁随母出家，人称“神童”，游历很多国家，通晓多种语言文字。他20岁时，母亲赴印度学法，告诉他到中国弘扬佛教。在来中原的途中，他被凉主吕光扣留长达17年，姚兴派兵于401年攻克凉州，才救出罗什，尊为国师，始居逍遥园，后迁居大寺草堂。鸠摩罗什在长安生活了13年，译经说法，累计主译了经、律、论、杂传等共35部、294卷，内容精湛，辞义精确。他对佛教中观、法华、华严、禅、律、净土等重要经典都有翻译，为中国大乘佛教的建立和发展，奠定了坚实的基础，作出了非凡贡献。鸠摩罗什是我国古代佛教经典的四大译师之一，著名的“中观三论”即《中论》、《百论》、《十二门论》全由鸠摩罗什于草堂寺译出，为三论宗的创立提供了经典，因此他被尊为该宗始祖，草堂寺也同时被奉为三论宗祖庭。

后秦姚兴弘始十一年，也就是东晋安帝义熙五年（公元409年），鸠摩罗什逝世于长安，在逍遥园火化。火光之中，鸠摩罗什肉身泯灭，只有舌头火焚不化，反倒变得坚如铁石。

【建筑风格】

大殿西侧门外，有座以红砖花墙围成的六角型护塔亭，亭内耸立着草堂寺鸠摩罗什大师的舍利塔，为此寺最为珍贵的文物。鸠摩罗什死后火化，据说薪灭形碎，仅舌不尽。于是其弟子收其舍利，建造舍利塔以资纪念。塔通高约 2.44 米，塔身八面十二层，以纯玉石镶拼而成，每层玉石色彩都有差别，呈现出玉白、砖青、磨黑、乳黄、淡红、浅蓝、赤红及灰等颜色，故俗称“八宝玉石塔”。塔的最下层为方座，方座之上为须弥座，座上是重叠的三层芸台，上面雕刻着蔓草纹浮雕，精美无比。芸台之上系八角形宝塔，正东面刻有“鸠摩罗什舍利塔”题字，正北面则刻有“姚秦三藏法师鸠摩罗什舍利塔”13 个字。宝罩上方是层脊形覆盖，盖下刻着很多线条明朗的佛像。原来盖上尚存三层珠宝，可是太平天国时塔顶被毁，寺院僧人以山石补之。宝塔经过 1600 多年，能够较为完整地保存下来，实属罕见。舍利塔北边竹林深处，掩藏着闻名遐迩的“烟雾井”。因为地热作用，早晚有一缕烟雾自井口冒出，于寺院上空缭绕，然后缓缓向京都长安飘去。现在，因为地热消失了，“草堂烟雾”已不再出现，但烟雾井犹存。烟雾井上方修起了木制古亭一座，亭内悬挂赵朴初先生“烟雾井”匾额。舍利塔亭西侧，竖立着“逍遥园大草堂禅寺宗派图”碑，为元代刻制，碑高 1.6 米，宽 0.6 米，记载了与鸠摩罗什有关的僧众 434 人，为研究草堂寺史提供了弥足珍贵的历史资料。碑旁有“角井”一口。井左右分别有一株柏树，被人称为“二柏一眼井”。

【历史价值】

鸠摩罗什译经改变了过去硬译、直译之法，采用意译。他组织译出的经典，既能准确表达经文原意，文字优雅，行文流畅，开创了意译一派。到他逝世时，共译出佛经 97 部，总计 427 卷。这是中国历史上第一次由国家组织、大规模翻译外国经文的壮举，鸠摩罗什本人也成为中国佛经四大翻译家中最早的一人（其余 3 人为玄奘、不空、真谛），草堂寺也成为我国最早的佛经翻译基地。

水 陆 庵

【名僧诗话】

清风楼上赴官斋，此日平生眼豁开。
方信普通年远事，不从葱岭带将来。

——宋 · 长沙师鼐《清风楼上》

【地理位置】

水陆庵陕西省蓝田县普化镇王顺山下，离西安 50 千米，因其数量众多、保存完好的明代彩色泥塑群像而著称于世。1996年，水陆庵被国务院列为全国重点文物保护单位。

【寺庙历史】

蓝田水陆庵本来为隋朝悟真寺的水陆殿。唐代初年，开国元勋尉迟敬德曾经监修此庵。明嘉靖四十二年（1563年）到隆庆元年（1567年）对其大修，并重塑了庵内的彩色泥塑群像。明万历三十年（1602年）、清道光二年（1822年）、民国九年（1920年），曾相继重修。新中国成立后，又进行了修葺，使水陆庵的各类建筑及彩色泥塑群像保存完好如初。

【建筑风格】

水陆庵由山门、前殿、中殿、后殿与配殿等建筑组成。院中种花草树木。山门后圆形水池莲座上有观音玉石立像一尊，神态端庄和善，令人驻足。

后殿又叫大殿，正名称诸圣水陆殿。此为水陆庵的主体建筑，绚丽多姿的明代彩色泥塑群像就保存于此。

大殿为单檐歇山顶式的殿堂建筑，面宽五间。殿内四壁以及立柱、横梁、卧枋直到柱头上，遍布泥塑、壁塑和悬塑。为扩大彩色泥塑像的布置空间，殿内还增设了中隔正壁、北隔壁与南隔壁。全殿共有各类大小彩色泥塑像3700多尊，称得上是我国古代雕塑艺术宝库。

在中隔正壁前面，有阿弥陀佛、释迦牟尼佛、药师佛三世佛塑像，背面有观音、文殊、普贤三大菩萨塑像。北隔壁正面及背面，各塑有地藏王菩萨和观音菩萨像。南隔壁正面与背面，各塑药王菩萨、古代十大名医以及欢喜佛像。东墙有报身佛卢舍那佛、应身佛释迦牟尼佛、法身佛毗卢遮那佛塑像，及佛教教主释迦牟尼、儒教教主孔子、道教教主老子的神像。西墙塑有摩耶夫人说法故事图案。南墙与北墙的第一层，各塑有二十四诸天像中的12尊，第二层各塑有过海的25尊罗汉像。三层往上，北墙壁塑入胎、托胎、降生等佛本生故事图，南壁塑涅槃等佛传故事图。此外，殿内壁塑尚存善财童子五十三参图，还有牡丹、小鹿、龙、虎、狮等瑞草祥兽及楼台亭阁等图案。

【历史价值】

水陆庵的泥塑群像可谓比比皆是。其中，最大者高达5.63米，最小者高只有5厘米。这些塑像，或单体的，或群体的，还有连环图式的。它们既各自成章，又互相联系。佛为主尊，居于明显的重要位置，菩萨次之。这些，完全体现了佛教教义。佛像神态庄严肃穆，菩萨像富丽堂皇，罗汉像等又不同程度地带有些许生活气息。可见，水陆庵的彩色泥塑群像，既充满了很深的宗教底蕴，同时又具有极高的艺术价值，是我国古代雕塑中的珍品。

法 门 寺

【名僧诗话】

山县萧条半放衙，莲塘无主自开花。
三岔路口炊烟起，白瓦青旗一两家。

——宋·惠洪觉范《夏日》

【地理位置】

法门寺坐落在陕西省扶风县法门镇。

【寺庙历史】

法门寺约于公元 499 年前后的北魏时期始建，当时称“阿育王寺”（或“无忧王寺”）。该寺由于供奉释迦牟尼真身舍利而闻名。隋代时，改天下佛寺为道场，阿育王寺称为“成实寺”。唐初时，高祖李渊改称为“法门寺”。武德二年（公元 619 年），秦王李世民度僧 80 名入住法门寺，宝昌寺僧人惠业为法门寺首任住持。唐贞观年间（公元 627 年—649 年），阿育王塔易建为四级木塔。唐代宗大历三年（公元 768 年）又改称“护国真身宝塔”。自贞观年间起，唐代统治者耗用大量人力财力对法门寺进行扩建、重修工作，于是法门寺成为皇家寺院，相继举行了 7 次开塔迎佛骨的盛大佛事，对唐时佛教的发展和唐代政治、文化都产生了极大影响。

唐贞观五年（公元 631 年），唐太宗首次开示佛骨。佛指舍利的重现掀起了一股崇佛热潮。显庆四年（公元 659 年），高宗敕准又一次开示，并且赐钱 5000、绢 50 匹以充供养，后来还赐绢 3000 匹以作塑佛像、修宝塔的资金。高宗把此枚舍利迎请至皇宫里供奉，武则天为舍利造金棺银椁，直到龙朔二年（公元 662 年）才送回法门寺塔内。此次迎佛骨时间长达几年之久，系唐代规模最大、奉献最多的一次。咸通十四年（公元 873 年），唐懿宗第七次迎请佛骨。迎接仪式特别隆重，执幡仪仗约万人，懿宗亲自出迎，并且向佛骨顶礼膜拜，迎入内道场，以作供养，宰相以下争相施金帛，数量颇多。当年，懿宗驾崩，年底，僖宗诏令将佛骨送还法门寺。第二年正月初四塔下地宫石门封闭。从此，佛指舍利再未露世，所藏供奉器物也成了千古之谜。

【建筑风格】

明隆庆三年（1569 年）关中发生大地震，致使法门寺木塔倒塌。万历七年（1579 年）在当地士绅倡导下，重修佛塔，历时 30 年修成了新的十三层宝塔。塔呈八棱形，高 47 米，是仿木构式砖塔。第一层上方八面分嵌“乾、坎、艮、震、巽、离、坤、兑”八字，代表八方，东、南、西、北的塔门上各刻有“浮图耀日”、“真身宝塔”、“舍利飞霞”、“美阳重镇”。第二层至最高一层，每层八面分别有一门洞，每洞设一铜佛像。塔上门洞内还有经书、铜器藏于其中。塔顶为覆钵形铜制塔刹，整个宝塔耸立挺拔，引人注目。

1981 年 8 月 21 日下午，因为年久失修等原因，十三层宝塔忽然纵向坍塌了一半。于是陕西省政府决定清拆残塔再建新塔。不料，这次清拆残塔工程，居然带来了一次惊人发现。

【历史价值】

1987 年 4 月，封闭 1000 多年的神秘地宫之门被意外打开。地宫面积 31. 84 平方米，系目前我国发现的佛塔最大的地宫。地宫基石全部雕成仰莲瓣形，寓意塔建于莲座之上。地宫共有 4 道门，门上雕有天王护法像、莲花等，门楣上绘有千姿百态的瑞鸟朱雀。地宫中藏有很多文物，工作人员把地宫中文物完好无损地全都转移到扶风县博物馆，由考古人员进行清理。5 月 5 日凌晨，考古人员谨慎地打开了一个宝函。这个宝函密密套合竟然有 8 重之多。第一层檀香木已经部分腐朽，第二层鎏金银胎，第三层纯银，第四层还是鎏金银胎，第五、六层为纯金，第七层是玉石，第八层又是纯金。各层装饰特别精美，光彩夺目。第八层之内是一座精湛的宝珠顶单搪四门纯金塔。此塔塔顶和塔体相连，塔基可以分开。揭开塔体，看到塔基上耸立着一根高 11 毫米的小银柱，上套色白似玉的管状体。这恰是被唐宪宗誉为“眼睹数次金光灿，手撑一片玉光含”的佛指舍利！这枚舍利重 16. 2 克，高 40. 3 毫米，上宽 17. 55 毫米，下宽 20. 11 毫米，腔径 13. 75 毫米到 16. 75 毫米，上齐下折，色白如玉稍青，三面皆平，一面略高，和地宫前室隧道中发现的《大唐咸通启送歧阳真身志文罗》记载的佛指骨吻合。接着，在另外 3 个宝函里，又发现了 3 枚佛指舍利，第二枚供于地宫中室的汉白玉双檐灵帐中，第三枚秘藏于地宫后室下小龛中的铁函之内，第四枚世藏于地宫前室的彩绘四铺菩萨舍利塔中。特别值得注意的是第三枚佛舍利，当开启铁函后，里面是鎏金 45 尊造像秀顶宝函，并且伴有水晶随珠两颗，函身凿刻一行字：“奉为皇帝敬造释迦牟尼真身宝函”。鎏金宝函内系檀香木函，木函内则为水晶椁，椁盖两端分别镶嵌着一个黄、蓝宝石，四面系明亮的珍珠，椁内套一白玉石棺，棺中有佛指舍利一枚，白中泛黄，并有疑似发霉后的骨锈斑点。

赵朴初闻讯后，马上赶到扶风，在对四枚佛骨进行了认真考察后，指出，第一、二、四枚佛骨应该是“影骨”，只有第三枚才是“灵骨”，系释迦牟尼留给人世间的真身遗骨。“影骨”是专为保护“灵骨”而用玉石仿制而成的。“灵骨”就像天上的明月，“影骨”恰似明月在地上江河中的影子。然而对于佛家来说，无论是“灵骨”还是“影骨”，都是释迦牟尼的真身舍利。

法门寺塔地宫佛指舍利的发现，震惊了世界，被称赞为继世界第八大奇迹秦始皇陵兵马俑之后的再次重大发现。

地宫中尚出土了很多唐代稀世珍宝，其中有121件金银器，17件琉璃器，16件已失传的“秘色瓷”器，尚存700余件锦、绫、罗、纱、绢、绮、绣等各种纺织品。这些文物种类之繁、数量之多、质量之优、制作之精、等级之高、保存之完好，在国内实属罕见。据专家分析，这些文物绝大部分可定为国家一级文物。其中最引人注目的是锡杖及秘色瓷。锡杖共3只，也就是单轮十二环迎真身金银花锡杖、双轮六环铜锡杖和双轮十二环金银花锡杖。其中双轮十二环金银花锡杖长0.01米，重2.39千克，耗金2两，银58两。锡杖工艺制作精致，堪谓法器中的至宝。秘色瓷是仅见于唐人诗句中的一个瓷种，其产地及形状始终是一个谜团，此次一次居然出土16件，是中国陶瓷考古的一个突破性发现。此外如武则天供奉的绣裙、唐懿宗供奉的金丝袈裟、唐代宫廷成套茶具等，皆为稀世珍宝。

1988年11月9日，法门寺修葺一新，对世界开放。与此同时举行了释迦牟尼真身舍利瞻礼法会，来自海内外的数百名高僧和10万信众齐聚法门寺，盛况空前，轰动海内外。重修的真身宝塔高47米，巍然屹立，仍为八棱十三层。地宫也整修完好，内置真身舍利，对朝拜游人开放。寺院西侧，重新建立了法门寺博物馆，法门寺地宫出土的唐代珍贵文物就珍藏于馆内。

拉卜楞寺

【名僧诗话】

门前自有千江月，室内却无一点尘。

贝叶若图遮得眼，须知净地亦迷人。

——宋·成枯木《门前自有千江月》

【地理位置】

坐落在甘肃省夏河县的拉卜楞寺，全称“喜足论修兴旺右旋吉祥寺”，是甘肃省规模最大的寺院，同时也是藏传佛教格鲁派六大寺院之一。寺院建筑规模仅小于西藏日喀则的扎什伦布寺，系西藏以外藏传佛教最高学府之一。

【寺庙历史】

该寺于清康熙四十八年（1709 年）创建，为第一世嘉木样活佛所创立。嘉木样一世 13 岁剃度出家，21 岁到西藏修学深造，在拉萨 40 多年，通晓经典，精详戒律，政教功绩显著，有“宗喀巴后第一人”之称。他居拉卜楞寺 13 载，弘法布教，为寺院组织建设和讲修工作倾注了全部心血。1720 年，康熙帝颁赐金印、金册，封其为“扶法禅师传学大宝法王”，从此之后历世嘉木样活佛为该寺寺主。

【建筑风格】

该寺规模极大，共有 6 座经堂，佛殿约 30 座，活佛府邸三四十院，普通僧舍 500 多院约 1 万余间，占地面积共 86 万平方米，建筑面积为 40 多万平方米。现主要有弥勒佛殿、释迦牟尼佛殿、狮子吼佛殿、宗喀巴殿等 20 多座殿宇，还有六大学院等建筑。其建筑形式分为藏、汉、藏汉混合式三类，以“外不见木、内不见石”的特点著称。整组建筑富丽堂皇，气势恢弘。

【历史价值】

拉卡楞寺下设六大学院，即闻思学院、续部下学院、续部上学院、时轮学院、医明学院和喜金刚学院。这些学院系甘南藏族地区佛教最高学府。各学院有一座经堂，闻思学院为全寺之中枢，又叫“大经堂”，创建者为一世嘉木样，有前楼、前庭院、正殿和后殿累计数百间房宇，占地约 6600 平方米，是全寺最庞大的建筑。寺中现存众多佛教塑像、壁画及唐卡，是藏传佛教艺术中的瑰宝。其中塑像多达 1 万多尊，高者近 10 米，小的仅几厘米。弥勒佛殿、狮子吼佛殿、文殊菩萨殿、白度母殿等供奉的主尊全都高大宏伟、庄重精美，足称上乘佳作。小型造像一律制作精巧，多都色泽亮丽，装饰精美。各种题材壁画布满各经堂、佛殿四壁，极具宗教审美效果。其唐卡除绘制外，还有刺绣、贴花、缂丝等各种工艺，内容广泛，制作精湛，深受人们喜爱。该寺藏经亦极为丰富，多达 6 万多部。

每年的农历正月及四、六、九月，拉卜楞寺都举行大法会，到时藏、蒙、土、汉各族佛教信徒大批前来瞻仰礼拜，是甘南佛教活动中心。

大 佛 寺

【名僧诗话】

撒手那边千圣外，祖堂少室长根芽。

鹭倚雪巢犹自可，更看白马入芦花。

——宋·大阳警玄《上堂偈》

【地理位置】

坐落在甘肃省张掖市的大佛寺，由于寺中大佛殿内主尊是身长约 35 米的释迦牟尼涅槃卧像，所以还称“卧佛寺”，为张掖一大胜景。

【寺庙历史】

大佛寺于西夏崇宗永安元年（1098 年）始建，距今已 900 余年。寺原称“迦叶如来寺”，明永乐九年（1411 年）敕赐“宝觉寺”名，后又改称“弘仁寺”。

【建筑风格】

此寺最初规模宏大，是由牌楼、山门、大佛殿、天王殿、万圣殿、藏经殿、配殿、僧舍和佛塔等建筑物所组成一组完整建筑群，并且有双眼井、木瓜树、金塔六角亭鼎等。元、明时，大佛寺的影响波及欧亚。意大利著名旅行家马可·波罗曾经滞留甘州（今张掖）游览名胜，在他所著的《马可·波罗游记》里，对大佛寺规模宏大的建筑和工艺精美的卧佛塑像十分赞赏，推崇备至。

全寺主体建筑为大佛殿，坐东面西，为层楼结构，重檐歇山顶制式，高 20.2 米，总面积达 1370 平方米。四周木构廊庑，殿檐下额枋上雕有龙、虎、狮、象等图案。正门两侧嵌有分别以 50 块方砖拼成的浅浮雕两幅，每幅 4.6 米见方，刻工细腻，富丽雄浑，是砖雕艺术的精品。正中佛坛上，供释迦牟尼涅槃像，身长 35 米，肩宽 7.5 米，佛手指中能睡一人，是国内现存最大的泥塑卧佛。塑像为木胎泥塑，中空，金妆彩绘，面部贴金，造型端庄隽秀，怡静安详。大佛身后有迦叶、阿难等十大弟子塑像，南北两侧塑十八罗汉，间隔得体，色彩协调，姿态万千，形象逼真。大殿四壁和二层板壁上绘有约 530 平方米的壁画，内容有佛、菩萨、弟子、诸天神将、佛经故事和《西游记》人物等，线条清晰明朗，色泽清丽。

大佛寺中轴线最后部建一土塔，原称弥陀千佛塔，是喇嘛式塔，通高 33.37 米，由塔座、塔身和塔刹三部分组成，建在方形台基之上，四周有木构塔廊两层。塔座之上有须弥座两层，第一层须弥座上有 8 座小塔，第二层座上系覆钵形塔身。

塔身之上也有一层须弥座，座四面分别开有5个小龛，佛像供在其中，座顶有相轮。

【历史价值】

大佛殿后面的藏经殿系木质结构建筑。其中藏明正统十年（1445年）英宗朱祁镇敕书颁赐予大佛寺的佛经一部，共350种，685函3584卷。寺中又藏有用泥金书写的《大般若波罗蜜多心经》、《华严经》、《胜王经》、《报恩经》和《大唐西域记》等，特别珍贵，是甘肃省现存最完整的经藏。

1996年，张掖大佛寺被国务院公布为全国重点文物保护单位。

海　藏　寺

【名僧诗话】

六十年来狼藉，东壁打倒西壁。
如今收搭归来，依旧水连天碧。

——宋·道济《绝笔诗》

【地理位置】

海藏寺坐落在甘肃省武威市，由于寺院建在水中小岛上，四周林泉茂密，好似海中藏寺，因此称海藏寺。

【寺庙历史】

海藏寺于晋代始建，距今已有1700余年历史。元时藏传佛教萨迦派第四代祖师萨班乘到凉州（今武威）之机，于凉州捐资扩建修缮了海藏寺等凉州四大寺，进而使其成为喇嘛教寺院。后来明、清对其扩建翻修，成为丝绸之路上一座重要的寺院。

据说唐三藏大师玄奘西行取经时，滞留凉州一个多月，曾在海藏寺念经拜佛，并接受此处僧俗请求，讲经布法。

【建筑风格】

占地面积8800平方米的海藏寺，寺前有四柱三间三楼的木构牌楼一座，古朴玲珑，匠心独运，极富民族建筑特色。走马板上有“海藏禅林”四个大字，牌楼下青烟缭绕，盘旋于白杨垂柳之间，时隐时现变化无常，给海藏寺增添了一道神奇莫测的美景，使人有身临仙境之感。

进山门对面是前后两座威严的大殿，尽管历经修缮，仍不失原来本色。大殿北为内院，正面高台基上本是转角楼，今此处迁来另一座殿宇，在两侧宽阔的廊房陪衬下，给人以严谨、端庄、雅致的感觉。内院后为高达 8 米的灵钧台，台上有天王殿及无量殿，为明代重建，斗拱、梁架用料粗大浑厚，屋顶脊兽装饰雄健而大方，特别是无量殿正脊两侧吻兽，对张大口，怒目凝视，形象逼真。无量殿内立两块字迹清晰保存完整的石碑，其中东面一块《海藏寺藏经阁记》，是清乾隆元年（1736 年）郭朝祚所立，文笔生动、书法流畅，具有极高的艺术价值。寺内今藏《大正藏》、《碛砂藏》等佛经无数。

【历史价值】

海藏寺现在是甘肃省重点文物保护单位。

合 作 寺

【名僧诗话】

千溪万壑归沧海，四塞八蛮朝帝都。
凡圣从来无二路，莫将狂见逐多途。

——宋·佛鉴慧勤《千溪万壑》

【地理位置】

地处甘肃甘南藏族自治州合作市东约 1 千米之处的合作寺，也称“黑错寺”，藏语称“格丹曲林”，是“具善法洲”的意思。合作寺属藏传佛教格鲁派寺院。

【寺庙历史】

该寺于清康熙十二年（1673 年）创建，缔造者为僧具谢热却丹。1749 年，色赤萨木察第一世坚赞僧格于合作寺建立法相讲闻之规，从此政教大权也由色赤活佛系统统管。经历代色赤活佛经营，合作寺成为甘南地区规模较大的一座寺院。至 1949 年年初，合作寺香火兴盛，寺内有两座经堂，10 座佛殿，一座九层楼，建筑中尤以此楼闻名遐迩。寺中另有僧众 500 余人。

合作寺于 1981 年得到了恢复，修建了大经寺等殿堂。1998 年，驰名安多藏区的米拉日巴佛阁楼在合作寺修复，高九层，一般称为“九层楼”。

【建筑风格】

独具匠心的米拉日巴佛阁楼，乍看之下，给人以一座藏式高级宾馆的感觉，这种风格的建筑在全国仅两座。该楼坐落在合作市北面山坡上，是白教（噶举派）在安多藏区主要寺院。于清朝乾隆年间（1736 年—1795 年）始建，现存建筑重建于 1998 年，楼高九层，外墙为暗红色。

【历史价值】

米拉日巴佛阁楼自第一层到第九层佛殿供奉的是以米拉日巴尊者及其弟子为主的藏传佛教各派的开宗始祖，还有以金刚为主的四密乘的很多本尊佛像、菩萨、护法等。

郎 木 寺

【名僧诗话】

唤处分明应处亲，不知谁昌负恩人。
东家漏泄西家事，却使旁人笑转新。

——宋·长灵守卓《唤处分明》

【地理位置】

郎木寺坐落在甘肃省碌曲县西南 100 千米的甘、川两省交界处，属藏传佛教格鲁派寺院。“郎木”是藏语“仙女”之意，由于其山洞中有石岩酷似玉女，民间称其为仙女所化，故名。

【寺庙历史】

建于 1748 年的郎木寺，格鲁派高僧、第五十三任噶丹赤巴萨木察坚赞僧格是该寺开山祖师。1752 年建大经堂，成立了显宗闻思学院，后来还创建立了密宗喜金刚学院。经历代相继兴建，到新中国成立初，郎木寺有四大学院，规模极大，成为甘川交界处的名刹与佛教圣地。

【建筑风格】

除四大学院的经堂外，寺内还有色赤拉章、弥勒殿、罗汉堂、千佛殿、三层宝塔殿、药师佛殿、怙主殿、邬仗那大师殿、马头明王殿和活佛的昂欠、僧众居住的房屋等建筑。

【历史价值】

每年的农历正月十三系郎木寺的晒佛节，又叫晾佛节。这天，僧侣们把寺庙中珍藏的锦织佛像取出晾晒，气氛异常热烈，场面宏伟壮观，每年都吸引着无数的朝拜与观光者。

马 蹄 寺

【名僧诗话】

竟日窗间坐寂寥，岩前稚笋欲齐腰。

幽禽忽来藤花落，涧瀑飞声渡石桥。

——宋·雪岩祖钦《山居诗之二》

【地理位置】

马蹄寺坐落在甘肃省肃南县马蹄区，又叫“普光寺”。该寺马蹄殿青石板上有两个非常清楚的马蹄痕迹，据说为天马下界所留，故此得名，在肃南地区的佛教寺院中最为有名。

【寺庙历史】

如今马蹄寺的主要寺院建筑及其遗迹有三十三天洞窟、马蹄印石窟、藏佛殿石窟、胜果寺、千佛洞石窟等。始建于北凉时期的马蹄寺原有规模包括金塔寺、南北马蹄寺、千佛洞、上中下观音洞等 7 个小石窟群及寺院，共有石窟 70 余个，是甘肃境内仅次于敦煌莫高窟、天水麦积山、永靖炳灵寺的又一规模较大的石窟群。其中规模最大的北寺有 30 余窟，千佛洞位居第二，金塔寺最小。该寺建筑规模宏大，鼎盛时，北寺、南寺、千佛洞 3 处累计僧众千余人。近代以来，这里藏传、汉传佛教兼收并蓄，影响极大。

【建筑风格】

三十三天洞窟匠心独运，整体洞窟开凿在垂直的山崖内部，从洞窟的入口算起，约有十几层楼那么高。游人自入口进去后，须踩着陡峭狭窄、曲径穿行在山体内部的甬道上的石阶，弯着腰一步一步往上爬。每爬一段，甬道便把游人引向另一个洞窟。部分洞窟被开凿在山体表面，立于为这种洞窟修建的木制小阁上，举目遥望，整个马蹄寺区山川历历在目。

马蹄寺石窟始凿于东晋时期，开凿的年代大约与敦煌莫高窟同步。历史上，三世与五世达赖喇嘛曾经亲临此寺朝拜、参谒。

马蹄殿是一个开凿在山崖上的天然殿堂，占地面积为 3000 平方米，殿顶基本是平的，并未有任何物体支撑。

位于进山门的路的右边的千佛洞，是一片开凿在一道山体的东面的石窟群。山体表面自然形成的高低不平与人工开凿的石窟为伍，显得特别壮观。

禅 定 寺

【名僧诗话】

手携刀尺走诸方，线去针来日日忙。
量尽别人长与短，自家长短几时量？
——元 · 石屋清珙《裁缝诗》

【地理位置】

被称为安多古刹的禅定寺，又叫“卓尼寺”，藏语则称“噶丹雪珠林”（具喜请修洲）、“当增达尔吉林”（禅定兴旺洲），坐落在甘肃省卓尼县城北平台上。该寺是该地区建寺最早（比我国藏传佛教格鲁派六大宗主寺之一拉卜楞寺要早450多年）的寺院，也是甘南以及安多藏区藏传佛教的发祥地之一。

【寺庙历史】

禅定寺于公元1254年始建。明天顺三年（1459年）卓尼第二代土司之弟仁钦龙布自西藏学成返回，改卓尼寺为格鲁派寺院，并担任了第一任法台。自此，该寺发展迅速。康熙帝封该寺僧人为“崇梵净觉禅师”，敕赐“禅定寺”匾额。自此，卓尼寺又称为“禅定寺”。之后，寺庙于1714年建参尼扎仓，1729年建居巴扎仓，大约于乾隆年间（1736年—1795年）建萨里畦扎仓（天文学院）及崇巴扎仓（法舞学院），进而发展成一座正规的格鲁派大寺，寺僧最多时达3000人。1912年，该寺因战乱毁于兵火。在卓尼第十九代土司杨积庆主持下于1931年对其进行重建，历时六年竣工，规模较从前小。1958年，全寺有僧众300多人，禅定寺教权历来由卓尼土司杨氏家族掌管，由出身于该家族的僧人担任僧官（后称堪布），全权处理该寺政教事务。

【建筑风格】

1969年该寺拆毁，20世纪80年代以来相继修葺，使之以崭新的面貌出现在世人面前。大经堂、哲学院、天文学院、密宗学院、辩经院僧官衙门等为该寺主要建筑。另有三座扎巴谢主大师塔等，供奉有扎巴谢主等高僧3粒舍利。寺中还有策满林、伊犁仓、麻当仓、古雅、加唐、岔道匀古续等活佛昂欠。

【历史价值】

禅定寺原保存有据说是龙树亲手塑制的十二转轮王像、亲手画出的贝叶佛像、印度铸造的天女像、以蛇心檀香雕刻的毗沙门神像、《般若八千颂》贝叶经、尊者那若巴骨饰、卓尼土司先祖协地保护神“贡保”像以及宗喀巴大师著作手笔。不幸的是该寺屡经浩劫，以上诸物如今已所剩无几。寺内现藏有佛经 1 万多部。

塔 尔 寺

【名僧诗话】

黄叶任从流水去，白云曾便入山来。
寥寥岩畔三间屋，两片柴门竟日开。

——元・石屋清珙《山居之五》

【地理位置】

坐落在青海省湟中县莲花山上的塔尔寺，藏语称“衮本贤巴寺”，是“十万佛弥勒洲”的意思。塔尔寺系宗喀巴大师罗桑扎巴的诞生圣地，是藏传佛教格鲁派的六大寺院之一，同时也是青海地区最大的格鲁派寺院。

【寺庙历史】

据说宗喀巴大师诞生后，从剪脐带滴血处长出白旃檀树一株，树上 10 万片叶子，各片皆自然显现出一尊狮子吼佛像。宗喀巴大师入藏修法 6 年后，给思念他的母亲及姐姐分别捎去自画像及狮子吼佛像一幅，并写信说，倘若能在他诞生的地方用 10 万狮子吼佛像和菩提树（白旃檀树）为胎藏修建一座佛塔，就像见面一样。其母香萨阿切遂于次年，即明洪武十二年（1379 年）在信徒支持下建塔，称“莲聚塔”。明嘉靖三十九年（1560 年），禅师仁钦宗哲坚赞于塔侧建一座建静房。万历五年（1577 年），又在塔南侧造弥勒殿。至此，塔尔寺规模渐大。万历十一年（1583 年），在三世达赖南嘉措安排下，塔尔寺进行扩建，相继建成达赖行宫、三世达赖灵塔殿、九间殿、依怙殿、释迦殿等建筑。四世达赖时，于万历四十年（1612 年）正式建立显宗学院，布法讲经，这是塔尔寺成为格鲁派正规寺院的标志。

历史上，第三、四、五、七、十三、十四世达赖喇嘛以及第六、九、十世班禅大师都曾经驻锡塔尔寺。历代中央王朝亦对塔尔寺非常重视。自清康、乾以来，屡次赐赠匾额、法器、佛像、经卷、佛塔等。清代塔尔寺被封为呼图克图或诺们汗，尊崇备至。新中国成立后，塔尔寺受到重点保护，人民政府每年都拨款修葺，使该寺更为辉煌壮观。

【建筑风格】

占地面积约 40 万平方米的塔尔寺，寺中遍种白旃檀树。建筑 9300 余间，殿堂 25 座，有大金瓦殿、大经堂、九间殿、小金瓦殿、花寺、大拉、弥勒佛殿、小昭殿、依怙殿、八如来塔等主要建筑。该寺置显宗、密宗、医明、时轮四大学院及欠巴扎仓，僧众在此研习佛学与藏族语言文字、天文历算、医药及艺术等。

【历史价值】

塔尔寺文物特别丰富，堪称一座艺术宝库。历代法器、佛像珍奇庄严，令人赞叹。大金瓦殿用鎏金瓦铺顶，殿内建的大灵塔高达 13 米，是为了纪念宗喀巴而建的，也叫菩提塔，于明洪武十二年（1379 年）初建，1642 年重建为纯银作底、镀以黄金、以各种珍宝装饰的宝塔。历代高僧的灵骨塔、佛牙和舍利子也供奉在此殿之内。小金瓦殿也就是护法神殿，建于清康熙三十一年（1692 年）。殿顶以鎏金铜瓦覆盖，殿内供奉“五勇猛明王”护法神。弥勒佛殿供一尊弥勒佛像，12 尊其他佛像。小昭殿建于明万历三十二年（1604 年），由于殿内供奉的释迦牟尼像和拉萨小昭寺供奉的颇似而得名。依怙殿建于万历二十二年（1594 年），其中有六臂依怙、大德金刚、胜乐金刚等塑像，后来还供宗喀巴铜像。八如来塔于乾隆四十一年（1776 年）落成，八塔并列，塔形上圆下方，顶有相轮。八塔为释迦佛八相成道的象征。该寺的绘画（壁画）、堆绣、酥油花，有“艺术三绝”的赞誉。寺中珍藏历代刻印佛经数万部，其中特别珍贵的有双金银、珍宝合汁书写的《甘珠尔》、《丹珠尔》、《宗喀巴师徒三人全集》等。

1961 年，塔尔寺被国务院公布为全国重点文物保护单位。

瞿 昙 寺

【名僧诗话】

一杯晴雪早茶香，午睡初醒春昼长。

拶着通身都是眼，半窗疏影对斜阳。

——宋·雪岩祖钦《山居诗之一》

【地理位置】

瞿昙寺地处青海省乐都县，藏语称“卓仓拉康果丹代”，也称“卓仓多杰羌”，是“乐都持金刚佛寺”的意思。

【寺庙历史】

瞿昙寺于明洪武二十五年（1392 年）创建，该寺的创建及其后来的扩建，都得到明王朝的鼎力扶持，明太祖朱元璋书匾赐名“瞿昙寺”，此后历代皇帝也屡次赐匾额、修佛堂、立碑记、封国师、赐印诰，影响很大。该寺本为藏传佛教噶玛噶举派寺院，明末格鲁派兴起后，改宗格鲁派，先后出现了智合仓、卓仓曼巴仓、卓仓居巴仓三个转世活佛系统。

【建筑风格】

瞿昙寺系我国西北地区保存最完整、规模宏阔却又质量精良的明朝寺院，新中国成立后人民政府曾经多次拨款维修。

整个寺院依山傍水，参差错落，气势恢弘。全寺总计 3 个院落，由山门、左右碑亭、金刚殿、瞿昙寺殿、隆国殿、宝光殿、护法殿、三世殿以及左右回廊、钟鼓楼等主要建筑组成。主体建筑为瞿昙寺殿、宝光殿、隆国殿。全寺占地面积约 27 万平方米，以中轴线为中心，左右对称布局，殿堂装饰极富明代宫殿风格，故有“小故宫”之美称。该寺厢廊壁画约 400 平方米，以佛本生故事为主要内容，构思奇巧、形象栩栩如生、技法纯熟，似敦煌壁画风格，具有极高的艺术价值，堪称国家级至宝。殿堂建筑中，以隆国殿最为金碧辉煌。该殿形制独树一帜，月台石栏、殿堂隔扇雕造雄浑精美，是明代小木作中的杰作。寺内有 4 座佛塔，以度母塔最为悠久。

【历史价值】

寺内珍藏《甘珠尔》、《丹珠尔》、《宗喀巴大师文集》等佛教典籍 300 多部，并有近百粒自印度迎请的舍利，寺内今存明代汉藏文对照御制碑及明清匾额 10 块、明宣德二年（1427 年）铸造的一口青铜巨钟、三鼎香炉、明钹、象牙佛珠、檀香木佛珠、石雕米拉日巴像，还有明、清统治者所赐金印、象牙印、景泰蓝花瓶等诸多珍贵文物。

1982 年，国务院公布瞿昙寺为全国重点文物保护单位。

大日如来佛堂

【名僧诗话】

春风有何情，旦暮来林园。
不问桃李主，吹落红无言。

——唐 · 齐己《春风曲》

【地理位置】

坐落在青海省玉树县巴塘乡西北约 4 千米的贝沟处的大日如来佛堂，藏语称“那巴里囊则拉康”，距结古镇 20 千米，也叫做“文成公主庙”，该佛堂的创建，渊源于文成公主。

【寺庙历史】

据说文成公主远嫁吐蕃，途经玉树草原，被当地人的盛情所感动，于是决定多住几日。公主在勒巴沟小住期间，亲自画出佛像尺寸和图案，率领工匠于悬崖上雕凿了 9 尊佛像，并用汉文将此事叙述在一侧。后来，唐朝与吐蕃再次和亲，金城公主又路过此地，看见文成公主雕凿的佛像暴露于风雨之中，于心不忍便构筑了文成公主庙，把佛像保护起来。一座寺庙，9 尊佛像，两代公主，一起成就了一处名胜，引人遐思。

【建筑风格】

佛堂是一座唐代艺术风格与藏式平顶建筑特点兼收并蓄的古式建筑。殿堂内的特大型文成公主像及 9 尊佛像，由石壁雕凿而成，外表酷似泥塑技艺，雕刻细腻，造型质朴敦厚。庙宇坐北向南，依山面水。历年都有佛教信徒以及中外游客来此瞻仰。大日如来佛堂受禅古寺和卓玛邦杂寺管辖，为藏传佛教，直贡噶举派寺院。

【历史价值】

大日如来佛堂是汉藏友谊的象征，为历代汉、藏人民所珍视。1957 年 12 月 30 日，经国务院批准，佛堂被列为青海省的重点文物保护单位之一。

隆务寺

【名僧诗话】

一年春尽一年春，野草山花几度新。
天晓不因钟鼓动，月明非为夜行人。

——宋·云盖智本《一年春尽》

【地理位置】

隆务寺坐落在青海省同仁县隆务镇西山脚下。“隆务”是藏语，意为农业区。

【寺庙历史】

隆务寺，藏语全名“隆务大乐法轮洲”。在安多地区，隆务寺的规模、地位、影响仅次于甘肃省拉卜楞寺及青海省的塔尔寺，系显密双修的格鲁派大寺，僧人最多时达2300人，曾下辖数十座属寺。

【建筑风格】

寺中现有大经堂、修习殿、夏日仓殿、观音殿、天女殿、文殊殿、七世夏日仓灵塔及密宗院、时轮院等20余座主要建筑，塔8座。整座寺院依山而建，布局参差有序，藻饰华丽宏伟。大经堂地处全寺中央，体量雄阔，内供释迦牟尼佛等佛像数十尊，造型优美细腻，庄严肃穆。其中宗喀巴大师像高11米，底座周长26米，周身镀金，七宝装饰，特别精湛。

【历史价值】

寺中如今存有明代御赐释迦牟尼金像等珍贵文物，古碑两块，分别被列为国家级和省级文物。寺藏佛经上万部，其中最为珍贵的是德格版《甘珠尔》、《丹珠尔》。

吾屯下寺

【名僧诗话】

粥罢教令洗钵盂，豁然心地自相符。
而今餐饱丛林客，且道其间有悟无。

——宋·天童正觉《粥罢教令洗钵盂》

【地理位置】

吾屯下寺地处同仁县隆务镇东7千米的吾屯下庄东侧，和吾屯上寺及年都乎乡的年都乎寺、尕沙日寺、郭麻日寺、保安的卧科寺等一起并称为“隆务四寨子寺”。

【寺庙历史】

同仁吾屯下寺始建于1385年，1987年开放，系国家级文物保护单位，在寺僧人97名，寺主为活佛“智格俄仁巴仓”。吐蕃赤热巴巾时期，藏军驻扎此地，曾建小寺一座，后人称为“玛贡娘哇”，为萨迦派寺院。明代时，第一世夏日仓噶丹嘉措经师东科多吉嘉措一度将之扩建，改宗格鲁派。17世纪中叶，噶丹嘉措的弟子智格日俄巴上迁投毛尕寺（该寺早已不存，故址相传在吾屯下部塔山），与玛贡娘哇合并，形成了后来的吾屯下寺。此后，该寺曾三度修缮或改建。

【建筑风格】

寺内现存建筑主要有1703年建造的释迦牟尼殿、大经堂、弥勒殿和新建殿塔等。其中大经堂的雕造工艺独具匠心，精美无比，叫人称赞不已。吾屯下寺与吾屯上寺、年都乎寺、尕沙日寺等邻近寺院同以其艺术传统闻名于世。寺僧擅长绘画、雕塑，现有画师20多人。

【历史价值】

寺中的省级文物有清代檀香木雕弥勒佛像等，并藏有据说是从印度迎请的5粒释迦牟尼佛发舍利，作为本寺镇寺之宝，于释迦牟尼佛像内供奉。此外还供养有僧舍利1000多粒，火化时呈现香气四溢等异相。寺中珍藏《甘珠尔》、《丹珠尔》等佛经，数量甚多，达7000余部。

文都寺

【名僧诗话】

月暗花明掩竹房，暮寒脉脉透衣裳。
清明院落无灯火，独绕回廊礼夜香。

——元·圆至《寒食》

【地理位置】

坐落在青海省循化撒拉族自治县县城西南17千米处的文都寺。也叫“边都寺”、“边垛寺”，藏语名“文都贡钦扎西科尔朗”，为“文都大寺吉祥法轮洲”之意。

【寺庙历史】

该寺于明建文四年（1402年）始建，宗喀巴大师弟子噶希巴喇嘛喜饶坚赞为该寺开山始祖。该寺于明末初具规模。17世纪末，文都寺以曲结扎巴坚赞为首的僧俗把该寺献给叶雄活佛中央罗哲，此后，文都寺寺主变成历代叶雄活佛。1958年之前，全寺主体建筑有大经堂、三世佛殿、东科尔、多居嘉措灵塔殿、香维拉康、十一面观音殿、弥勒殿、护法殿等10座殿堂，建筑规模宏大、制式优美。寺中设置显宗学院，共分9个等级。该寺是十世班禅大师幼年学经之地，也是他回乡后从事宗教活动的主要场所。1980年该寺被批准开放，在叶雄活佛主持下，重树法幢，再修殿宇，进而使该寺日益壮观。

【建筑风格】

该寺坐西向东，依山而建，系循化地区最大的寺院。如今该寺主要建筑有修复的大经堂、三世佛殿、多哇赛东殿、观音殿、弥勒殿、护法殿等，还有新建的班禅行宫、小经堂以及十世班禅大师灵塔等。

【历史价值】

寺中有塔 3 座，尤以多时天塔最为久远，而以十世班禅大师灵塔最为重要。灵塔于 1996 年落成，高 7 米，纯银制作，宝光交错，匠心独运，清淡幽静，庄严肃穆，象征着十世班禅大师爱国爱教、普度众生的无边行愿。塔中供有舍利 13 粒，塔前立 4 块有汉、藏、蒙、英文的十世班禅大师纪念塔碑。除此之外，该寺藏《甘珠尔》、《丹珠尔》等佛经 4000 多部。

循化县文都藏族乡毛玉村是一代宗教领袖十世班禅大师的故居。大师故居的正院为四合院，南面是平房，其余三面为藏式楼房。整个建筑门窗彩绘，典雅大方。大师生前学习的经堂中悬挂着大师各个时期的照片以及画像，并有九世与十一世班禅的照片。故居村内有参天古树一棵，据说为九世班禅转世灵童寻访的辨信物。

承 天 寺

【名僧诗话】

罢钓归来不系船，江村月落正堪眠。
纵饶一夜风吹去，只在芦花浅水边。
落叶已随流水去，春风未放百花舒。
青山面目依然在，尽日横陈对落晖。

——元·月庭忠《罢钓归来》

【地理位置】

承天寺地处宁夏回族自治区首府银川市旧城的南。寺内保存着我国首屈一指的一座有明确建造时间的西夏砖塔，弥足珍贵。

【寺庙历史】

公元 1050 年，西夏王朝的缔造者元昊去世，其子赵谅祚登基。赵元昊的皇后为缅怀丈夫、保佑儿子，命人建寺一座，并取承天顾命之意，将寺庙称为承天寺。当时，寺内殿堂鳞次栉比，佛塔高耸，尤为壮观。元末明初，寺内殿堂全部毁掉，仅古塔尚存。明洪武（1368 年—1398 年）、成化（1465 年—1487 年）、万历年间（1573 年—1620 年），相继对该寺整修。清乾隆三年（1738 年），承天寺所有建筑全部毁于大地震中。嘉庆二十五年（1820 年），人们按原来的规模以及形式，对承天寺塔进行重修。以后，尤其是新中国成立后，人们对承天寺进行了修复。如今，该寺已初步恢复了旧貌。

【建筑风格】

承天寺坐西朝东，可分为前院和后院两大部分。五祖殿、承天寺塔居前院。有韦驮殿、卧佛殿等居后院。

承天寺塔还称西塔。此为一座八面十一层的楼阁式砖塔，高64.5米。塔内呈方形，有楼梯往来，人们从东门进入后可直抵塔顶。塔外，一层到三层未设窗洞；四层到十层，交替设置窗洞；偶数层东西设窗，奇数层南北设窗；顶层设圆形大窗，便于人们远眺。除窗洞之外，各层都有佛龛。塔顶也是八角形，用绿色琉璃瓦建造，端庄隽秀。全塔下大上小，呈锥形，轻盈玲珑，美观大方。

【历史价值】

承天寺塔已得到人民政府的很好保护，并被定为宁夏回族自治区重点文物保护单位。寺院内修建了博物馆，增建了古建筑展室，收藏了许多宁夏历史、民族、军事等方面珍贵的文物，成为人们观赏和游乐的重要活动场所。

海　宝　寺

【名僧诗话】

碧落静无云，秋空明有月。
长江莹如练，清风来不歇。
林下道人幽，相看情共悦。

——宋·若冲觉海《碧落静无云》

【地理位置】

坐落在银川市北郊的海宝寺，寺院坐西朝东，占地面积为1.8万平方米。

【寺庙历史】

海宝寺历史悠久，至今有1500余年的历史，它不但是全国重点开放寺院，也是旅游观光胜地。院内树木郁郁葱葱，空气异常清新，环境特别优美；建筑红墙黄瓦，古朴端庄。主要建筑是海宝塔，塔建在一个方形台基上，台高5.7米，边长19.2米。塔门面东，两侧是暗道阶梯，沿之可直登塔座。此类极富变化的通道，是我国古代劳动人民高超的建筑艺术的体现。海宝塔于后秦始建，大夏国赫连勃勃重修。1739 年大地震时海宝塔毁掉。如今的海宝塔是清乾隆四十三年（1778 年）重修的。塔身为楼阁式，一律使用青砖砌筑，计九层十一级，通高 53.9 米，平面呈正方形，四壁出轩，就是每层四面设券门的部分均向外突数十厘米，所以在正方形的平面上，进而形成双线“十”字形，构成 12 棱角；每层出轩部分的两侧分别设一龛，龛眉突出。所有这些，都给塔身平添了华丽和立体感。海宝塔这种整体造型在我国古塔建筑中独树一帜。

【建筑风格】

该寺还有山门、钟鼓楼、天王殿、大雄宝殿、玉佛殿和卧佛殿等建筑。这些建筑整齐地排列在一条东西走向的中轴线上。

寺内主殿为大雄宝殿，殿内供奉释迦牟尼三身佛，端坐在莲台上，两侧系十八罗汉像，神态慈祥，造型各异，形象逼真。穿过廊桥，便是玉佛殿，殿内有释迦牟尼成道像供奉其中，此玉佛是 1992 年自缅甸请进，以整块金香玉雕琢而成，整座佛像洁白如雪，光彩照人。其后便是卧佛殿，殿内卧佛 7.6 米长，神态慈善，通体贴金，光彩照人。十大弟子恭立其后，给人以端庄肃穆的感觉。寺内各建筑雕梁画栋，绚丽多彩。

【历史价值】

历年的农历七月十五，是海宝塔传统的盂兰盆法会，到时广大佛教徒云集海宝塔寺，进行佛事活动。

1961 年，海宝塔被国务院公布为全国重点文物保护单位。

高庙保安寺

【名僧诗话】

只爱满我腹，争如满害身。
到头须扑破，却散与他人。

——唐·齐己《扑满子》

【地理位置】

高庙保安寺地处宁夏中卫县，该寺由高庙与保安寺两部分组成。寺庙位于原来的北城垣上，前平后台，分上下两院，高庙为上院，保安寺为下院。寺庙占地面积 4100 多平方米，由于重楼叠阁，建筑面积达 5600 余平方米。

【寺庙历史】

高庙的创建年代已不可考，据说创建于宋代。据高庙唯一的一口古钟铭文记载，明正德年间高庙保安寺已规模较大。

【建筑风格】

高庙保安寺的建筑特点是集中、紧凑、重叠、回曲、高雅，整组建筑布局纵向沿中轴线展开，横向呈左右对称，逐次伸进、升高，平地高台浑然一体。

前部分的保安寺，山门建接引楼，简单朴素、清幽淡雅。进山门通院落，迎面是三凤朝阳的木刻小牌坊，玲珑俊秀，亭亭玉立。往北走进古朴大方的天王殿，东西两侧分别有祠堂，院落两厢各配殿宇。

经天王殿，登12级台阶，下有东西贯通的弧形隧道，名地狱宫，清咸丰八年(1858年）增建的三孔砖牌坊，矗立于在隧道之上，设计独树一帜。牌坊上的砖雕工艺精湛，内容丰富。再上12级台阶，过“华藏玄门”，绕过屏障，迎面是重叠三层的主楼，一层为“大雄宝殿”，二层为“西方三圣殿”，三层为“五方佛殿”。主楼29米高，大屋顶猛然拔起，气势恢弘。主楼前建有三层小巧秀丽的“大悲阁”(俗称中楼)，其造型奇特，雕刻之精美是全寺之精华。其底层为透风过厅，四通殿宇，整齐排列的三层翘首飞檐累计为36个。在三楼脊顶中起一座八角塔，酷似凤冠。在大悲阁东西侧还建有双层楼阁（钟鼓楼)，如凤凰之两翼。整体建筑似凤凰展翅，给人以飘飘欲飞的感觉。

后部分的高庙，整个造型艺术明显地表现出东方木结构建筑的特征，重楼叠阁，参差有序，回廊曲折，清幽淡雅。整个建筑群的墙壁走廊、门窗格扇斗拱上都有许多精工细刻的图案，主要有花卉蔬果，珍禽异兽等，令人眼花缭乱。

【历史价值】

保安寺是近代寺院三教合一的典型，其砖牌坊之砖柱所刻对联言道：“儒释道之度我度他皆从这里，天地人之自造自化尽在此间。”殿内有佛像、道仙塑像及孔圣牌位，呈现出明清时期儒释道三教合一、共居同处的状况。

巴伦台黄庙

【名僧诗话】

岩前虽有云千顷，户内殊无半夜灯。

极目危峦古今秀。暮天斜照碧层层。

——宋·丹霞子淳《颂洛甫答一毫吞海问》

【地理位置】

矗立在巴音郭楞蒙古自治州和静县北部天山深处50千米的巴伦台黄庙，向有“小布达拉宫”之称，宗教法名“夏尔布达尔杰楞”，意思是“黄教圣地”。整个建筑结构完事，轩宇昂然，并与却金库热等14座庙宇组成气势凛然的喇嘛寺庙古建筑群，占地面积2.4万平方米。如今的黄庙、却金库热、盖干拉吾龙等殿堂仍然保存完整，黄庙殿堂之中珍藏着很多珍贵的经卷及珍贵文物。大殿四壁都塑有护法神像，形象逼真，生动精致，每天前来诵经朝圣的教徒接踵而至，香火鼎盛，每逢宗教节日更是热闹异常。

【寺庙历史】

寺庙于清光绪十四年（1888年）落成，可是准备及选择庙址则早在清咸丰十年（1860年）前后就已经开始。

【建筑风格】

寺庙整体建筑由黄庙、却金库热、居都外、曼巴四个部分组成，黄庙为主体建筑。寺庙群总建筑面积2.4万平方米。黄庙正殿高耸一尊麦德尔佛（弥勒佛），高2.7米，是当年自青海省塔尔寺运来的，所以一般也叫“青海佛”。藏金洲居右，宗库居左，佛像今已不存，仅残存佛座。庙内还绘制有宗教人物壁画13幅，画面尽管已经剥落，仍依稀能够看到原来的真迹。黄庙还为哲理学院，教授佛教哲学、天文、历算等学科。

东距黄庙500米处，建有却金库热，大殿有雕花大柱16根，正中的4根雕有4条蛟龙，栩栩如生。相传这座庙的主神却金，因保护弥勒佛有功，故立此庙以资纪念。

居都外庙是密宗学院，于光绪十五年（1889年）重建，是满金（刚入庙的小喇嘛）学习佛法（密宗）之地。

曼巴庙是医学院，于光绪十五年（1889年）重建，是训练医药人才的地方。

新疆喇嘛教的经文、密宗和医药人才完全出自于以上 3 个寺庙。

在巴伦台黄庙未建之前，居都外、曼巴二庙就早已设在蒙古包中，在宫明活佛第八世由拉卜楞寺邀阿克托克俭喇嘛来和静后，又在蒙古包中设却金库热庙，并由全体民众捐资修建巴伦台黄庙，然后再把迦特泼、曼巴、却金库热庙迁到黄庙中。

【历史价值】

1959 年，黄庙有 2990 尊大小铜佛，银制法器 1329 件，22 对甘铃，铜器 7.2 万件，地毯 740 条，绸缎 68 条，还有金条、珠宝、玉器若干。党的宗教政策落实后，文物均得到保护。

巴克新库热庙

【名僧诗话】

眼空湖海气凌云，杰出丛林思不群。
古往今来谁是我？得饶人处且饶人。

——元 · 石屋清珙《无敌》

【地理位置】

巴克新库热庙本名“宝浪苏木布日享巴格沁随木”，坐落在新疆巴音郭楞蒙古自治州博湖县城西南 1.5 千米处开都河东西分支处的一个小岛上。庙内供奉的主佛为布日享巴格西佛，并由此得名。

【寺庙历史】

该庙于 1868 年始建，铁格钦根培里为缔造者。巴克新库热庙在新中国成立前是和硕特部落四大寺庙之一，也是巴音郭楞蒙古自治州地区较早建造的庙宇之一。党的宗教政策落实后，博湖县境内大小 5 座庙宇合并，此庙成为此地区的中心寺庙。历经数年的修复，巴克新库热庙面貌已经焕然一新，并成为周围信佛群众的活动中心。

【建筑风格】

该庙属于砖木结构，具有蒙汉一体的建筑风格。主要建筑例如四大木柱、楼梯、大门等都是原有遗物，虽历经 100 多年风剥雨蚀，依然保持着原样。庙门门楣上写有一条“铁格钦根培里棂”字样的藏文横幅，意思是“盛福寺”。金黄色的庙顶，以绿边相衬，四角悬挂铜铃，随风响动。该庙建筑极其特殊，尽管建于河洲之上，且过去屡遭开都河泛滥洪水的侵袭，但都没有受到任何损伤。

【历史价值】

巴克新库热庙内藏有很多珍贵文物，其中的一副成吉思汗时代铁盔甲及一部藏文木版佛经最为重要。

第七章 港、澳、台地区

宝 莲 寺

【名僧诗话】

寒月依依上远峰，平湖万顷练光封。
渔歌惊起沙洲鹭，飞入芦花不见踪。
——宋·丹霞子淳《颂龙牙答二鼠侵藤》

【地理位置】

位于香港大屿山中部的昂坪山坳间的宝莲寺，四面群山环抱，冈峦起伏，景色优美。其南面的凤凰山是观看日出的绝佳之处，因此常有人来寺里住歇。

【寺庙历史】

宝莲寺于1924年创建，虽然只有80多年的历史，但建筑规模之大，地形环境之优美，在香港来说难能可贵，因而有“南天佛国”之称，被誉为香港四大禅林第一，是香港建筑规模最大，地理环境最佳的佛教寺院。

【建筑风格】

因为寺院处于群山环绕的山坳之间，当人们进入山坳人口之后，顿觉豁然开朗，一片开阔的坪地猛然展现在眼前，宛如“柳暗花明又一村”之感，真可称为天造地设的佛国境界。在寺前有三间四柱三楼的冲天柱式石牌坊一座，牌坊正中横刻“宝莲禅寺”四字匾额。经牌坊之后，有一林荫通道向寺门。这一寺门（山门）的形制非常独特，它的下部为一高大的台座，台下开出三道券洞门。台座上周围有石栏围绕，正中建单檐歇山式三间大殿。此殿的用途极具特色，它既是山门，又是一座韦驮殿，所以在它的前面悬挂“宝莲禅寺”的匾额，是山门，而后面却悬挂了“韦驮殿”的匾额，此种形制可谓创举。过韦驮殿寺门之后，有一特别宽大的广场，广场两侧都有配殿。广场的正面就是寺的主殿，大雄宝殿。大殿的规格特别高，面宽七间，重檐歇山顶，以黄琉璃瓦铺盖，下面用高大的青石台座、白石栏杆衬托，显得尤为华丽壮观。大殿两旁和后院的殿堂廊庑颇多，四周还有僧房客舍以及其他服务设施，作为香港第一禅林当之无愧。

在寺的左前方，有一座高数十米的山峰，酷似僧人敲击的木鱼，称为木鱼山。进得山来，从右侧仰望，只见一座高大的佛像耸入云天。此佛像为释迦如来佛，以铜铸制，高 34 米，在香港回归祖国之前落成，该建筑仿照北京天坛而建，因此命名为天坛大佛，在当时被称为世界最大的铜佛。佛像面北背南，据策划此铜佛的香港志莲净苑的宏动法师说，这是寓意盼望香港早日回归。

【历史价值】

此大佛除了精美的铸制工艺之外，还有丰富的内涵。在象征北京天坛的三层基座之内，设有非常大的展厅，布置了各种佛教艺术和壁画书画等陈列。其中有大钟一口，上刻佛像经文是由电脑控制敲打的，每隔 7 分钟敲打一次，共敲 108 次，相传是以“解除人间 108 种烦恼”等。天坛大佛从 1989 年开始谋划，到 1995 年落成，共经历了六年的时间，终于以其北望祖国迎来了香港的回归。如今和他地上地下的设施一起与宝莲禅寺构成了香港“南天佛国”的硕大佛寺景观。

普济禅院

【名僧诗话】

见身无实是佛身，了心如幻是佛幻。
了得身心本来空，斯人与佛何殊别？

——拘留孙佛偈

【地理位置】

普济禅院（俗称观音堂），是澳门特别行政区最大的禅院与最具规模的庙宇。普济禅院为中国古翚飞式的佛教建筑，保存着明清时期南方庙宇的特色。

【寺庙历史】

创建于明崇祯五年（1632 年）的普济禅院，是澳门本土佛教有史可考的最早纪录。关于普济禅院的始建年代，众说纷纭。有人认为该寺创建于明天启年间（1621 年—1627 年），其根据是院内存有一块名为“祀坛”的碑石。据李鹏翥著《澳门古今》，该碑石“高逾四尺，是花岗岩石，俗称麻石，中间刻着‘祀坛’两个大字，两边各有一行小字，一为‘天启七年（1627 年）七月吉日立’，一为‘南邑许望官喜舍’”。又据说，此小屋位于今普济禅院的慧因大师纪念亭一端，属游人止步的范围。屋内还有两块重修望厦祀坛碑记：一块立于清道光十三年（1823

年)，另一块立于清光绪八年（1882 年)，碑石上刻着：“普济禅院衪坛之建创自明天启七年闽省南邑许望冠所造也向在院外之右”，“道光十三年集众捐资重修……将衪坛迁建于院内之花园俾香烟有赖且可免设司祠之人”。可见，此“衪坛”原本就不是普济禅院之物。

既然不能以“衪坛”的年代确定普济禅院的始建年代，那么，前述该院建于崇祯五年的说法根据何在呢？证据有二：

一是普济禅院大雄宝殿古铜钟。李鹏翥在《澳门古今》中说：“普济禅院的大雄宝殿，庄严宏伟，内供三尊三宝佛像，俱是丈八金身，魁梧奇伟；旁悬一个大铜钟，古色斑驳。原来这个铜钟在《香山县志》中有所记载：‘普济禅院钟款，右钟在澳门望厦村，款云：崇祯五年。’”若此说属实，则此庙始建之年当为崇祯五年。因为铜钟应是立庙的基本必须用品之一，而且是长久性的耐用品，故开光启用后无特别原因就不会更置。

二是普济禅院后山的普同塔。据普济禅院上任住持慧因在塔后的碑志上称：“本山自天启三年由循智祖师斥衣钵资购下，崇祯五年建斯普同塔。雍正癸卯（1723 年）比丘天树、乾隆丙午（1786 年）比丘静持、同治癸酉（1873 年）比丘畅澜均重修之。至民国丙子（1936 年)，塔渐颓毁，比丘遐龄、比丘济航经营之，遂成今观焉。”此碑志所提供给我们的明确信息，正如《澳门宗教》的作者之一郑炜明所说：“由此碑志我们可以推知普济禅院或最迟于明朝天启三年（公元 1623 年）起已开始经营，创院祖师为循智大师，而普同塔则始建于明崇祯五年（公元 1632 年)，立志的慧因大师乃普济禅院的前任住持，他的说法应该可信。”至于普济禅院的创建时间，虽无明示，但给我们提供了一些线索。

创院祖师循智大师于天启三年开始斥资经营，9 年之后即崇祯五年普同塔建成，这一时间恰与普济禅院大铜钟的款文相符。我们是否可以推论：普同塔的建成时间就是普济禅院的落成时间，同在崇祯五年。这样规模的一座寺院，从筹划至建成，历经 9 年时间，是完全可能的。而若因此认为“寺庙建于明末天启年间，1623 年投入使用”则显然属于误断。

普济禅院是澳门最古老巨刹，历史悠久、规模宏大、建筑雄伟。《澳门纪略》曰：“旧有普济禅院。”《香山县志》亦云：“普济禅院在澳门望厦村。”普济禅院，原名观音堂，在昔日望厦村的东面，因供奉观音菩萨而得名。在望厦村的西面，原有一所观音古庙，是土著村民所建，规模较小，每逢观音诞辰，只许本地村民膜拜，排挤外地信众，因此当时居澳的福建籍人士便发起建成比原古庙更为轩昂的观音堂。观音堂建成后，300 多年来，几经扩建，终于发展为规模巨大、庄严宏伟的普济禅院。

【建筑风格】

普济禅院历史悠久、占地广阔、建筑雄伟。观音堂之名闻遐迩，除在于其悠久历史以外，更是签署中美《望厦条约》的地方。禅院为中国古飞翚式的佛教建筑，具中国名山古刹的特色。

大雄宝殿正对禅院，庄严宏伟，供奉 3 尊三宝佛像，皆为丈八（约 6 米）金身，魁梧雄伟，其中之一为佛祖释迦牟尼，还有燃灯佛与弥勒佛。

殿旁悬有一个铜钟，古色斑驳，已有 3 个半世纪的历史。殿顶的头瓦脊，镶有明代琉璃瓦及精工镶嵌的石湾公仔，栩栩如生，唯妙唯肖。

长寿佛殿供奉长寿佛，佛像安详，象征佛陀普度众生的精神。

主殿观音殿供奉观音大士莲台，樟木雕塑。十八罗汉分列主殿两旁，雕工精细，造型神态活现，其中位于左面的一尊罗汉，眼睛浮凸、鼻骨高隆、鬈发蜷曲，极像外国人，据称就是意大利威尼斯人马可·波罗，他曾在中国研习佛理。

观音殿是禅院的正殿，每逢观音诞期，殿内香火鼎盛，信众络绎不绝，场面热闹。观音殿旁有一小庭园，围绕着园中的莲花池有十数盆栽，其中一盆栽生长形态独特，历经数十寒暑，树枝弯曲长成一个“寿”字，传说信众只要手触“寿”字，便可长命百岁。

禅院内进的前厅挂有一幅画像，人称“大笑佛”，无论从哪个方向欣赏画像，佛像均咧嘴相视而笑。

禅寺后花园，有一花岗石桌和 4 条长石凳，就是签订中美不平等条约——《望厦条约》的地方。1844 年，清政府国势日衰，列强觊觎，美国以顾盛为代表，与清钦差大臣耆英于澳门签署《望厦条约》，强迫中国开放通商港口，扩大美领事裁判权。1944 年，禅院于石桌后方立一亭碑，记述此事。

普济禅院后山花园中的连理树，是一棵有数百年树龄的高大榕树，状貌古拙，高逾数丈。树的茎部四株相连，造型颇似长颈鹿。近年不幸枯萎，但仍具吸引力。“连理树”的命名，取意于“在天愿为比翼鸟，在地愿为连理枝”。有关此树，流传着一个哀怨动人的故事，在观音堂建庙之初，附近有一双情侣，因家庭反对成婚而双双殉情自杀，死后合葬之处长出这棵连理树，以表示爱情坚贞不渝及至死不离之意。

【历史价值】

普济禅院在殿堂悬挂于了历代众高僧和艺术名家的书画、书法和文物，以供游客欣赏。普济禅院、妈阁庙与莲峰庙并称为澳门三大古庙。1992 年，普济禅院被评为澳门八景之一（其余七景为妈阁紫烟、三巴圣迹、普济寻幽、灯塔松涛、卢园探胜、龙环葡韵、黑沙踏浪）。

元　亨　寺

【名僧诗话】

新妇骑驴阿家牵，体段风流得自然。
堪笑学颦邻舍女，向人添丑不成妍。
——宋·天童正觉《新妇骑驴阿家牵》

【地理位置】

元亨寺坐落在台湾省高雄市鼓山区。

【寺庙历史】

该寺于清乾隆八年（1743 年）创建，为福建漳州经元法师初建，本名“元兴寺”，主要供奉观世音菩萨，是台湾非常有名的古刹之一。

【建筑风格】

尽管元亨寺为古刹，但现建筑与内地寺庙规格体制有所差别，极富现代气息。现该寺大殿于 1973 年始建，1984 年建成，是高雄市最宏伟的佛教大殿。大殿外呈三层：底层正面 8 根红柱并列，雍容华丽，端庄肃穆；二层较低，以白色石栏环绕；第三层最高，白墙之中并列 6 根红柱，正中悬“元亨寺”金字金边巨匾。四周也围有白色石栏，石栏比第二层略高，既有动感，又与第三层之高大相配合。三层屋檐铺满黄色琉璃瓦，挑角，顶层屋脊有吻兽相对。大殿前设一大型香炉，炉高超肩，粗约二三人合抱，重在千斤以上。大殿内主要供奉释迦牟尼等佛像以及十八罗汉等。第三层主供西方三圣及万佛，所以称万佛殿。大殿东西厢房皆为五层楼。二、三、四、五层都以白色石栏围绕。每楼南北建有二塔，造型优美，格局堂皇。大殿和两侧厢房以白、黄、红三色为主，白色石栏与黄色屋檐相互搭配，层次清晰，在横向形成最佳视觉效果，诸多红柱则在纵向起到了点缀作用。特别是主殿第三层，在大面积的墙体中，纵向 6 根红柱相配，正中又悬红底金字匾，简练之中透出庄重，朴实之中不失富丽。

大殿的庭院下面，有地下室三层，置功德堂、斋堂、禅房、厨房等。寺内还有金刚宝塔七层，呈方形，每层都白色石栏，红柱黄檐环绕，与大殿色彩相同。金刚塔有地下室八层，塔内设有电梯，上下自如，登上塔顶，高雄风光尽收眼底。塔前山坡地建有地下室三层，为佛学院教室、图书馆、寝室等，室顶平台即为塔院广场。和金刚塔相对，还有一座般若宝塔，外形与金刚塔酷似，为义诊、办公等场所。塔前山坡也有地下室三层。

【历史价值】

元亨寺尽可能地利用空间，地上地下都有建筑。这一做法，体现了现代僧人新的筑寺观念。这种与时俱进的理念，是非常可贵的。

龙　山　寺

【名僧诗话】

茫茫尽是觅佛汉，举世难寻闲道人。
棒喝交驰成药忌，了亡药忌未天真。

——宋·净因继成《示众偈》

【地理位置】

位于台湾彰化县鹿港的龙山寺，是台湾省佛教寺院中如今保存年代最早而又完整的佛寺之一，不仅规模壮观，而且艺术价值颇高，已被列为一级古迹。在台湾有两座龙山寺，都建于清乾隆时期（1736 年—1795 年），另一龙山寺位于台北艋胛，然而整个寺院建筑为后代重修，历史、艺术价值已经大不如前了。

【寺庙历史】

鹿港龙山寺，于清乾隆五十一年（1786 年）创建。其后尽管经过嘉庆、道光、咸丰屡次维修，但整体布局与形制没有变，原结构与雕饰也保存了原来面貌。

【建筑风格】

寺的平面整齐对称，坐东向西，主要建筑山门、五门、戏台、拜亭、大殿、后殿等处于中轴线上。中轴线的两侧都有配殿廊庑，建筑数量特别多，进深非常大。山门为重檐歇山式，进山门后，是一铺石的宽阔庭院，气势恢弘。庭院正中为第二进大门，由于它面宽五间因此还称之为五门。门的屋顶形制也很独特，当中三间屋顶高耸，两旁两间左右偏低，构成高低错落的形势。五门之后，建有戏台与之相连。此一戏台结构与形制都是特别复杂而又有变化的设计，面对正殿广场的一面，向上反翘卷起，以利于看戏者的视线。戏台中有八卦形的藻井与天花，由 16 组斗拱分五级层层挑出承托而成，有台湾古戏台之杰作之称。正殿为重檐歇山式屋顶，其前有三开间空敞的拜亭作为信众们进行礼佛祈拜之用。殿内所供观音菩萨像极具特点，其背光呈火焰形，金身，是否原物，不得而知。后殿毁于抗战兵燹，已重建。

【历史价值】

在台湾古建筑中鹿港龙山寺被专家们评为寺庙建筑之“第一佳构”，不管从建筑的平面布局或木结构组合来说都有独特的创意，戏台的结构匠心独运。木、石雕刻艺术，更是龙山寺建筑艺术的精品。由于鹿港在清乾隆时期为台湾的港口，砖木石材基本上从内地运来，选材非常精良，工匠也来自内地福建等地，技艺精湛。木雕方面，细致而又不流于烦琐，斗拱梁枋都有精美之雕刻，特别是檐下挑出之垂花柱雕刻得非常精美，雕刻成垂莲、垂珠、垂瓜等造型，精雕细琢，备极工丽。石雕方面以五门和大殿前之龙柱最为突出，云龙盘绕于石柱之上，张牙舞爪非常生动，被誉为台湾古建筑石雕中的精品。